Reprint Publishing

Für Menschen, Die Auf Originale Stehen.

www.reprintpublishing.com

St. Gallen's

ALTTEUTSCHE

SPRACHSCHÄTZE.

DENKMAHLE
DES
MITTELALTERS.

GESAMMELT UND HERAUSGEGEBEN

VON

Heinrich Hattemer,

IN BIEL.

ERSTER BAND.

ST. GALLEN.
VERLAG VON SCHEITLIN UND ZOLLIKOFER.
1844.

An **.

Was zürnest Du dem frommen sinne,
    Der treu der väter namen ehrt?
Ist es denn böses, was ich minne,
    Dass ihm DEIN voller eifer wehrt?

Nicht wende mir der regel strenge
    Auf diesen theuren namen an!
Es gibt der wörter noch die menge,
    Wo niemand nie es hat gethan!

Nimm hin die hundert statt des einen,
    Und richte recht, was ist verkehrt;
Der väter namen und den meinen,
    Nur diese lass' mir unversehrt!

Nicht freuet mich der laut, der glatte,
  Den eine weiche zeit gebar;
Nicht freut die deutung, jene matte,
  Wo Teut ein deut*) ist endlich gar!

Ich fürchte, dass die väter hören,
  Wenn Du statt »Teutsche« »Deutsche« rufst;
Dass sie sich werden wild empören,
  Wenn um den alten laut Du schufst!

*) Zwisco!

VORREDE.

Zur herausgabe dieser sammlung bewogen uns vorzüglich drei gründe: weil eine zusammenstellung dessen, was St. Gallen an sprachlichen schätzen besitzt, wünschenswerth erscheinen dürfte; weil ferner ein ziemlicher theil noch gar nicht gedruckt und der gelehrten welt zugänglich gemacht ist; und endlich, weil das, was im drucke erschienen, mitunter sehr fehlerhaft wiedergegeben ist. auch der gedanke, ein nazionales werk sowohl in betracht des grossen teutschen vaterlandes als des kantones St. Gallen aufzustellen, trug das seinige bei, dass wir uns dieser mühevollen arbeit unterzogen.

Die mühe zu theilen, hatte ich einen jungen gelehrten aus St. Gallen, *Wilhelm Gschwend*, schüler Bopps und Graffs, und gehilfen an der stiftsbibliothek gewonnen. Gemeinschaftlich fertigten wir die abschrift der Benediktinerregel des Kero. noch war aber dieselbe nicht ganz verglichen, als eine lange krankheit ihn an haus und bett fesselte, und der verleiher des lebens ihn in eine andere welt abrief. Ruhe seiner asche!

Unsere sammlung, ihrer natur nach kein werk einer leichten unterhaltung, und bestimmt, eine reine ungetrübte quelle zu sein und dauernden werth zu haben, musste ganz objectiv gehalten werden. desswegen haben wir eine diplomatische, nicht eine kritische ausgabe angekündigt. es leitete uns die überzeugung, dass keine kritische ausgabe für die wissenschaft den werth einer diplomatisch genauen erreiche; denn bei gelehrten arbeiten ist nichts angenehmer und wichtiger, als zwischen seiner arbeit und ihrer grundlage kein fremdes glas zu haben, und immer bleibt, auch gegenüber jeglicher auktorität ein ängstliches misstrauen und eine qualvolle unsicherheit, besonders wenn man die erfahrung gemacht, wie wenig man sich öfters auch auf gepriesene namen verlassen kann. wenn ferner bei manchen stücken noch manches mittel fehlen dürfte, um etwas werthvolles zu erstellen, musste bei anderen dagegen, die nichts als eine richtige abschrift und einen richtigen abdruck erfordern, der name kritisch unbegründet erscheinen. endlich hatten wir gefunden, dass ein paar gesunde augen, die das richtige lesen, nicht rathen wollen, in tausend fällen die besten kritiker sind.

Was nun unsere ausgabe anbelangt, so haben wir es vorerst an fleiss und sorgfalt bei abschrift und druck nicht fehlen lassen: wir haben, um ein beispiel anzuführen, vier vergleichungen mit unserer abschrift der Benediktinerregel des Kero vorgenommen: zwei mit dem originale selbst, und zwei mit dem schilterischen abdrucke, wobei bei jeder abweichenden lesart abermahls das original geprüft wurde. Dafür sprechen wir aber auch das vertrauen der gelehrten welt an, selbst in dem falle, wo wir die minder wahre lesart zu bieten scheinen.

Anderseits hätte, glauben wir, die angestrebte objektivität auch kleinlich und lästig ausfallen können. ohne sie zu beeinträchtigen durften wir uns unter umständen absätze, auflösungen, ergänzungen, trennungen und verbindungen erlauben. durch absätze erleichterten wir den überblick und das verständniss in hohem grade diese arbeit war aber oft nicht so leicht, als sich das gesonderte lesen mag, besonders bei stellen voller fehler und ohne alle oder die richtigen unterscheidungszeichen: wir verweisen auf das zweite stück unseres werkes, die thiernamen aus dem wörterbuche des heiligen Gallus. Was die abkürzungen betrifft, so durften wir nicht alles auflösen, wollten wir nicht gefahr laufen zu irren oder misstrauen gegen uns zu erregen. wir lös'ten daher nur ganz unzweifelhaftes — im Lateinischen mit der jetzt üblichen schreibung — auf, und bezeichneten dasselbe überdies im Teutschen jedes mahl, im Lateinischen, wo es räthlich schien, durch liegenden druck. wie behutsam wir zu werke gegangen sind, mag ein beispiel aus den schon augezogenen thiernamen bezeugen. wir haben das dort mehrmahls vorkommende »igno« und «ignō», obgleich an der auflösung »ignotus« nicht gezweifelt werden darf, dennoch nicht aufgelös't, besonders da der uns vorausgehende abdruck in dem »Spicilegium Vaticanum« des herrn *Greith* aus diesem «igno» und den nachfolgenden wörtern zusammensetzungen gebildet hat. Ergänzungen haben wir dessgleichen, und zwar durch kleinere schrift, als unser eigenthum ausgeschieden. Endlich sind in ältern und schlechtern handschriften wörter und wortheile so willkürlich verbunden oder getrennt, dass von einer eigentlichen verbindung oder trennung der wörter, deren sich die schreiber klar bewusst gewesen, gar nicht die rede sein kann. alle ungebürlichen trennungen und verbindungen im drucke wiederzugeben oder auf eine sonstige weise zu bezeichnen, wäre, wenn nicht unmöglich, doch höchst misslich. nicht überall konnten wir denselben weg einschlagen, daher man über unsere verfahrungsweise in den einleitungen zu den einzelnen stücken belehrung suchen muss. In der rechtschreibung dagegen haben wir nichts ändern wollen, um so weniger, als der anfang zwar leicht ist, die gränze aber schwer gezogen wird und sowohl in der teutschen als lateinischen schreibung köstliche winke für die aussprache liegen.

Wir müssen uns noch über einige angewandte zeichen erklären. Wo eine schrift unleserlich geworden war, ersetzten wir die anzahl der buchstaben, wenn dieselbe mit einiger zuverlässigkeit erkannt werden konnte, durch doppelpunkte; wo diese sicherheit fehlte, gebrauchten wir gedankenstriche. Die verschiedenen abkürzungszeichen der handschriften, welche, wenigstens im Teutschen, keine allgemeine und bestimmte geltung haben, ersetzten wir durch zwei zeichen: den gewöhnlichen querstrich, wo dieser im drucke bequem war, sonst durch das auslassungszeichen. wo in der handschrift das abkürzungszeichen fehlt, fehlt es auch im drucke. Betreffs der unterscheidungszeichen befinden sich die handschriften in einem sehr verschiedenen, bald mehr bald minder vollkommnen zustande. so kann, um einige beispiele anzuführen, bei dem wörterbuch des heiligen Gallus kaum die rede von einem solchen zeichen sein; Keros wörterbuch dagegen hat den punkt behufs der trennung der einzelnen wörter, hat ihn jedoch mangelhaft und oft nicht richtig angewandt; die Benediktinerregel endlich anerkennt zwei zeichen und gebraucht sie ziemlich richtig. wir durften diese oft wichtigen eigenheiten der handschriften nicht zerstören und nur eine art der bezeichnung für das ganze werk einführen. man muss sich daher bei den einzelnen stücken über diesen punkt belehren.

Wir hätten gewünscht, unsere ausgabe von dem hässlichen anhängsel von noten gänzlich freizuhalten. das war nicht möglich, wie man sich aus den noten selbst überzeugen mag. sachliche und sprachliche bemerkungen, welche uns angehören, haben wir in sehr beschränktem masse, fast nur als fingerzeiger, in die einleitungen zu den einzelnen stücken aufgenommen: höchst selten wird sich eine solche unter dem texte finden. Von den abkürzungen, deren wir uns bedient haben, bedeutet «k.» korrektur, «g.» glosse, «rg.» randglosse, «zg.» zwischenzeilige glosse.

In die einleitungen haben wir auch andere kurze nachrichten, deren wir über die schriftsteller und ihre werke gerade habhaft werden konnten, in betracht, dass dieselben anderen orts nicht zu finden sein dürften, aufgenommen. Quelle waren uns hierbei vorzüglich die zwei verzeichnisse der handschriften hiesiger bibliothek: das ältere, wissenschaftlich eingerichtete, aber nicht ganz vollständige des *Pius Kolb*, und das jüngere, nach den nummern der handschriften geordnete, vollständige des Ildefons von Arx. dem gewichtigen urtheile dieser beiden männer folgten wir insbesondere bei angabe des alters der einzelnen stücke, wenn nicht das gegentheil ausdrücklich bemerkt ist.

Wird man uns zugestehen, dass wir bei dieser verfahrungsweise unserer diplomatischen ausgabe, ohne die angestrebte objektivität zu beeinträchtigen, eine kritische unterlage zu geben gewusst haben, so haben wir unsern höchsten wunsch erreicht.

Von der versprochenen anordnung, die Benediktinerregel des Kero zuerst zu geben, sind wir sofern abgewichen, als wir das wörterbuch des heiligen Gallus nebst dem sterbegesang des ehrwürdigen Beda vorangestellt haben. dazu bewog uns die feier der tausendjährigen stiftung der hiesigen bibliothek, welche auf den tag des heiligen Gallus begangen werden sollte. auch dürfte gerade dieses stück, das sich mehr denn andere der tüchtigsten herausgeber erfreut, in der gestalt, in der wir es wieder-

VIII

geben, geeignet sein, uns zutrauen zu erwerben. zwar ist der erste grund, da die festfeier auf unbestimmte zeit verschoben worden ist, weggefallen, doch blieb der zweite wichtig genug, dass wir an der getroffenen anordnung nichts mehr ändern wollten.

ST. GALLEN, im Mai 1842.

H. Hattemer.

STERBEGESANG

DES

EHRWÜRDIGEN BEDA.

Handschrift 254. Jahrhundert IX.

EINLEITUNG.

In der bezeichneten handschrift, welche mehrere werke des ehrwürdigen Beda enthält, befindet sich auf den letzten blättern (s. 252 — 256) ein brief von einem schüler Beda's an einen freund, mit der überschrift »Incipit de ualetudine et obitu venerabilis Bed*ae presbyt*eri«, worin er die letzten lebenstage seines geliebten lehrers auf eine rührende weise schildert. die namen des schreibers und empfängers sind nicht genannt. unmittelbar vor unserem gedichte, das s. 253 steht, lies't man folgende worte: »Canebat autem sentenciam sancti pauli apostoli dicentis horrendum est incidere in manus dei uiuentis Et multa alia de sancta scriptura in quibus nos a somno animæ exsurgere precogitando ultimam horam amonebat et in nostra quoque lingua ut erat doctus in nostris carminibus de terribili exitu animarum e corpore«.

Die wörter sind sehr unregelmässig abgetheilt, unterscheidungszeichen fehlen gänzlich. wo die handschrift die wörter richtig theilt, setzten wir jedesmahl einen punkt; die übrigen trennungen, so wie auch die verbindungen, diese angedeutet durch das bindezeichen (=), dessgleichen die absätze der zeilen gehören dem herausgeber an: worttrennungen durch das ende einer zeile geben wir durch das trennungszeichen (-). einige übergeschriebene buchstaben haben wir mit liegender schrift eingefügt.

Unser stück hat noch keinen abdruck erfahren; doch sah es de Kemble und theilte es Jakoben Grimm mit, der es überdies aus einer wiener handschrift kennt. eine lateinische, doch nicht ganz genaue

4

übersetzung von der hand jenes gelehrten findet sich in Weidmann's »Geschichte der Bibliothek von St. Gallen« (St. Gallen 1841) s. 237.

    Fore the' . neidfaerae
    na-enig . uiuurthit . [1]
    thonc . snotturra .
    than . him . tharf . sie .
    to ymb hycggan-nae .
    aer his . hin=iongae .
    huaet . his gas-tae .
    godaes . aeththa . yflaes .
    aefter . deoth=daege
    doemid . uueor=thae .

s. 254. praefatus puer nomine uuilberche.

---

[1] Wohl »niuurthit«?

WÖRTERBUCH

DES

HEILIGEN GALLUS.

(VOCABULARIUS ST. GALLI.)

Handschrift 913. Jahrhundert VIII.

EINLEITUNG.

Das verzeichniss der handschriften des von Arx enthält weniges; ausser einer kurzen angabe des inhaltes, und der angabe der anfangs- und schlussworte bemerkt es bloss: »Libellus Scottice scriptus, ob voces Teutonicas antiquissimas plurimi habendus«. ausführlicheres findet sich dagegen in der handschrift selbst von der hand desselben gelehrten: »Libellus Scottice scriptus, quem majores nostri abs St. Gallo exaratum fuisse crediderunt. Continet is præter epistolam St. Hieronymi ad Paulinum diversi generis quæstiunculas et annotatiunculas: de deo p. 71; de materia p. 80; de personis e St. Augustino p. 90; de Romanorum magistratibus ex St. Hieronymo p. 93; de geometria p. 99; de incenso p. 104; de ulula p. 105; de litteris ex St. Isidoro p. 105; de St. Hieronymo p. 115; de sancta cruce et ecclesia p. 117; de cyclo paschali p. 119; de ætatibus mundi p. 125; de horologio solari p. 126; de Adamo p. 127; de Christo p. 129 et p. 145; de horis diei p. 131; alphabeti Hebraici explicatio p. 132; de animalibus p. 129; quando phlebotomizandum p. 147; quæstiones ex sancta scriptura p. 149; vocabularium Latino-Teutonicum p. 181«.

»Scotum esse autorem prodit modus, quo de aliquibus animalibus loquitur, dum de porphyrione ait: »»Non fit in Britannia««; de onocrotalo: »»Nec nos habemus««; de charadrione: »»Ipsam non habemus«« p. 143. (In aliquibus Galliæ codicibus hæc etiam reperiuntur.)«

»Vocabularium in Alemannia abs autore adjectum fuisse existimarem, nisi in ipso libello p. 139 voces Teutonicas Schreb (screba), Rohrtumel (raretum), Habich (hæbuc), Eidechse (adexan) legerem«.

»Codicilli ætas sæculum octavum et St. Othmari tempora superare non videtur. P. 89 occurrunt hi versus alphabeti litteras continentes:

»»Te canit adcelebratque polus rex gazifer hymnis
Trans zefer phyrique globum scandunt tua fata per axem««.

J. v. Arx 1824«.

In dem Kolbischen verzeichnisse findet sich nichts über unsere handschrift.

Unsere handschrift, duodez, misst in die höhe und breite nur etwa drei zoll. die blätter scheinen bloss abfälle zu sein, sind nicht gleich gross, manche sogar bedeutend kleiner, wie jenes blatt, welches die seitenzahlen 202 und 203 trägt. seiten zählt die handschrift überhaupt 206. einiges ist in hinsicht der sprache besser; anderes dagegen, was nicht blosse abschrift, sondern auszug zu sein scheint, sehr fehlerhaft. Quelle der fehler sind meistens des schreibers geringe sprachliche kenntnisse, sowohl im Lateinischen als im Teutschen. ausser anderm verwechselt er daher öfters ähnliche buchstaben, z. b. »c« und »t«, »a« und »u«, und verbindet theile, die nicht zusammen gehören. vergleiche »stato« auf s. 189, »gugernabes« auf s. 192. anderes ist schreibfehler, wie s. 193 »fugit« statt »fulgit«. Eine andere quelle der fehler war vielleicht des schreibers mundart, welche, wie es scheint, hinter selbstlauten ein »i« einzuschieben pflegte, wie die Hellenen vor den flüssigen, z. b. »σπειρω, κτεινω« statt »σπερω, κτενω«. vergleiche auf s. 183 »pifuircus« statt »pifurcus«, auf s. 184 »flaigegellus« statt »flagellus«. Unterscheidungszeichen, eigentlich keine; denn der vorkommende punkt steht meist, wo er nicht hingehört, und fehlt, wo man ihn erwartet. Wir haben die thiernamen unverändert abgedruckt, dem wörterbuch die unterscheidungszeichen beigegeben.

Noch müssen wir bemerken: wo sich im abdrucke ein doppeltes »o« findet, ist es öfters in der handschrift über einander geschrieben, wie s. 189 in »durohgoot«. Aeusserlich sind die buchstaben »d« und »cl« öfters nicht zu unterscheiden. so kann man s. 203 gleich gut »datica« und »clatica« lesen. Ferner hat es zwei arten »s«, von denen das eine, das dem grossen »s« ähnelt, leicht, wo es verwischt ist, mit »g«; das andere mit »f« verwechselt wird. Endlich ist es öfters der fall, dass buchstaben durchschimmern und mitgelesen wurden, wie s. 195 ein »l« nach »in« in »in : : : : :« bei einem frühern herausgeber.

Die ersten teutschen wörter, denen man begegnet, befinden sich auf s. 139 bis 145, und sind thiernamen, aus dem Leviticus cap. XI. genommen. Weil dieses stück sehr fehlerhaft ist, haben wir auch nichts gethan als bloss die absätze gemacht und einige unbedenkliche abkürzungen aufgelös't, die teutschen jedoch durch den druck bezeichnet. Diese thiernamen sind unseres wissens noch nirgends abgedruckt als in *Greith's* »Spicilegium Vaticanum, Frauenfeld 1838«. s. 33 ff. [1]) dagegen hat sich das eigentliche wörterbuch von s. 181 bis 206 mehrerer abschriften und abdrücke zu erfreuen gehabt, in:

a. *Lachmann's* »Specim. ling. Franc.« s. 1, jedoch nur ein theil;
b. *W. Wackernagel's* »Deutsches Lesebuch«, s. 27 zweiter ausgabe, nach einer abschrift Lachmann's;
c. *Graff's* »Althochdeutscher Sprachschatz«, s. LXV ff.;
d. im erwähnten »Spicil. Vatic.« von *Greith*, s. 35 ff.

Wir hatten also vorgänger genug; billig, dass wir das werk etwas weiter förderten. nur müssen wir wiederholt verlangen, uns auch da zu glauben, wo wir die minder wahre lesart zu haben scheinen. Ferner waren wir so glücklich, freilich nur mit der höchsten anstrengung, die verwischte seite 205 zu entziffern. wir haben es für gut gefunden, dieselbe in der ordnung, oder besser unordnung der handschrift, mit beobachtung verhältnissmässigen zwischenraumes u. s. w. abdrucken zu lassen. Auf der letzten seite (206) haben wir aber neben mehreren halben wörtern, einzelnen silben und buchstaben nur ein ganzes wort — »meditat« — zu erkennen vermocht. sie abzudrucken, lohnete sich daher der mühe nicht.

---

[1]) Vergleiche Massmann's Denkmäler, 1. 95.

THIERNAMEN.

Cherogillus animal spinosum maior quam hiricis. s. 139.
griphem . giig.
aletum similem aquilæ maior auis tamen minor quam ultor.
garrula . hroc .
noctuam necstrepin . s. 140.
bubonem . uuf
larum . meu . uel . megi .
mergulum niger . auis mergit . sub aquam pisces quærere id est dobfugul .
ibin avis in africa . habens . longum rostrum .
cicnun . suon .
onocratulum . auis quæ sonitum facit in aqua raredumke uel felufor.
porphirionem . non fit in brttania.
crodionem ualuchæbuc . s. 141.
charadrion . opupam . hupupa .
uespertilionem quæl-derædæ
bruchus . similis est . locūs tamen maior
attacus ignō
opimachus . igno .
locusta . greshoppæ . reod.
corcodillus bestia in flumine similis lacærtæ i. e. adexan tamen maior est ita ut homines manducat.
migale ignō (s. 142) nisi similis est camelioni . camelion similis est lacertæ tamen sub aspectu motat colores.
stelio bestia inuenta est similis lacerte siffussa . fuerit super eum aqua i. e. in aqua labuntur hæc uassa alie-tum
museri modicus miluus
glida uultor modico maior quam aqua . et p: c. milia sentire potest cadaues larū. s. 143.
hragra adrianus dicit meum esse .
ibinem i. e. screb . qui mittit aquam de ore suo in cuculum suum ut possit deserere indeque medici ipsa martem dedicerunt .
Onocratulum . quasi anata non eadem est tamen nec nos habemus .
Cha . ra . drion . et ipsam non habemus sed tamen dicitur et ipsam uolare per medias noctes in sublimitate cæli .
Porphirionem dicitur (s. 144) quod ipsa in libia sit esse que auium pulcherrima pene ideoque eam uolunt reges habere in domibus suis . se pissime
Migale modicus quasi cattæ .
stelio minor est quam lacerta id est adexe ualdeque uenenosa omnemque parietem penetrat licet lapidium non resistit .
Cherogillū et hirix . unum sunt pene in omni similitudine ut porius . nisi quod minores sunt (s. 145) quam porci sed tamen longe statura sint et in monte sinai in scissuris petras maxime habundant.

WÖRTERBUCH.

(In der handschrift stehen die wörter reihenweise.)

surculus zui. s. 181.	pauimenta airin.	scorea stadal.
folia laub.	astricus plastar. s. 183.	flaigegellus driscila.
folius plat.	ignis fuir.	montes perga. s. 185.
cippus stoch.	brune gloot.	colles puhila.
astellus scaide.	carbones cholon.	ualles tal.
recidere drumon.	fafilla falauuiscun.	plane epani.
rectus rechti.	cineres asga.	asper hart.
curuus crump.	scindilla ganastra.	prades uuise.
curuatus gapogan.	fenestra augatora.	mare mari.
: ortus garidan.	atrius opasa.	fluctus unde.
uolutus gauuntan.	angulos uuincil.	gurgus uuag.
materia zimpar.	stratum petti.	profunditas diufi.
domus huus.	pifuircus zuifillochti.	fundus grunt.
palatius phalanze.	ciuitas purc.	alto hoho.
templus huus za petonne.	platea straza.	riba stat.
columna sili.	portum portuun.	alueus greoz.
parietas uuanti.	turrea urrea.	arena sant.
trapi gepretta.	quadrus feorhahi.	lacus sco.
culmes first.	lapis stain.	stagnus saedo.
laterculi scintil— [1]	petra stain.	fons prunno.
tectus gadacha. s. 182.	saxus stain. s. 184.	surgit springit.
tegitur dachit.	cimentus calc.	fluit fliuzit.
cinulus dil.	ortus garto.	natat suuimmit. s. 186.
cellarius puur.	cluasara piunte.	riuos paaehc.
stabulus stal.	campus feld.	flumen aha.
cupiculus camara.	ager accar.	pontes pruege.
lectus petti.	cultura azuuise.	naues scef.
throrus [2] petti.	germinat archinit.	peanius stec.
ostium turi.	nascit arrinit.	pisces fisca.
poste turisuli.	semen samo.	locustæ crepazun.
sublimitare drisgufli.	pallea spriu.	uia uuec.
superlimitar ubarturi.	festuca halma.	semita stiga.
sepes zuun.	triticus corn.	insola uuarid.
uirge gerte.	spicas hahir.	palutes mos.
baculus stap.	scopa pesamo.	lutus horo.
foramen loh.	uentilabrus uuintscufla.	homo man.
pertusus derha.	pala scufla.	himines manniscunt.
integer ganz.	area chasto.	rex cuninc.

[1] Mehr kann mit sicherheit nicht gelesen werden. Was man bei der lesart »scintilin« für ein »i« hielt, ist durchschein; der letzte strich des »n« ein punkt.

[2] Scheint korrektur aus »thronus«, verschrieben statt »thorus«.

12

regina cuningin.	sanus hailer.	ubera tilo.
dux herizoho.	perfectus durohgoot.	mamilla tutto.
ducissa herizohin.	probatus cacostot.	babille tutten haubit
præses graue. s. 187.	stabilis static.	cor herza.
tribunus sculthaizeo.	malus ubiler.	iegor lebara.
centurius scario.	effeminatus uncusger.	pulmones lungunne.
uillicus ampaht.	statua manaliho.	stomahus mago. s. 192.
uilla dorf.	umbra stato.	umpiculo nabulo.
habitat puuuit.	membra lidi.	tronus stool.
seruus scalc.	coniunctura galaza.	celus himil.
ancella diu.	caput haupit.	sol sunna.
pastor hirti.	uertix scaitila.	luna mano.
index sonari.	testa ancha.	stellas sterron.
farisei artailta.	ceruellus hirni.	archus pogo.
puplicani suntiga.	oculos augun. s. 190.	gugernabes uuolcan.
coniuntio hiuuida.	nares nasa.	uulgor uunst.
uir uuer.	os mund.	uentus uuint.
con quena.	gula cela.	pluuia regan.
uirgo magad.	mandilla cinnipeini.	imber regan.
meretrix huore.	maxillares cinnizeni.	pluit reganot.
carta gahaltana.	mentus cinni.	nix sneo.
repudiata ungahaltana.	palatus goomo.	prvina hrifo.
uidia uuitua.	lingua zunga.	ros tau.
contaminata farlegana.	labia leffura.	æra luft.
sapiens uuizzo. s. 188.	supercilia opara prauua.	gutta tropfo.
scitus uuiser.	popus seha.	cellax [1]) triufit.
prudens froter.	facies uuanga.	glaties iis. s. 193.
fidelis holder.	aspectus gasiunu.	gelus frost.
firmus fasti,	uultus antluzi.	nebola nebul.
audax gaturstic.	capilli fahs.	turpines zui.
ropustus suel.	pilus har.	tenebre dinstri.
fortis starc.	collus hals. s. 191.	obscuris dinstar.
uirtus craft.	sanguis ploot.	lux leoht.
potestas maht.	uene plot=adra.	serenus haitar.
pulcher sconi.	ner adra.	radia scimo.
albus huuiz.	prachia arma.	clurus hlutar.
niger suuarz.	manus hant.	turbuli trobi.
fustus erpfer.	cumito elinpogo.	fugit scinit.
ruffus rooter.	umerus ahsla.	ascendit stigit.
ballidus ualauuer.	scapula hartin.	terra erda.
hamanus milter.	polix thumo.	humos molta.
mansuetus mitiuuari.	palma preta.	puluis stuppi.
modestus gaduadi. s. 189.	pugna fust.	arcilla laimo.
pudicus scamahaft.	pectus prust.	uirescit groit.

[1]) Es hat jemand absichtlich aus dem »c« ein »t« gemacht. nachdem wir die neue Tinte weggewaschen, erschien ein »c«.

arescit dorret.
erba gras.
arbores pauma.
ligna uuitu.   s. 194.
silua holz.
ermis uualt.
radix uurza.
radices uurzun.
scorzia rinta.
ramos æsti.
infidus urtriui.
inuidus abanstine.
iniquus nidic.
uiziosus arccustic.
auarus arger.
cupidus girer.
contumax uncusger.
elatus geeil. ¹)
superbus plooz.
fur deob.
raptor notnumeo.
lotro muuheo.   s. 195.
bifarius zuispreho.
carrulus chreho.
mendax luggeo.
intentiosus ainferi.
temporalis huuilin.
detractor bisprehho.
in— unhailer.
lebrosus uzseazeo.
stabia hruf.
ucatrix chuadilla.
ignominia urslaht.
plaga uuuta.
uulnus tolc.
fetet suuihhit.
populus ²) liuti.
plex irdisc.

deotia phasra.
generatio uuerah.
seculus itgart.   s. 196.
proles frameunft.
uicini gapara.
proquinti proximi.
parentes friunt.
tempus ziit.
annus iaar.
uer lenzin.
estas sumar.
autumnus herpist.
hiemis uuinta.
mensis mano.
ebdomata uuehha.
bisextus sclaltiar. ³)
tempestas scuur.
corruscatio pleccazen.
timor forhta.   s. 197.
tremor piped.
disciplina aigi.
possessio heeht.
lucrus gauuin.
mugit hloit.
boues ohson.
uaege choi.
uitulus calp.
taurus far.
fera teor.
siluaticus uuildi.
domesticus haimise.
singularis epur.
ceruus hiruz.
ursus pero.
lupus uuolf.
uulpes foha.
lepus haso.
mustella uuisula.

talbus scero.
fespertilia fredarmi. s. 198.
rana frosc.
uolatilia fleoganti.
eupile looc.
apes pini.
aquila aro.
accipiter hapuh.
curuus hram.
cecus plint.
mancus hamf.
claudus halzer.
hidpropecis lam.
lippus ainaugi.
farius feeh.
diuersus meslih.
torpur scanda.
contumilia honida.
increpatio gapulch.
rixa secce.   s. 199.
lites strita.
gippus sceleher.
ge'berusus houarehti.
caluus calauuer.
uerrug uuarza.
genitor fater.
genetrix moter.
nouerca steofmoter.
germanus proder.
germana suester.
cossofrenus gatuline.
cosina magin.
sotia gadofa.
tribus cumpurie.
genelogia cunni.
ligatus gabutan.
solutus antbuntan.
uenales fali.

---

¹) Die drei selbstlaute sind ganz in einander gehängt.

²) Die wörter sind folgender massen gestellt: populus
                                                       liuti   plex
                                                       irdisc
                                                      deotia   phasra
                                                     generatio
                                                     uuerah

³) Die drei ersten buchstaben sind so mit tinte in neuerer zeit bedeckt worden, dass nur noch das »s« mit einiger sicherheit erkannt wird.

14

emere caufen.	uuespa uuafsa.	cardelle zuuistilauinco.
uendere ficaufen.	cinon— —ge.	cicer baona.
dissociare intmahon.	scifes mizun. s. 201.	crus scena.
nolo uuille. s. 200.	tauan premo.	datica 2) uueual.
nolo niuuille.	stercur dost.	dedasculus meister.
pecunia scaz.	mucca hroz.	euastigio anspore. s. 204.
ouiu: cu:ti 1) ouues.	inmuntitia unhreini.	eriga egida.
gregies fihu.	ueritas uuar.	tendal:: fhlogreoft.
pecure scaf.	mendacium lugin.	essox lahs.
ouicula au.	prope nah.	eli di.
aries ram.	longe fer.	mosina donum.
agnus lamp.	mox nuua. s. 202.	examurs gernliho.
belat plazit.	inostrui mundri.	fofet formot.
—re gaizi.	indiga zeigo.	fulix g:::::o.
— — reret.	decipere pisuuihhan.	fungus suam.
hedi gizi.	seducere pitreogan.	fringilla uinco.
porci suuin.	eleuare arhafen.	fibra darm.
carrulat cirrit.	deponere instagen.	::ler hrusti.
equus hros.	nauiter ar::clihho.	crus cranuh.
hinnit huuaiiot.	n:mbus strom. s. 203.	gurgustium celur.
armentum hrind.	nubus scrauune.	gladiator cempheo.
miluus uuiio.	obligamentum gibuntilin.	gibulum galga.
nidus nest.	obbium haitar.	leciua lauga.
passer sparo.	colus uuollameit.	exta tharma.
musca fleoga.	cornicula caha.	bidendum scaffo.
gubrunes hornazza.	crecucusus gauh.	

s. 205. diruit   ualta
  adconsaa   zedemu   in
  stipite   stocca   insontem
  comebati   petulcum   unsunti
  hrustica   librate   unstilleun   proappri
  fomentat   gimezoner inormen   co.
  lahinot   trutinat ungamez   far
  non gestat uigit   indegenos   mero
  nicorota   molimina lantpuant
  conpella   telcorum 4)
  grooztun   natrun
  fraudauere gifr::::ta 3) phepis
  bitailit perpendicula   sun
       spre :

---

1) Der schreiber scheint schon an dieser stelle getilgt zu haben.   »ouues« steht gegen die hier festgehaltene ordnung in der teutschen reihe.

2) S. 1. 8, unten.

3) Schwerlich ist der 1. oder 3. buchstab ein »s«.

4) Der 3. und 5. buchstab nicht ganz sicher.

KERO'S
BENEDIKTINER-REGEL.

Handschrift 916. Jahrhundert VIII.

EINLEITUNG.

Kero's zeitalter wird allgemein unter den heiligen Othmar, der von 720 bis 759 als abt dem kloster St. Gallen vorstand, gesetzt. also *Chrisostomos Stipplin*, ein schriftsteller des siebzehnten jahrhunderts (Viri illustr. a St. P. N. Gallo ad Salamonem, b. 3. s. 45, im staatsarchive zu St. Gallen), welcher sagt: »Scripsit circa an. dom. 760«. damit stimmt der ihm gleichzeitige Goldast (II, 10): »Floruit sub Pipino Caroli M. patre et S. Othmaro Abbate«. ihm oder wahrscheinlicher derselben quelle schrieb *Jodokus Metzler* nach (De viris illustr. St. Galli libr. 1. cap. 56): »Floruit Pipini Caroli Magni patris et St. Othmari ævo«. dazu stimmt auch *Pius Kolb* in seinem verzeichnisse der handschriften th. 1. s. 367: »Kero monachus St. Galli tempore St. P. N. Othmari floruit circa annum Domini 760, ut antiquissimus quidam catalogus testatur. et cum ævo illo inter doctiores monachos recenseretur, et esset, id operis in se suscepit, ut rudioribus et linguæ Latinæ minus peritis monasticam vitam professuris succurreret, quo facilius legem nossent, secundum quam militarent, scilicet sacram regulam St. P. Benedicti et alia barbarice seu antiqua Theodisca interpretando. quo demum anno obierit nobis incompertum est«. Wir haben jenem alten »catalogus« in der stiftsbibliothek und in dem staatsarchive nachgeforscht, denselben aber nicht auffinden können. dagegen steht hinter der aus Stipplin angeführten stelle ein »Catalogus Monachorum sub St. Othmaro professorum«, doch begegnet man darin dem namen »Kero« nicht. auch Arx scheint jenen »catalogus« nicht mehr gekannt zu haben, denn nirgends, selbst nicht in seinen »Geschichten des Kantons St. Gallen«, spricht er von dem zeitalter des Kero. das

alter der handschrift setzt er in seinem verzeichnisse in das neunte
jahrhundert, und bestimmt in derselben selbst die zeit noch genauer, indem
er sagt: »codice isto citra 830 scripto«. den grund, worauf sich diese
so bestimmte angabe stützt, haben wir nicht entdecken können. das ist
es, was wir über das zeitalter Kero's aufzufinden vermocht; wir bemerken
nur noch, dass Kolb in seinen angaben genau und zuverlässig zu sein
pflegt. andere zeugnisse, wie *Neugart's* in seinem »Episcopat. Constant.«
b. 1. s. 161, oder *Gerbert's* in seinem »Itinerar. Alemannic.« s. 106 (lat.
ausgabe vom jahr 1773) wollten wir nicht anführen, da sie wahrscheinlich ihre nachrichten aus den genannten quellen entnommen haben.

Ebensowenig konnten wir mit gewissheit ermitteln, ob wirklich Kero
der übersetzer der Benediktiner-regel gewesen. Arx sagt in der handschrift: »Keroni constanter patres nostri adscribunt Teutonicam hujus
codicis translationem, inducti haud dubie testimonio alicujus codicis, qui
jam desideratur, fortasse unius eorum, qui 1768 in conflagratione monasterii St. Blasii perierunt«. bestimmter spricht wieder Kolb (ebend.
s. 542): »An vero Kero, qui sub D. Othmaro professus fuerat, *sicut
translator regulæ*, ita et scriptor hujus aut prioris codicis exstiterit, haud
facile definierim«. *Metzler* und *Stipplin* schreiben ihm ebenfalls diese
übersetzung zu; letzterer nennt ihn überdies einen »scriptor ditissimus«.

Mit dieser angabe Stipplin's stimmt es dann, wenn Keroen von
denselben gewährsmännern folgende werke zugeschrieben werden:

a. die zwischenzeilige übersetzung der regel des heiligen Benedikt,
handschrift 916, deren abdruck wir nachfolgend geben;

b. eine handschrift, welche Kolb b. 1. s. 540 also beschreibt: »M. n. 26
ex sæculo 8vo in 8vo. M. membr. Antiquissimo præfati sæculi
charactere exarata est, manu fortasse ipsius Keronis nostri, monachi
St. Galli«. sie enthielt: 1. eine »Interpretatio antiquo-Theodisca
prologo superinscripta«; — 2. ein »breve martyrologium«; —
3. »Keronis hymnus »»æterne rerum conditor«« etc., quem tempore hiemali ad laudes canimus, barbarice redditus. Item ejusdem
sermonis barbarici seu Alemannici confessio fidei«. ebend. s. 368.
von letzterer arbeit Kero's spricht er auch seite 538 mit den
worten: »Item varii hymni ecclesiastici de tempore. Item preces
in veteri lingua Theodisca«, und jenes »martyrologium« nennt er
b. 2. s. 95 »brevissimum et antiquissimum«;

c. handschrift 911, das s. g. »Vocabularium Keronis«. Kolb beschreibt
dieselbe also: »M. n. 22. Ex sæculo 8vo. in 8vo majori membr.

Ejusdem glossæ in vetus testamentum. Hæc tamen aliud non sunt quam explicatio Theodisca vocabulorum St. scripturæ, facta in gratiam Latini sermonis ignorantium monachorum. — In fine habetur eadem lingua Oratio dominica et Symbolum apostolicum«.

Nach dieser handschrift will Kolb noch ein viertes werk Kero's beschreiben, bricht aber nach den worten »In 8vo membr. ex sæculo itidem 8vo« ab und lässt einen freien raum. nach ihm werden also Keroen drei oder vier arbeiten beigelegt. sehen wir noch, was uns Goldast in seinem »Rerum Alamannicarum scriptores«, abth. 2. s. 69 berichtet. seine worte »Interpretatio hæc non quidem eo ordine perscripta est in vetustissima illa membrana, quæ S. Galli in Bibliotheca D. Magni asservatur, in quem nos eam commodioris vsus causa redegimus, sed ἀναλφαβήτως et confusim, ut quæque vox prima occurrit in Regula, ita explicatur« sind zwar immer so verstanden worden, als habe Goldast die noch vorhandene keronische übersetzung der Benediktiner-regel in alphabetische ordnung gebracht; jeder wird aber gestehen müssen, dass, wie Goldast in diesem falle von einer fortlaufenden übersetzung gesprochen, der ausdruck sehr ungeschickt gewählt ist. ein vergleich beider kann jedoch, da dieselben jedenfalls einer und derselben urquelle entsprungen sind, zu keinem sichern ergebniss führen, denn übereinstimmung und abweichung lässt sich leicht anders begreifen. Goldast fährt sodann fort: »Scripsit præterea confessionem fidei eodem Alemannico sermone, et brevem Expositionem in Orationem Dominicam. Uterque libellus exstat in Bibliotheca Schobingerorum S. Galli, commendabiliores antiquitate verborum quam intellectus facilitate«. im jahre 1530 kauften die bürger der stadt St. Gallen von denen von Zürich und Glarus, in deren gewalt das stift St. Gallen in den unruhigen zeiten der glaubensänderung gefallen war, die bibliothek des letztern nebst anderem. durch den vertrag des folgenden jahres waren sie jedoch gehalten das erkaufte wieder heraus zu geben. manches blieb zurück, manches gerieth in die hände von privaten. daher konnten noch bücher des stiftes in der bibliothek bei der kirche des heiligen Magnus und in der der Schobinger sein. man suchte sie zwar später durch kauf und auf andere weise wieder zurückzubringen, aber nicht bei allen ist es gelungen und Kero's namen findet sich unter den genannten nicht. kommen wir zum schlusse. Goldastens worte müssen von drei keronischen büchern verstanden werden, von denen die beiden letzteren zum wenigsten mit den früher genannten nicht zusammenfallen. je nachdem man sich nun zu einer meinung hingezogen fühlt, wird sich die anzahl der angeblich keronischen werke auf fünf, sechs oder sieben stellen. an diesen zahlen wird nichts geändert, wenn wir auch später dem verfasser der zwischenzeiligen übersetzung der Benediktiner-regel das wörterbuch der handschrift 911 absprechen müssen; denn dass derselbe irgend ein wörterbuch geschrieben, daran darf, weil darin alle nachrichten übereinstimmen, nicht gezweifelt werden.

Unsere handschrift ist also aus dem achten oder neunten jahrhundert, in octav, auf ziemlichem pergament. seitenzahl 170, worauf noch ein blatt folgt, das ursprünglich nicht dazu gehörte. die erste seite ist mit papier überpappt, war aber nicht beschrieben; die zweite beginnt mit »Incipiunt capitula«. sie enthält ausser der Benediktiner-regel und ihrer zwischenzeiligen übersetzung einen theil einer augustinischen homilie, s. 159; sprüche des heiligen Augustin, s. 162; eine anleitung zur beicht, s. 166, mit der randbemerkung »Othmarus ad discipulos«, welche jedoch vielleicht erst im siebzehnten jahrhundert hinzugefügt worden ist. von der übersetzung sagt Arx in der handschrift selbst: »Regula St. Benedicti cum versione Germanica *coæva*«. die schrift neigt sich zur karolingischen.

Unsere handschrift hat bis jetzt nur einen abdruck erfahren in Schilters »Thesaurus antiquitatum Teutonicarum«, b. 1. von Goldast siehe oben. die vergleichung der lesarten in Graff's »Diutisca«, b. 3. s. 198 ist nicht glücklich. Wie es scheint gibt es gegenwärtig mehrere abschriften, denn Arx sagt in seinen bemerkungen in der handschrift: »Codex — — per D. von der Hagen, Lachmann, Schmeller, Graff etc. iterum iterumque collatus, descriptus«.

Ueber die handschrift und die art und weise unserer behandlung müssen wir folgende bemerkungen machen.

Die *absätze* gehören dem herausgeber an; nur wenige finden sich schon in der handschrift. *Unterscheidungszeichen* sind im teutschen texte eigentlich keine, im lateinischen ein punkt mit einem aufwärts oder abwärts gehenden striche; letzteres ist das grössere zeichen. die anwendung geschieht ziemlich richtig; nur fehlt manchmahl der begleitende strich. leicht ist aber die entscheidung, weil auf das grössere zeichen in der regel ein grosser anfangsbuchstabe folgt. wir haben jenes grössere zeichen durch den entsprechenden strichpunkt, das kleinere durch den beistrich wieder gegeben. Im teutschen texte finden sich öfters eine menge punkte, wie es scheint zur abtheilung der wörter, doch öfters ohne grosse noth hinzugefügt, wie zu ende der seite neun, öfters mangelnd, wo sie nöthiger wären. *Auflösungen*, wie in der allgemeinen einleitung angegeben. für den teutschen text müssen wir aber noch bemerken, dass, vorzüglich von s. 48 an, die wörter in dem originale häufig nicht mehr ausgeschrieben sind; gewöhnlich ist nur die endung übersetzt. wir haben den fehlenden theil ergänzt und im drucke durch kleinere schrift bezeichnet. Schilter hat seine ergänzungen erst von s. 48 an hervorgehoben und nicht immer genau. angezeigte abkürzungen sind ebenfalls wie gewöhnlich behandelt. mangelt die auflösung einer abkürzung im lateinischen texte, wird die ursache klar vorliegen, wie z. b. bei »om' t're« auf seite 8 der handschrift, wo wir mit der übersetzung in widerspruch gerathen wären.

Nichts hat uns mehr mühe verursacht unseren objektiven standpunkt zu behaupten als wörter, welche möglicher weise eine zusammensetzung bilden. unser teutsch ist übergeschrieben: daher lässt sich erwarten, dass dem übersetzer nicht immer bequemer raum zu gebote stand; vielmehr sind wörter und worttheile häufig genug ungebührlicher weise getrennt oder zusammengeschrieben. prüft man zwar die handschrift genau; so wird man finden, dass in vielen fällen nicht willkür oder ungeschicklichkeit oder unachtsamkeit des schreibers die schuld trägt, sondern entweder die enge des raumes, die ihn zwang seine wörter zusammenzuhängen, oder dass, was noch weit häufiger ist, vom lateinischen texte buchstaben und abkürzungszeichen aufsteigen und die verbindung hindern. schriebe nun unser übersetzer in dieser hinsicht sonst genau und gleichmässig, so wäre bald ein objektiver entscheidungsgrund gefunden. dies ist aber nicht der fall, und dazu kömmt noch, dass Kero silbenabtheilung liebt, die jedoch, wo umstände nicht hindern, geringeren zwischenraumes als die wortabtheilung ist. dadurch aber, dass der raum selbst wieder durch den raum und anderes — so hat es Keroen öfters, wenn teutsche zusammensetzungen geringeren umfanges lateinischen zusammensetzungen grösseren umfanges entsprechen, beliebt, die einzelnen theile über einander zu setzen — wird dem herausgeber in vielen fällen auch das letzte entscheidende merkmahl abgeschnitten; wohlan unsere verfahrungsweise! wir haben drei fälle unterschieden: erstens; offenbare theile eines wortes sind getrennt, z. b. auf seite 8 »pibo-to, hebi-t, tr-vhti-nan, uuell-emes« u. s. w. ihre verbindung scheint die diplomatische treue nicht zu verletzen; — zweitens; zwei wörter sind zusammengeschrieben, welche offenbar keine zusammensetzung sind, wie z. b. auf seite 8 »derovvihono«, s. 10 »vvelagochind«, s. 11 »deslibes«. ihre trennung wird auch keinen tadel erfahren; — drittens; zwei wörter sind getrennt, welche möglicher weise eine zusammensetzung bilden. der herausgeber musste hier sein subjektives wissen oder glauben um so ferner halten, als er zur überzeugung gekommen, dass Kero manches als zusammensetzung betrachtet, das sonst gewöhnlich nicht dafür gilt. so möchte vielleicht bei »ni« weiter geschritten werden müssen, als dies die grimmische grammatik thut. der herausgeber hat nun in diesem falle: erstens, wo die handschrift zusammenschreibt, ebenfalls zusammengeschrieben; zweitens, wo die handschrift trennt, ebenfalls getrennt; drittens, wo die handschrift wegen äusserer hinderung trennte, ebenfalls getrennt und das bindezeichen (=) zwischengeschoben, und endlich viertens, wo der trennende raum kein urtheil erlaubte, getrennt und den trennungsstrich (-) eingefügt. von dieser verfahrungsweise sind wir jedoch bei partikeln, die ausser der zusammensetzung nicht mehr vorkommen, abgewichen, so wie auch bei solchen redetheilen, wo der fall einer nichtzusammensetzung nicht denkbar ist, wie bei nennwörtern mit vorwörtern, z. b. »untarstuntu« auf seite 52, wo die handschrift »untar stuntu« bietet. dass wir in einzelnen fällen nicht weiter gegangen sind, darf uns nicht leicht jemand zum vorwurf machen, denn die gränze ist nicht leicht zu ziehen. Schliesslich müssen wir noch einer folge der silbentrennung erwähnen. diese ist verdoppelung des buchstabens, z. b. kern=nissu (s. 70), fleisc=co (s. 95), kiduruft=tigot (s. 120); doch ist dieser fall nicht häufig. ein beispiel, das wir beobachteten, »uuidaret=tragan« auf seite 78, beweist für zusammensetzung.

In betreff der schrift müssen wir die form einiger buchstaben erklären. Das »o« ist mit zwei strichen gemacht, aus zwei bogen zusammengesetzt. greifen nun die enden nicht recht in einander, so nähert es sich der form des jetzigen »a«, manchmal im höchsten grade, wie seite 8 in »eocouuelihera«. es kann aber nie zweifel walten, denn »a« ist entweder aus zwei völligen »c« zusammengesetzt, so dass, wenn noch ein »c« hinzukömmt, man »ac« und »ca« lesen kann; oder es ist das »a« des jetzigen druckes, mehr oder minder vollkommen ausgeführt. karakteristisch ist der nach der linken gehende einbug in der mitte des rechten striches. dadurch ist »a«, fehlt gleich manchmahl die obere oder untere krümmung des besprochenen striches, gegen jede verwechslung mit dem schlecht gezogenen »o« gesichert. will man diesen einbug, der höchstens in eine gerade linie ausarten kann, nicht als karakteristisches kennzeichen gelten lassen, so muss man s. 90, letzte zeile, »altera« statt »altero« lesen, und s. 99 »pifalahanemu« statt »pifolahanemu«. die erst beschriebene form des »a« findet sich weit häufiger im lateinischen als im teutschen texte. Schwieriger ist von unserem jetzigen geschriebenen »a« das »u« zu unterscheiden. sein erster theil ist oft ein völliges »c«, und somit die form des »a« vorhanden. desshalb lesen auch Schilter und andere öfters »durah« und »trahtin« statt des allein vorkommenden »duruh« und »truhtin«. eine verwechslung ist aber nicht möglich, wenn man nicht vergisst, dass das »a« der handschrift aus zwei völligen »c« zusammengesetzt ist. Noch auf andere weise ist »u« verkannt worden; daher bei Schilter und andern »durih« und »trihtin«. diese verwechslung kömmt nur nach »r« vor. dieser buchstab hat einen langen gekrümmten schweif, wodurch es sich auch von dem »s« unterscheidet. soll ein »u« folgen, wird jener schweif herabgezogen und muss den ersten theil des »u« vertreten. Die zeichen »u« und »v«, einfach und doppelt, werden ohne unterschied gebrauuht; jenes überwiegt jedoch. überhaupt ist »v« erst im entstehen und beide zeichen oft schwer zu unterscheiden. wir folgten nachstehender regel: die schiefe richtung des ersten striches gibt noch nicht das zeichen »v«; zu diesem ist nöthig, dass auch der zweite strich schiefe stellung habe. diese unterscheidung wird jeder billigen, der sich die handschrift genauer ansieht.

Verbesserungen im lateinischen texte sind öfters so beschaffen, dass zwar buchstaben und wörter ausgekratzt, doch die alte lesart noch erkenntlich ist. ist nun eine verbesserung jünger als die übersetzung, was man aus der übersetzung erkennt, so ist die ursprüngliche lesart aufgenommen, wie z. b. auf s. 8 »sic fugientes«, wo das »c« getilgt, doch noch gut erkenntlich ist. jüngere verbesserungen, besonders werthlose, wie z. b. auf s. 39 »sed quod« nach »miserabilius super me«, haben wir in der regel unbeachtet gelassen, doch konnten wir sie wegen unserer vorgänger öfters nicht ganz umgehen. Wir bezeichnen mit »1 h.« den schreiber der handschrift, mit »2 h.« den übersetzer, mit »3 h.« jeden späteren verbesserer.

Arx hat — s. oben — die meinung ausgesprochen, dass lateinischer text und teutsche übersetzung gleichzeitig seien. dies darf nicht so verstanden werden, als rührten beide von einem manne her. wir erkennen einen beweiss dafür in dem umstande, dass sich im lateinischen texte kein einziges »v« findet, dagegen in solchen lateinischen verbesserungen, welche ohne zweifel, wie man aus der farbe der tinte und der handschrift erkennen kann, von dem übersetzer herrühren. Zuweit darf man aber in der beweissführung mit der farbe der tinte nicht gehen; denn die lateinische schrift, viel grösser und stärker, konnte die farbe leichter wahren, als die kleinere und feinere teutsche. Auch was über die eine und die andere a-form gesagt worden ist, kann einiger massen für die verschiedenheit der personen des lateinschreibers und des übersetzers geltend gemacht werden. des weitern hat sich die erste hand öfters korrigirt, jedoch erst nach der teutschen übersetzung. durch die tilgung der alten lesart ist dann auch oft diese geschädiget und nicht wieder ersetzt, wie z. b. auf s. 45 bei dem worte »patientiam«. daraus muss man, wie den schluss der gleichzeitigkeit, so auch den der verschiedenheit beider personen ziehen. verbesserungen, wo sich die erste hand sehr deutlich erkennen lässt, und wobei die teutsche übersetzung mit getilgt wurde, finden sich auf s. 48 in den beiden letzten zeilen. wir dürfen kaum bemerken, dass dann solche verbesserungen erster hand, welche nach der übersetzung gemacht sind, öfters einen abstand in die übersetzung von dem lateinischen texte bringen; desshalb die bemerkungen »K. 1 h.« nicht überflüssig erscheinen dürften.

Obgleich wir schon zweimahl für uns grösseres vertrauen in anspruch genommen haben, gegenüber frühern herausgebern, so müssen wir doch noch einmahl auf diesen punkt zurückkommen. sehr zu misstrauen ist, wenn Schilter eine lesart durch eine anmerkung bestättigt. wir können uns diese auffallende erscheinung nicht anders erklären, als dadurch, dass abschrift und noten zwei verschiedenen personen angehören, und dass der notenschreiber nur die wirkliche oder vermeinte lesart der ihm vorliegenden *abschrift* bestättigte. so lies't man auf s. 11 und 14 das wort »truht—« sehr deutlich, und doch bekräftigt Schilter seine falschen lesarten »trahtine« und »trihtinan« durch eine note. so ist auch auf s. 14 »kangames« statt »scangames« zu lesen. der schreiber hatte nemlich zuerst ein »c« geschrieben und dann daraus ein »k« gemacht. und wenn Schilter auf s. 7 »sine hypocrisi intimoris« lies't und bemerkt »latet error«, so hat er den irrthum begangen, indem er die zusammengeschriebenen worte unrichtig abtheilte und überdies das »i« verdoppelte, denn es heisst »sine hypocrisin timoris«.

Schwer sind manche verstösse bei Graff zu erklären, wenn er z. b. Diutisca b. 3. s. 199 zu s. 16a z. 16 behauptet, dass vor »mandatorum« noch ein »via« stehe. von diesem »via« ist auch kein punkt zu finden. sein »predigii« dagegen auf s. 15 der handschrift ist dadurch entstanden, dass derselbe jenes »pre« aus dem lateinischen texte herausgenommen hat. Einzelnes andere dagegen ist schreibfehler des übersetzers, z. b.

»sua« im teutschen texte auf s. 14; dessgleichen ebendaselbst »picurte« statt »picurtem«; auf s. 48 »h« als übersetzung von »sit«.

Die kapitel sind im originale erst vom neunzehnten an mit ziffern versehen.

Der eigentlichen regel geht eine vorrede voran, die in den ausgaben in sieben kapitel getheilt und überdies anders geordnet ist als in unserer handschrift.

Ordnung der ausgaben.	*Seitenzahl der handschrift.*
1. Ausculta, o fili	10;
2. Exsurgamus ergo	12;
3. Et quærens Dominus	13;
4. Sed interrogemus cum	14;
5. Qui timentes Dominum	15;
6. Ideo nobis propter	16;
dazu gehört noch »Ergo præparanda« bis »quod in perpetuum nobis expediat«	8;
7. Constituenda est ergo	8;

dann findet sich auf s. 9 und 10 unserer handschrift noch ein abschnitt, der in den lateinischen ausgaben mangelt, von den worten »Qui leni jugo« bis »manet in æternum. Amen«. über diese stelle mögen die »Annales Ordinis St. Benedicti« von Mabillon, b. 1, s. 143, verglichen werden. an ein verbinden der blätter unserer handschrift darf nicht gedacht werden.

Die seitenzahl der handschrift ist mit arabischen, die seitenzahl bei Schilter mit römischen ziffern wiedergegeben.

INCIPIUNT CAPITULA. *)

I. De generibus monachorum.
II. Qualis debet esse abbas.
III. De adhibentis ad consilium fratribus.
IIII. Quæ sunt instrumenta bonorum operum.
V. De obœdientia.
VI. De taciturnitate.
VII. De humilitate.
VIII. De officiis diuinis in noctibus.
VIIII. Quanti psalmi dicendi sunt nocturnis horis.
X. Qualiter estatis tempore agatur nocturna laus.
XI. Qualiter dominicis diebus uigiliæ agantur.
XII. Qualiter matutinorum solemnitas agatur.
XIII. Priuatis diebus qualiter matutini agantur.
XIIII. In nataliciis sanctorum qualiter uigiliæ agantur.
XV. Alleluia quibus temporibus dicatur.
XVI. Qualiter diuina opera per diem agatur.
XVII. Quanti psalmi per easdem horas dicendi sunt.
XVIII. Quo ordine ipsi psalmi dicendi sunt. **)
XVIIII. De disciplina psallendi.
XX. De reuerentia orationis.
XXI. De decanis monasterii quales debeant esse.
XXII. Quomodo dormiant monachi.
XXIII. De excommunicatione culparum.
XXIIII. Qualis debeat esse modus excommunicationis.

---
*) 2. XIII.   **) 3.

XXV. De grauioribus culpis.
XXVI. De his qui sine iussione iungantur excommunicationis.
XXVII. Qualiter debeat abbas sollicitus esse circa excommunicatis.
XXVIII. De his qui sepius correpti emendare noluerint.
XXVIIII. Si debant iterum recipi fratres excuntes de monasterio.
XXX. Pueri minore etate qualiter corripiantur.
XXXI. De cellario monasterio.
XXXII. De ferramentis uel rebus monasterii.
XXXIII. Si quid debeant monachi proprium habere. *)
XXXIIII. Si omnes æqualiter debeant necessaria accipere.
XXXV. De septimanariis coquine.
XXXVI. De infirmis fratribus. **)
XXXVII. De senibus uel infantibus.
XXXVIII. De ebdomadario lectore.
XXXVIIII. De mensura cybi.
XL. De mensura potus.
XLI. Quibus horis oportet reficere fratres.
XLII. Ut post completurium nemo loquatur.
XLIII. De his qui ad opus dei uel ad mensam tarde occurrunt.
XLIIII. De his qui excommunicantur quomodo satisfaciant.
XLV. De his qui falluntur in oratorio.
XLVI. De his qui in aliquibus leuibus rebus delinquunt.
XLVII. De significanda hora operis dei.
XLVIII. De opera manuum cotidianum.
XLVIIII. De quadraginsime obseruatione.
L. De fratribus qui longe ab oratorio operant. ***)
LI. De fratribus qui non longa satis proficiscuntur.
LII. De oratorio monasterii.
LIII. De hospitibus suscipientes.
LIIII. Ut non debeant monachi euglogias suscipere.
LV. De uestiariis uel calciariis fratrum.
LVI. De mensa abbatis.
LVII. De artificibus monasterii.
LVIII. De ordine suscipiendorum fratrum.
LVIIII. De filiis nobilium uel pauperum.
LX. De sacerdotibus qui in monasterio habitare uoluerint.

*) 4.   **) XIV.   ***) 5.

LXI. De monachis peregrinis.
LXII. De sacerdotibus monasterii.
LXIII. De ordinis congregationis.
LXIIII. De ordinando abbate.
LXV. De preposito.
LXVI. De hostiariis monasterii. *)
LXVII. De fratribus in uia directis.
LXVIII. Si fratri inpossibilia iniunguntur.
LXVIIII. Ut in monasterio non presumat alter alium defendere.
LXX. Ut non præsumat quisquam alium cedere aut excommunicare.
LXXI. Ut obœdientes sibi sint inuicem fratres.
LXXII. De zelo bono quod debent monachi habere.
LXXIII. De hoc quod nomen iustitie obseruatio in hac sit regula constituta.

DE MORIBUS PERFECTIONIS. **)

Fides cum opera. Desiderium cum perseuerantia. Modestia cum diligentia. Castitas cum humilitate. Jeiunium cum temperantia. †) Paupertas cum largitate. Silencium cum locutione. Dispensatio cum æqualitate. Sustinentia sine odio. Abstinentia cum temperantia. Zelum sine asperitate. Mansuetudo cum iusticia. Confidentia sine trepiditate. Confessio sine excusatione. Doctrina cum adimplicione. Ascensio sine discensione. Humile contra altum. Actio sine murmoratione. Simplicitas cum prudentia. Humilitas sine adolatione. Christianitas sine hypocrisin timoris. Cuncti continentur inperfecti in perfectione. Tunc perfectus est homo, quando plenus est caritate.

††)Ergo preparanda sunt corda nostra et corpora, sanctæ præceptorum obœdientiæ militanda; Et quod minus habet in nos natura possibile, rogemus dominum ut gratiæ suæ adibeat nobis adiutorium om' t're; ¹)	kenuisso zekarauuenne sint herzun vnseriv indi lihhamun dero vvihono piboto dera horsamii zechamfanne indi daz min hebit in uns chnuat samftes pittames trvhtinan daz dera cnsti sinera zua-tue vns helfa cocouuelihera erda

¹) Unter »tre«, dem letzten worte der linie — und über »pœnas«, dem letzten worte der folgenden linie — findet sich die ungeschickte glosse »ministra«.

*) 6. **) XV. †) 7. ††) 8.

29

Et sic fugientes gehenne pœnas, ad uitam uolumus peruenire perpetuam; Dum adhuc uacat et in hoc corpore sumus, et hæc omnia per hanc lucis uitam uacat implere, currendum et agendum modo est, quod in perpetuum nobis expediat;

Constituenda est ergo a nobis dominici scola seruitii, in qua institutione, nihil asperum,*) nihil graue nos constituturos speramus;

Sed et si quid paulolum restrictius, dictante æquitatis ratione propter**) emendationem uitiorum, uel conuersacionem[1]) caritatis processerit, Non ilico pauore perterritus fugias uiam salutis, quæ non est, nisi angusto itenere [2]) incipienda;

Processu uero conuersationis et fidei dilatuto corde inenarrabili dilectionis dulcidine curritur mandatorum dei, ut ab ipsius notitiam magisterio discentes [3]) in eius doctrina usque ad mortem in monasterio perseuerantes passionibus christi per patientiam participemus, ut regni eius mereamur esse consortes; amen

Qui leni iugo christi colla submittere ***) cupis regulæ sponte,

indi so fliohente dera hella vvizzi ze libe uuellemes duruhqhuueman euuikemv denne nu-noh muazzot indi in desemv lihhamin pirumes indi desiu alliu duruh desan leoht lib muazzo eruullan zehlauffanne indi zetuenne nu ist daz in euuin vns piderbit

zekesezzenne ist keuuisso . fona uns dera truhtinlihhun . scuala . dera deonosti . in deru kesezzidu neovveht sarfes neo-uueht suuarre vns kesezzente uuannemes

uzzan iohauh . ibu huuaz luzziles keduunganor dictetemv des rehtes rediun duruh puazza achustio edeo des libes minna fram-kange nalles sar [4]) erflaucter forahtun fleohes uuec dera heilii daz nist uzzan enkemv sinde zepekinnanne

fram-kanc *kevvisso* des libes indi dera kilauba . kepreittemv herzin unerrahhotlihhera minna dera svazzi si kehlaufan kepoto cotes daz fona siin selbes chundidv meistartuam lirnente in sineru leru unzin ze tode in munistre duruh-uuonente dolungono christes duruh kedult teilnemen daz rihhes sine kearnecm uuesan ebanlozzon.

du demu slehtin . iohhe cristes . halsa . untarleccan keros rehtungu

---

[1]) K. »*consersacionem*«. 1. h.

[2]) Rg. »*inicio*«. 3. h.

[3]) Zu »*discentes*« die k. »*nunquam discedentes*«. ferner ist »*notitiam*« durch punkte getilgt. 3. h.

[4]) An dieser stelle hat »*sar*« das einzige mahl einen feinen strich über sich.

*) 9.   **) XVI.   ***) 10.

da mentem dulcis, ut capias mella;
Hic testamenti ueteris, nouique
cuncta doctrina; Hic ordo diuinus;
Hic castissima uita, hocque benedictus pater constituit sacrum uolumen; hæcque mandauit, suis seruare alumnis; Simplicius christique
minister magistri latens opus propagauit in omnes; Una tamen mercis
utroque manet in æternum; amen

Ausculta o fili precepta magistri,
et inclina aurem cordis tui, et admonitionem pii patris, libenter excipe, et efficaciter comple; Ut ad
eum per obœdientæ laborem redeas, *) a quo per inobœdientiæ
desidiam recesseras;

Ad te ergo nunc mihi sermo dirigitur, quisquis abrenuntians probriis uoluntatibus domino christo
uero regi militaturus obœdientiæ
fortissima atque preclara arma adsumis;

In primis ut quicquid agendum
inchoas bonum ab eo perfici, instantissima oratione deposcas; Ut
qui nos iam in filiorum, dignatus
est numero conputare, non debet
aliquando de malis actibus nostris
contristari;

Ita enim ei omni tempore de
bonis suis in nobis parendum est;
Ut non solum iratus **) pater suos,
non aliquando filios ***) exheredet,
sed nec ut metuendus dominus

selpuuillin kib muat suazzan daz
nemes honec hiar dera altun euua
ioh dera niuun alliu lera hiar antreitii cotehundiv biar hreinisto lib
indi den keuuihter fater kesazta
uuiho puah indi desv kepot sinem
haltan chindum . . . . indi christes ambaht des meistartuames . midanti . vverach . fram-erblot in alle
einaz duuidaro loon ioh-pedero uuonet in euuin

hlose uuelago chind pibot des
meistres indi kehneigi oora des herzin dines indi zemanungu des eerhaftin fateres cernlihho intfah indi
huuaslihho erfulli daz zeinan duruh
horsamii arabeit huuarabes fona
demv . duruh unhorsamii slaffii keliti

ze dih *kervisso* nu mir uuort ist
kerihtit sohuuerso farsahhanti eikaneem uuillom truhtine criste vvaremv
chuninge chamfanter dera horsamii
starchistun indi-ioh fora-perahtida
vvaffan zua-nimis

az erist daz sohuuazso zetuanne
pikinnes cuates fona imv . duruhtan
anastantantlihhostin kepete pittes daz
der unsih giv in chindo keuuerdonter ist ruaua kezellan ni scal eddesuuenne fona ubilem tatim unserem
keunfreuuit uuesan .

so *kervisso* imv eocouueliheru citi
fona cuatum sinem in uns zekarauuenne ist . daz nalles einin erpolganer fater siniv nalles eonaldre
chinder vrerebe uzzan daz forah-

---

*) 11. **) XVII. ***) 12.

inritatus a malis nostris, ut nequissimos seruos perpetuam tradat ad pœnam, qui eum sequi noluerint ad gloriam;

Exsurgamus ergo tandem aliquando excitante nos scriptura ac dicente; hora est iam nos de somno surgere;

Et apertis oculis nostris ad deificum lumen adtonitis auribus audiamus diuina cottidie clamans; quid nos ammonet uox dicens; hodie si uocem eius audieritis, nolite obdurare corda uestra;

Et iterum, qui habet aures audiendi audiat, quid spiritus dicat ecclesiis; Et quid dicit, uenite filii audite me timorem domini docebo uos; Currite dum *) lumen uitæ habetis, ne tenebre mortis uos coprehendant;

Et querens dominus in multitudine populi, cui hec clamet operarium suum, Iterum dicit; Quis est homo qui uult uitam, et cupit uidere dies bonos;

Quod si tu audiens respondeas; Ego, dicit tibi deus; Si uis habere ueram et perpetuam uitam; proibe linguam tuam a malo, et labia tua ne loquantur dolum; Diuerte a malo et fac bonum, inquire pacem et persequere eam; Et cum hæc feceritis, oculi mei semper super uos, et aures meæ ad preces vestras, et

tanter truhtin kecremiter sona ubilum unsereem so uuirsiston scalcha euuic selle ze uuizze die inan folgen ni-uuolton ze tiuridu

erstantames *keuuisso* eddesuuenne eruuechenteru unsih kescrifti ioh qhuedenteru ciit ist giv uns sona slaffe zestanne

indi intlohhaneem augom unsere*m* ze cotchundemu leohte zua-luustrenteem oorom horrames cotchundida tagalihhin qhuuedenti huuaz unsih zua-manoot stimma qhuedenti hiutv ibu stim*m*a sina hoorreet-ir nichvriit furi-hertan herza iuueriv

indi auur der eigi oorun horendo hoorre huuaz keist qhuede samanungu indi huuaz qhuidit qhuemat suni hoorrat mih forahtun truhtines leru iuuih hlauffat denne leoht des libes eigiit-ir min finstrii des todes euuih pifahe

indi suahhanti truhtin in managii liuteo huuemv deisu haret uuerachman sinan auur qhuidit hvuer ist man der uuili lib indi keroot sehan taga cuate

daz ibu du hoorres antuurti ih qhuuidit dir cot ibu uuili haben vveran indi euuigan liib piuueri zungun dineru fona ubile indi lefsa dina min sprehhen seer kihuuerebi fona ubile indi tua cuat suahhi fridv indi kefolge den indi denne desiv tuectir augun miniu simblu*m* ubar iuuih indi ooron miniu ze kepetum

*) 13.

antequam me inuocetis, Dicam uobis, ecce adsum;

Quid dulcius nobis ab hac uoce domini inuitantis nos fratres *) karissimi, ecce pietate sua demonstrat nobis dominus uiam uitæ;

Succinctis ergo fide uel obseruantia bonorum actuum lumbis nostris, et calciatis in preparatione euangelii pacis, pedibus pergamus itinera eius ut mereamur eum qui nos uocauit in regno suo uidere;

in cuis regni tabernaculo si uolumus habitare, nisi illuc bonis actibus curratur minime peruenitur;

Sed interrogemus cum propheta dominum dicentes ei; Domine quis habitabit in tabernaculo tuo, aut quis requiescit in monte sancto tuo;

Post hanc interrogationem fratres audiamus dominum respondentem et **) ostendentem nobis uiam ipsius tabernaculi dicens;

Qui ingreditur sine macula et operatur ***) iustitiam, qui loquitur neritatem in corde suo, qui non egit dolum in lingua sua, qui non fecit proximo suo malum, qui obprobrium non accepit aduersus proximum suum, qui malignum diabolum aliqua suadente sibi cum ipsa suasione sua a conspectibus cordis sui respuens deduxit ad nihilum et

iuuereem indi er=denne mih kenemmeet qhuidu iu se az-pim

huuaz suazzira vns fona deseru stim*m*v truhtines keladantes vnsih pruadra tiuristun see dera gnada sua keaugit vns truhtin vvec des libes

picurte *kevvisso* dera kilauba edo kihaltidv cuatero tatio lanchom vnsereem indi kescuahte in garauuidu des cuatchundin fridoo fuazzum kaugames sinda sine kearneem inan der unsih ladoot in rihhe sinemv sehan

in des rihhes huse ibu uuellemes puan uzzan dara cuateem tatim si kehlauffan min duruh-qhueman

uzzan frahemees mit forasakvn truhtinan qhuedentes imv truhtin huuer puit in selidun dineru edo huuer kerestit in perege uuihemu dinemu .

after deseru antfrahidu pruadra hoorremees truhtinan antlengantan indi augantan vns vvec desselbin huses qhuedanti

der inkaat ano pismiz indi uurchit reht der sprihhit vvarhafti in herzin sinemv der ni teta seer in zungun sineru der ni teta nahistin sinemv vbil der itvviz ni ent fianc uuidar nahistin sinemv der farfluahhanan diubil mit eddesvvelihha kespanst imu mit diaselbun kespanst sina fona kesihtim herzin sines farspienti keleitta ze neovvehti indi luzzileer kidane

---

*) 14. **) XVIII. ***) 15.

paruulos ¹) cogitatus eius tenuit, et adlisit ad christum;

Qui timentes dominum de bona obseruantia sua, non se reddunt elatos, sed ipsa in se bona, non a se posse, sed a domino fieri exestimant; Operantem ²) in se dominum magnificant illud eum propheta dicentes; Non nobis domine non nobis, sed nomini tuo da gloriam;

Sicut nec paulus apostolus de predicatione sua, sibi aliquid inputauit dicens; Gratia *) dei sum, id quod sum; Et iterum ipse dicit, Qui gloriatur, in domino glorietur;

Unde et dominus in euangelio ait, Qui audit uerba mea hec et faciat ea, similabo eum uiro sapienti, qui edificauit domum suam super petram;

Uenerunt flumina flauerunt uenti et impigerunt in domum illam, et non cecidit quia fundata erat super petram;

Hæc complens dominus, expectat nos cottidie his suis sanctis monitis factis nos respondere debere;

Ideo nobis propter emendationem malorum huius uite dies ad inducias relaxantur; Dicente apostolo; An nescis quia pacientia dei ad pœnitentiam te adducit ³); Nam pius do-

sin kihebita indi zua-kechnusita . ze christe .

dia furahtante truhtinan . fona cnateem kihaltidom iro nalles sih kebant keile uzzan diuselbvn . in sih cuativ nalles . fona sih magan . uzzan . fona truhtine vvesan vvannant vverchontan in sih truhtinan mihhilont daz mit forasegin qhuedente nalles vns truhtin ... .
vzzan nemin dinemv kib tiurida

soso noh ...... poto fona digii sineru imv eddesvvaz kizelita qhuedenti anst cotes pim daz daz pim indi auur . erselbo qhuidit der cuatlihhet in truhtine cuatlihhee

danan ioh truhtin .. ..
qhuad der hoorit vvort miniv desiv indi tuat dei kelihhison inan commane spahemv, der kezimbrota hus sinaz oba steine

qhuamun aha platoon vvinti indi erloso tatun in hus daz indi ... fial danta kestudit vvas oba steine

deisu erfullenti truhtin peitoot vnsih tagalihhin desem vviheem sineem . manungum tatim vnsih anlengan scolan

pidiv vnsih duruh puazza ubilero desses libes taga ze antlazza sint kelengit qhuedentemv potin edo nivveist danta kidult cotes ze hrivvvn dih zua-leitit keunisso erhafter ......

---

¹) Ist aus »paryulus« korrigirt von 1. h.

²) Also korrigirt von 2. h.
³) Das »t« ist k. von 2. h.

*) 16.

minus dicit, Nolo mortem peccatoris, sed ut *) conuertatur et uiuat;

Cum ergo interrogassemus dominum fratres de habitore tabernaculi eius audiuimus habitandi præceptum; Sed si conpleamus habitatoris, officium erimus heredes regni celorum amen;

qhuidit niuuillu tod des suntigin uzzan daz kehuueraue indi lebee

denne *kevrisso* int - frahetomes truhtinan *fratres* fona puarre des huses sines kehortomees des puentin kipot uzzan . ibv erfullemees des puentin ambahti pirumes eribun himilrihhes ....

CAPUT I. **)

DE GENERIBUS MONACHORUM.
fona chunnum municho

Monachorum quatuor esse genera, manifestum est;

Primum cœnobitarum, hoc est monasteriale militans sub regula, uel abbate;

Deinde secundum genus est, anachoritarum, id est heremitarum; horum qui non conuersationis feruore nouitiæ, sed monasterii probatione diuturna qui didicerunt contra diabolum multorum solatio iam docti pugnare et bene instructi fraterno ***) examine ad singularem pugnam heremi securi iam sine consolatione alterius sola manu, uel brachio contra nitia carnis, uel cogitationum, deo auxiliante sufficiunt pugnare;

Tercium uero monachorum deterrimum genus est sarabaitarum, qui nulla regula adprobati experientia

municho fioreo vvesan chunni chund ist

erista samanungono daz ist munistrilih chamffanti untar regulu edo demv fatere

danaan andraz chunni ist einchoranero daz ist vvaldlihhero dero die nalles des libes vvalme dera niuvvii vzzan des munistres chorungu lancsameru die lirneton vvidar diubil managero helfu giv kileerte fehtan indi uuela kileerte pruaderlihhera ursuahhidv ze einluzlihheru fehtvn des vvaldes sihhure . giv ano helfa andres cinera henti edo arame vvidar achusti des fleiskes . edo kidancha cote helfantemv kenuhtsamont fehtan

dritta *kevrisso* municho vvirsista chunni ist lihhisarro die noh dera rehtungu kechorote pisindungu des

*) 17.   **) XIX.   ***) 18.

magistri, sicut aurum fornacis, sed in plumbi natura, molliti adhuc operibus seruientes seculo, fidementiri deo, per tunsuram noscuntur;

Qui bini aut terni aut certe singuli sine pastore, non dominicis, sed suis inclusi ouilibus; Pro lege eis est desideriorum uoluptas; Cum quicquid putauerint, uel elegerint, hoc dicunt sanctum; Et quod noluerint, hoc *) putant non licere;

Quartum uero genus est monachorum quod nominatur, gyrouagum, qui totam uitam suam per diuersas prouincias ternis aut quaternis diebus per diuersorum cellas hospitantur, semper uagi, et nunquam stabiles, et propriis uoluntatibus, et gule inlecebris seruientes, et per omnia deteriores sarabaitis;

De quorum omnium horum miserrima conuersatione, Melius est silire, quam loqui;

His ergo omissis ad cœnobitarum fortissimum genus disponendum, adiuuante domino ueniamus, amen;

meistres soso cold des ouanes uzzan in plivves chnuati hevveihhete . nunoh vverchum deononte vveralti kelauby liugant cote duruh scurt sint kevvizzan

die zuuiske edo driske edo *kevvisso* einluzze ano hirti nalles truhtinlihem uzzan iro pilobhaneem evvistun fora euu im ist kiridono vvnnilust denne sohuuazzo vvannant edo kiuuellant daz qhuedant vvihaz indi daz ni=uuellant daz uuannant nalles erlaubpan

fiorda *kevvisso* chunni ist municho daz ist kenemmin suuihharro die allan lib iro duruh missilihho lantscaffi driskeem edo feoriskeem tagum duruh missilihho cello sint kecastluamit simblum . suuihhonte . indi neonaldre statige indi eiganeem vvilloom indi cheluun vnerlaubantlihheem deononte indi duruh alliv vvirsirun libhisarum

fona dero alleru desero vvirsirin libe pezzira ist suuigeen . denne kisprohhan uuesan .

desem . *kevvisso* . farlazzanem ze samanungu starachistin chunne kesezzamees zua=helfantemv truhtine qhuememees . . . .

*) 19. XX.

CAPUT II.

QUALIS DEBEAT ESSE ABBAS.

Abba, qui preesse dignus est monasterio, semper meminere debet, quod dicitur; Et nomen maioris factis implere;

Christi enim agere uices in monasterio, *) creditur quando ipsius uocatur pronomine; Dicente apostulo; Accepistis spiritum adoptionis filiorum in quo clamamus abba pater;

Ideoque abbas nihil extra præceptum domini, quod absit debet, aut docere, aut constituere, uel iubere;

Sed iussio eius uel doctrina fermentum diuinæ iustitiæ, in discipulorum mentibus conspargatur;

Memor sit semper abbas quia doctriris sue, uel discipulorum obœdienciæ utrarumque rerum in tremendo iudicio dei facienda erit discussio;

Sciatque abbas culpæ pastoris incumbere, quicquid in ouibus paterfamilias utilitatis eius minus poterit inueniri;

Tantum iterum erit, ut si inquieto, uel inobœdienti gregi pastonæ **) fuerit omnis diligentia adtributa et morbidis earum actibus

.... der fora vvesan. vvirdiger ist. munistres simblum kehunkan scal daz ist keqhuetan indi nemin meririn tatim er-fullan

christes [1] kevrisso tuan vvehsal in munistre ist kelaubit denne er selbo ist kenemmit pinemin qhuedentemv potin entfiangut atum ze-uunske chindo in demv haremees faterlih fater

enti pidiv neo-vveht uzzana pibote truhtines daz fer-sii sculi edo lerran edo kesezzan edo kepeotan

uzzan kipot sinaz edo lera deismin des cotchundin rehtes in discono muatum si kesprengit

kehuctic sii simblum ..... daz dera sinera lera edo discono horsamii indi peidero rachono in dera forahtlihhun. suanu cotes zetuenne ist kesuahhida

indi uuizzi ..... sunta hirtes anahlinenti so huuazso in scaffum fater hiuuiskes piderbii sinera min megi findan

so auur ist daz ibu unstillemv edo vnhorsamonti chortar hirtes ist cocouuclih kernii zna kitaniv indi suhtigeem iro tatim alliv ist ruahcha

---

[1] Das »so« bei Sch. findet sich in der handschrift nicht.

*) 20. **) 21.

uniuersa fuerit cura exhibita pastor earum in iudicio domini absolutus Dicat cum propheta domino;

Iusticiam tuam non abscondi in corde meo, ueritatem tuam et salutare tuum dixi; Ipsi autem contemnentes . spreuerunt me;

Et tunc demum inobœdientibus curæ suæ ouibus pœna sit eis præualens ipsa mors;

Ergo cum aliquis suscepit nomen abbatis, duplici debet doctrina suis preesse discipulis; Id est omnia bona et sancta factis amplius quam uerbis ostendat; Et capacibus discipulis mandata domini uerbis proponere; Duris corde uero et simplicioribus factis suis diuina precepta demonstrare; [1]

*) Omnia uero quæ discipulis docuerit esse contraria, in suis factis indicet non agenda; Ne aliis prædicans, ipse reprobus inueniatur; Ne quando **) illi dicat deus peccanti;

Quare tu enarras iusticias meas, et adsumis testamentum meum per os tuum; Tu uero odisti disciplinam meam, et projecisti sermones meos post te; Et qui in fratris tui oculo festucam uidebas, in tuo trabem non uidisti;

Non ab eo persona in monasterio discernatur;

zua-kitan hirti iro in suanu truhtines inpuntaneer qhuede mit vvizzagin. truhtine

reht dinaz ni kiparac in herzin minemv vvarhafti dina indi heilantii diin qhuad sie *kevvisso* farmanenti far-hocton mih

indi denno az-iungist vn-horsamen dera ruahcha sinera scaffum vvizzi si im furimakanti selbo tod

kevvisso denne eddesuueliher intfahit namun .... zuuifalda scallera sinem fora vvesan discom daz ist alliv cuativ indi vvibiv tatim meer denne vvortum keaucke indi farstantanteem discoom pibot truhtines vvortum furi-kisezzan herteem herzin *kevvisso* indi einfaltlihhero tatim sinem cotchundiv pibot keauckan

alliu *kevvisso* dei discoom lerit vvesan vvidaruuartiv in sineem tatim chundit nalles zetuenne ni andreem forasagenti er farchoraneer si fundan min huuenne imv qhuede cot suntontemv

huuanta . dv errahhos reht miniv indi zua-nimis euuamina duruh mund dinan . du *kevvisso* fietos egii mina indi faruurfi vvort miniu after dih indi du in pruader dines augin halm kesahi in dinemv kepret ni kisahi

nalles fona imv heit in ministre si kiskeidan

---

[1]) K. in »demonstrat«, 3. h.

*) 22.   **) XXI.

Non unus plus ametur quam alius, nisi quem in bonis actibus, aut obœdientia inuenerit meliorem;

Non proponatur ingenuus ex seruitio conuertenti, nisi alia rationabilis causa existat;

Quod si ita iustitia dictante *) abbati uisum fuerit, et de cujuslibet ordine, id facere potest; Alii uero propria teneant loca;

Quia siue seruus, siue liber, omnes in christo unum sumus et sub uno domino æqualem seruitutis militiam baiolamus, quia non est apu deum personarum acceptio;

Solummodo in hac parte aput ipsum discernimus, si meliores ab aliis in operibus bonis et humiles inueniamur;

Ergo æqualis sit ab eo omnibus caritas, una prebeatur in omnibus secundum merita disciplinæ;

In doctrina sua namque abbas apostolicam debet semper illam formam seruare in qua dicit;

**) Argue, obsecra, increpa, Id est miscens temporibus, tempora terroribus blandimenta; Dirum magistri pium patris ostendat affectum; Id est indisciplinatos et inquietos debet durius arguere; Obœdientes autem et mites et pacientes, ut melius proficiscant [1]) obsecrare;

nalles einer meer si keminnoot. denne andrer. uzzan den. in cuateem tatim edo horsamii finde pezzirun

nalles furi-si-kesezzit friger er deonosti kehuuarbantemv vzzan andriu redihaftiv rahha si

daz ibu so reht dictontemv ...... keduht ist indi fona souuelihhes kesezzidv daz tuan man andre *kevvisso* eigono eigin steti

danta edo scalch edo frier alle in uuihemv. ein pirumes indi untar einemv truh*tine* ebanlihho des deonostes chamfheit tragames danta nist mit cotan heiteo antfangida

einumezzv in desemv teile mit imu pirumes kiskeidan ibv pezzirun fona andreem in uuerchum cuateem indi diomuate piru*mes* funtan

kevvisso eban sii fona imu alleem minna einiu si kekeban in alleem after keuurahti dera ekii

in lerv sineru keuuisso ..... potoliha scal simblu*m* daz pilidi haltan in demv qhuidit

drenui pisuueri refsi daz ist miskenti citum citi ekisom slehtiu crimmii des meistres erhaftii. fateres keaucke minna daz ist vnekihafteem indi vnstilleem scal hartor drauuen horsamem *kevvisso* indi mitivvarcem .. dultigeem daz in pezzira framkangeen [2]) pisuuerran

---

[1]) »proficiscant« iat in »proficiant« k.   [2]) Dieses wort ist getilgt.

*) 23.   **) 24.

Neglegentes . et comtempnentes ut increpet, et corripiat admonemus;

Neque dissimulet peccata deliquentium, sed mox ut ceperint oriri radicitus ea ut præualet amputet; Memor periculi hely sacerdotis de silo ;

Et honestiores quidem atque intelligibiles animos, prima uel *) secunda admonitione uerbis corripiat;

Inprobos autem et duros ac superbos . uel inobœdientes uerberum, uel corporis castigatione in ipso initio peccati coerceat;

Sciens scriptum; Stultus uerbis non corregitur; Et iterum; Percute filium tuum uirga et liberabis animam ejus a morte;

Meminere debet semper abbas, quod est meminere [1] quod dicitur; Et scire quia cui plus committitur plus ab eo exigitur;

Sciatque quam dificilem et arduam rem suscepit, regere animas et multorum seruire moribus;

Et alium quidem blandimentis, alium uero increpationibus, alium suasionibus; Et secundum uniuscujusque qualitatem **) uel intelligentiam, ita se omnibus conformet et aptet;

ruahchalose indi farmanente so refse indi keduuinge zuamanomees

indi ni altinoe sunta missituantero uzzan saar so pikirneen uf qhoeman vurzhaftor . daz . so furist = megi abasnide kehucke dera zaala . . . . des euuartin fona silo

indi eervvirdigoron *kevvisso* indi farstantantlihhe muatu cristun edo andrera zuamanungu vuertum kehuuinge

vnkiuuareem *kevvisso* indi herteem indi ubarmuate . edo vnhorsame filloom edo des lihhamin rafsungu in demu-selbin . anakin dera sunta keduuinge

vvizzanti kescriban vnfruater vuortum nist kerihtit indi auur slah chind dinaz kertu indi erloosis sela sina fona tode

kehuckan scal simbl*um* . . . . . daz ist kehuckenti daz ist keqhuueta indi uuizzan . daz demv meer ist pifolahan meer fona imv . uuirdit ersvahhit

indi uuizzi huueo vnsemfta indi uuidarpirkiga . racha intfianc zekerihtanne sela indi manakero deonoon sitim

indi einlihhan *kevvisso* slehtidoom einlihhan *kevvisso* rafsungoom einli*hhan* kespenstim indi after eocouuelibhes huuialibhii edo farstantida so sih alleem kepilide indi kemahhoe

---

[1] 2. h. randschrift.

*) 25. **) XXII.

*) Et non solum detrimentum gregis sibi commissi non patiatur; Uerum etiam in augmentatione boni gregis gaudeat;

Ante omnia ne dissimulans, aut parui pendens salutem animarum sibi commissarum; Non plus gerat sollicitudinem de rebus transitoriis et terrenis atque caducis, sed semper cogitet quia animas suscepit regendas; De quibus rationem redditus est;

Et nec causetur de minore sorte substantia; Meminerit scriptum; Primum querite regnum dei et justiciam ejus, et hæc omnia adicientur uobis; Et iterum; Nihil deest timentibus eum;

Sciatque quia qui suscepit animas regendas, parit se ad rationem reddendam in die iudicii;

**) Et quantum sub cura sua fratrum se scierit habere numerum agnoscat pro certo quia in die iudicii ipsarum omnium animarum erit, redditurus rationem, sine dubio addita et sue animæ;

Et ita semper timens futurum discussionem pastoris de creditis ouibus cum de alienis ratiociniis cauet redditus de suis sollicitus;

Et cum de monitionibus suis emendationem, aliis subministrat, ipse efficitur a uitiis emendatus;

indi nalles einin unfroma des chortres imv pifolahanes ni si kedoleet uuar *keerisso* in auhhungu des euatin chortres mende

fora allu min altinouti edo luzzil mezzinti heilii selono imv pifolahanero nalles meer tue soragun sona rahhoom zefarantlihheem indi erdlihheem indi zerisenteem vzzan simblum denche daz selo intfianc zerihtenne fona diem rediun erkebanter ist

indi min chlagoe fona minnirun odhuuila ehti kehucke kescriban az erist suahhat ribhi cotes .. reht sinaz .. desiu alliv sint keauhhot in indi auur neouueht vvanist furahtanteem inan

indi uuizzi danta der intfianc selo zerihtanne karauue sih ze rediun zearkebanne in taga dera suana

indi so-filu-so vntar ruahha pruadro sinero . sih vvizzi habeen ruaua erchenne ano zuuiual daz in tage dera suana dero-selbono allero selono ist erkebanteer rediun ano zuifal keauhhoti indi dera sinera sela

indi so simblum forahtanti zuuuarta kesuahhida des hirtes fona pifolahaneem scaffum denne fona fremideem redinoom porakee erkibit fona sineem pihuctigeer

.. denne fona manungoom sineem puazza andres vntar ambahte er ist ketuan . fona achustim kepuazteer

*) 26.   **) 27.

CAPUT III.

DE ADLIBENDIS AD CONSILIUM FRATRIBUS;
fona tuenne ze keratte pruadero

Quoties aliqua precipua agenda sunt in monasterio conuocet abbas omnem congregationem, et dicat ipse unde agitur;

Et audiens consilium fratrum, tractet apud se *) et quod utilius iudicaverit, faciat;

Ideo autem omnes ad consilium uocari diximus, Quia sepe iuniori dominus reuelat quod melius est;

Sic autem dent fratres consilium, cum omni humilitatis subiectione ut non præsumant procaciter defendere, quod eis uisum fuerit, et magis in abbatis pendat arbitrio; Ut quod salubrius esse iudicauerit ei cuncti obœdiant;

Sed sicut discipulos conuenit obœdire magistro, ita et ipsum prouide et iuste concedet cuncta disponere;

In omnibus igitur omnes magistram sequantur regulam, neque ab ea tenere [1]) declinetur a quoquam;

Nullus in monasterio **) proprii sequatur cordis uoluntatem; Neque præsumat quisquam cum abbate suo ***) proterue infra, aut foras monasterii contendere;

so-ofto-so eddeslihhiu diu meistun zetuenne sint in munistre vvisse ..... eocouuelihheru samanungu .. qhuuede er huuanan ist ketaan

indi hoorrenti kirati pruadero trahtoe mit sih indi daz piderborin suanit tue

pidiu *kevvisso* alle ze kerate vvissan qhuedamees danta ofto iungirin truhtin int=rihhit daz pezzira ist

so *kevvisso* kebeen .... kerati mit eocouuelihera deoheit vntar=uuorfanii daz nalles erpaldeen vvelihho skirmeen daz im keduht ist .. meer .... hangeet selbsauna so daz heillihhoor vvesan suanit imu alle hoorreen

uzzan so discoom kerisit hoorreen demu meistre so ioh imu forakeschantlihho . indi rehto kelimfit alliu kesezzan

in alleem auur alle dero meistrun siu kefolgeet rehtungu indi noh fona iru sinde si kehneigit fona einigeru

ni-heiner in munistre eikanes si kefolgeet herzin uuillin indi-noh erpaldee einiic mit abbate sinemv frafallihho innana edo uzzaan munistres flizzan

---

[1]) 3. h. »temere«.

*) 28. **) XXIII. ***) 29.

Quod si præsumpserit regulari disciplinæ subiaceat;

Ipse tamen abbas cum timore dei et obseruatione regulæ omnia faciat; Sciens se procul dubio de omnibus iudiciis suis æquissimo iudici deo rationem rediturum;

Si qua uero minora agenda sunt in monasterii [1]) utilitatibus seniorum, tantum utatur consilio; Sicut scriptum est; Omnia fac cum consilio et post factum non peniteberis;

daz ibv erpaldeet deru rehtlihhun ekii vntar licke

er duuidaro ..... mit . forahtun cotes pihaltidu rehtungu alliu tue vvizzanti sih ano zuifal fona alleem suanoom sineem demu ebanostin suanarre cote rediun kebantan

ibv huuelihhiv *kervisso* minnirun zetuanne sint in munistre piderbidoom herostono so pruhhe kerattes so kescriban ist alliu tua mit kiratida indi after tatim ni hrivoes

CAPUT IV.

QUE SUNT INSTRUMENTA BONORUM OPERUM.

In primis dominum deum dilegere ex toto corde, tota anima, tota uirtute; Deinde proximum tamquam se ipsum;

Deinde non occidere; Non[*]) adulterare, Non facere furtum;

Non concupiscere; Non falsum testimonium dicere;

Honorare omnes homines, et quod sibi quis fieri non uult, alio non faciat;

Abnegare semet ipsum sibi ut sequatur christum;

Corpus casticare; Delicias non amplecti; Jeiunium amare;

Pauperes recreare; Nudum uestire; Infirmum uisitare; Mortuum

az erist .... zeminnonne
....
danan nahistun so=so sih selban

danan ni slah ni huaro ni tua diufa

ni keroes nalles lucki urchundii qhuuedan

eeren alle miniscun daz imu huuelih uuesan niuuelle .... ni tue

far-sahhan sih selban imu daz si kefolgeet ....

lihhamun hreinnan vveluun nalles kihalsit vvesan fastun minnoon

arame er-qhuichan nahhutan vvattan unmahtigan uuison totan pi=cra-

---

[1]) Das letzte »i« ist k.

[*]) 30.

sepelire; In tribulatione subuenire; Dolentem consolari;

a¹) Seculi actibus se facere alienum; Nihil amore christi preponere;

Iram, non perficere; Iracundiæ tempus, non seruare;

Dolum in corde, non tenere; Pacem falsam, non dare; Caritatem non derelinquere;

Non iurare, ne forte perierit²); Ueritatem ex corde et ore proferre;

Malum pro malo *) non reddere;
Iniuriam, non facere; Sed facta patienter sufferre;

Inimicos diligere male dicentes se non remaledicere, sed magis benedicere; Persequutionem pro iustitiam sustinere;

Non esse superbum; non uinolentum; Non multum edacem; Non somnolentum; Non pigrum; Non murmoriosum; Non detrectatorem;

Spem suam deo committere;

Bonum aliquid in se cum uiderit, deo adplicet, non sibi;

Malum uero semper a se factum sciat, et sibi reputet;

Diem iudicii timere; Gehennam expauiscere; Uitam æternam omni concupiscentia spiritali desiderare;

Mortem cottidie ante oculos suspectam habere; Actus uitæ suæ

ban in arabeiti helfan serazzantan ketrostan

dera uuerolt tati sih tuan andran neouueht minnu . . . . furi-sezzan aabulkii nalles duruhtuan . der³) abulkii ciit nalles haltan

seer in herzin ni habeen fridv luckan ni keban minna ni farlazzan

ni suuerran min odhuuila faruuerde uuarhafti . er herzin indi munde frampringan

ubil fora ubile ni-keltan
vvidarmuati ni-tuan uzzan kitanaz kedultlihho ketragan

fiant minnoon fluahhonte sih nalles vvidar fluahhan uzzan meer vvihan aahtunga pi reht doleen

nalles vvesan ubarmuatan nalles vvintrunchal nalles filu ezzalan nalles slaaffagan nalles tragran ... murmulontan ... pisprehhon

vvan sinan cote pifelahan

cuat eddesvvaz in sih denne kisehe cote zua-pifalde nalles imv

vbil kevvisso simblum fona sih . kitanaz vvizzi indi imv kezelle

tac dera suana furihtan hella erforahtan lib euuigan eocovvelihhera kirida dera aatumlihhvn keroon

tod takalihhin fora augoom sorachaftan habeen kitaat libes sines

---

¹) Ist k.
²) K. 3. h. »periuret«.

³) Ist mit dem folgenden worte zusammengeschrieben.

*) 31.

44

omni ¹) hora custodire; In omni loco deum se respicere pro *) certo scire;

Cogitationes malas cordi suo aduenientes mox ad Christum allidere et seniori spiritali patefacere;

Os suum a malo uel prauo eloquio custodire;

Multum **) loqui non amare; Uerba uana aut risui abta non loqui;

Risum multum aut excussum, non amare;

Lectiones sanctas libenter audire; Orationi frequenter incumbere;

Mala sua preterita cum lacrimis uel gemitu cotidiæ in oratione deo confiteri; De ipsis malis de cetero emendare;

Desideria carnis, non efficere; Uoluntatem propriam, odire;

Preceptis abbatis in omnibus obœdire; etiam si ipse aliter quod absit agat; Memor ²) illud dominicum preceptum ***) Que dicunt facite, que autem faciunt facere nolite;

Non velle dici sanctum antequam sit, sed prius esse quod uerius dicatur;

Præcepta dei factis cottidie studeat adimplere; Castitatem amare ³)

Nullum odire; Zelum et inuidiam; non habere

eocouuelihhera citi haltan in eocovvelihheru steti cotan sih sehan ano zuuifal vvizzan

kedancha vbile herzin sinemv zuaqhuuemente saar ze christe chnussan indi heririn atumlihhemv offantuan

mvnd sinan fona vbileru edo abaheru sprahhu haltan

filu sprehhan ni minnoon vvort italiv edo hlahtre kimahhiv nisprehhan

hlahtar filu edo kescutitaz ni minnoon

lectiun vviho kernlihho horran kipete ofto anahlineen

vbiliv siniv kelitaniv mit zaharim edo uuaffe tagalihhin in kepete cote gehan fona diemselbon vbilum frammert puazzan

kirida fleiskes nalles tuan vvillon eikinan fien

pibotum .... in alleem horran sosama ibv er andarvvis daz fersi tue kehucke daz truhtinlihha pibot dei qhuuedant tuat dei *kevvisso* tuant tvan nichurit

nalles kiqhuetan uuesan vvihaz, er denne si uzzan er vvesan daz vvarlihhor keqhuuetan

pibot cotes tatim tagalihhin zilee erfullen hreinii minnoon

neomannan fien anton indi abanst ni habeen

---

¹) Die worte von »omni« bis zu »omni« mit ihrer übersetzung stehen auf dem rande und gehören dem übersetzer an.

²) K. »memores«.

³) »Castitatem amare« 2. h.

*) 32.   **) XXIV.   ***) 33.

Contentionem non amare; elationem — — fugire;	fliiz ni minnoon preitida — — fleohan
Seniores uenerare; Iuniores dilegere;	heroston creen iugiron minnoon
In christi amore pro inimicis orare;	in christes minnu pi fianta petoon
Cum discordante ante [1]) solis occasum in pace redire;	mit vngaherzamv er dera sunnuun sedalkange . in fridu huuabban
Et de dei misericordia nunquam disperare;	indi fona cotes armiherzidv neonaldre farvvannan
Ecce hæc sunt instrumenta artis spiritalis, quæ cum fuerint a nobis die noctuque incessabiliter adimpleta, et in die iudicii reconsignata; Illa merces nobis a domino recompensabitur *) quam ipse promisit; Quod oculus non vidit, nec auris audiuit, nec in cor hominis ascendit quæ præparauit deus his qui diligunt eum;	iuv deisv sint leera dera listi atumlihhvn dei denne sint fona vns tages indi nahtes vnbilinnanlihhaz zua=aerfultiv indi in tage dera suana auurkezeihhantiv daz loot vns fona truhtine ist vvidarmezzan daz erselbo forakihiaz daz auga ni kisah noh oora hoorta noh in herza mannes vfsteic dei karata cot diem die minnoont inan
Officina uero ubi hæc omnia diligenter operemur, claustra sunt in [2]) monasterii et stabilitas in congregatione;	ambahti kevvisso dar deisv alliu kernlihho pirumes kiuurchit pilohhir sint in monastre indi statigii in samanungu

CAPUT V.

DE OBOEDIENTIA.
fona horsamii

Primus itaque humilitatis gradus est; Obœdientia sine mora;	erista inv-nv dera deoheiti stiagil ist hoorsamii ano tuuala
Hæc conuenit his qui nihil sibi a christo carius aliquid exestimant	deisv kerisit diem die neovveht im . fona christe tiurorin eouueht

---

[1]) 2. h. [2]) Zugefügt von 2. h.

*) 34.

propter seruitium sanctum quod professi sunt seu propter metum gehenne, uel gloriam vitæ æternæ; Mox ut aliquid imperatum a maiore fuerit, hacsi diuinitus imperetur moram pati nesciant in faciendo;

De quibus *) dominus ait; Ob auditu auris obœdiuit mihi;

Et iterum dicit doctoribus; Qui uos audiuit me audiuit;

Ergo hii tales relinquentes statim quæ sua **) sunt, Et uoluntatem propriam deserentes, mox ex occupatis manibus, et quod agebant imperfectum relinquentes uicino obœdientiæ pede iubentis uocem factis sequantur; Et ueluti uno momento et prædicta magistri iussio et perfecta discipuli opera in uelocitate timoris dei ambe res communiter citius explicantur, quibus ad uitam æternam gradiendi amor incumbit;

Ideo angustam uiam arripiunt; Unde dominus dicit; Angusta uia est quæ ducit ad uitam; Ut non suo arbitrio ***) uiuentes, uel desideris suis et uoluntatibus obœdientes, sed ambulantes alieno iudicio et imperio in cenobiis degentes abbatem sibi præesse desiderant; [1]

Sine dubio hii tales illam domini imitantur sentenciam in qua dicit;

vvannant duruh deonost vvihaz daz kegehane sint edo duruh forahtun dera hella edo tiurida des euuigin libes saar so eovveht kipotan fona meririn ist samaso cot chundlihho si kepotan tuuala kedoleet vvesan . niuuizzin zetuenne

fona diem truhtin qhuidit kagan horidu des oorin kaganhoorta mir

.. auur qhuuidit lerarum der iu horit mih horit

keuuisso dese solihhe far-lazzante saar dei iro sint .. vvilloom eiganeem farlaazzante saar pihafteem hantum .. daz tuant vnduruhtaan far-laazzante nahemu dera hoorsamii fuazze kepiotantes stimma tatim si kefolget indi sosama eineru stunthuuilu .. forakeqhuuetaniv . des meistres . kipot .. duruhtaniv diskin uuerach in sniumidv forahtun cotes pedo racha kimeinsamlihho snivmor siin kefaldan diem ze libe euuigemv zefaranne minna auahlineet

pidiv engan uuec kecriiffant danaan truhtin qhuuidit enger vvec ist der leitit ze libe daz nalles iro selbsuana lebente — — — iro indi vvilloom hoorsamonte vzan kangante fremideru suanu indi kepote in samanungu . lebente .... imv foravvesan keroont

ana zuifal dese solihhe die truhtines sint keleisinit keqhuuit in deru

---

[1] Von »in« bis hierher Ergänzung von 2. h.

*) 35.   **) XXV.   ***) 36.

non ueni facere uoluntatem meam, sed ejus qui me misit patris;

Sed hæc ipsa obœdientia tunc acceptabilis erit deo et dulcis hominibus; Si quod iubetur, non trepide, non tepide, non tarde, aut cum murmorio, uel cum responso nolentis efficiatur; quia obœdientia quæ maioribus præbetur, deo exibitur;

Ipse enim dixit; Qui uos audit, me audit;

Et cum bono animo a [1]) discipulis præbere oportet; Quia hilarem datorem diligit deus;

Nam cum malo animo si obœdit discipulus, et non *) solum ore, sed etiam in corde; Si murmorauerit etiam si impleat iussionem, tamen acceptum iam non erit deo qui cor ejus respicit murmorantem, et pro tali facto, nullam consequitur gratiam; Immo pœnam murmorancium incurrit, si non cum satisfactione emendauerit;

qhuuidit ni qhuuam tuan vvillun minan . uzzan des des mih santa fateres

vzzan diu selba hoorsamii denne antfanclih ist cote indi suazzi mannum ibv hvvaz ist kepotan nalles stozzonto nalles uualo nalles trago edo mit murmulode edo mit antuurtu des niuuellentin ist kitan danta hoorsamii diu meriroom ist kekeban cote ist ketaan

er *kevvisso* qhuad der iuih hoorit mih hoorit

indi mit euatu muatu fona discoom keban kerisit danta clatamuatan kebon minnoot . . . .

kevvisso mit ubilo muatu iby hoorit disco indi nalles einin munde uzzan sosama in herzin ibu murmoloot auh ibu erfullit kipot duuidaro antfangigaz giv nist cote der herza sinaz kisihit murmolontaz indi fona solihberu tati nohheineru ist kefolgeet anst nohueer vvizzi murmolonteru ana-hlauffit iby nalles mit kenuhtsameru tati puazzit

---

[1]) 2. h.

*) 37.

CAPUT VI.

DE TACITURNITATE.

Faciamus quod ait propheta; Dixi, custodiam uias meas, ut non delinquam in lingua mea;

Posui ori meo custodiam, Obmutui et humiliatus sum et silui a bonis;

Hic ostendit propheta si a bonis eloquiis interdum propter taciturnitatem debet taceri; Quanto magis a malis uerbis propter pœnam peccati debet cessari;

Ergo quamuis de bonis et sanctis et edificationum *) eloquiis; Perfectis discipulis propter taciturnitatis grauitatem rara loquendi concedatur licentia;

Quia scriptum est; In multiloquio non effugis peccatum; Et alibi dicitur; Mors et uita in manibus linguæ; **) Nam loqui et docere magistrum condecet, tacere et audire discipulum conuenit;

Et ideo si qua requirenda sunt a priore cvm [1]; summa reuerentia requirantur [2] ne uideatur plus loqui quam expedit;

Scurilitatis uero et uerba otiosa, et risum mouentia, æterna clausura in omnibus locis damnamus; Et a talia eloquia discipulum, aperire os non permittimus;

tuamees daz qhuad vvizzago qhuad ih kehalte vveka mine daz nalles missitue in zungun mineru

sazta munde minemv kehaltida ertumbeta indi kedeomuatit pim indi suuiketa fona cuateem.

hiar kcaugit uuizzago ibu fona cuateem sprahhom ofto duruh suuigalii sculi suuigeen huueo meer fona vbileem vvortum duruh vvizzi dera sunta sculi pilinnan

kevvisso dohdoh fona cuateem indi uuiheem indi zimbirrono sprahhoom duruhnohteem. discoom duruh suuigilii fruati seltkaluaffo zesprehhanne farkeban ist vrlaubii

danta kescribau ist in filu sprahhu ni erfliuhis sunta indi andreru steti qhuuidit tod .. liib in hantum dera zungun *kevvisso* sprebhan .. leerran meistre kerisit suuigeen indi horran diskin kelimfit

pidiu ibu huuelihhiv zesuahhanne sint fona heririn mit dera furistun eruuirdii .... min si keduht meer sprehhan denne piderbit

skern *kevvisso* .. vvort vppigiv .. hlahtar vveckentiv euuigiv piloh in alleem stetim nidarremees indi fona solihheru sprahhv discun intluhhan mund nifarlazzamees

---

[1] 2. h.   [2] Glosse von 3. h.

*) 38.   **) XXVI.

CAPUT VII.

DE HUMILITATE.

Clamat nobis scriptura diuina [1] fratres dicens; Omnis qui se exaltat [*] humiliabitur, et qui se humiliat exaltabitur;

Cum hæc ergo dicit, ostendit nobis omnem exaltacionem genus esse superbie;

Quod se cauere propheta indicat dicens; Domine non est [2] exaltatum cor meum, neque elati sunt oculi mei; Neque ambulaui in magnis, neque in mirabilibus super me;

Si non humiliter sentiebam, sed exaltaui animam meam; Sicut ablactum [3] est super matrem suam, ita retribues in anima mea;

Unde fratres si summe humilitatis uolumus culmen adtingere, et ad exaltationem illam celestem ad quam per præsentis uitæ humilitatem ascenditur uolumus uelociter peruenire actibus nostris ascendentibus scala illa [**] erigenda est quæ in somno iacob apparuit; Per quam illi descendentes et ascendentes [4] angeli monstrabantur;

Non aliud sine dubio discensus ille et ascensus a nobis intelligitur, nisi

hareet vns kescrift cotchundiv .... qhuedanti eocouuelih der sih erheuit uuirdit kedeonoot indi der sih kedeomuatit ist erhaban

denne desiv *kevvisso* qhuidit keaugit vns eocouuelihha erhabanii chunni vvesan dera ub*ar*muatii

daz sih piporageen uuizzago kechundit qh*uuedan*ti truhtin nist erhaban herza minaz nohni keiliv sint augun miniu nohni keanc ih in milhhilii noh in uuntrum ub*ar* mih

ibu ni deolibho .... uzzan erhuab sela mina soso intspenitaz ist ub*ar* mua*ter* sina so it-loon in sela mina

danaan .... ibu dera furistun deoheiti vvellemees obonoontikii zuakereihhan indi ze deru erhabanii dia himiliscun ze deru duruh des antuurtan libes deoheit ist uferhaban vvellemees snivmo duruh qhueman tatim vnsereem vf-stiganteem hleitar selbiv zekerihtenne ist div in traume ..... keaugit vvard duruh dia imv nidarstigante .. vfstigante ...... keaugit uurtun

nalles andar aano zuifal nidarstic der indi vfstic fona uns ist far=

---

[1] 2. h.
[2] K. 2. h.?
[3] Eine spätere hand hat »ablactum« verbessert und das »est« getilgt.
[4] »den« k. 2. h.

[*] 39.   [**] 40.

exaltacione descendere, et humilitate ascendere;

Scala uero ipsa recte nostra est uita in seculo; Quæ humiliat [1]) corde ut a domino erigatur ad celum;

Latera enim ejusdem scale dicimus, nostrum esse corpus et animam; In quæ [2]) latera diuersos grados humilitatis uel discipline, evocatio diuina ascendendos inseruit;

Primus itaque humilitatis gradus est; Si timorem dei sibi ante oculos semper ponens, obliuionem omnino fugiat, et semper sit memor *) omnia quæ precepit deus, — qualiter contempnentes deum in gehennam de peccatis incedunt; Ip::[3]) quoque [3]) in uitam æternam que [4]) timentibus deum præparata est animo suo semper ::uoluat, et custodiens se omni hora a **) peccatis et uitiis; Id est cogitationum, lingue, oculorum, manuum, pedum, uel uoluntatis propriæ; Sed et desideria carnis amputare [3]) festinet [3]);

Aestimet se homo de celis a deo semper respicere omni hora, et facta sua in [3]) omni loco ab aspectu diuinitatis uideri, et ab angelis omni ora renuntiari;

standan uzzan erhabanii nidarstigan indi deoheit vfstigan

hleitar *kevvisso* selbiu rehto unseer ist lib in vveralti der deomuatit herzin daz fona . truhtine . si errihtit ze himile

hleitarpaum *kevvisso* dera-selbun hleitra qhuuedamees unseran uuesan lihhamun indi sela in diem hleitarpaumum missilihhe stiagila dera deoheiti edo ekii ladungu cotchundiv vf-stiganteem anakesezzit

eristo inu-nu dera deoheiti stiagilsprozzo ist ibu forahtun cotes imu fora augom simblum sezzenti akezzalii alles fleohe indi simblum si kehuetic alliu dei kipoot cot daz [3]) huueo farmanente cotan in hella fona suntoom anakanc s:e::[3]) sosama [3]) in libe euuigan der forahtanter cotan kekarater ist muate sinemu simblum inualde indi kehaltanti sih eocouuelihera citi fona suntu indi achusti daz ist kedancha dera zungun augono henteo fuazzio edo uuilleono dera eikinii uzzan iohauh kirida des fleiskes abasnidan [3]) iille [3])

vvanne sih man fona himilum fona cote simblum schan eocohuelihhera citi .. tati sino in eocovveliheru steti fona kisihti cotchundii schan indi fona .... eocouuelihera citi kechundan

---

1) »humiliato« ist k. 3. h.
2) Das »e« ist k. 2. h.
3) Ist getilgt.
4) Von 2. h. in »qui« korrigirt.

*) 41. **) XXVII.

Demonstrans nobis hoc propheta cum in cogitationibus nostris ita deum semper presentem ostendit dicens; Scrutans corda et renes deus; Et iterum *) Dominus nouit cogitationes hominum; item [1]) dicit Intellexisti cogitationes meas a longe, et quia cogitatio hominis confitebitur tibi;

Nam ut sollicitus sit circa cogitationes suas peruersas dicat semper; Utilis frater in corde suo; Tunc inmaculatus ero coram eo; Si obseruauero me ab iniquitate mea

Uoluntatem uero propriam ita facere prohibimur; cum dicit scriptura nobis; Et a uoluntatibus tuis auerte[2]); Et iterum; Rogamus deum in oratione, ut fiat illius uoluntas in nobis;

Docemur ergo merito nostram non facere uoluntatem; cum cauemus illud quod dicit sancta [3]) scriptura; Sunt uiæ que nidentur [4]) ab hominibus rectæ, quarum **) finis usque ad profundum inferni demergit; Et cum item pauemus illud quod de negligentibus dictum est; Corrupti sunt et abhominabiles facti sunt in uoluntatibus suis;

In desideriis uero carnis ita nobis deum credamus semper esse pre-

keauckenti vns daz vvizzago denne in kedanchum vnserem . so cotan simblum antuurtan keaugit qhuedenti scauuonti herzun indi lenti cot indi auur truhtin uueiz kedancha manno indi auur qhuidit farstuanti kedancha mine fona rumana indi danta kedancha mannes gihit dir

kevvisso so pihuctigeer si vmbi kidancha sine abahe qhuede simblum piderbeer ...... in herzin sinemu denne unbiuuamter pim fora imu ibu pi-haltu mih fona unrehte minemu

uuillon kevvisso eiganan so tuan pirumes piuuerit denne qhuidit kescrib vns indi fona vvilloom dineem erhuuarabi .. auur pittamees cotan in kepete daz si siin uuillo in vns

pirumes kelerit kevvisso piuuruhti vnsercem nalles tuan vvillon denne piporakemes daz daz qhuidit uuihiv[3]) kescrift sint uueka dea sint keduht fona mannum rehte dero enti unzi ze aberunte dera hella pisuuffit indi denne so piporakemees daz daz fona ruahhalosonteem keqhuetan ist zeprohhan sint indi leidsame vvortane sint in uuilloom iro

in kiridoom kevvisso des fleiskes so vns cotan kelaubpamees simblum

---

[1]) Ist k. wohl aus »et iterum«.
[2]) Ist in »avertere« k. von 3. h.
[3]) Ist randschrift 2. h.
[4]) »que viden—« k. von 1. h.

*) 42.   **) 43.

sentem; Cum dicit propheta domino; Ante te est omne desiderium meum;

Cauendum est ergo ideo malum desiderium quia mors secus introitum delectationis posita est;

Unde scriptura præcepit dicens; Post concupiscentias tuas, non eas;

Ergo si oculi domini speculantur bonos et malos, et dominus de cælo semper respicit super filios hominum ut uideat si est intellegens aut requirens deum; Et si ab angelis nobis *) deputatis cottidie, die noctuque domino factori nostro opera nostra nuntiantur; Cauendum est ergo omni hora fratres sicut dicit in psalmo propheta; Ne nos declinantes in malo et inutiles factos aliqua hora aspiciat deus, et parcendo nobis in hoc tempore; Quia pius est deus expectat nos cottidiæ conuerti in melius; Ne dicat nobis in futuro, hæc fecisti et tacui;

**) Secundus humilitatis gradus est; Si propriam quis non amans uoluntatem; Desideria sua non delectetur implere; Sed uocem illam domini factis imitetur dicentis; Non ueni facere uoluntatem meam, sed ejus qui me misit;

Item dicit scriptura; ***) Uoluntas habet pœnam, et necessitas parit coronam;

vvesan kekakanuuartan denne qhuidit vvizzago truhtine fora dih ist eocouuelih kirida miniv

zepiporgenne ist *kevvisso* pidiu ubila kirida danta tod pii inkange dera lustida kesazter ist

danan kescrift kepiutit qhvedenti after kiridoom dincem nikangees

kevvisso ibu auga truhtines scauuont cuatiu indi vbiliv .. ..
fona himile simblum sihit ubar parn manno daz sehe ibu ist farstantanti. edo suahhanti cotan indi ibu fona engilum vns kezeliteem tagalihhin tages indi nahtes truhtine tuantemu unseremu vverach unseriv sint kechundit zeporgeenne ist *kevvisso* eocouuelihera citi .... so qhuidit in salmin vvizzago min vnsih kehneickente in ubile indi vnbiderbe vvortane eddeshuuelihhera citi kesehe cot indi lippanti vns in deseru citi danta erhafter ist .... peitoot vnsih tagalihhin kehuueraban in pezzira min qhuede vns in zuauuarti deisu tati indi ih suuigeta

andar dera deomuati stiagilsprozzo ist ibu eiganan huuelih ni minnoot vvillon kirida sina nist kelustidoot erfullan uzzan stimma dia ...... tatim si keleisinit qhuedentes ni qhuuam tuan vvillon minan uzzan des der mih santa

auur qhuidit kescrift vvillo hebit vvizzi indi notduruft karauuit era

*) 44. **) XXVIII. ***) 45.

Tertius humilitatis gradus est, Ut quis pro dei amore omni obœdientia se subdat maiori; Imitans dominum, de quo dicit apostolus; Factus obœdiens patri [1]) usque ad mortem;

Quartus humilitatis gradus est, si in ipsa obœdientia duris et contrariis rebus uel etiam quibuslibet inrogatis iniuriis; Tacita conscientia patientiam [2]) amplectatur et sustinens, non lasiscat, uel discedat; Dicente scriptura; Qui perseuerauerit usque in finem, hic saluus erit;

Item; Confortetur cor tuum et sustine dominum; Et ostendens fidelem pro domino uniuersa etiam contraria *) sustinere debere; Dicit ex persona sufferentium; Propter te morte adficimur tota die exæstimati sumus ut oves occisionis;

Et securi de spe retributionis diuinæ, subsecuntur gaudentes et dicentes; Sed in his omnibus superamus propter eum qui dilexit nos;

Et item alio loco scriptura :::::; Probasti nos deus, igne nos examinasti, sicut — — examinatur argentum; Induxisti nos in laqueum, posuisti tribulationes in dorso nostro;

dritto dera deoheiti stiagil ist so huuelih fora cotes minnv eocouuelihhera hoorsamii sih vntar-tuat merorin leisanonti truhtinan fona demu qhuidit poto vvortancer horsamoonti fatere [1]) vnzi ze tode

fiordo ………… …… … ibi .. deru-selbun hoorsamii herteem .. vvidaruuarteem rahhom edo so-sama diem-lustim anaprunganeem vvidarmuatum dera suuigentun inhucti :::pihalsit si indi fardolenti nalles muadee edo kelide qhuedenteru ……… der duruh-vvisit vnzi in enti deseer kehaltaneer ist

so si kestarachit herza dinaz .. inthabee ……… .. keauckenti kelaubigan fora truhtine alliu sosama vvidaruuarti fardoleen scolan qhuidit fora heitio fartragantero duruh dih tode ……… tagalihhin vvanente pirumees so scaf dera slahta

indi sihhure fona vvane des itloones dera cotchundi vntiri sin kefolget mendente .. qhuedente vzzan in diem alleem ubar-vvinnames duruh inan der keminnota unsih

.. so andreru stet ……… ::::: kesuahtoos vnsih …. fuire [3]) vnsih ersuahtos so-so — — ist ersuahhit silbar analeittos vnsih in seid saztoos arabeit in hrucki unseremv

---

[1]) Gelöscht.
[2]) »a patientiam am« ist k., wohl l. h., doch erst nach der übersetzung, wodurch diese zerstört wurde und »pihal« über »patientia« zu stehen kam.
[3]) Also, sehr deutlich.

*) 46.

54

Et ut ostendat sub priore debere nos esse, subsequitur dicens; Inposuisti homines super capita nostra;

Sed et præceptum domini in aduersis et iniuriis per pacientiam adimplentes; Qui percussi— maxillam p::::::: *) prebent et aliam; Auferenti tonicam, dimittunt et palleum; Angarizanti milliario uadunt, et duo; Et cum paulo apostolo; Falsos fratres sustinent et persecutionem sustinent [2]) et maledicentes se benedicunt;

Quintus humilitatis gradus est; Si omnes cogitationes malas cordi suo aduenientes, uel mala a se absconse commissa; Per humilem confessionem abbati non celauerit suo;

Ortans nos de hac re scriptura dicens; Reuela domino uiam tuam et spera in eum;

Et item dicit; Confitemini domino quoniam bonus quoniam in seculum misericordia eius;

Et item propheta; Delictum meum cognitum tibi feci, et iniusticias meas non operui; Dixi, pronuntiabo aduersum me iniusticias meas domino, et tu **) remisisti impietatem cordis mei [3])

.. so keaucke vntar heririn scolan vnsih vvesan vntari ist kefolgeet
...... ana saztos man ubar haubit vnseriu

ioh-auh kipot ...... in uuidarvvarteem .. in uuidarmuatim ...
.... die kislagane— chinnibahhon keben [1]) kebeen ioh andran erfirtero tunihhu: farlaazzeen auh lahhan kenoottanteru millu kangant ioh zuuo indi mit pauly potin lucke pruader fardoleent indi aahtunga fardoleent [2]) indi ubilo sprehhante sih vvela-qhuedant

finfto .... ibu alle kidancha ubile herzin sinemv zuaqhuemante edo ubile fona sih keporaganiv ketaniv duruh deomuatlihha pigiht ...... nifarhele sinemv

spananti vnsih fona deseru rachv kescrift qhuedenti intrih truhtine vvec dinan indi vvani in inan

.. auur ..... gehat truhtine pidiv cuater pidiv in uuerolti armiherzida siniv

.. auur .... missitaat mina chund dir teta .. vnreht miniv ... pidachta qhuad-ih forakechundv vvidar mih vnreht minaz truhtine .. du farliazzi erlosida d ——ta mineru

---

[1]) Steht unter statt über der linie des lateins, wesshalb es vielleicht nicht getilgt ist.

[2]) Die drei letzten worte sind ergänzung des übersetzers.

[3]) K. 1. h., aber nach der übersetzung.

*) 47   **) 48.

55

Sextus humilitatis gradus est, Si omni uilitate[1]) uel extremitate contentus sit monachus, et ad omnia quæ sibi iniunguntur uelut operarium se[2]) malum ::iudicet et indignum; *) Dicens sibi cum propheta; Ad nihilum redactus sum et nesciui; Ut iumentum factus sum apud te, et ego semper tecum;

Septimus humilitatis gradus est, Si omnibus se inferiorem et uiliorem non solum sua lingua pronuntiet, sed etiam intimo cordis credat affectu; Humilians se et dicens cum propheta;

Ego autem sum uermis et non homo, obprobrium hominum et abiectio plebis, exaltatus sum et humiliatus ::::: et confusus; Et item; Bonum mihi quod humiliasti **) me, ut discam mandata tua;

Octauus humilitatis gradus est; Si nihil agat monachus, nisi quod communis monasterii regula uel maiorum cohortantur exempla;

Nonus humilitatis gradus est; Si linguam ad loquendum prohibeat monachus, et taciturnitatem habens usque ad interrogationem, non loquatur; Dicente scriptura; quia in

sehsto ………. …… … ibv eocouucliheru smahlihhii … uzorosti kehabenter h ……. .. ze allu dei imu ana-kimahchot samaso uuerahman .. hubilan ::suannet .. unuuirdigan qhuuedenti imu mit vvizzagin zencouuiehti keprauhoter pim ni uuissa so noz uuortaner pim mit dih .. ih simblum mit dih

sibunto ………… …… … ibu allem sih innarorun inti smahlihorun nalles einin sinera zungun fora kichunde uzzan sosama der inuuartun herzin kelaube minna theononte sih .. qhuuedanti mit vvizzagin

ih kevvisso pim uurum .. nalles man ituuiz manno .. auueraf deota erhapener … .. kedeonoter ::::: .. kescanter .. auar cuat mir …. kedeonotos mih daz lirnem kepot diniu

abtodo ………… …… … ibu neouuehl[3]) tue …….. uzzan daz dera kameinsanum des munistres rehtengu edo merorono sint kespanan piladi

….. ………. …… … ibu zungun ze-sprehhanne pi-uuerte …….. .. suuigali habanti unzi zanfrahidu ni sprehhe qhuuedanteru kescrifti danta in filusprahhi nist erslohan

---

[1]) K. aus »umilitate«.

[2]) K. 1. h. Stand ohne zweifel nebst der teutschen übersetzung früher nach malum.

[3]) Das »l« ist getilgt, wahrscheinlich um ein »t« an dessen stelle zu setzen.

---

*) XXIX. **) 49.

multiloquio non effugitur peccatum;
Et quia uir linguosus non diregitur
super terram;

Decimus humilitatis gradus est;
Si non sit facilis hac promptus ¹) in
risu; Quia scriptum est; Stultus in
risu exaltat uocem suam;

Undecimus humilitatis gradus est;
*) Si cum loquitur monachus leni-
ter, et sine risu humiliter, cum
grauitate uel pauca uerba et ra-
tionabilia loquatur; Et non sit cla-
mosus in uoce; Sicut scriptum est;
Sapiens uerbis innotescit paucis;

Duodecimus humilitatis gradus est;
Si non solum corde monachus, sed
etiam ipso corpore humilitatem ui-
dentibus se semper indicet;

Id est in opere ²) in oratorio, in
monasterio, in orto, in uia, in agro,
uel ubicumque sedens, ambulans,
uel stans; Inclinato sit semper capite defixis in terram aspectibus reum
se omni hora de ³) peccatis suis esti-
mans, iam se ⁴) tremendo iudicio re-
præsentari estimet; dicens sibi in
corde semper illud quod publicanus
ille **) euangelicus, fixis in terram
oculis dixit;

sunta .. danta comman zunkaler
nist kerihtit uber erda

zehanto .... ibu ni
si samfter enti funser in lahtere danta
kescriban ist unfruater in lahtere
heuit stim sina

....
.. ... sprihhit .... slehto ..
ano hlahtar theomuatliho mit fruati
... foiv uuort enti redohaftiu sprehhe
enti ni si hlutreister in stimmu so
kiscriban ist spaher uuortum kechundit foem

zuuelifto ....
ibv nalles einin herzin .... uzzan
sosama demuselbin libamin theoheit
sehhantem sih simblum chundit

daz ist uuerahche .. ..
.... in cartin in uueke in achre
edo so-uuar-so sizanti kankanti edo
stantanti kehneictemu si sinbulum
haubite kestactem in erda kasihtim
scultikan sih eocohuuelihhera citi
fona sunton sinem vvananti giv sih ⁴)
dera forahtlihun suano auur keka-
kanuuarti ⁵) uuane qhuuedentemu
imu in herzin simblum daz daz achi-
uuiz-firinari der euatchundento ki-
stactem in erda augom quad

---

¹) K. 2. h.

²) Das »di« bei Schilter, verlesen statt »dei«, ist k. 3. h. und gehört zum lateinischen texte.

³) 3. h.

⁴) Von »omni hora« an ergänzung des übersetzers.

⁵) »ke« gelöscht.

---

*) 50.   **) 51.

Domine non sum dignus ego peccator, leuare oculos meos ad cælum;

Et item cum propheta; Incuruatus sum et humiliatus sum usque quaque;

Ergo his omnibus humilitatis gradibus ascensis monachus, mox ad caritatem dei perueniet illam, quæ [1]) perfecta foras mittit timorem; Per quam uniuersa quæ prius non sine formidine obseruabat, absque ullo labore uelut naturaliter ex consuetudine incipiat [5]) custodire; Non iam timore gehennæ, sed amore christi, et consuetudine ipsa bona et delectacione uirtutum, quæ dominus iam in *) operarium suum mundum a uitiis et peccatis, spiritu sancto dignabitur demonstrare;

...... ni pim uuirdiker ih suntigo heffan augun miniu ze himile

enti auur mit vvizzagin keproganer pim enti kedeonoter pim eogo uueri

kevvisso desem allem dera deoheiti stiagilim uf-kistikanem .... saar ze minno [2]) cotes picheme [3]) ..... :::::hu duruh-nohto uz sentit forahtun duruh dia alliu dei er nalles ano forahtun piheialt anao [4]) einikeru arbeiti so-sama so chnuatlicho fona kevvonaheit pikinne kehaltan nallas giu forahtun der hella uzzan minnu .... enti uuonaheite dei-selbun cuatiu .. der lustida hereftio dei truhtin giu in uueracman sinan heinan fona hachustim .. suntom atume uuihemv keuuerdonter ist kehaucken

---

[1]) Nachkorrektur 1. h.

[2]) k. in »minnv«.

[3]) Ein »v«, das der übersetzer über das erste »e« setzte, scheint er selbst gleich wieder gelöscht zu haben.

[4]) Das zweite »a« fiel in das »b« von »absque« und wurde vielleicht vom übersetzer als getilgt betrachtet.

[5]) Von »ex« an ergänzung 2. h.

*) XXX.

CAPUT VIII.

DE OFFICIIS DIUINIS NOCTURNIS

*) Hiemis tempore, id est a kalendis nouembris usque in pascha, juxta consideracionem rationis, octaua hora noctis surgendum est, ut modice amplius de media nocte pausetur, etiam degesti surgant;

Quod uero restat post uigilias a fratribus qui psalterii uel leccionum aliquid indigent, meditacione inseruiantur;

A pascha autem usque ad supradictas kalendas nouembres [1]) sic temperetur ora ut uigiliarum agenda paruissimo interuallo quo fratres ad necessaria nature exeant; Mox matutini qui incipiente luce agendi sunt subsequantur;

vvintar citi .. .. after scauunku der redina ahtodun uvilu der nahti zeerstane ist so luzilo mer fona mittilodi naht kirestit si sosama kidevvite erstanten

daz *kevvisso* zaleibu ist after vvahtun fona pruadru*m* dea salmsanges ... lecziono eouueht duruftigont zelirnene ana deonoen.

fona ...... *kevvisso* za obana kaqhuetane*m* .... so si katemprot cit daz uuahtono ze-tuane der skenmistun untar-stuntu dero pruader za notdurfti der cnuati uzkanken sareo morganlob ... dem*v* pikinnantemu leohte zetuanne sint untar sin kafolget

---

[1]) »bres« ergänzung 3. h. hat Sch. | fälschlich ins Teutsche gezogen.

---

*) 52.

CAPUT IX.

QUANTI PSALMI DICENDI SUNT NOCTURNIS HORIS

Hiemis tempore supra scriptum; *) in primis uersum; Dominus in adiutorium meum intende domine;

In secundo; dicendum; Domine labia mea aperies, et os meum adnuntiabit laudem tuam; Cui subiungendum est tertius psalmus et gloria;

Post hunc psalmum nonagesimum quartum; Uenite exultemus domino, cum antepona aut certe decantandum;

Inde subsequatur ambrosianum ymnum; Deinde sex psalmi cum antephonis;

Quibus dictis dicto uerso benedicit abbas, Et sedentibus omnibus in scamnis, legantur uicissim a fratribus in codice super anolegio ¹) tres lectiones, inter quas et trea responsuria;

Post terciam uero lectionem qui cantat, **) dicat gloriam; Quam dum incipit cantor dicere, mox omnes de sedilia sua ²) surgant ob honorem, et reuerentiam sanctæ trinitatis;

Codices autem legantur in uigiliis, tam ueteris testamenti, quam noui

.... obana kascriban az erist uers. ....
....
in andremv za qhuedane ......
.... zva chundit .... demv zauntarmahorne ist dritto salmo ..
....

aftar desemv salmin nivnzogostin feordin ....
... .nun edo *kevvisso* zasinkanne

danan untarsikifolget ....
..... fona diu sex salmon ...
....

dem kichvetanem kachvetamv uerse vvihe .... sizzantem allem in scrannom sin kaleran hertom . pruadrun in puache ubar lecture drio leczun untar dem .. drii ....

aftar dritun *kevvisso* ....
der sinkit qhuuede tiurida dea denne pikinnit sangari qhuuedan sareo alle fona sedalum iro erstanten kagan ero .. eruuirdi der uuihun drinissu

puah *kevvisso* sint kalesan in uuahtom so der altun euua sosama

---

¹) In »analogivm« von 3. h. k. | ²) Von 2. h. in den ablativ k.

*) 53. **) 54.

diuine auctoritatis, sed et expositiones eorum, que a nominatis doctorum orthodoxis, catholicis patribus facte sunt;

Post has uero tres lectiones cum responsuria sua [1]) sequantur reliqui sex psalmi cum alleluia canendi;

Post os lectio *) apostoli sequatur — — — — recitanda, et uersus et supplicatio letani id est kiri eleison, et sic finiantur uigilie nocturne;

der niuun cotchundun ortfrumu sosama .. kirechida iro deo fona kinamtem lerarum rehtculichontem.......... fatrun kitaniu sint

aft*ar* desem k*evvisso* drim leczeom ... .sum iro sin kisolget andree sex salmun ... . zisinganne

aft*ar* desem lecza des potin si kifolget inhuctlicho zeredinone .. .. deolihas kipet .... truhtin kinade uns .. so kientot sin uuahta der naht

CAPUT X.

QUALITER ESTATIS TEMPORE AGATUR NOCTURNA LAUS.

**) A pascha autem usque ad kalendas nouembris omnis ut supra dictum est, psalmodie quantitas teneatur; Excepto autem lectiones in codice propter breuitatem noctium minime legantur; Sed pro ipsis tribus lectionibus una de ueteri testamento memoriæ legatur quam breuis responsurius subsequatur;

Et reliqua omnia ut dictum est impleantur; Id est ut nunquam minus a duodecim psalmorum quantitate ad uigilias nocturnas dicantur; Exceptis tercio et nonagisimo quarto psalmo;

fona ...... k*evvisso* .... cocouuelih so obana kichuetan ist des salmsanges uueamihili si kihabet uzzan ..... leczeom in puache duruh skemmi nahto min sin keleran uzzan fora diem drim leczeon einiu fona deru altun . euu der kihucti si kaleran dea skammer .... si untarfolget

.. frammert alliu so kachuetan ist erfullit sin daz ist daz neonaldre min fona zuelifin salmono uueomichili zi uuahtom .... sin kachuetan uzzan dritto .. niunzogosto fiordo salmo

---
[1]) Von 2. h. in den ablativ k.

*) XXXI.   **) 55.

CAPUT XI.

QUALITER DOMINICIS DIEBUS UIGILIAE AGANTUR;

Dominicis diebus temporibus surgatur ad uigilias; In quibus uigiliis teneatur mensura; Id est modolatis *) ut supra disposuimus sex psalmis et uerso; Resedentibus cunctis disposite et per ordinem in subselliis, legantur in codice ut supra diximus quatuor lectiones cum responsuriis suis; Ubi tantum in quarto responsurio dicatur a cantate gloria;

Quam [1]) dum incipit mox omnes cum reuerentia surgant;

Post —— lection:: sequantur ex ordine alii sex psalmi, cum antephonis sicut anteriores, et uersum;

Post q:: iterum dicantur ——— ———— prophetarum quas instituerit abbas; Quæ cantica cum alleluia psallantur;

Dicto etiam uerso et benedicente abbate, legantur aliæ quatuor lectiones de nouo testamento ordine quo supra;

Post quartum autem responsurium incipiat abbas **) ymnum, te deum laudamus;

Quo perdicto legat abbas lectionem de euangelia, cum honore et tremore stantibus omnibus qua perlecta respondeant omnes amen;

truhtinlihem tagum citim erstante ze uuahtom in dem uuahtom si kihabet mez daz ist zisinkanne so obana kasezamez ... .
auar sizantem allem kisazte .. duruh antreitida in scamelum sin kaleran .. puache so obana qhuatumes fior leczun mit ...... sum iro dar doh in feordin ...... se si kachuaetan fona singantemv. ......

dea denne pikinnit sario alle mit cruurti erstantem

aftar diem .... sin kifolget fona antreitidu andree ....
soso dea fordroron .. ..

aftar de: auur si kequhetan dri——
———— con .... dea kisezit
..... dea canticun ... . sint kasungan

kichuetanemv *kervisso* .... uuihantemv ...... sin kaleran andre fiori leczun fona niuueru euu. antreitidu. deru obana

aftar fiordin .... pikinne ..... lob .. ..

demv duruhchuetamv lese ..... leczun fona cuatchundidu . mit heru .. forahtun stantem allem diu duruhlevraniv antlenken alle sosi

---

[1]) K. 2. h.?

*) 56.   **) 57.

Et subsequatur mox ab abbate ymnum, te decet laus; Et data benedictione incipiant matutinos;

Qui ordo uirgiliarum omni tempore tam æstatis, quam hiemis æqualiter in die dominico teneatur; Nisi forte quod absit tardius surgant aliquid de lectionibus breuiandum *) est aut de responsuriis, quod tamen omnino caueatur ne proueniat;

Quod si contigerit digne inde satis faciat deo in oratorio pro cuius euenerit neglegentia;

.. si unt*ar*folget sar .. .. dih kirisit lob .. kakebaneru uuihi pikinnen morkanlob.

div antreitida uuahtono eocouuelicheru citi sama des sumares sama des uuintares ebano in tage truhtinlihhemu si kihabet uzzan odouuila daz fersi . spator erstanten edesuuaz fona lectiom zeskemmanne ist edo fona ......sun daz duuuidaro alles si kiporket daz pichueme

daz ibu kipurit uuirdigo danan kinuhtsamotue cote in chirichun duruh den chuimit ruachalosi

CAPUT XII.

QUOMODO MATUTINORUM SOLEMNITAS AGATUR;

**) in matutinis dominico die, inprimis dicatur sexagisimus sextus psalmus sine antephona indirectum;

Post quem dicatur quinquagesimus cum alleluia; Post quem dicatur centesimus septimus Xmus et sexagisimus II; Inde benedicciones et laudes; Lectiones de apocalipsin, una memoriter; Et responsurium ambrosianum; Uersum, et canticum de euangelia, letania et completum est;

in morkanlobun truhtinlichemv tage iz erist si kichuetan sexzugosto sexto .... ano ....nun inkirihti. aft*ar* diu si kichuetan finfzugosto .... aft*ar* div .... zehanzugosto sibunto zehanto .. sehzugosto andre danan uuihii .. lob leczun fona .... einiu kihuctlihho .. ..

.. erfullit ist

*) XXXII.   **) 58.

CAPUT XIII.

PRIUATIS DIEBUS QUALITER AGANTUR MATUDINI;

Diebus autem priuatis matutinorum solemnitas ita agatur, Id est LXVI psalmus dicatur sine antephona subtrahendo modice sicut dominica ut omnes occurrant ad quinquagisimum qui cum antephona dicatur;

*) Post quem alii duo psalmi dicantur secundum consuetudinem; Id est secunda feria V et XXXsus, tertia feria XLsIIs et L.s. VI.s [1] Quarta feria, LXXXs VIIs et LXXX VIIIIs, Sexta feria LXXs. IIs et [2] XCI [2] et canticum deuterononici qui diuitatur in duas glorias;

Nam ceteris diebus canticum unumquemque die suo ex prophetis sicut psallit ecclesia romana dicantur;

Post hæc sequuntur laudes; Deinde lectio una apostoli memoriter recitanda responsurium, ambrosianum uerso canticum de euangelia letania, et completum est;

Plane agendum matutina uel uespertina, non transeat aliquando nisi in ultimo, et ordine oratio dominica

tagum *kervisso* suntrigem morganlobo tult so si zetuanne daz ist .. sexto salmo si kiqhuuetan ano .... untar-zeohanto luzic soso der truhtinlihhun daz alle kakan-laufen za finfzugostin der ... . nun ....

aftar demv andre zuene salmun sin kiqhuuetan aftar kiuuonaheite .. ... anderes tages funfto .. drizugosto drittin tages finfzugosto .. andarer .. finfzugosto sehsto des feordin tages ahtozogosto sibunto .. ahtozogosto niunto sehtin tages sibunzogosto andrer .. niunzogo::: [2] eri::: [2] .... der si ziteilit in zuo ....

kervisso andrem tagun .... einan ecouuelihhan tage sinemv fona uuizagom soso sinkit samanunga rumiskiu sin kaqhuetan

aftar disu sin kafolget lob danan lectza einiu des potin kihuctlicho ze erchennenne ....

kiuuisso zatuane morkanlob ... abantlob ni furifare conaldre uzan in iungastin .. antreitidu kepet

---

[1] Von 3. h. noch am rande folgendes: LXIII et LXIIII sabato autem cetesimus quadragesimus II.

[2] Randschrift vom übersetzer; die fehlenden buchstaben sind abgeschnitten.

*) 59.

omnibus *) audientibus dicatur a priore propter scandalorum spinas quin oriri solent, Ut conuerti per ipsius orationis sponsione qua dicunt; Dimitte nobis, sicut et nos dimittimus; Purgent se ab hujuscemodi uitio;

Ceteris uero agendis ultima pars eius oracionis dicatur; Ut ab omnibus respondeatur; Sed libera nos a malo;

truhtinlihhemv allem kehorrantem si kiqhuuetan fona herorin duruh zuruuaridono dorno dea ufqhueman kiuuonent daz kinuerbit uuesan duruh des-selbin petes pigihti demu qhuedant far-laz uns soso auh uuir farlazzames reinen sih fona suslihcheru achusti

andrem *kevvisso* zatuanne iungista teil .... kepetes si kiqhuuetan daz fona allem si kiantlenkit uzzan losi unsih fona ubile

CAPUT XIV.

IN NATALICIIS SANCTORUM QUALITER AGANTUR UIGILIAE; 1)

In festiuitatibus uero sanctorum uel omnibus solemnitatibus, sicut diximus, dominico die agendum, ita agatur; excepto quod psalmi, aut antephone uel lectiones ad ipsum diem pertinentes dicantur; Modus autem supra scriptus teneatur;

in tuldim *kevvisso* uuihero ... allem tundim soso qhuatumes truhtinlihhemv ... zetuanne so si katan uzan daz salmon edo ....nun ... leczun za demvselbin tage si-kekankan si-keqhuetan mez ..... obana kascribanas si hehabet

---

1) Dieser titel ist randschrift, und durch den neuen einband halb weggeschnitten.

*) 60.

CAPUT XV.

ALLELUIA QUIBUS TEMPORIBUS DICATUR;

A sancto paschæ usque ad pentecosten *) sine intermissione dicatur alleluia tam in psalmis quam in responsuriis

A pentecosten autem usque in capud quadraginsime omnibus noctibus [1]) cum sex posterioribus psalmis tantum adnocturnis dicatur;

Omni uero dominica extra quadraginsimam, cantica matutinas, prima, tercia, sexta, nona, Uespera uero iam antephona;

Responsuria uero nunquam dicantur cum alleluia, nisi a pascha usque ac pentecosten;

fona ...... oostrom ....
ano untarlaz si..... .... sosama
.. salmin sosama .. ..sum

. ... unzin in habit der fastun allem nahtum mit sehsim afttrorom salmon doh nahtlobum si kiqhuuetan

eocouuelihheru kevvisso truh*tinlihh*eru uzana fastun ....
....
....

.... nco=naldre si kiqhuuetam ... .
....

CAPUT XVI.

QUALITER DIUINA OPERA PER DIEM AGATUR;

Ut ait propheta; Septies in diem laudem dixit tibi; Qui septenarius sacratus numerus a nobis sic implebitur; Si matutino, prime, tercie, sexte, none uespere, conpleturii,**) quo [2]) tempore nostræ seruitutis officia persoluamus; Quia de his horis dixit; Septies in diem laudem dixit tibi;

so qhuad uuizzago sibun-stunt ..
.... qhuadu dir diu sibun-falta kiuuihtiu .... so erfullit so morganlobo ....
.... folnissi deru citi des unseres theonostes ambaht duruh an-pintames danta fona dem uuilom qhuad ....

---

[1]) »c« k. 2. h.   [2]) st. completuriique.

*) 61.   **) 62.

Nam de nocturnis uigiliis idem ipse propheta ait; Media nocte surgebam ad confitendum tibi;

Ergo in his temporibus referamus laudes creatori nostro super iudicia iusticiæ sue; Id est matutinis, prima, tertia, sexta, nona, uespera, conpleturio, et nocte surgamus ad confitendum ei;

kevrisso fona nahtlobum .... er selbo ....

kevrisso in desem citum rahhomes ...... sceffantin unsaremu ubar suana des rehtes sines .. .. za hehane imv.

CAPUT XVII.

QUOD PSALMI EASDEM HORAS CANENDI SUNT;

Iam de nocturnis uel de matutinis digessimus ordinem psalmodie nunc de sequentibus horis nideamus;

Prima hora dicantur psalmi tres, singillatim et non sub una gloria ymnum ciusdem hore post uersum; *) Deus in **) adiutorium meum intende, antequam psalmi incipiantur;

Post expletionem trium psalmorum retitetur lectio una de apostulo uersum et kirieleison et missas;

Tercia uero, sexta et nona, idem ordine cælebretur; Oratio idem usum ymnum earundem orarum ternos psalmos lectione et uerso kirieleison et misse sunt;

Si maior congregatio fuerit, cum antephonas; Si uero minor in directum psallantur;

giu fona nahtlobum ... . kisaztomes antreitida des salmsanges nv fona folgentem citim kasehames erista uuila sin kaqhuuetan .... einluzlihhe .. nalles untar eineru ...... lob deruselbun citi ....

aftar folnissu drio salmono si kileran .... indi santa

.... dera-selbun antreitida si kituldit kabet demv-selbin .... selbono ...... drii .... santa sint

.. .. in kirihti ....

---

*) XXXIV.   **) 63.

Uespertina autem sinaxis quatuor psalmi cum antephonas terminentur; Post quibus psalmis lectio recitanda est; Inde responsurium ymnum ambrosianum uersum, canticum de euangelio *) letania, et oratione dominica et fiunt misse;

Completurius autem trium psalmorum dictione terminetur qui psalmi derectanii sine antephona dicendi sunt; Post quos ymnum eiusdem ore lectione una uerso kirieleison benedictione et misse fiant.

.... curs ....
... . sin kimarchot aft*ar* diem .... za redinone ist danan .... sanc fona euatchundidu ....
....

folnissi ....
si kitan dea salmun inrihti ....
.... zaqhuedane sint aft*ar* diem
..... dera=selbun citi lecza einiu
.... uuihi .. ..

CAPUT XVIII.

QUO ORDINE IPSI PSALMI DICENDI SUNT;

In primis semper diurnis horis dicatur uersum; Deus in adiutorium meum intende domine ad adiuuandum me festina; Gloria; Inde ymnum unius cuiusque hore;

Deinde prima hora die dominica dicenda quattuor capitula psalmi CiXVIIIi;

Reliquis vero horis id est tercia, sexta, uel nona, **) terna capitula suprascripti psalmi CiXVIIIi dicantur;

A prima autem secunde feriæ dicantur tres psalmi, id est primus secundus et sextus; Et ita per singulos dies ad prima usque ad dominicam dicantur per ordinem terni

in herist ...... tagalihhin .....
....
....
...... danan ..... cinera eocouuelihera citi
.... truhtinlihhera
za qhuedanne .... leczun des salmin ....
andrem ....
.... drio lecziun obakascri-
banes salmin ....
. ... andrem tagum sin kaqhuuetan ....
.. .. so duruh einluze taga ..
....
.... unzi za niunta zehantin

---

*) 64.   **) 65.

psalmi, usque nonum decimum psalmum; Ita san:::: nonus psalmus, et XVIImus diuidantur in binas glorias; Et sic fiat ut ad uigilias dominica semper a uicissimo incipiatur,

Ad terciam uero sextam uel nonam secunde feriæ nouem capitule que residue sunt, de CoXVIIIo psalmo ipsa terna per easdem horas dicantur;

Expenso ergo psalmo CoXVIIIo duobus diebus, id est *) dominico et secunda feria; Tercia feria, iam ad terciam sextam uel nonam psallantur terni psalmi a CoXVIIIo, usque ad CmXXmVIIm, psalmi nouem

Quique psalmi semper usque ad dominicam, **) per easdem horas idem repetantur, Ymnorum nihilominus lectionum uel uersum dispositionem, uniformem cunctis diebus seruatam; Et ita scilicet semper dominica, a CoXVIIIo incipiatur;

Uespere autem cottidie quattuor psalmorum modolatione, canatur, qui psalmi incipiantur, a CoVIIIIo, usque CunXLmVIIm, exceptis his qui in diuersis horis ex eis sequestrantur; Id est a CoXVIIo usque ad, centesimo. XXmoVIIo. et CoXXXoIIIo et CoLoXIIo

***) Reliqui omnes in uespera dicendi sunt; Et quia minus ueniunt, tres psalmi, ideo diuidendi sunt qui

salmin so kauuisso niunto salmo .. .. sin zi-teilit in zua tiurida .. so si daz zi nahtuuahchom truh*tinlihheru* fona zueinzicozstin sin kifangan

.. .. andres tages niun lecziun deo zaleibu sint .. .. dea dri d*u*ru*h* deaselbun citi sin kaqhuuetan

kispentotemv .... zuin tagu*m* .. .., ...

dea salmun ...... unzan za truhtinlichun[1]) d*u*ru*h* deaselbun citi auur sin kiuangan .... neouuiht min .... kasezcidu einespilades alle*m* tagum kihaltan .. so kiuuisso .... si pi-gunnan

.... sange si kisungan dea salmun .... uzzan de*m* dea missilihchem citum fona im sint kisuntrot .. ..

andre ..... in abantlobum zaqhuedanne sint .. danta min qhuemant .... pidiu zateilanne sint dea in

---

[1]) Die handschrift hat »t'h'u chun«.

*) 66.   **) XXXV.   ***) 67.

in numero supra scriptus fortiores inueniuntur;

Idem CmusXXXmusVIImus et CmusXLmusVIImus centesimus uero, XVImus, quia paruus est. cum centesimo XVo. coniungatur;

Diiesto ergo ordine psalmorum uespertinorum; Reliqua id est lectionem responsum . ymnum . uersum uel canticum sicut supra taxauimus impleatur;

Ad completurium uero idem psalmi repetantur cottidie id est IIII et XCmus et CmusXXXmusIIImus

Disposite ordine psalmodiæ diurne reliqui omnes psalmi . qui supersunt æqualiter diuidantur septinoctium in uigilias . parciendo *) scilicet qui inter eos [1]) prolixiores sunt psalmi. et XII per unam quaque constituens noctem,

hoc præcipue . commonentes si cui forte . hec distributio psalmorum, displicnerit ordine si melius aliter iudicauerit agat; Dum omnimodis adtendatur . ut omne ebdomada psalterium ex integro numero C.L. psalmorum psallantur et dominico die semper a capite repræhendatur ad uigilias

quia nimis inerti deuotionis suæ seruitio ostendunt monachi qui minus . a psalterio, cum canticis con-

ruabu ..... kascribane starchirun sint funtan

....
.... danta luziler ist
... . si kimahchot

kisaztero .... abantlihchero andro .. ..
....
.... si erfullit

za folnisse .... dea-selbun ...... auurkifangan ....
....

kisaztero ...... des salmsanges tagalihchen................ ....
ebano si ziteilit sibun naht .. uuahtono libanto *kevvisso* dea untar im lengirun sint .... duruh eina eocouuelicha kasezanti naht

daz allero meist manonte ibu uuelichemv . oduuila . desiv zateile salmono pilihchet ...... ibu paz andaruuis suanit tue denne ecouuelichu mezzu zua si kiuuartet daz eocouuelichera uuehchun saltari .. alonger ruaba .. .. si kisungan .. truhtinlihhemv take ...... fona haubite auur si kifangan za uuahton

danta drato únhort [2]) dera kernissa sinera . deonostes kaaugant .... dea min fona saltare ... . kiuuo-

---

[1]) Ergänzung 2. h.
[2]) Der letzte buchstabe nicht sicher.

»unhorsc« lässt sich nach keronischer schrift nicht herauslesen.

*) 68.

70

suetudinariis per septemane circulum psallunt; Dum quando legamus sanctos patres nostros uno die hoc strinue . implesse, nos uero ut una *) septimana integra persoluamus;

naheitim duruh uuehchun umbincirh singant denne uuenne lesames uuibe fatare unsare einemv tage daz radalihcho erfullen uuir so eina uuehcha anolkiu duruh inpintames .

CAPUT XIX.

DE DISCIPLINA PSALLENDI;

Ubique credimus diuinam esse præsenciam et oculos domini specularis bonos et malos et maxime tamen hoc sine aliqua **) dupitatione credamus cum ad opus diuinum adsistimus;

Ideo semper memores simus quod ait propheta; Seruite domino in timore, et iterum psallite sapienter; Et in conspectu angelorum psallam tibi.

Ergo si consideremus qualiter oporteat in conspectu diuinitatis, et angelorum eius esse . et sic stemus ad psallendum ut mens nostra concordet uoci nostræ;

eocouueri kilaubames cotchundi
.... antuuarta .. ..
...., ...
...... zuiualunga ....
cotchundaz ....

....
....
....
....

....
.. ..
....
...... kahirze ....

*) 69.   **) XXXVI.

CAPUT XX.

DE REUERENTIA ORATIONIS;

Si cum hominibus potentibus uolumus *) aliqua suggerere, non præsumimus, nisi cum humilitate et reuerentia; Quanto magis domino deo uniuersorum cum omni humilitate . et puritatis deuotione supplicandum est;

Et non multiloquio, sed in puritate cordis et conpunctione lacrimarum nos exaudire sciamus;

Et ideo breuis debet esse et pura oratio, nisi forte ex affectu inspirationis diuine gratiæ protendatur;

In conuentu tam omnino breuiter oretur; Et facto signo, a priore omnes pariter surgant;

.. .. uualtantem ....
edeslihchiu spanan ... .
.... uueo
mer ....
.... luttri kernnissu [1]) za pittanne ist

.. ..
....
....

.. .. scammas .... luttras .... fona minnu des anaplasannes der cotchundiun ensti fora si kidenit

in zumfti ... . scamlihcho
....
ebano ....

---

[1]) Ist in der handschrift getrennt; | daher wohl die zwei »n«. S. s. 22.

*) 70.

CAPUT XXI.

DE DECANIS MONASTERII;

Si maior fuerit congregatio elegantur de ipsis fratribus boni testimonii, et sanctæ conuersationis et constituantur decani; Qui sollicitudinem *) gerat super decanis in omnibus secundum mandatum dei . et præcepta abbati sui;	.. .. aruuelit si .. .. dera cuatun kiuuiszida .. .. des libes ... . zehanninga ... pihuetida ....
Qui decani tales elegantur in quibus abbas securus parceat onera sua; Et non elegantur per ordinem . secundum uitæ meritum et sapientiæ doctrinam;	... . sihchurer libbe ....
Quique decani si ex eis aliquis forte quis inflatus superbiæ repertus fuerit repræhensibilis, corręctus semel, et iterum adque tercio; Si emendare noluerit deiciatur . et alter in loco eius qui dignus est succedat;	inti dea .... edeslihcher .... kaplater .... lastarlihher karihter .... ana-gat
Et de præposito . eadem constituimus;	.. .. daz - selba ....

---

*) 71.

CAPUT XXII.

QUOMODO DORMIUNT MONACHI;

Singuli per singula lecta dormiant;	einluzze dúruh einluziun ....
Lecti sterni pro modo conuersationis secundum dispensationem abbatis *) accipiant;	kastreuuitiu . fona meze des libbes .... spentungu ....
Si potest fieri **) omnes in uno loco dormiant; Si autem multitudo non sinet deni aut uigeni cum senioribus qui super eos solliciti sint pausent;	.. .. ni lazze .... resten .
Candela iugiter in eadem cella ardeat usque mane;	leoht ....
Uestiti dormiant et cincti cingulis aut funibus ut cultellos suos ad latus suum non habeant dum dormiunt, ne forte per somnum uulneret . dormientem; Et ut parati sint monachi semper facto signo absque mora surgentes festinent se inuicem praeuenire ad opus dei, cum omni tamen grauitate et modestia;	kiuuatote .... picurte curtilom edo zaummum .. .. ?..... .... za uuerchæ cotes ... . fruati .. mezhaftiu
Adhuliscentiores fratres iuxta se non habeant lectos . sed permixti cum senioribus;	.... duruh-miste mit herirom
Surgentes uero ad opus dei inuicem se moderatæ ***) cohortentur propter somnolentorum excusationes;	.... mezhaftiu .... slafalero ....

---

*) XXXVII.   **) 72.   ***) 73.

CAPUT XXIII.

DE EXCOMMUNICATIONE CULPARUM;

Si quis frater contumax aut inobediens aut superbus, aut murmorans, aut in aliquo contrario consistens sanctæ regulæ, aut præcepta seniorum suorum contemptor repertus fuerit; Hic secundum domini nostri præceptum ammoneatur semel; Et iterum secreto a senioribus suis;	.. .. ein striter ... unhorsamer ... . uuidaruuarti ebanstantanti .... herirono ...... farmano ....
Si non emendauerit obiurgetur publice coram omnibus; Si uero neque sic correxerit si intellegit, qualis pœna sit excommunicationi subiaceat; Sin autem improbus est uindicta corporali subdatur;	.. .. si kisahchan offanlihcho .... armeinsami .... unkauuarer ... . lihchamlihera ....

CAPUT XXIIII.

QUALIS DEBET ESSE MODUS EXCOMMUNICATIONIS;

Secundum modum culbe excommunicationis *) uel disciplinæ debet extendi mensura; Quod culparum modus in abbatis pendit iudicio;	.... kadeni mez ....
Si quis tamen frater in leuioribus culpis inuenitur, a mense participatione priuetur;	.. .. in ringirom .... teil ꞊ nunift piteilit si

*) 74.

Priuati autem a mense consortio, ista erit ratio aut in oraturio psalmum aut antephonam non inponat neque lectionem recitet, usque ad satisfactionem;

Refectionem autem cybi post fratrum rectionem¹) solus accipiat; Ut si uerbi gratia fratres reficiunt sexta hora . ille nona; Si fratres nona . ille uesperea; Usque dum satisfactione congrua ueniam consequatur;

piteilte .... kinozsceffi desiv ist redina ... . ni heffe .... redinoe za ganuctsameru tati

imbiz ..... dez muases .... daz .. pilad qhuedan ...., ... za canubtsamera tati kalimflihchan ... .

CAPUT XXV.

DE GRAUIORIBUS CULPIS;

Is autem frater qui grauioribus culpæ *) noxa tenetur suspendatur a mensa simul et ab oraturio **) nullus ei frater in nullo iniungatur consortio, neque in conloquio; Solus sit ad opus sibi iniunctum, persistens in penitentiæ luctum; Sciens illam terribilem apostoli sentenciam dicentis; Traditum est modi²) hominem in interitum carnis, ut spiritus saluus sit in diem domini;

Cybi autem perceptionem solus percipiat mensura . uel hora qua præuiderit abbas ei conpetire; Ne a quoquam benedicatur, transeunte, nec cybum quod ei tatur;

deser .... ,........... dera sunta sculdi .... si kispentot . ... ioh auh imv .... duruh - uuesanti .. .. muaft .... ekislihhun .... kiqhuit .... suslichan .... in faruurti .... heiler si .. ..

.... antfankida .... kalimfam min fona einiga .... furifarantemv ... .

---

¹) Lies »refectionem.« ²) Lies »huiusmodi.«

*) 75.   **) XXXVIII.

CAPUT XXVI.

DE HIS QUI SINE IUSSIONE IUNGUNTUR EXCOMMUNICATIS;

Si quis frater præsumpserit sine iussione abbatis fratri excommunicatio *) quolibet modo se iungere aut loqui cum eo uel mandatum ei diregere; Similis sortiatur excomunicionis uindicte;	.. .. so uuelichu mezu .. kamahchon ... . karihtan kalihchera si erlozzan .... der rihti

CAPUT XXVII.

QUALITER DEBEAT ABBAS SOLLICITUS ESSE CIRCA EXCOMMUNICATIS;

Omni sollicitudine curam abbas gerat circa delinquentes fratres quia non est opus sanis medicus, sed male habentibus; Humilietur pro infirmitate non extollatur pro misericordia et ita omnia membra erunt in pace;	.... ruachun .... duruft ....
Et ideo uti debet omni modo ut sapiens medicus inmittere quasi occultos consolatores senpectas¹) id est seniores; Sapientes fratres qui quasi secreto consolentur fratrem	.. .. pruhchan ..... eocouuelichu mezzu .. .. anasentan ....

---

¹) Von dem hellenischen »συμπαίκτα«. S. »du Fresne« in dem »Gloss. Latin-barbar.«

*) 76.

77

luctuantem et prouocent ad humilitatis satisfactionem;

Consolentur eum ne habundantiore tristicia *) absorbeatur; Sed sicut ait apostolus; confirmetur in eo caritas et oretur pro eo ab omnibus;

Magnopere enim debet sollicitudinem gerere abbas, et omni sagacitate et industria curare ne aliquam de quibus sibi creditis perdat;

Nouerit enim se infirmarum curam suscepisse animarum, non super sanas tyrannidem adsumat, sed metuat prophete comminationem super quem dicit deus; Quod crassum uidebatis adsumebatis, et quod debile erat proiciebatis . et pastoris boni pium imitetur exemplum; Qui relictis nonaginta novem ouibus in montibus, habiit unam ovem que errauerat querere;

Cuius **) infirmitate in tantum conpassus est ut eam in sacris umeris suis dignaretur inponere, et sic reportare ad gregem;

framkiuuisen .. .. kanuctsamera tati

.... kanuctsamun .... pisaufit si ... . pi imo .. ..

allero meist ....
.... huuassi .. horski ...... min cinikas .. .. pifolahenem ......

....
.... alliu rihchida ....
... . drouua ....
.... feiztas .... ir zuanamut .. .... uuanheilaz ....
.... des cuatin erhaftaz keleisanit ....
....
....

.... so filu ebandolenti ... . ahsalom sinem kauuerdonti analeckan .. so uuidaret tragan za chortare

---

*) 77.   **) 78.

CAPUT XXVIII.

DE HIS QUI SEPIUS CORREPERTI EMENDARE NOLUERINT;

*) Si quis frater frequentur correptus pro qualibet culpa, si etiam excommunicatus non emendauerit agrior ei accedat correctio; Id est ut uerberum uindictam in eum procedant;

Quodsi nec ita correxerit aut forte quod absit in superbiam elatus etiam defendere uoluerit opera sua; tunc abbas faciat quod sapiens medicus

Si exhibeat fomenta; Si unguenta adortationum . si medicamina diuinarum scripturarum; Si ad ultimum ——onem **) excommunicationis uel plagarum uirge, etiam si uiderit, nihil suam præualere industriam adhibeat etiam quod maius est suam, et omnium fratrum pro eo orationem ut dominus qui omnipotens est operetur salutem circa infirmum fratrem;

Quodsi nec isto modo sanatus fuerit, tunc iam ututur abbas ferro abscisionis; Ut ait apostolus; Auferte malum ex uobis;

Et iterum . infidelis . si discidit discedat, ne una ouis morbida omnem gregem contagiet:

.. .. emezzico karafster pi souuelicha=so .... armein-samoter ... . uuassira .. .. kiribtida .. .. fillono kertu .... framkangen

....
....
....
....

.. .. ibu salbun ki-spansteo ibu lahchida cotchundera .... az iungist ——— .... kertu .... furi-magan horskii zua=tue ....
....
... .
....

.... desv mezzv ....
.... si pruhhanti ..... isarne des abasnidannes .. ..
....

.. .. ungilaubiger ibv kelidet kelide .. .. suhtigaz ....
pi=smizze

---

*) XXXIX.   **) 79.

CAPUT XXIX.

SI DEBEANT ITERUM RECIPI FRATRES EXEUNTES DE MONASTERIO;

Frater qui proprio uitio egreditur ———— de monasterio, Si reuerti uoluerit spondeat prius omnem emendationem ::::: pro quo egressus *) est; Sic in ultimo gradu recipiatur ut ex hoc eius humilitas conprobetur;

Quodsi denuo exierit usque tercio, ita recipiatur; Iam postea sciens sibi omnem reuersionis aditum denegari;

....
———— .. .. ibv kiuuorban uuesan .... keheizze ....
.... ::::: ... ... so in deru iungistun steti si entfangan daz er div siniv theomuati ̄ si kechoroot

daz ibv anderastunt ....
.... giv after div vvizzanti inv eocouuelihan .... zua⸗kane far-cikan uuesan

CAPUT XXX.

DE PUERI MINORI ETATE QUALITER CORRIPIANTUR;

Omnis ætas uel intellectus proprias debet habere mensuras; Ideoque quotiens pueri uel aduliscentiores ætate aut qui minus intellegere possunt quanta pœna sit excommunicationis; Hii tales dum delinquunt aut ieiuniis nimiis adfligantur acris uerberibus coerceantur ut sanentur;

eocouuelihaz altar ... farnufst eikaniv scal habeen mez inti pidio
....
... .
... .
... . sin keneizzit sarfeem filloom siin keduungan ..
....

*) 80.

CAPUT XXXI.

DE CELLARARIO MONASTERIO QUALIS SIT;

Cellararius monasterii *) elegatur de congregatione sapiens maturis moribus. sobrius. non multum edax non elatus non turbolentus non iniuriosus non tardus non prodicus, sed timens deum qui omni congregationi sit . sicut pater.

Curam gerat de omnibus, sine iussione abbatis nihil faciat, quæ iubentur custodiat; fratres non contristet;

Si quis hab eo **) forte aliqua inrationabiliter postulat, non spernendo contristet, sed rationabiliter cum humilitate male pententi denegat animam suam custodiat; Memor semper illud apostolicum quia qui bene ministrauerit gradum bonum sibi adquerit;

Infirmorum infantum . hospitum pauperumque cum omni ***) sollicitudine curam gerat. Sciens sine dubio quia pro his omnibus in die iuditii rationem redditurus est;

Omnia uasa cunctamque substantiam acsi altaris uasa sacrata conspiciat; Nihil ducat neglegendum [1]) neque prodicus sit stirpatur substan-

.... si eruuelit fona samanungu spaheer riiffer sitim chyskeer nalles filu ezzaleer nalles preiteer nalles truabaleer nalles uuidarmuater . nalles trager . nalles spildanter . uzzan forahtanti cotan der alleru samanungu si soso fater

ruahhun tue fona alleem ano kipot des abbates neovueht tue dei kepotan sin kehalte .... ni keunfrauue

ibv huuelih fona imv . odhuuila eddeslihhiv vnredihaftlihhiu pitit nalles farmanento keuusreuue uzzan redihaftlihho mit deomuati vbilo pittantemv farzihe sela sina kehalte kehucke simblum daz potolihha danta der vvela ambahtit stiagil cuatan imv zuakesuahhit

vnmahtigero chindo kesteo inti armero mit eocouuelihheru pihucti ruahba tue vvizzanti ana zuifal danta pi deseem allem in tage dera suana. rediun erkebaneer ist

alliv faz inti alla eht inti so altarres faz keuuihtiv pi-sehe neovveht leitte farsuummando noh spildanter si vrriutto eht des monastres vzzan alliv

---

[1]) »neque avaricia studeat«, das Schilter hat, ist randglosse 3. h., und das erste »noh« bei demselben fehlt ganz.

*) 81.   **) XL.   ***) 82.

tie monasterii; Sed omnia mensurate faciat et secundum iussionem abbatis

humilitatem ante omnia habeat; Et cui substantia non est q::: tribuatur sermo responsionis porrigatur bonus; Ut scriptum est; Sermo bonus super datum obtimum;

Omnia que ei iniunxerit abba ipsa habeat sub cura sua; A quibus eum prohibuerit non præsumat;

Fratribus constitutam *) annonam sine aliquo tyfo uel mora offerat ut non scandalizentur; Memor diuini eloquii quod mereatur qui scandalizauerit unum de pusillis;

Si congregatio maior fuerit solatia ei dentur a quibus adiutus et ipse æquo animo impleat officium sibi commissum;

Horis conpetentibus et dentur que tanda sunt et petantur quæ petenda sunt et nemo perturbetur neque contristetur in domo dei;

mezhaftiv tue indi after kipote des abbates

theoheit fora allu eigi indi demo eht nist daz kebe vvort des antuurtes si kerehhit cuataz so kescriban ist vvort cuataz ubar keba pezzistuun

indi alliv dei imv ana-kimahhoot abbas selbun habee untar ruahhun sineru fona diem imu pi-uuerit ni erpaldee

pruadrum kesazta liibleita ana einikemu lihhisode edo tuuala pringe daz ni .... kehucke dera cotchundvvn sprahha daz si kearneet ... .

ibu samanunga mera vvisit helfa imu si kekeban fona diem keholfaneer indi er-selbo ebanemu muate erfulle ambahti imu pifolabanaz

citim kelimfanteem indi kekeban sin dei zekebanne sint indi kebetan dei zepittanne sint indi neoman duruhtruabit noh keunfreuuit in huse cotes

---

*) 83.

CAPUT XXXII.

DE FERRAMENTIS UEL REBUS MONASTERII;

Substantia monasterii in ferramentis uel uestibus seu quibuslibet rebus prouideat abbas fratres de quorum uite moribus securus sit et eis singula ut utile iudicauerit *) consignet constituenda adque recolligenda;

Ex quibus abbas breuem teneat. ut dum sibi in ipsa adsignata fratres uicib:s succedunt sciat quid dat et quid recepit;

Si quis autem sordide aut negligenter res monasterii tractauerit corripiatur; Si non emendauerit discipline regulari subiaceat;

.... in isarnazzasum ... keuuatim edo so huuelihemvso rahhom .... sitim .... einluzziv dera pidarbun suanit kizeichanne .... indi auur zikilesanne

.. ..,.... .. ... in dem selbon kazaichantiv .... uuehsalum anakaant ....

.. .. unsubro ... ruahchaloso ... . trahtot si kiduungan .. ..:. dera rehtlihchun untar-licke

CAPUT XXXIII.

SI QUID DEBET MONACHUS PROPRIUM HABERE;

Præcipue hoc uitium radicitus aputandum est de monasterio ne quis præsumat aliquid dare ut recipere sine iussione abbatis; neque aliquid habere proprium nullam omnino rem; Neque codicem neque tabulas . neque graffium . sed nihil **) quippe quibus nec corpora sua nec uoluntates licet habere in propria uoluntate;

allero meist dea achust uurzhaftor abazasnidanne ist. .. .. eouuiht .... eikan neouuiht ...... rahcha ..... puah .... kauuisso .... lihchamon iro ... . arlaubit ...... in aikanemv ....

*) 84.   **) XLI.

83

Omnia *) uero necessaria a patre sperare monasterii, nec quicquam liceat habere quod abbas non::: dederit aut permiserit;

Omniaque omnibus sint communia; Ut sicut scriptum est, nec quisquam suum aliquid dicat uel præsumat;

Quodsi quis quam huic nequissimo uicio depræhensus fuerit delectari ammonetur semel et iterum; Si non emendauerit — — — — —plina: subiaceat;

alliv .... notdurufti . ... eouuit erlaube .... edo farleazzi

.... cameinsamon .. .. min eouuit sin eouuiht ....

daz ibu einic desemv .... achusti kirafster ...... kilustidot .... deru reh:lihu: — ....

CAPUT XXXIIII.

SI OMNES AEQUALITER DEBEANT NECESSARIA ACCIPERE;

Sicut scriptum est; Diuidebatur singulis prout cuique opus erat;

Ubi non dicimus ut personarum quod absit acceptio sit, sed infirmitatis consideratio;

Ut qui minus indiget **) agat deo gratias et non constristetur;

Qui uero plus indiget exhibeatur ei; Humilietur pro infirmitate, non extollatur pro misericordia, et ita omnia membra erunt in pace;

Ante omnia ne murmorationis malum pro qualecumque causa in ali-

.... si ziteilit einluzlihchem soso eocouuelihchemv .... daz heiteo .... antfenkida si ... . scauunka

.. .. duruftigot tue ... anst .. ..

... . si kitan .. si kitheonot ... . nal*les* si erhaban ... . alle lidi ..... in fridiu

.... pi so uuelichaso racha in einikemv

---

*) 85.   **) 86.

quo qualicumque verbo aut signifi-
cacione appareat;

Quodsi deprehensus fuerit distric-
tiori disciplina subdatur;

so uuelichemv-so .... zaicha-
nungu kaauge

...... karafster ...... der kiduun-
ganun .... si untar-keban

CAPUT XXXV.

DE SEPTIMANARIIS COQUINE;

Fratres sic sibi inuicem seruiant, ut nullus excusetur a coquinæ officio, nisi aut egritudo aut in causa grauis utilitatis quis occupatus fuerit quia exinde maior mercis adqueritur et caritas;

Inbicillibus *) autem procurentur solatia, secundum modum congregationis, aut posicionem loci;

Si maior congregacio fuerit, cellarius excusetur a coquina, uel si qui ut diximus maioribus utilitatibus occupantur ceteri sibi inuicem sub caritate seruiant;

Egressurus de septimana sabbato munditias faciat; Lintea cum quibus sibi fratres manus aut pedes tergent lauet;

Pedes uero tam ipse qui egreditur quam ille qui intraturus est omnibus lauent;

Uasa ministerii sui egrediens. munda et sana cellario reconsignet;

....
...... si ent-rachot . ... ambahte .... siuhchi ... .
suuarriu deru bidarbi uuelih pibaf-
ter vvisit .... erdiu mera loon ist
kesuahhit .. minna

vnchreftigem ..... fora si ke-
kaumit helfa .... mezze dera
samanungu edo kesezzida ....

.. .. si
entrahhoot . ... ibu uue-
lihhe .. .. meroom piderboom
sin pihestim ....
....

uz kikanganer .. ..
hreinida tue lahhan ... .
.... suuerben .....

....
.... der kekanganer ... ,......
uuasken

.... hreiniu
alliu .... kezeihhanne

*) 87.

Qui cellarius iterum intranti consignet ut sciat quid dat aut quid recepit;

Septimanarii *) autem ante unam horam refectionis accipiant super statutam annonam singulos sibi biberis et panem ut hora refectionis sine **) murmoratione et graui labore seruiant fratribus suis; In diebus tamen sollemnibus usque admissa sustineant;

Intrantes et exeuntes ebdomadarii in oratorio mox matutinis finitis dominica omnium genibus prouoluantur postulantes pro se orare;

Egrediens autem de septimana dicat hunc uersum; Benedictus es domine deus meus qui adiuuasti me et consolatus es me;

Quo dicto tercio, accipiat benedictionem egrediens;

Subsequens ingrediens dicat; Deus in adiutorium meum intende; ***) Domine ad adiuuandum me festina;

Et hoc idem tercio repetatur ab omnibus et accepta benedictione ingrediatur;

... . ingangantemu kezeibhanne .. ..
....
vuehharre .... eiuera citi des inbizzes .... kesazta liibleita einluzziv .... trinchan .. .. murmulodii .. suuarrera ....
....
.... inthabeen

.... vvehharre ..
.... keentoteem ....
...... chneum fora si pi=faldan
....
....
.... du hulfi mih ketrostanter pist mih

demv keqhuetanemu ....
....
vntar-folkenti ....
.. ..
....
.. .. si kesuahhit ..
.... intfanganeru ....
....

---

*) 88. **) XLII. ***) 89.

CAPUT XXXVI.

DE INFIRMIS FRATRIBUS;

Infirmorum cura ante omnia et super omnia adhibenda est; Ut sicut renera christo . ita eis seruiatur; Quia ipse dixit; Infirmus fui et uisitasti me; Et quod fecistis uni de his minimis meis, mihi fecistis;

Sed ipsi infirmi considerent in honore dei sibi seruire, et non superfluitate sua contristent; Fratres suos seruientes sibi, Qui tamen pacienter portandi sunt; Quia de talibus conpositior mercis adqueritur;

Ergo cura maxima sit abbati ne aliqua negligentia paciantur;

*) Quibus fratribus infirmis sit cella se deputata et seruitor timens deum . et diligens ac sollicitus;

Balnearum usus infirmis quotiens expedit offeratur; Sanis autem et maxime iuuenibus tardius concedatur;

Sed et carnium esus infirmis omnino debilibus pro repatione concedatur;

At ubi meliorati fuerint a carnibus; More solito omnes absteneant;

Curam autem maximam habeat abbas ne a cellararius aut scruitoribus neglegantur infirmi . Ad ipsum respicit quicquid a discipulis delinquitur;

.... ruacha ....
..... zua=zituenne ... . forahtun ....
....
....
....

... . kescauoen .. ..
... . nalles ub*ar*fluatida iro .... deononte im ... . kedultlihho ....
.... kenuhtsamera loon zua=kesuahhit

.... allero-meist ... .
cinigiu .... si kedoleet
....
kesaztiu .. deonostman ....
....

pado piderbi ....
si prungan .... alleromeist iungem tragoor si farkeban
... .. fleisko ezzan ....
uuanaheileem fora itniuuuiv ....

.. ... kepezzirote .... fona fleiskum sitiu keuuonanemv .....
kehabecn

.... meistun ....
.... deonostum sin keruahhalosoot .... ze inan sibit so huuazso fona discoom farlaazzan ist.

---

*) 90.

CAPUT XXXVII.

DE SENIBUS UEL INFANTIBUS;

Licet ipsa natura humana trahatur ad misericordiam in his ætatibus senum uidelicet et infantum *) tamen et regule auctoritas eis propitiatur;	..... div selba chnuat mannaskiu .... in dem altrum altera [1]) .... rihtungu ortfroma ... fora si kesehan
Consideretur semper in eis inbecilitas . et nullatinus eis districtio regule teneatur in alimentis . sed sit in eis pia consideratio et præueniant horas canonicas;	.... vnchreftigii .. nohheinu mezzu ... . in libleitom ... ... erhaftiu .... furi chuueman citi rehlihhiu

CAPUT XXXVIII.

DE EBDOMADARIO LECTORE;

Mensa fratrum edencium lectio deesse **) non debet	mias .... ezzantero ...... vvanvuesan ... .
Ne fortuitu casv [2]) quis arripuerit codicem legere ibi se ; Lecturus [3]) tota ebdomada dominica ingrediatur;	min odhuuila uukiuuaru .... kechriffe puah lesan ... imv lesanter ....
Qui ingrediens post missas et communionem petat ab omnibus pro se orare, ut auertat ab ipso deus spiritum elationis et dicat hunc uersum in oraturio tercio cum omnibus ipso tamen incipiente ***) Domine labia	... . santom .. kemeinsamii .... daz er pihvvarbe .. .. preitii .. .. desan ...... in chirihhun .... imu ..... pikinnantemu ....

---

[1]) Kein vollständiges »a«, aber noch weniger ein »o«.
[2]) »casv« k. 2. h.

[3]) Hinter »lecturus« ein »ergo«, das von 2. h. getilgt scheint.

---

*) 91.   **) XLIII.   ***) 92.

mea aperies et os meum adnuntiabit laudem tuam;

Et sic accepta benedictione ingredihaurt ad legendum; Et summum fiat silentium ad mensam ut nullius musitatio uel uox nisi solius legentis ibi audiatur;

Que uero necessaria sunt comedentibus . et bibentibus sic sibi uitibus ministrent fratres ut nullus indigeat petire aliquid;

Si quid tamen opus fuerit sonitu cuiuscunque signi potius petatur quam uoce;

Nec præsumat ibi aliquis de ipsa lectione aut aliunde quicquam querere non detur occasio; Nisi forte prior pro edificatione uoluerit aliquid breuiter dicere;

Frater autem ebdomadarius accipiat mixtum *) priusquam incipiat legere propter communionem sanctam . et ne forte graue sit ei ieiunium sustinere;

Postea autem cum quoquine obdamadarius et seruitoribus reficiat; Fratres autem non per ordinem legant . aut cantent . sed qui edificent audientes;

.. ..
....
.. ... entfanganeru ....
.... furista ....
suuikilii .. .. daz nohheiner
....
....
... . notdurufti. ....
.. .. uuehsalum
.... nohheiner duruftigohe pittan eouueht
.. .. calme entiuueliches-so zcichanes mer. ....
.... stimmv
... . einiger edesuuaz fona der selbun .... allas uuanan eouueht suahchan min si kikeban frist .... heroro . fora zimberre .... edes-uuaz skemlicho ......
.... uuehchari .... merod ....
.... uuiban .. .. suuar ... . doleen

.... mit deru chuhchinun uuehcharum .. deonost-mannum .... antreiti .... dea zimbernen ....

*) 93.

CAPUT XXXIX.

DE MENSURA CIBI;

Sufficere credimus ad refectionem cotidianum tam sexte. quam none omnibus mensis cocta duo pulmentaria propter diuersorum infirmitatibus, ut forte qui ex uno non potuerit . edere ex alio reficiatur;

Ergo duo pulmentataria cocta fratribus omnibus sufficiant; Et si fuerit aut poma aut nescentia leguminum addatur, et tercius

*) panis libra una propensa sufficiat in die . siue una sit refectio siue prandii et cænæ;

Quodsi cenaturi sunt de eadem libre tercia pars cellarario seruetur reddenda ce::::::dis;

Quodsi labor forte factus fuerit maior in arbitrio et potestate abbatis erit si expediat aliquid augere remota præ omnibus crapula . ut numquam subripiat monacho indigeries.

Quia nihil sic contrarium est omni christiano; Quomodo crapula; Sicut ait dominus noster; Uidete ne grauentur corda uestra **) crapula;

Pueris uero minore etate non eadem seruetur quantitas . sed minor quam maioribus ***) seruata in omnibus parcitate;

.... za imbizze tagalihchin ... . measum kasotaniu zuei muaz .... missilichero ummahtim .. .. er einemv ... . ezzan er andremv si inbizzan

.... kenuhtsamoen .. .. sinalasat zuasikikeban .. drittivn stunt

des protes funt einas .... einaz si imbiz edo dero cauma .. abantcauma .... fona demv selbin ..... dritta teil .... si kibaltan ze erkebanne abandmuasontem ...... arbeit .... mera in selbsvanv .. kiuualtidu .... piderbe eouuit auchon erchertiv .... ubarazalii daz neonaldre untar-slihche .... unfardeuuiti

.... christanemv soso ubarazzalii .... sehat min sin kasuuarit herzun iuueriu ubarazzalii

chindum kevvisso minnirin aldre nalles divselba si kihaltan mihhilii ... minnira denne merom kehaltan in allem libanti

---

*) 94.   **) XLIV.   ***) 95.

90

Carnium quadrupedium ::::: ab omnibus abstineatur———— ...... præter omnino debiles et egrotos;

fleiscco feorfuazzeo allem fona allem si farporau ezza ano allem uuanabeilem siuchem

CAPUT XL.

DE MENSURA POTUS;

Unus quisque proprium habet donum ex deo . alius sic alius uero sic;

einer eocouuelicher eikana hebit keba fona cote sumer so sumer kevvisso so

Et ideo cum aliqua scrupulositate a nobis mensura uictus aliorum constituitur tamen infirmorum ———— inbelcillitatem credimus himinam uini per singulos sufficere per diem.

.. pidiu ... eddeslihchemv fristeo . ..... mez libleit .... si kesezzit .... de ——— unchreftigi .... mez ....

quibus autem donat deus tollerantiam abstinentiæ propriam se habituros mercedem sciant

.... fartraganii furiburti eiganas sih habenti lon ......

quod si aut [1]) loci necessitas — labor aut ardor etatis amplius poposcerit in arbitrio prioris *) consistat considerans omnibus nec subrepta sacietas aut ebrietas præp::::t [2]);

.... notduruft — .... prunst des sumares mer peitit in selbsuanv des herostin kestante .... min untarslihhanera fullii edo ubartrunchanii ke—rre [3])

Licet legamus uinum monachorum omnino non esse; Sed quia nostris temporibus id monachis persuaderi non potest saltim uel hoc consentiamus ut non usque ad sa-

doh lesames .... daz unserem citim daz .... duruh spanan uuesan ni mac doh edo daz kehenkames daz nalles unzi ze setii .... uzzan

---

[1]) K. wahrscheinlich 3. h. aus »sicut«.

[2]) Wahrscheinlich »præpediat«.
[3]) Wahrscheinlich »kemarre«.

*) 96.

cietatem bibamus sed parcius quia uinum aportatare facit etiam sapientes;

Ubi autem necessitas loci exposcit ut nec supra scripta mensura inueniri possit . sed multo minus aut ex toto nihil benedicant deum qui hibi habitant et non murmorent; Hoc aute omnia admonentes ut absque murmorationibus sint ————

sparalihhor .... freidige tuat so sama spahe

... . peitit daz min ubana kescribana mez .... mihhilu min ... . daz er allu ..... zua= manonte daz ano murmulodin sin ————

CAPUT XLI.

QUIBUS HORIS OPORTET REFICERE FRATRES;

*) A sancto pascha usque ad pentecosten ad sextam reficiant fratres et ad seram cenent;

A pentecoste autem tota æstate si labores agrorum non habent monachi . aut nimietas æstatis non perturbat IIII. et VI. feria ieiunent usque ad nonam; Reliquis diebus ad sextam prandeant;

Qu— prandii sexta . si opera in agros habuerint aut æstatis feruor nimius fuerit . continuenda erit et in abbatis sit prouidentia et sic omnia temperet atque disponat qualiter animæ saluentur et quod faciunt fratres absque murmoratione faciant;

Ab idus autem septembris **) usque in capud quadraginsime . ad nonam semper reficiant;

fona uuiheru oostrun ....,........ .. .. imbizzen .... ze naht abandmuasen

fona fimfchustim .... achro ... . unmezzigii des sumeres nalles ketruabpe feordvn indi sehtun tac .... andrem tagum .. .. caumoen

dia cauma .... in achrum eigin ... . vvalm dratter ...... zi emizzigonne .... fora scauuunga .. .. ketemproe inti noh kesezze vveo sela kihaltan sin daz tuant .... ano murmulodii tuen

.. .. unzi in haubit dera fastun .. ..

*) 97. **) 98.

— quadraginsima uero usque in *) pascha ad uesperam reficiant;

Ipsa autem uespera sic agatur ut lumen lucerne non idigeant reficientes; Sed luce adhuc diei omnia consumentur;

Sed et omni tempore siue caænæ siue refectationis hora sic temperetur ut cum luce fiant omnia;

fona fastun .... ze abande ....

dem selbon ..... aband so si ketan daz leoht des leohtes ni durufti goen imbizzante uzzan leoht nunoh des tages alliu sin keentot

... . abandmuase .... des imbizzes .... so si ketemprot daz mit leohte sin alliu

CAPUT XLII.

UT POST COMPLETURIUM NEMO LOQUATUR;

Omni tempore silentium debent studire monachi maxime nocturnis horis;

Et ideo omni tempore siue ieiunii siue prandii; Si tempus fuerit prandii — mox surrexerint a cena sedeant omnes in **) uno loco et legat unus conlationes uel uitas patrum; Aut certe aliud quod ædificet audientes. P——————— autem aut regum quia infirmis intellectibus non erit utile illa hora hanc scripturam audire aliis uero horis legantur;

Si autem ieiunii dies fuerint dicta uespera paruo interuallo mox accedant ad lectionem conlationum ut diximus et lectis quattuor aut quinque foliis uel quantum hora permittit

eocouueliheru citi stilli sculun cilen .... alleromeist nahtlihhem citi

.. .... eocouuelihheru citi .... edo dera cauma ibv cit .... so saar er=stant fona abandmuase ....
..... andraz daz zimbroe horrente ——————— .... dera .... nist piderbi dera citi desa kescrip ...... andrem ....

.. .. dera fastun tages vvisit keqhvetanemv abande luzzileru vntarstuntu saar zua=kangen .. .. so qhvnedames .. keleranem fcorim ... finifin pletirun

---

*) XLV.   **) 99.

omnibus in unum occurrentibus per hanc moram lectionis ::si forte :::s in adsignato sibi commisso fu:::t occupatus;

Omnis ergo in unum positi compleant::;

Et exeuntes a completuriis *) nulla sit licentia denuo cuiquam loqui aliquid;

Quodsi inuentus fuerit quisquam hanc præuaricare taciturnitatis regulam graui uindicta subiaceat; Excepto si necessitas hospitum superuenerit aut forte abbas alicui aliquid iusserit; Quod tamen et ipsut cum summa grauitate et moratione onestissime fiat;

... so filu so cit farlazzit allem in ein kakan-hlauffantem duruh desa tuuala dera lectiun .... inkezeihhantemv imv pi-folahanemu ...... pihafter

.... kesazte sin erfullit

indi uzkaukantem fona folnissv nohheinaz urlaubii zuuiror kesprohhan nuesan ....

daz ibu fundaner ist einic desan ubar tuan dera suuikalii rehtungu dera suuarrun kerihti untarlicke uzzan ibu notduruft kesteo ubarqhuimit ... . eddeslihhemu eddeshuuaz .... daz duuidaro iohauh daz selba mit dera furistun fruatii .. mezhaftii erhaftost si

CAPUT XLIII.

DE HIS QUI AD OPUS DEI UEL MENSAM TARDE OCCURRUNT;

Ad horam diuini officii mox ut auditum fuerit signum relictis omnibus quelibet fuerint in manibus summa cum festinatione curratur cum grauitate tamen ut non scurilita::s inueniat fomitem

**) Ergo nihil operi dei præponatur.

ze citi des cotchundin anbahtes sario so kihortaz uuirdit zeibhan far-lazzanem allem dei doh sint in hantum ..... mit dera furistun ilungu si kehlaffan mit fruati duuidaro daz nalles des skernes skern finde zuntrun

kevvisso neouueht demu uuerche cotes furisikesezzit

*) 100.   **) 101.

quod si quis — nocturn:s uigil:s post gloriam psalmi. XCIIII.; Quem propter hoc omnino —trahendo et morese uolumes dici non occurerit non stet *) in ordine suo in choro sed ultimus omnium stet aut in loco quem talibus negligentibus seorsum constituerit abbas ut uideatur ab ipso uel ab omnibus usque dum completo opere dei puplica satisfactione peniteat;

Ideo autem eos in ultimo loco aut seorsum iudicauimus debere stare ut uisi ab omnibus uel pro ipsa uerecundia sua emenden—

Nam si for:s oraturi: remaneaut. erit forte talis qui se aut **) collocet et dormiat aut certe sedit sibi foras uel fabulis uacat et datur occasio. maligno;

Sed ingrediantur — — et nec totum perdant et de reliquo emendent;

Diurnis autem horis qui ad opus dei post uersum et gloriam primi psalmi qui [1]) post uersum dicitur non occurerit; Lege quæ supra diximus in ultimo stet nec præsumat sociari choro psallentium usque ad satisfactionem; Nisi forte abbas licentiam dederit —missione sua :t simul omnes dicant uersum. et orent. et sub uno omnes acce-

.... a— nahtlihhem vvahtom .... den duruh daz.....v —rzeohanto..sitilihho vvellemes keqhuetan vvesan. nalles kakanlavbit. ... . in antreitidv sineru .. .. uzzan iungisto allem stante ... in steti div solihhem ruahhalosontem suntrigo kesezzit ..... daz si kesehan fona imv ioh fona allem .... kefultemu .... offanlihhera dera kenuhtsamuntati hriuuoe

.... in iunkistun steti ... . scolan stan daz kesehane fona allem ... pi deru selbun scamv iro puazzen

kervisso ibu uzzana chirihhun piliben ... . kestatot .. slaffit ... kervisso sizzit imu uzzana ... rahhom caugrot .. ist kekeban frist demu farsluahhanin ... in-kekangane innana indi min al far-leosant .. frammert puazzen

tagalihhem ..... citim die ze vverche cotes .... nalles kehlavffit euu deru obana qhuatumes .. .. kemahhon carte .... dera kenuhtsamuntati .... vrlaubii .... dera sinera farlazzani .. .. vntar einemu ..... zua kangen ..

---

[1]) Eingefügt von 3. h.

---

*) XLVI.   **) 102.

dant ad mensam; Ut si q— —
—vitio non occurrerit usque ad secundam uicem pro— corripiatur;

*) Si denuo non emendauerit non
permittatur ad mense communis
participationem sed questratus a
consortio omnium reficiat solus;
Sublata ei porcionem suam a uino
usque ad satisfactionem et emendationem;

Similiter autem patiatur qui ad
illum uersum non fuerit præsens
qui post cybum dicitur;

Ne quis præsumat ante statutam
horam vel [1]) postea quicquam cybi
aut potus præsumere;

Sed et cui offertur aliquid a priore et accipere rennuit; Hora qua
desiderauerit hoc quod prius recusauit aliud omnino nihil accipiat
usque ad emendationem congruam;

...... daz ibu huueliher er achusti
... . ze demu andremu
vuehsale pidaz si kerefsit
  ibu andra=stunt ni-puazzit nisi
farlazzan .. .. ze teilnufti
... keskeidaner fona kinozskaffi
.... eino kenomanemv imv
teil ....,........
.. ze puazzu

  sosama ..... si kedultit ..... den
.... antuurti ... after
muase keqhuuetaner
  .. .. kesazteru .....
... after diu eouueht muases ...
tranches erpalden
  vzzan ioh auh demv ist prungan
eouueht . ... vuidarot
citi deru kerot daz daz er vvidarota
andraz .... ze
puazzv kelimflihera

---

[1]) K. 3. h.

---

*) 103.

CAPUT XLIIII.

DE HIS QUI EXCOMMUNICANTUR . QUOMODO SATISFACIANT;

*) Qui pro grauibus culpis ab oratorio et a mensa excommunicantur hora qua opus dei in oratorio percelebratur ante foris oratorii prostratus iaceat et nihil dicens nisi tantum posito in terra capite stratus **) pronus omnium de oraturio exeuntium pedibus prouuluatur . et hoc tam diu faciat usque dum abbas iudicauerit satis factum esse;

Qui dum iussus ab abbate uenerit prouoluat se ipsius abbatis deinde omnium uestigiis ut horent pro ipso;

Et tunc si iusserit abbas recipiatur in choro uel ordine quo abbas decreuerit ita plane ***) ut psalmum uel lectionem aut aliud quid non præsumat in oraturio inponere nisi iterum abbas iubeat;

Et omnibus horis dum perconpletur opus dei proiciat se in terra in loco quo stat et sic satisfaciat usque dum ei iubeat abbas et quiescat iam ab hanc satisfactionem;

Qui uero pro leuibus culpis excommunicantur tantum a mensa in oratorio satisfaciant usque ad iussionem abbatis . hoc perficiant usque dum benedicat et dicat sufficit;

dea pi suarrem suntom .. ..
.. .. sint armeinsamont ....
.... ist duruh tuldit fora turim der chirihchun fora kistrah*ter* licke .. neouueht qhuedante uzan so filo kesaztemv .. .. capite kestrah*ter* framhalde ....
uzkankantero fuazzum fora sibifaldan .. ... so lango ....
.... kanuhctsam . katan uuesan der denne kapotaner .. ..
forapiualde sih des selbin .... fonadiv ...... sporum .. ..
.. ..
.... antreididu deru ....
... ...
andres uuas mer paldee .. ..
heffan ....

.. .. denne ist duruhfullit .... forauuerfe .. ..
.. .. demv stat .. so kanuhctsami tue .... kastillee ... fena deru kanuctsami tati
...... pi rinkirom ....
....
ze kepote .... so duruh=tuen
.... kenuakit.

---

*) 104.   **) XLVII.   ***) 105.

CAPUT XLV.

DE HIS QUI FALLUNTUR IN ORATORIO;

Si quis dum pronuntiat psalmum responsurium aut antephonam uel leccionem fallitus fuerit nisi satisfaccione ibi coram omnibus humiliatus *) fuerit et a senioribus pro excessum sue castigatus non se recognouerit excessisse maiori uindicta subiaceat; Quippe qui noluit humitate emendare quod neglegentia deliquid;

Infantes pro tali culpa uapulent;

ibu uuelih dene forakichundit
....
.... liukanter ist uzan der kinuctsamun tati ... . katheonoter uuirdit .. . . fora uzlite sinan kerafster .... uzkelite merun kirihti untarlicce .... theoheiti .... daz .... ruachalosi missiteta

chind pi selihcha ..... sin kapluan

CAPUT XLVI.

DE HIS QUI IN ALIQUIBUS REBUS DELINQUUNT.

Si quis dum in labore quouis in coquina in cellario in monasterio in pistrino in horto in arte aliqua dum laborat uel in quocumque loco aliquid deliquerit aut fregerit quippiam aut perdiderit uel aut quid excesserit ubi et non uenies continuo ante abbatem uel congregationem ipse ultor satisfecerit et prodiderit delictum **) suum dum per alium cognitum fuerit maiori subiaceat emendatione anime ueniam;

.. .. souuelihcheruso .. ..
.. .. in listi edeslihheru ... . missituat ... farprihchit eouueht ... farlivsit edo ioh ... uuaz uzkelidit ... . fora .... kasamanungu erselbo rehchan kanuhtsam tuat .. meldet .... chund uuirdit merun untarlicke puazu selom antlaz

---

*) 106.   **) 107.

Bd. I.

Peccati causa si fuerit latens tantum . abbati aut spiritalibus senioribus patefaciant qui sciant curare et sua et aliorum uulnera non detegere et publicare;

dera sunta rahcha ibu ist midanti so filu .... atumlihchem herorom offan faciant dea uuiszun .... andrero tolc nalles intdecchan offanon

CAPUT XLVII. *)

DE SIGNIFICANDA HORA OPERIS DEI;

Nuntianda hora operis dei die noctuque sub cura abbatis aut ipse nuntiare aut tali sollicito fratri iniungat hanc curam ut omnia horis conpetentibus compleantur;

Psalmos autem uel antephonas post abbatem ordine suo quibus iussum fuerit inponant;

Cantare autem et legere non præmant nisi qui possunt ipsum officium implere **) ut ædificentur audientes;

Quod cum humilitate et grauitate et tremore fiat et cui iusserit abbas;

zechundande cit des uuerahches tages ioh nachtes ... ruachun .... edo souuelichemv pihuctikemv kepruader kamahchoe desa ruachun daz alliv citi kalimfantem kafullit sin

.... antreitidu iro .... inkinnen

.... das selba ambahti erfullen daz sin kizimbrit ....

.... theobeit .. fruati .. bibun .... .. demv kipiutit .....

*) XLVIII.   **) 108.

CAPUT XLVIII.

DE OPERA MANUUM COTTIDIANUM;

Otiositas inimica est animæ; Et ideo certis temporibus occubari debent fratres in labore manuum; Certis iterum horis in lectione diuina;

Ideoque ac dispositione credimus utraque tempora ordinare; Id est ut a pascha usque ad kalendas octubrs a mane exeuntes a prima hora usque pene quartam laborent quod necessarium fuerit;

Ab hora autem quarta usque ad horam quasi sextam agentem lectione uacent;

Post sextam autem surgentes a mensa pausent in lec— su— cum omni silentio; aut forte qui uoluerit legere sibi sic *) legat ut alterum non inquietat;

Agatur noua temperius mediante octaua hora; Et ic— quod faciendum est operentur usque ad uesperam;

Si autem necessitas loci aut paupertas exegerit ut ad fruges colligendas per se occupentur non contristentur; quia tunc ueri monachi sunt si labore manuum suarum uiuunt sicut et patres nostri et apostoli;

Omnia tamen mensurate fiant propter pusillanimes; A kalendis autem octobris usque in capud qua-

uppigi fiantiu ist der selu .. .... kauuissem citim keumnuuazon sculun ....
....

.... kalaubames pedo citi antreitidom .. ..
...... unzan inkangum .... fona morkane uz-kante fona eriston citi unzi nah feordun uuerchoen daz duruft ist

.. .. sosama sextun. tuantan .... muazzoen.

.... fona miase resten in pettum iro mit eocouuelihheru. stilli edo oduuila huuaz uuili .... daz andaran ni kiunstille

si kitan .... citlihhor mittilodontera ahtodun citi .. ::— ....
... sin kiuurchit ..... za abande
.. .. armida suachit .. ze uuacharum zasamanonne ... .. sin pi-heftit . ni sin keun-freuuit ....
.. ..
....

..... doh duuidaro mezhaftiv sin duruh lutcimvate . ...
.... in haupit feorzigostun

---

*) 109.

draginsimæ usque ad oram secundam plenam lectioni uacent;

Hora secunda agatur tercia et usque ad nonam omnes in opus suum laborent quod eis iniungitur;

Facto autem primo *) signo hore none disiungant ab opere suo singuli et sint parati dum secundum signum pulsauerit;

mox ut auditum fuerit signum relictis omnibus quelibet summa cum festinatione curatur;

Post refectionem autem uacent lectionibus suis aut psalmis;

In quadragensime uero diebus a mane usque ad terciam plenam . uacent lectionibus suis; et usque ad decimam plenam operentur quod eis iniungitur;

In quibus diebus quadraginsimæ accipiant omnes singulos codices de bibliotheca quos per ordinem ex integro legant; Qui codices in capud quadraginsime **) dandi sunt

ante omnia sane deputentur . unus aut duo seniores qui circumeant ***) monasterium horis quibus uacant fratres lectioni et uideant ne forte inueniatur frater ad——osus qui uacat ocio aut fabulis et non est inuentus [1]) lectioni et non solum sibi inutilis est sed [2]) etiam alios extollit;

.... citi andreru . folla .... muazzoen.

citi andrera si kitau dritta .. .. ze niuntun alle in uuerah iro arbeitan daz im ana ist . kamahchot .

.... eristin zaichane citi niuntun inmahchoen fona vverache iro einluze .. sin caruuc denne andras zeichan clohhot

sar so kehorit uuirdit zeichan farlazzanem allem souuelihhemso mit dera furistun ilungu sikilaufan

a*star* imbizze ..... muazzoen lecziom iro salmsangum

.. feorzigostun .... tagu*m* . ... folla .... zehantun ...... uuerchoen daz im ist anakimachot

in dem tagum .... intfahen alle einluzze puah .. .. dea durnh antreitida er alongi lesan dei puah in haupit .... zakebanne sint

fora allu .... sin kizelit einer edo zuene heroston dea umbicangen .... citim dem muazzoen .... sehen min odouuila si fundan ...... slaffer ... gaugrot upigi ... sprahchon .. nist ananuartenter lecziun nall*es* einin imv umbiderber ... ... ioh auh andre erheuit

---

[1]) »intentus« k. 1. h.? | [2]) K. 2. h.

---

*) 110.   **) XLIX.   ***) 111.

Hic talis si ¹) quod absit repertus fuerit corripiatur semel et secundo; Si non emendauerit correctioni regulari subiaccat . taliter ut ceteri timeant;

Neque frater ad fratrem iungatur horis inconpetentibus;

Dominico item die lectioni uacent omnes excepto his qui uariis officiis deputati sunt;

Si quis uero ita negligens . aut desidiosus fuerit, ut non uellet aut non possit meditari aut legere iniungatur ei opus quod faciat ut non uacet;

*) Fratribus infirmis aut diligatis talis opera aut ars iniungatur . ut nec otiosi sint nec uiolentia laboris oppræmant aut effugentur; Quorum inbecillitas abbate consideranda est;

der solihcher .. soso fersi fundaner ...... si kerefsit ..... ioh andrastunt ibu ni puazit der kirihti rehtlihchun untar=liche solicha .. andre furihten

enti noh pruader .. .. si kimahchot citim unkalimfantem

thr*uhtinlihhe*mv auur tage leczum mvazzoen ..... uzan dem dea missalihchem . ambahtim kezetite sint

.. huuelihher .... daz ruachalosonti ... unstiller ist daz niuuili ... nimac lirnen ... lesan anasikimahchot imv vverah daz tue ²) .. ni caugroe

.... unmahtiken ... smecharem solichaz uuerahe ... list anakimahchot daz nalles ubige sin ... . arbeiteo ——— edo farflohan dero unmahti ...... zi-piscauuuone ist

---

¹) K. 3. h.

²) Ist mit einem geschwänzten »e« geschrieben.

---

*) 112.

CAPUT XLVIIII.

DE QUADRAGINSIME OBSERUATIONE;

Licet omni tempore uita monachi quadraginsime debet obseruationem habere tamen quia paucorum est ita uirtus ideo suademus istis diebus quadraginsime omni puritate uitam suam custodire; Omnes pariter sordes et negligentias his diebus diluere;

Quod tunc digne fit si ab omnibus uiciis temperemus; Oratione cum fletibus lectioni et conpunctione *) cordis atque abstinentiæ operam damus;

ergo his diebus augeamus nobis aliquid solito pinso scruitutis nostræ; Orationes peculiares cyborum et potus abstinentiam ut unusquisque super mensuram sibi indictam aliquid propria uoluntate cum gaudio sancti spiritus offerat deo; Id est subtrahat se corpori suo de cybo de potu de somno . de loquacitate . de scurilitate, Et cum spiritalis desiderii gaudio sanctum pascha expectet;

Hoc ipsum [1]) tamen quod unus quisque quod offeret deo . abbati suo . suggerat . et cum eius fiat oratione et uoluntate quia quod sine patris spiritalis fit præsumpcione deputabitur et uane gloriæ **) non mercidis; Ergo cum uoluntate abbatis omnia agenda sunt;

doh ecouuelihcheru citi lib des muniches .... scal pihaltida haben duuidaro danta foero ... deisu chraft pidiu spanames desem tagum .... alleru lutri lip sinan kihaltan ..... ebano unchuschida ruachalosi desem tagum nuuaskan

.... uuirdike sin ibu fona allem achustim pirumes kitemprot kipete mit uuafum leccium .. stuncnissi des herzin ioh furipurti uuerah kebames

.... desem tagum auhchomes uns edesuuas demv kiuuonin ..... theonostes unsares kapet suntriclihchiv mvaso .. tranh furipurt das iner[2]) eocouuelicher ubar mez imv kirihche edesvvaz eikenes uuillin mit mendi .... prinke cote ..... untraat seh lihbamin sinemv fona mvase fona tranche fona slaffe fona sprahchv fona scerne .. mit deru atumlihchvm kiridu mendii der vvilun ostrun pite

daz selba ..... daz einer ecouuelicher .... prinkit cote .... sakce .. mit sinv si kipete .. uuillin danta ano des fateres des atumlihchin si furtursti ist kizelit .. ital ruam nalles lon kervisso mit vvillin .... alliv za tuanne sint

---

[1]) K. aus »ipsut« v. 2. h.   [2]) »einer?«

*) 113.   **) 114.

CAPUT L.

DE FRATRIBUS QUI LONGE AB ORATORIO LABORENT AUT IN VIA SUNT;

*) Fratres qui omnino longe sunt et non posunt occurrere hora conpetenti ad oratorium et abbas hoc perpendit quia ita est agant ibidem opus dei ubi operantur cum tremore diuino flectentes genua;

Similiter qui in itinere directi sunt non eos prætereant horæ constitute. sed ut possunt agant sibi et seruitutis pinsum non neglegant reddere;

CAPUT LI.

DE FRATRIBUS QUI NON LONGE SATIS PROFICISCUNTUR;

Frater qui pro quouis responso dirigitur et ea die sperat reuerti ad monasterium non præsumat foras manducare etiam si omnino a quouis rogetur nisi forte ei ab abbate suo **) præcipiatur; Quod si aliter fecerit excommunicetur;

---

*) L.   **) 115.

CAPUT LII.

DE ORATORIO MONASTERII;

Oratorium hoc sit quod dicitur nec . ibi quicquam aliud geratur aut condatur;

Expleto opere dei omnes cum summo silentio exeant et agatur reuerentia deo; Ut frater qui forte sibi peculiariter uult orare non inpediatur alterius inprobitate;

Sed et si alter uult sibi forte secrecius orare simpliciter intret et oret; Non in clamosa uoce sed in lacrimis et intentione cordis.

Ergo qui simile opus non facit non permittatur expleto opere dei remorari sicut dictum est ne alius inpedimentum paciatur;

CAPUT LIII.

DE OSPITIBUS SUCIPIENDIS;

Omnes superuenientes hospites tamquam christus suscipiantur quia ipse dicturus est hospis fui et suscepistis me;

gesuuason [1])

Et omnibus congruus honor exhibeatur maxime domesticis fidei et peregrinis;

Ut ergo nuntiatus fuerit hospes occurratur ei a priore uel a fratribus cum omni officio caritatis; Et primitus orent pariter et sic sibi socientur in pace; Quod pacis osculum non prius offeratur nisi oratione præmissa propter inlusiones diabolicas;

In ipsa autem salutatione omnis exhibeatur humilitas; Omnibus uenientibus siue discedentibus hospitibus inclinato capite uel prostrato omni corpore in terram christus in eis adoretur qui et suscipitur;

Suscepti autem hospites *) ducantur ad orationem et postea sedeat cum eis prior aut cui iusserit ipse legatur coram ospite lex diuina scriptura;

---

[1]) 3. h. (?), von welcher manche korrekturen herzurühren scheinen.

*) 117.

105

Et post hec omnes exhibeatur humanitas ieiunium a priora frangatur propter hospitem nisi forte præcipuus sit dies ieiunii qui non possit uiolari; Fratres autem consuetudines ieiuniorum prosequantur;

Aquam in manibus abbas quam cuncta congregatio lauet; Quibus lotis hunc uersum dicant; Suscipimus deus misericordiam tuam in medio templi tui;

Pauperum et peregrinorum susceptione cura sollicite exhibeatur; Quia in ipsis magis christus suscipitur; Nam diuitum terror ipse sibi exigit honorem;

Coquina abbatis et hospitum super *) se sit et in certis horis superueniens hospites qui numquam desunt monasterio non inquietentur fratres;

In quam coquinam ad annum ingrediantur duo fratres qui ipsum officium bene impleant; Quibus ut indigent solacia ministrentur ut absque murmuracione seruiant;

Et iterum quando occupationem minorem habent exiant ubi eis imperatur in opere;

Et non solum ab ipsis sed in omnibus officiis monasterii ista sit consideratio ut quando indigent solacia adcommodentur eis; Et iterum. quando uacant obediant imperantibus;

Idem [1]) et cellam hospitum habeat adsignatam fratre cuius animam timor dei possedit; Ubi sint lecti strati sufficientur **) et domus dei a sapientibus et sapienter ad ministretur;

armero .. gangararo antfankida ruacha pihuctlicho .... danta in dem mer .... ist intfankan ... otakero ekiso er selbo imv ersuachit eru

.... kesteo suntrigo ... .. in unchundem .... neo=naldre uuan sin .... kiunstillen ....

.. .. iar .... daz-selba ambahti .... so durfttigoen helffa sin kiambahtit .. .. murmolodi ....

.. .. pifahit minnirom .... si kipotan .. ..

.. .. fona im ... . ambahtim .... disu ... scauuunka .. .. sint farlihan ... . gaugront horsamoen kapeotantem

sosama chamara .... kazeichanta .... habet ... . kistreuuitiv kinuhtlicho .. .. zua=sikiambahtit

---

[1]) K. »item« 3. h.

*) 118.   **) 119.

Hospitibus *) autem cui non præcipitur nullatenus societur neque conloquatur;

Sed si obuiauerit aut uiderit salutatis humiliter ut diximus et petita benedictione pertranseat dicens; Ibi non licere conloqui cum hospite;

.... vvemv ... ist kipotan nohheinv mezzu si-kimahchot ..... abansikisprohchan

... .. kaganne ... . chuuettan deolihcho so chvatumes .. kepetanera uuihi furifare ...... ibv ni erlauben kaspohchan vvesan . mit kastú

CAPUT LIIII.

SI DEBEAT MONACHUS LITTERAS UEL ALIQUID SUSCIPERE;

Nullatenus licet monacho neque a parentibus suis neque a quoquam hominum . nec sibi inuicem litteras . aut euglogias uel quelibet munuscula accipere aut dare sine præceptum abbatis;

Si etiam a parentibus ei quicquam directum fuerit non præsumat suscipere illud, nisi prius indicatum **) fuerit abbati;

Quodsi iusserit suscipi in abbatis sit potestate cui illud iubeat dare et non contristetur frater . cui forte directum fuerit ut non detur occasio diabulo;

Qui autem alter præsumpserit discipline regulare subiaceat;

nohheinv mezzv erlaubit ....
noh fona catalingun .... noh fona einigan .... noh im untar im puah ... runstaba ... so=uuelicha=so manaheiti ....
....

.. .. eouueht kirihtaz ist ... .
.... kachundit ....

.... intfanganvvesan ..
.... kavvaltidv vvemv daz kepeotan sikigeban .. ..
...... vvemv ....
..... frist ....

... . der rehtlichvn eki ....

*) LI.   **) 120.

CAPUT LV.

DE UESTIARIO ET CALCIARIO FRATRUM;

Uestimenta fratribus secundum locorum qualitatibus ubi habitant . uel aerum temperiem dentur quia in frigidis regionibus amplius indigitur in calidis uero minus;

Hec ergo consideratio abbate est;

Nos tamen mediocribus locis . sufficere credimus monachis per singulos cocullam *) in hieme uellosam; In aestate puram aut uetustam et scapulare propter opera; Indumenta pedum pedules et caligas;

De quarum rerum omnium colore. aut grossitudine non causentur monachi; Sed quales inuenire posunt in prouintia qua habitant aut quod uilius conparare possunt;

Abbas autem de mensura prouideat ut non sint curta ipsa uestimenta utentibus eas sed mensurata;

accipientes noua . uetera semper reddant in praesenti . reponenda in uestiario propter pauperes;

Sufficit enim monacho duos tonicas et duas cocullas habere **) propter noctes et propter lauare ipsas res;

Iam quod supra fuerit . superfluum est amputari ***) debet;

Et pedules et quodcumque est uetere reddant dum accipiunt nouum;

kivvati .... steteo vvealihnissim ... pvant ... lufteo der mezlihchii .... in chaltem lantscaffim mer istkidurufttigot in vvaramem .... min

disv .... scauuunc ....

vvir ..... unscaftim ..... kenvackan .... duruh einluzza cucalun in vvintre rvha in sumere dunna ... alta .. .. kauuati fuazzes svveif .. kaliziun

fona dero rachono ...... farauuii ... grozzii ni sin kichlagot .... lantsceffi deru pvant ... . smahlichot chaufan ....

.... fona mezze forakisehe .. .. scurciv dei-selbun kavvati analeckentem ... ... mezhaftiv int-fahant nivvviv altiv ...... kebant in antvvarti zekeleckanne in vvathvse ....

kanvakit .... vvazkan deaselbun . rahcha.

... . ub*ar* ist ub*ar*fleozzida ... abasnidan .....

.. .. so vvas ... altiv ....

---

*) 121.   **) LI.   ***) 122.

Femoralia hii qui in uia diriguntur de uestiario accipiant; Qui reuertentes lota ibi restituant

coculla et tonice sint aliquanto a solito quas habent a modice meliores; Quas exeuntes in uia accipiant de uestiario . et reuerentes de uia restituant;

Stramta autem lectorum sufficiat matta saga et lena et capitale; Que tamen lecta frequenter ab abbate scrutand: sunt . propter opus peculiare ne inueniatus;

Et si cui inuentus fuerit quod ab abbate non acceperit . grauissime discipline subiaceat;

Et ut hoc uitium peculiaris *) radicitus amputetur, dentur ab abbate omnia que sunt necessaria; Id est coculla tunica pedules caligas bracile cultello graffio ac mabbula tabuli;

Omnis auferatur necessitatis excusatio,

a quo tamen ab abbate semper consideretur illa sententia actuum apostulorum quia dabatur singulis prout cuique opus erat;

Ita ergo et abbas considerat infirmitatis indigentium . non mala uoluntate inuidentium;

In omnibus tamen iudiciis suis. dei retribucionem cogitet;

prvah dea dea .. .... sintkirihtit .. vvathvse int fahen die vvarbente kauuaskano ... .

.... edes mihil fona demv kivuonin dei eigun fona luzilemv pezzirun dei uzkanganti .. ..

kastrevvi .... kanvage filzalii-digunt recinun .. zusza .. polstar ... . zarsuahchanne sint duruh duruft suntriclichii .. ..

.. .. vvemv funtan .... der svvaristun .... untar licke

.. so dea achust des suntriclihchii uurzhaftor abasifar snitan .... dei sint notduruft .. .., ... caliziun pruahhac .... duuaheila ......

eocouuelih siervirrit .... antrahcha

fona demv .... si kescauuuot div kaqhuit tateo........... das vvarun kikeban einluzze soso eocouuemv ....

... . pi-scauunche ....durufttigontero ... ubilemv .... abanstikero

.. .. svanono .... itlot ....

---

*) 123.

CAPUT LVI.

DE MENSA ABBATIS;

Mensa abbatis cum peregrinis et hospitibus . sit semper;	.... kankararum .. ..
Quotiens tamen minus sunt hospites . quos uult de fratribus uocare in ipsius sit *) potestatem;	soofto so ..... min .... kesti .... pruadar*um* kauuisan in sin selbes ... kauualtidv.
Seniorem tamen unum aut duos . semper cum fratribus dimittendum propter disciplinam;	herorum .... zifir=lazanne ....

CAPUT LVII.

DE ARTIFICIBUS MONASTERII;

Artefices si sunt in monasterio . cum omni humilitate faciant ipsas artes . si permiserit abbas .	listarra .. .. eocouuelicheru deoheiti .... dea selbun listi .. farlazzit .....
quod si aliquis ex eis extollitur pro scientia artis sue . eo quod uideatur aliquid conferre monasterio. Hic talis euellatur ab ipsa arte . et denuo per eam non transeat . nisi forte humiliato **) ei . iterum abbas iubeat;	.... ibv einic er dem ist arhaban fora kivvizidv derv sinerv listi pidiv ist kadvht edesvvas ebanprinke .... deser folihcher sierlohchan fona dervselbvn listi .. andrerastunt ... ... ketheomvatemv .. ..
Si quid uero ex operibus artificum uenundandum est; Uideant ipsi per quorum manus transigenda sit . ne in aliqua fraude præsumant;	ibv uuaz .... fona vverachvn listaro ze far=chaufanne ... . vvelichero ..... zefarannc ... .. in einikera urchvsti ....

---

*) 124.   **) LIII.

Memorentur semper animæ [1]) et saffire ne forte mortem quam illi in corpore *) pertulerunt . hanc ist— omnes qui aliquam fraudem de rebus monasterii fecerint in anima paciantur ;

In ipsis autem præciis non subripiat auaricie malum . sed semper aliquantulum uilius detur quam ab aliis secularibus da ——— omnibus glorifice deus ;

sin kebukit ....
.. .. in libhamin fardoleton den dese .... einiga notduruft .. ..
.. .. sikedolet

in dem-selbon ....
vntarslihe nefkirii ....
edesmihil smahlichor ....
..... uuerultlihchem ..——— ....
si kitivrit ....

CAPUT LVIII.

DE DISCIPLINA SUSCIPIENDORUM FRATRUM;

Nouiter ueniens quis ad conuersionem non ei facilis tribuater ingressus; Sed sicut ait apostolus; Probate spiritus si ex deo sunt;

Ergo si ueniens perseuerauerit pulsans et inlatas sibi iniurias et difficultatum ingressus, post quattuor aut quinque dies uisus fuerit pacienter portare et persistere peticioni suæ adnuatur ei ingressus **) et sit in cella hospitum paucis diebus;

postea autem sit in cella nouitiorum ubi meditet et manducet et dormiat et senior eis talis deputatur

nivvi qhuemanemv .... za libe ... .. samft si kikeban inganc ...
.... chorot atvme .. ..
... .

.... dvrvh-vvisit chlochonti .. ana-prunkano .... uuidarmvati .. unsamftido ....
.... kedvht ......
kadvltlicho tracan .. duruh-stantan dera sinera dikii .... zkipauhnit imv
.... in selidvn kesteo fouuem ......

.... nivvi-quemanero dar lirnee .. ..
.. herosto ... solih sikizelit ...

---

[1]) K. 3. h. »anamæ«.

*) 125. **) 126.

qui aptus sit ad lucrandas animas qui super eos omnino curiose intendat et sollicitus sit si reuera [1]) deum querit. si sollicitus est ad opus dei ad obœdientiam ad obprobria;

Predicantur ei omnia dura et aspera que itur ad deum; Si promiserit de stabilitatis suæ perseuerancia post duorum mensuum circulum legatur ei; Hæc regula per ordinem et dicatur ei; Ecce lex sub qua militare uis si potes obseruare ingredere . si uero non potes liber discede,

Si adhuc steterit tunc ducatur insuper *) dictam cellam nouitiorum. et iterum probetur in omni patientia; Et post sex mensuum circuitu legatur ei regula ut sciat ad quod ingreditur;

Et si adhuc stat . post quattuor menses, iterum legatur ei regula;

Et si habitare cum deliberatione promiserit se omnia custodire et cuncta sibi imperata seruare tunc suscipiatur in congregatione; Sciens se e lege regulæ constitutum quod ei ex illa die non liceat egredi de monasterio nec collum excutere de subiugo regulæ; Quia sub tam morosa deliberatione licuit ei excusare aut suscipere;

Suscipiendus **) autem in oraturio ***) coram omnibus promittat de

kimacher ... zearvvinnanne ....
——— ...... rvahlicho anauuartee .. pihuctiger ... ibv rachv vuareru ....
... .. horsami .. itvvizze
.... hertiv .. arandiv daz kigangan .. ..
statiki sineru duruhuuesanti ....
zueio .... umbicanc sikileran ..
disiv rehttunga ... antreiti .. ..
.. .. evva untar derv chemfan vvili
.. mac kihaltan ....
..... frier . kalid.

.. denne=noh ....
ubirikiqhuetan ....
...... si kichorot .. ..
.... umbicange auar=sikileran .. ..
.. ..
....
.. ..
.. .. kepotaniv ....
.... vvizanti sih er euu ....
kisezzit .... deseru [2]) ... ni erlaube uzkakangan vvesan .. ..
... . erscuttan .. untariohcha
.... untar so situlicha fona frihalse erlaupta .. entrahhon ... .

intfankaner ....
.... kiheize fona statigi ... ..

---

[1]) K. 2. h. | [2]) Es steht »dr ru«.

*) 127.   **) LIV.   ***) 128.

stabilitate sua et conuersatione morum suorum et obœdientia coram deo et sanctis eius; Ut si aliquando aliter fecerit a deo se damnandum sciat quem inridet:

De qua promissione sua faciat peticionem ad nomen sanctorum quorum reliquiæ ibi sunt et abbate præsente; Qua peticione manu sua scribat aut certe si non scit litteras alter ab eo rogatus scribat; et ille nouitius signum faciat . et manu sua eam super altare ponat;

quam dum posuerit incipiat ille nouitius hunc uersum; Suscipe me et secundum eloquium tuum et uiuam . et ne confundas me ab expectatione mea;

*) Quem uersum omnis congregatio tercio respondeant adiungentes gloriam patri;

Tunc ille frater nouicius prosternatur singulorum pedibus ut orent pro eo; et iam ex illa die in congregatione reputetur;

Res si quas habet aut eroget prius pauperibus . aut facta solemni' donatione . conferat monasterio . nihil sibi reseruans ex omnibus; Quippe ex illo die nec proprii corporis potestatem se hab — — sciat;

Mox ergo in oratorio exuatur rebus propriis quibus uestitus est . et induatur rebus monasterii;

libe siteo .... horsami ....
.. vvihem .... eonaldre andarvvis .... kanidartan .....
.... pi-smerot

fona der pigihti ... . digi za nemin vvihero ...... vvihida ... .
.. .. antuuantemv ... .
....
piahstaba¹) .... kapetataner
.... nivuchvemo zeichan
.... lecce

die denne ....
.... desan ....
....
....

.... eocovvelih ....
drittivnstun .... zva auhchonte
....

.... nivvichuemaner.
fora sikistrehchit .... fuazzum
.. .. pi imv .. ... fona demv
tage .. .. si kizelit

rahcha ibv vvelicho hebit ... kebe
.... ketaniv tultlichiv
kivvaltidv ebanprinke ....
.... kehaltanti er allem kivvisso ..
.. .. des heikinin lihhamin
.... — — ......

... . si-intvyatot .....
eikenem ...... keuuatoter ... .. sikikarvvit ....

---

¹) Es scheint, als hätte das »i« in | »u« korrigirt werden sollen.

*) 129.

Illa autem uestimenta quibus exutus est . reponantur in uestiario conseruanda . ut si aliquando suadente *) diabulo consenserit ut egrediatur de monasterio quod absit; Tunc exutus rebus monasterii proiciatur;

Illam tamen petitionem eius quam desuper altare abbas tullerat non recipiat sed in monasterio reseruetur;

.... kauuati ...... intvvatoter sikilegit in vvahhufe¹) zekehaltanne .. .. eonaldre kenentemv .... kihenkit .. ..
.... entvvato*ter* rachom .... fora kivvorfan .

.... digi .... dea fona obana ....
... . sikeporkan

CAPUT LVIIII.

DE FILIIS NOBILIUM UEL PAUPERUM;

Si quis forte de nobilibus offert filium suum deo in monasterio . si ipse puer minore etate parentes eius faciant petitionem quam supra diximus . et cum oblatione ipsa petitionem . et manu pueri inuoluat in palla altaris et sic eum offerat;

De rebus autem suis aut in præsenti petitione **) promittat sub iureiurando . quia numquam per subiectam personam quolibet modo ei aliquando aliquid dant . aut tribuunt occasionem habendi;

.. .. fona adelem prinkit chind sinas ... . daz-selba chind demv minnirin altere katilinga .... dea obana .... dea selbun dikii .. .. des chindes pi≈vvinte in lachane .... kebe

.. .. in antvvartidv digi kiheize vntar rehtteru eidsvvertiv daz neonaldre duruh untaruvorfanan heit sonnelichv mezv-so .. eonaldre eovveht kebant ... . frit zahabenne

---

¹) Aus »vvhhvfe« von 2. h. korrigirt. Wollte man »s« statt »f« lesen, so dürfte dieses »s« seinesgleichen nicht mehr haben, obschon der querstrich nicht so stark ist, als er sonst zu sein pflegt.

*) 130. **) 131.

uel certe si hoc facere noluerint.
et *) aliquid offerre uoluerint in ely-
mosina monasterio pro mercede sua.
ex rebus quas dare uolunt monasterio d:tionem faciant reseruato
sibi ita uoluerint usum fructum;

Atque ita omnia obseruantur. ut
nulla suspitio remaneat puero per
quam deceptus perire possit quod
absit, quod experimento dedici-
mus;

Similiter autem et pauperiores faciant. qui uero ex toto nihil **) habet. simpliciter petitionem faciat;
Et cum oblatione offerat filium suum
coram testibus;

... .
edes=vvas pringan ....
.... fora lone ... er rahchom
dea keba ....
keporkanemv .... nvtzi
vvachar

.... sinkihaltan .. noh-
heiniv vntruida pilibe chinde ...
.... pisvvichaner farvverdan ......
.... findungu lirnetomes

sosama .... armirun ....
... ., einmvatli-
cho ....
.... urchundom

CAPUT LX.

DE SACERDOTIBUS QUI IN MONASTERIO HABITARE UOLUERINT;

Si quis de ordine sacerdotum in
monasterio se suscipi rogauerit. non
quidem ei citius adsentiatur;

Tamen si omnino persteterit in
hanc supplicationem. sciat se omnem
regulæ disciplin: seruaturum nec
aliquid ei relaxabitur. ut sit sicut
scriptum est; Amice. ad quod uenisti.

Concedatur ei tamen post abbatem stare. aut benedicere. aut missas tenere. si tamen iusserit ei abbas;

.. .. antreitidv ervvarto ..
.... intfangan ....
.. snivmor zua kihenkit
.... alles dvruh stat .. deze
deolichas .... rehtlichvn ekii
zehaltanne ... eovvit .. si far lazan
.. .. friunt za
zivviv ....
sifarkeban .. .. stan
... vvihan ... . haben .. ..
....

*) LV.   **) 132.

Sin aliquid nullatenus aliqua præsumat; Sciens se regule subditum
et magis humilitatis exempla *) omnibus det;

Et si forte ordinacionis aut alicuius
rei causa fuerit in monasterio . illum
locum adtendat quando ingressus est
in monasterio . non illum qui ei reuerentia sacerdotii concessus est;

Clericorum autem si quis eodem
desiderio monasterio sociare uoluerint . locum mediocri conlocentur;
Et ipsi tamen si promittunt de obseruatione regulæ uel propria stabilitate;

ibv das andar nohheinv mezzv
eovveht erbaldee vvizanti sih ......
vntar=deonotan .. mer deomvati piladi ....

.. .. kesezzida ... edezlichera
racha ....
stat zvavvartee denne ingaganganer
ist .. .. nalles dea div imv pi
ervvirdii des evvarttvames farkeba-
niv ...

chliricho .... derv selbvn
kiridv .... kimachon ....
..... derv metamvn sceffi . sinkistatot
.. dea selbvn .... kiheizant .. pi=
haltidv .... eikinera statiki

CAPUT LXI.

DE MONACHIS PEREGRINIS;

Si quis monachus peregrinus de
longinquis prouinciis superuenerit .
si pro hospite uoluerit habitare in
monasterio et contentus consuetudine loci quem inuenerit **) et ne
forte superfluitate sua . perturbat monasterium . et simpliciter contentus
quod inuenerit suscipiatur quanto
tempore cupit;

.. .. piligrim fona rumen
lantscaffim .... furi cast
....
kavvonaheiti ....
..... ubarfleozida ... kitrvabit
.... einfaltlihcho ....
.... siint=fangan somanakera
citi kerot

*) 133.   **) 134.

Si qua sane rationabiliter et humilitate caritatis repræhendit aut ostendit; Tractet abbas prudenter ne forte pro hoc ipso eum dominus direxit.

Si uero *) post ea uoluerit stabilitatem suam firmare non rennuatur talis uoluntas et maxime quia tempore hospitalitatis potuit eius uita dinosci;

Quodsi superfluus aut uitiosus inuentus fuerit hospitalitatis non solum non debet sociari corpore monasterii uerum etiam d:catur ei honeste ut discedat; Non eius miseria etiam alii **) uitientur;

Quod non fuerit talis qui mereatur proici non solum sibi petierit suscipiatur congregationi sociandus uerum etiam suade— ut instet ut eius exemplo alii erudiantur; Et quia in omni loco uni domino seruitur uni regi mili——;

Quem etiam talem præspexerit esse abbas. liceat in superiore aliquantolum constituere loco;

Non solum autem monachum sed etiam desuper scriptis gradibus sacerdotum uel clericorum stabilire potest abbas in maiore quam ingrediuntur loco si eorum talem præspexerit uitam esse.

Caucat autem abbas ne aliquando de alio noto monasterio monachum ad habitandum ***) suscipiat sine

ibv vvelichiv. *kervisso* redihaftlicho .. deoheiti minna kirefsit ... keaukit trahtohee ..... claulicho .. .. pi daz selba ... . kirihtida

.. .... aft*a*r div .... statiki .... festinon ... sikevvidarot solih .... alleromeist daz derv .... castluamii .... kichvndit

...... ub*a*r fleozant*e*r ... achvstiger fvntaner ...... kastlvamii. ... . kamachon lihbamin .... sosama .... erlibho .. kalide min siniv vvenekii .... sinkeachusteot

.... si-kearnet farvvorfan ... . dikit .... ze-kemahone .... sikespanan .. stante .. .... pilade andre sin kelekit .. .. einemv truhtine .... einemv chvninge ist kichemfit.

.... solichan forakisiit .... erlavbe in oparorun edesmihil kesezen ....

... . fona obana kascribane*m* stiagalum euuarto ... . stantan .... in mervn denne insinkegangan steti .. .. solichan fora kisiit lib ....

piporgee .... eonaldre .. .... chvndamv .... za pvanne .... kihenkida

---

*) LVI.   **) 135.   ***) 136.

consensu . abbatis eius aut litteris commendatitias, quia scriptum est; Quod tibi non uis fieri alteri non feceris;

.... pvah pifolahanlicho .... vvesan ....

CAPUT LXII.

DE SACERDOTIBUS MONASTERII;

Si quis abbas sibi presbyterum uel diaconem ordinare petierit . de suis elegat qui dignus sit sacerdotum fungi ;

Ordinatus autem caueat elationem aut superbiam nec quicquam præsumat nisi quod ei ab abbate præcipitur ; Sciens se multo magis disciplinæ regularis subditum nec occasionem sacerdotii ; Obliuiscatur regule et obedientie disciplinam ; Sed magis ac magis in deum proficiat ;

Locum uero illum semper *) adtendat quod ingressus est in monasterium propter officium altaris ; Et si forte electio congregationis et uoluntas abbatis pro uite merito eum promouere uoluerit qui tamen regulam a decanis uel præpositis se constituam seruare sciat ;

Quod si aliter præsumpserit non sacerdos sed rebellio iudicetur ;

Et sæpe admonitus . si non correxerit . etiam episcopus adhibeatur in testimonium ;

.. .. kesezan pitit fona sinem ervvelle der vvirdiger si euuarttvam kepruhchti vvesan

   kisazter ..... piporkee keilii ... . min covveht .... vvizanti .. michily mer .... vntar=deonotan ... . evvarttuames si=erkezzan .... horsamii ekii ... mer enti mer .. .... framdihe

   stat .... zva=vvartee daz inkagankaner ... . ana ambahti .... ervveliti .... pi libes arnvngv ... foraervvechan .... fona zehaningarum ... fora-kisaztem sih kesazta kehaltan .....

   .... .. ardarvvis erpaldet nalles evvart ... vvidarvvigo sikisvanit .. ofto zva kimanoter .. ... kirihtit .... zva=sikitan .. ..

*) 137.

Quod si nec sic emendauerit clariscentibus culpis proiciatur de monasterio; Si tamen talis fuerit eius contumatia ut subdi aut obedire regule nollit;

.... skinentem svnteom si-far-vvorfan .. .. einstritii so vntar=deonot ... orren rehtungv nivvelle

CAPUT LXIII.

DE ORDINE CONGREGATIONIS;

*) Ordines suos in monasterio . ita **) conseruent . ut conuersionis tempus inuenit aut uite meritum discernit utque abbas constituerit;

Qui abbas non turbet gregem sibi commissum; Nec quasi liberam utens potestatem iniuste disponat aliquid; Sed cogitet semper quia de omnibus iudiciis et operibus suis redditurus est deo rationem;

Ergo secundum ordines quis constituerit uel quos habuerint ipsi fratres sic accedatur ad pacem ad communionem ad psalmum inponendum in choro standum . et in omnibus omnino locis . ætas non discernatur ordines nec præiudicet . quia samuel et daniel pueri bresbiteros iudicauerunt;

Ergo exceptis his quos ut diximus altiori cousilio ***) abbas prætullerit uel degradauerit certis ex causis reliqui omnes ut conuertuntur ita sint;

antreitidom iro .. .. kehalten daz dera kihuuoruannissa cit .... des libes arnuuc keskeidit so-dei ..... kesezze

der ..... nalles ketruabpe chortar .... pisolahanaz ... sosama frilihha pruhhanti keuualtida vnrehto kesezze eouueht ... . suanom .. .. erkebanter ... ... rediuu

.... antreitim deo .... eigun deaselbvn .... zua-kangen ze fridiv ze kemeinsamii ze salmin zcheffanne .. .. zestantanne .. in allem alles steti altar ... kesceidan antreitida ... fora=suanne .... chind .... suanton

.... vzzana desa dio .. .. demv herorin .... furipringit ... intsezzit er kiuuissem rachom andre ..... so sin kchuuerbit ... .

---

*) LVII.   **) 138.   ***) 139.

Ut uerbi gratia qui secunda hora diei uenerit in monasterio iuniorem se nouerit illius esse qui prima hora uenit diei. Cuius libet etatis aut dignitatis sit;

Pueris per omnia ab omnibus disciplina conseruata;

Iuniores igitur priores suos honorent; Priores minores suos diligant;

In ipsam autem appellationem nominum nulli liceat alium puro nomine apellare; Sed priores iuniores suos fratrum nomine; Iuniores autem priores suos nonnos uacent quod intellegitur paterna reuerentia

*) Abbas autem quia uices christi agi: dominus et abbas uocetur non sua adsumptione sed honore et amore christi;

Ipse autem cogitet et sic se exhibeat ut dignus sit tali honore;

Ubicumque autem sibi obviant fratres iunior a priore benediccione petant transeunte maiore minor surgat; Et det ei locum sedendi nec præsumat iunior consedere nisi ei præcipiat senior suus ut fiat quod scriptum est; Honore inuicem præuenientes;

Pueri parui uel adulescentes in oratorio uel ad mensas cum disciplina ordines suos conseruent; Foras autem uel ubi et ubi custodiam habeant et disciplinam usque dum ad intellegibilem . ætatem **) perueniant;

so piladi qhuueden der andrera citi tages .... iungirun .. uuizzi des vvesan der erirun citi .... sohuueliher so des altres ... dera uuirdigi ...

chindum duruh alliv .. .. eikii kehaltaniv

iungirun inunu herirom iro ....

in deru=selbun ..... namahaftii namono nohheinemv er=lauppe andran. hlutremv . nemin nemman ... .

.... nemmen daz ist farstantan faterlihhiv eruuirdii

.... der uuehsal .... tuat .... fater si kinemmit nalles sinera inthabanii ... eru .. minnu ....

.... kecaruuve .. vvirdiger ... solihhera era so=huuarso ..... imv kagannant .... iungiro fona herorin vvihii dicke furikangantemv merorin minniro erstante .. .. ze sizzenne ... . ebankesizzan .... kepiote heriro siner .. si.... .... eru vntar .i. v furi=qbuuemante .... chindiske .. .. zemuase ... . antreitida iro kehalten yzzana ..... edo dar edo dar kihaltida eigin .. .. vnzi denne zefuristantlihhaz altar pi qhuuemen

---

*) 140. **) 141.

CAPUT LXIIII.

DE ORDINANDO ABBATE;

In abbatis ordinatione illa semper consideretur ratio ut hic constituatur quem sibi omnis concors congregatio secundum timorem dei . siue . pars quamuis parua congregationis saniore consilio elegerit;

*) Uite autem merito et sapientiæ et doctrine elegatur qui ordinandus est etiam si ultimus fuerit in ordine omnis congregationis;

Quodsi etiam omnis congregatio uitiis suis quod quidem absit consentientem personam pari consilio elegerint et uicia ipsa aliquatinus in notitiam episcopi ad cuius diocesin esse pertinet locus ipse uel abbatis. aut christianis uicinis **) claruerit prohibeant prauorum præualere consensum; Sed domus dei dignum constituat dispensatorem; Scientes pro hoc se recepturos mercedem bonam . si illud caste et zelo dei fiat sicut e diuerso peccatum si neglegant;

Ordinatus autem cogitet semper quale onus suscepit et cui redditurus est rationem uilicationis sue; Sciatque sibi oportere prodesse magis quam præesse;

in des abbates kesezzidv diu ...... si kescavuuot redina .. der si-kesezzit den iru eocohuuelih ebankeherzida samanunc .... forahtun ... . teil doh-doh luzzilaz dera samanunga heilicorin kerate er-uuelit

des libes ..... arnunc .. dera spahii .. dera lerv si eruuelit ... ze-kesezzanne ... . iungisto ist in antreitidv ..... samanunc

.... achustim sinem .... keuuisso ..... kehenkantan heit ebanemv keratte eruuellant .. achusti selbun eddesmihhil in chundida .... ze des farru uuesan kekat stat diuselba ... . christanum kepurum skinit pi uuerigem abahero furimagan kehengida ... . spentari .... intfahente .... hreino .. minnv ... . soso . vvidardiu .... ruachalosom

kesazter ..... denche ...... huuelibha purdi .... erkebanter ... rediun ambahtes sines .... kerisit ¹) ....

---

¹) Ist ausgewischt.

---

*) LVIII.   **) 142.

Oportet ergo esse eum doctum lege diuina ut sciat ut sit unde proferat noua et uetera; Castum subrium misericordem et semper superexaltet misericordia iudicio ut idem ipse consequatur; Oderit uitia diligat fratres;

In ipsam autem*)correptionem prudenter agat, et ne quid nimis nedum nimis cupit eradere eruginem frangatur uas; Suaque fragilitatem semper suspectus sit; Memineritque calamum quassatum non conterendum;

In quibus non dicimus ut permittat nutrire uitia sed prudenter et cum caritate ea amputet. Ut uiderit unicuique expedire sicut diximus et studeat plus amari quam timeri;

Non sit turbolentus et anxius; Non sit nimius abstinatus; Non sit zelotipus et nimis suspitiosus, quia numquam requies, et in ipsis imperiis suis sit prouidus et consideratus;

Et siue secundum¹) si secundum seculum sit, opera qua iniungit discernat et temperet; **) Cogitans discretionem sancti iacobi dicentes. Si greges meos in ambulando fecero laborare moriuntur con— —a die.

Hec ergo aliaque una testimonia discretionis matris uirtutum sumens sic omnia temperet et ut fortes sint quod cupiant et infirmi non refugiant;

kerisit .... kelertan .... cotchundera .. vvizzi .. .. frampringe niuuuiv .. altiu hreinnan chuscan .... heffe ....
....
....

.. .. tue
.. min huuaz unmez min denne kerot skerran rosomon si keprohhan faz inti sina prodii ...... sorchafter si inti kehucke rorriun kescutita nales farmulita

.. .. farlazze zeoban achusti ... . minnu .. abasnide .. .. einemu eocouuelihemv piderban .... zilee .... keminnot vuesan ....
... ... truabaler .. angustonter ...
.. dratter ein striter ... ... ein sneller
.. unmez vrtriuuer .... neonaltre resti .. in dem selbon kipotum ....
... forakisehaner .. skauuonter

.. ..
.... ana-kimahhot kiskeide ..
kemezlihhee denchenti urteilida......
.... ibu chortar miniv in kankanne tuam arabeittan ersterbant alliv einemu tage

dei .... enti andreru eina keuuizzida dera urteilida dera muater chresteo nemanti ... . kemezlihhee .. daz starche .... daz keront .. ..
ni ersleohen

---

¹) Fehlt »deum«, und »si« st. »siue«.

---

*) 143.   **) 144.

Et præcipue et præsentem regulam in omnibus conseruet; Ut dum bene ministrauerit audiat a domino quod seruus bonus qui erogauit triticum seruis suis in tempore suo. amen dico uobis ait super omnia bona sua constituit eum;

.. allero-meist .. antuuartun ....
.. .. ambahtit
horre . ...
kap huueizzi ....
... .
... .

CAPUT LXV.

DE PREPOSITO;

Sæpius quidem contingit ut per ordinacionem præpositi scandala grauia *) monasterii oriantur; Dum sint aliqui maligno spiritu superbiæ inflati . et **) exæstimantes se secundos abbates esse; Adsumentes sibi tyrannidis scandala nutriunt et dissensiones in congregationem faciunt et maxime in illis locis ubi ab eodem sacerdote uel ab his abbatibus qui abbatem ordinant ab ipsis etiam et præpositus ordinatur;

Quod quamuis absurdum facile aduertitur quia ab ipso initio ordinationis materia ei datur superbiendi; Dum ei suggeritur a cogitacionibus suis . exutum eum esse a potestate

ofto keuuisso kepurit daz duruh kesezzida des forakisaztin zuruuarida suuarro .... sint uf-kekangan ...
.... eddeslihhe ersluahhanemv ....
.... keplate .. vvannente sih andere .... uuesan zuanemante im ribbidom unreht richisod [1]) zuruuarida zeohaut .. vnstillida ..
.... in dem stetim dar fona demv-selbin ....
.. .. sezzant .. ..
ioh auh .. furikisazter ist kesezzit daz doh-doh vngalimflih [2]) samfto ist farstantan .... fona demuselbin anakinne kesezzida kezimbri . frist kezive [3]) .. ist kekeban ze ubarmuatonne ..... ist kespannan ....

---

[1]) »unreht richisod« ist wohl von derselben hand, aber später zugefügt.

[2]) Auf dem untern rande steht von derselben hand: »ungilih unreht ungiristlih absurdum«.

[3]) Alte lesart »kizimbri«.

*) 145. **) LIX.

123

abbatis suis . quia ab ipsis *) est ordinatus a quibus et abbas;

Hinc suscitantur inuidiæ rixæ ac detractiones emulationes discensionem animas pereclitari; Et in his qui sub ipsis sunt qui adolantur partibus eunt in perdictionem;

Cuius periculi malum illos respicit. in capite quia talibus in ordinatione se fecerint auctores;

Ideo nos præiudicamus expetire propter pacis caritatisque custodiam in abbatis pendere arbitrio ordinacionem monasterii sui;

Et si potest fieri per decanos ordinetur ut ante disposuimus omnes utilitatis monasterii prout abbas **) disposuerit . ut dum pluribus committitur unus superbiat.

quod si aut locus expetit . aut congregatio petierit rationabiliter cum humilitate et abbas iudicauerit expetire quemcumque elegerit abbas cum consilio fratrum timentium deum ordinet ipse sibi præpositum.

qui tamen præpositus illa agat cum reuerentia quæ abbate suo ei iniuncta fuerint; Nihil contra abbatis uoluntatem aut ordinationem faciens quia quantum prælatus ceteris. ita eum oportet sollicite obseruare præcepta regulæ;

Qui præpositus . si repertus fuerit uitiosus . aut elatione deceptus superbiæ aut contemptor sancte re-

..... intuuatotan ... . fona keuualtidy .... kesazter . ...

danan sint eruuehchit abansti secho .. pisprahho ellinodes fiantskeffi ...... kefreisot uuesan .. ... dea untar .... denne sint keflehit .... kant in florinii

..... zala .... sihit .. .. danta solihhem in kesezzidu .. .. ortfromon

.... forakisuannemes piderban .... kibaltida .. .. hangen selpsuanu ....

.. .. zehaningarro .... kisaztomes ..... piderbi .... kisezzit .. ... managem ist pifolahan .... ubarmuateo

.... suahhit ... . redihaftlihho ... . piderban sohuuelihhan .... forahtero .... kisezze .... forakisaztan

... . dei tue ... . anakimahhot .... vvidar .... so filuso forakipreitter .... kihuetlihho kihaltan ....

... . ubarmvatii .... farmanu ....

---

*) 146.   **) 147.

gule fuerit *) conprobatus admoneatur uerbis usque quater; Si non emendauerit adhibeatur discipline regularis;

Quod si neque sic correxerit tunc deiciatur de ordine præpositure et aliud qui dignus est in loco cius subrogetur;

Quod si et postea in congregationem quietus et obœdiens non fuerit etiam de monasterio expellatur;

Cogitet tamen abbas se de omnibus iudiciis suis deo reddere rationem ne forte zeli aut inuidiæ flamma urat animam.

kechoroter kemanot .... feorstunt .. .. si ketan ....

.... kerihtit .... si faruuorfan fona kisezzidu .... vntar si ketan

.... stiller .. .. sifartriban

.... des antin ... . lauga prenne ......

CAPUT LXVI.

DE OSTIARIIS MONASTERII;

Ad portam monasterii ponatur senex . sapiens qui sciat accipere responsum et reddere; Cuius maturitas eum non sinat **) uacare

qui portarius cellam debet habere iuxta portam ut uenientes semper præsentem inueniant a quo responsum accipiant;

***) Et mox ut aliquis pulsauerit aut pauper clamauerit deo gratias respondeat aut benedicat cum omni

.. .. kesezzit .... antuurti .. keban ..... riiffii ... ni lazzit caugrot

... . antuuartan ....

.. .. eddeslihhera chlocchot ... . mitiuuarii

---

*) 148.   **) 149.   ***) LX.

mansuetudine timoris dei reddat responsum festinanter cum feruore caritatis;

Qui portarius si indiget solacium iuniorem fratrem accipiat;

Monasterium autem si possit fieri ita debet constitui ut omnia necessaria; Id est aqua molendino pistrino . orto uel artes diuersæ in monasterio exerceantur ut non sit necessitas monachis uacandi foras quia omnino non expedit animabus eorum;

Hanc autem *) regulam sepius uolumus in congregatione legi ne quis fratrum se de ignorantia excusit;

.... illantlihho
... vvalme ....

... . duruftigoe helfe iungirun ....
....
scal kesezzit .. ..
.... listi missilihho .. .. sin kefrumit ..
... ... kecaugrot vvesan vzze .... piderbit
....

.... ofto ....
samanungu ....
vnuuizzidv intrahhoe

CAPUT LXVII.

DE FRATRIBUS IN UIA DIRECTIS;

Dirigendi fratres in uia omnium fratrum uel abbati se oracioni commendent; Et semper ad orationem ultimam operis commemoratio omnium absentium fiat;

Reuertentes autem de uia fratres ipso die quo [1]) redeunt per omnes

ze-sentenne ....
.... kepete pifelahen
.. .. ze kepete iungistin ......
kebucti ...... abuuartero ....

huuerbente ....
.... huuerbant ... .

[1]) K. 2. h.

*) 150.

horas canonicas dum expletur opus dei prostrato . loco oratorii ab omnibus petant orationem propter excessus ne quis forte subripuerit in uia uisus aut auditus male rei aut otiosi sermonis;

Non præsumat quisquam alio referre quecumque foris in monasterio uiderit aut audierit *) quia plurima discretionem;

Quidsi se præsumpserit uindæ regulare subiaceat;

Similiter et qui præsumpserit claustra monasterii egredi uel quocumque ire uel quippiam quamuis parum sine iussione abbatis facere;

CAPUT LXVIII.

SI FRATRI INPOSSIBILIA INIUNGUNTUR;

Si cui fratri aliqua forte grauia aut inpossibilia iniunguntur . suscipiet quidem iubentis imperium cum omni mansuetudine et obœdientie;

Aut si omnino uirium suarum mensuram uiderit pondus oneris excedere inpossibilitatis causas ei qui sibi præest pacienter et oportune suggerat; Non superbiendo aut resistendo uel contradicendo.

Quodsi post suggestionem in sua sententia **) prioris imperium perdurauerit sciat iunior ita sibi expetire; Et ex caritate confidens de adiutorio dei obœdiat.

*) 151.   **) 152.

CAPUT LXIX.

UT IN MONASTERIO NON PRAESUMAT ALTER ALTERUM DEFENDERE;

Summopere cauendum est ne quauis occasione praesumat alter alium defendere monachum in monasterio at quasi uiri etiamsi qualeuis cunsanguinitatis propinquitate iungantur ne quolibet modo id a monachis praesumatur; Quia exinde grauissima occasio scandalorum orire potest; Quod si quis hæc transgressus fuerit acrius coerceatur;

CAPUT LXX.

UT NON PRAESUMAT QUISQUAM ALIUM CEDERE AUT EXCOMMUNICARE;

Uetetur in monasterio excommunicare omnis praesumptionis occasio. *) adque constituimus. ut nulli liceat quemquam fratrum suorum excommunicare. aut cedere. nisi potestas ab abbate data fuerit;

Infantibus uero usque ad decimum annum ætatis disciplinæ diligencia ab omnibus et custodia sit; Sed et hoc cum omni mensura et ratione;

Nam in fortiori ætate qui præsumit aliquatinus sine præcepto abbatis. uel in ipsis infantibus sine discretione exarserit. disciplina regulare subjaceat; Quia scriptum est; Quod tibi non uis fieri alio ne feceris;

---

*) 153.

CAPUT LXXI.

UT OBEDIENTES SIBI SINT INUICEM FRATRES.

Obœdientiæ bonum. non solum abbati exhibendum est ab omnibus sed etiam sibi inuicem obœdiant fratres; Scientes per hanc obœdientie. uiam sibi ituros *) ad deum;

Præmisso ergo abbatis aut præpositorum qui ab eo constituuntur imperio cui non permittimus priuata imperia præponi; De cetero omnes iuniores prioribus suis omni caritate et sollicitudine obœdiant;

Quod si quis contentiosus reperitur corripiatur;

Si quis autem frater pro quauis minima causa uel a quocunque priore suo corripitur quotlibet modo uel si leuiter senserit animos prioris cuiuscunque contra se iratos uel commotos quamuis modice; Mox sine mora. tamdiu prostratus in terra ante pedes eius iaceat satisfaciæns usque dum benedictione sanetur illa commotio;

Quod si quis contempserit facere aut corporale uindicta **) subiaceat; Aut si contumax est de monasterio expellatur.

CAPUT LXXII.

DE ZELO BONO QUOD DEBENT MONACHI HABERE;

Sicut est zelus amaritudinis malus qui separat a deo et ducit ad infernum; Ita est et zelus bonus qui seperat a uitiis et ducit ad deum et ad uitam æternam;

Hunc ergo zelum feruentissimo amore exerceant monachi; Id est ut honore se inuicem præueniant et infirmitates siue corporum siue morum pacientissime tolerent; Obedientiam sibi certatim impendant. nullus quod sibi utile iudicat sequatur sed quod magis alio; Caritatem fraternitatis casto impendant amore. Deum timeant abbatem suum sencera et humili caritate diligant; Christo omnino ***) nihil præponant. qui nos pariter ad uitam eternam deducat. amen

---

*) 154. **) 155. ***) 156.

CAPUT LXXIII.

DE HOC QUOD NON OMNIS IUSTITIE OBSERUATIO IN HAC SIT REGULA CONSTITUTA.

Regulam autem hanc discripsimus ut hanc obseruantes monasteriis aliquatenus uel honestatem morum aut inicium bone conuersationis qui festinant;

Sunt doctrine sanctorum patrum quarum obseruatio perducat hominem ad celsitudinem perfectionis;

Que enim pagina aut quis sermo diuinæ auctoritatis ueteris hanc noui testamenti non est rectissimæ norma, uitæ humanæ, aut quis liber sanctorum catholicorum patrum hoc non resonat, ut recto corsu perueniamus, ad creatorem nostrorum;

Nec non et conlationes patrum, et instituta et uitas eorum; Sed et regula *) sancti patris nostri basilii, quid aliud sunt, nisi bene uiuentium, et obœdiencium monachorum instrumenta uirtutum;

Nobis autem desidiosis et male uiuentibus atque neglegentibus robor confusionis est;

Quisquis ergo ad patriam celestem festinans hanc minimam inchoationis regulam descriptam adiuuante Christo perfice; Et tunc demum ad maiora que super commemorauimus doctrine uirtutumque culmina, deo protegente uenies amen;

Equidem sanctus pater benedictus in hac regula qualitate ordinis penitentiæ modos instituit; Sed unde de **) de quibus tamen causis probacio [1]) intimauit dicens; Si quis hoc aut illud perpetrauerit disciplina regulare subiaceat; Ipsius quippe disciplinæ mensuram in arbitrium abbatis iudicanda permisit; Quiadum qualitatis morum uel personarum innumerabilis est diuersitas; Potuerat ei fieri in arbitrium honerositas prolixitas;

---

[1]) Ist übergeschrieben, ohne andeutung, wo es eingeschoben werden müsste.

---

*) 157.   **) 158.

Et enim ipse per humilitatem spiritus precedentium patrum discipline auctoritate recepit quia ut fertur omnium sanctorum spiritu plenus fuit; Igitur deaudem emendationem disciplinam; Quorundam uerbis hic instituta subter inserta nectuntur;

NACHWORT.

Den abdruck der kleinen sechs letzten kapitel, die keine übersetzung begleitet, möge man damit entschuldigen, dass der herausgeber glauben durfte, es könnte ihre mittheilung von einigen lesern gewünscht werden.

KERO'S WÖRTERBUCH.

(VOCABULARIUM KERONIS.)

Handschrift 911.   Jahrhundert VIII.

EINLEITUNG.

Eine beschreibung unserer handschrift von Kolb findet sich schon s. 18 unter dem buchstaben »c«: nur möchten wir ihr oktav nicht gerade gross nennen. Dasselbe alter ertheilt ihr auch v. Arx.

Wir haben s. 20 in abrede gestellt, dass Kero, d. h. der übersetzer der Benediktiner-regel, der schreiber unserer handschrift sei. zweifel scheint wohl auch schon v. Arx gehegt zu haben, welcher in seinem verzeichnisse kalt und trocken meldet: »Vocabularium latino-teutonicum ab antecessoribus nostris Keroni adscriptum.« der beweis für unsere behauptung liegt einfach darin, dass an der handschrift 911 viele hände gearbeitet haben, und dass sich unter diesen nicht einmahl die hand Kero's findet. ausserdem kann angeführt werden, dass man in dem fraglichen wörterbuche einer dritten art »a« begegnet, welche handschrift 916 nicht kennt; dass grosse buchstaben, besonders »R« in der mitte von wörtern stehen, wie s. 4 »aBsque«; dass sich »g« an den vorangehenden buchstaben anlehnt; dass selbstlaute zu bezeichnung der länge nie verdoppelt sind; dass alle anlaute roth gemahlt sind, u. s. w. Wollte man, weil alte nachrichten Keroen ein wörterbuch zuschreiben, daran denken, dass derselbe wenigstens der urheber dieser glossen sei, [1] so widerstreitet die mundart, und man müsste, um die umsetzung der mundart zu erklären, zu weiteren annahmen schreiten.

---

[1] »Dieses Musessen war in St. Gallen so gewöhnlich, dass Gero (Vocabularium Keronis) das Wort cibi (Speisen) nicht besser als mit Mus und das Wort cænare (speisen) nicht anders als mit abendmusen zu übersetzen wusste.« Arx Gesch. d. K. St. Gallen b. 1. s. 178.

Ueber den ursprung unserer glossen theilen wir die ansicht, welche in der »Diutiska« von Graff, b. 1. s. 122, ausgesprochen ist. Uebrigens muss überarbeitung und eine nach zeit und inhalt verschiedene vermehrung des anfänglichen werkes stattgefunden haben. dafür sprechen unter andern ungeschickte verbesserungen, wie s. 14, wo, nachdem »altercatur« in »altercator« verwechselt worden war, auch das teutsche zeitwort in ein nennwort umgestaltet wurde (»pagari«). selbst die übereinstimmung der st. galler handschrift mit der pariser (s. »Diutisca« b. 1. s. 123) ist nicht einmahl so gross, dass man nicht an eine theilweise bereicherung der einen oder der andern denken möchte. Die abweichung in hinsicht des mindern oder grössern reichthums, die ungleiche abtheilung der einzelnen glossen, gänzliche missverständnisse, ungereimtheiten, unterbrechungen eines wortes, verwechslung der erklärung, wiederkehr desselben wortes in anderer form, selbst die verschiedene mundart liessen sich leicht aus dem mündlichen vortrage eines lehrers erklären. dieser annahme steht aber, ausser der beschaffenheit der pariser handschrift, zum wenigsten für unsere abschrift, der umstand im wege, dass viele fehler vorkommen, die sich gar nicht anders als durch abschrift erklären lassen, wie die verwechselung von ähnlichen buchstaben: des »t« mit »c«: s. 18 »kant« statt »kanc«; s. 44 »quiste« (bicipeti) statt »quisce«; s. 85 »dehint« statt »dehinc«; — ferner des »r« und »s«: s. 12 »aliter« statt »alites«; s. 94 »pirmirnit« statt »pismiruit«; s. 192 »uuostum« statt »uuortum«; s. 258 »Rugillare« statt »sugillare«; — ferner des »a« mit »ce«: s. 104 »effectus« statt »effatus«; — die falsche abtheilung von wörtern, wie s. 8 »abtamodolatio« in »abtamo dolatio« statt in »abta modolatio«. mehr beispiele folgen unten.

Obschon die angeführten fehler genügen dürften, um von den geringen sprachlichen kenntnissen der schreiber unserer handschrift zu überzeugen, möchte es nicht unnützlich erscheinen, die gewöhnlichsten fehler nebst deren quelle etwas schärfer ins auge zu fassen. dahin gehört die ewige verwechselung von »ur, us, or«, die freilich auch älter sein könnte: s. 9 »adprobatur« statt »adprobatus«; s. 12 »accupatur« statt »aucupator«; s. 20 »inmitatur« statt »inmitator«; s. 30 »perditor« statt »perditus«; s. 111 »superspectur« statt »superspector«; — dessgleichen die verwechselung von »m, ni, in«, denn es möchte zu wenig erscheinen, wenn man sagen wollte, jene drei schriften seien schwer zu unterscheiden, denn während s. 59. z. 1 »stein« geschrieben ist, steht zwei zeilen später deutlich »stem«; s. 18 »thrittm« statt »thrittin«; s. 95 »uparuumnit« statt

„uparuuinnit"; s. 96 „deumxerat" statt „deuinxerat"; s. 101 „emtet" statt „enitet"; s. 167 „spemt" statt „spenit" (wenige zeilen weiter wieder „spenit"); s. 174 „scmendi" statt „scinendi"; s. 175 „nihrimt" statt „uihrinit"; — ferner „iu" und „ui": s. 85 „nuiz" statt „niuz"; s. 151 „iziuurphit" statt „izuuirphit"; — ferner „ii" und „u", wie s. 172 „insidus" statt „insidiis"; — ferner „a" und „u", wie s. 42 „craft" statt „cruft"; — ferner „cl" und „d", wie s. 92 „damitis" statt „clamitis" (chlamys); — ferner „ft" und „st", wie s. 125 „telis cesteo" statt „teli scefteo"; — ferner „st" und „rt", wie s. 56 „uuesthunga, uuestlihoston" statt „uuerthunga, uuertlihoston". andere schreibfehler sind noch stärkerer art und möchten zum theil auf grosse nachlässigkeit der abschreiber, die auch sonst nicht zu verkennen ist, schliessen lassen, wie s. 21 „Nedes" st. „ædes"; s. 22 „ætihiops" neben „æthiopia"; s. 41 „ageus" st. „azeus"; s. 104 „suens" st. „sciens"; s. 145 „Lestia" st. „Bestia"; s. 168 „iubat" st. „iubar"; s. 201 „mendo" st. „nando"; s. 258 „uuacusare" st. „accusare". grosse nachlässigkeit findet sich besonders in einzelnen stücken, wo ein träger schüler so recht nach belieben und faulheit ausgelassen zu haben scheint. ebenso ist nachlässigkeit nicht zu verkennen in der versetzung von buchstaben, wie s. 99 „throno" st. „thorno"; s. 129 „caus" st. „casu"; dessgleichen der silben und wörter, wie s. 207 „filatur . fathum . quentes . thrandi" st. „fila fathum; turquentes (torquentes) thrandi"; s. 111 „eundethem . ipsamon . selpan" st. „eundem (=on) ipsam them selpan"; s. 152 „endi afar after" st. afar endi aftar". bei falschen wortabtheilungen, ob da mehr nachlässigkeit oder unkenntniss walte, dürfte man zweifelhaft sein: s. 9 „cafolgam . desint" st. „cafolgande sint"; s. 18 „fona taget . brittm" st. „fona tage thrittin"; s. 27 „arupes . parauuaritheza. quiadora sacrificat . themo uuedhar . ploazit" st. „aruspes parauuari, qui ad ora ther za themo uuedhar, sacrificat ploazit"; s. 28 „anim . moates . aduersio . uuanditha" st. „animaduersio moates uuanditha"; s. 32 „lupui. lingu" st. „lupu . ilungu"; s. 33 „foris . libit" st. „fori slihit"; s. 34 „exclude . piluhchan . retollere . firneman" st. „excludere piluhchan, tollere firneman"; s. 59 „clamoc . culte" st. „clam occulte"; s. 92 „thiuuida. uzarriqueon" st. „thiu uidari uzar queon"; s. 146 „lapide esunt" st. „lapidee sunt"; s. 204 „sedet" st. „sed et"; s. 209 „neinin . kumezzu" st. „neininku mezzu"; s. 260 „torbacïredatus" st. „turba circumdatus"; ebendaselbst „concauusxis" st. „concauis saxis". In allen diesen fällen haben wir nur weniges, unbedenkliches verbessert und fast nur im latein.

Noch andere fehler liegen zu hoch, als dass sie unsern abschreibern zugeschrieben werden dürften; auch theilt sie unsere handschrift mit der pariser und reichenauer: s. 24 „uel medi (Medi). edho mitilari"; s. 36 „afrigus (africus ventus). urfrosti"; s. 89 „diversorium. missilihhero"; s. 111 „famam. huncar"; s. 172 „uite (vittæ). lip"; s. 241 „ore" statt „more", und desswegen die übersetzung „munthe". eher möchte ihnen auf s. 259 die verwandelung von „scortum" in „scōrum" angehören. Verbesserungen sind dagegen selten: s. 39 ist „crescit" nachgetragen; s. 22 „ziz" in „zit" verbessert; s. 52 „edo" in „edho"; s. 243 „theist" in „theisc" (alle drei mit rother tinte): s. 213 ist „tua" nach „mandata", und s. 218 das erste „h" in „thunchal" getilgt; s. 222 in „qandoque" und „aliqando" ein „v" überschrieben. als verbesserung mögen auch manchmahl zwei punkte angesehen werden, welche verbindung anzudeuten scheinen, wie s. 123 „fla. .gor, suuaz. .zis".

Schwierigkeiten für das lesen bietet unsere handschrift auch sonst: „a" und „ca", welche öfters nicht zu unterscheiden sind, wie in „kiscapan" auf s. 118; — ferner „u" und „o", doch ist meist der erste strich massgebend, wie s. 168 in „suhhit" und s. 172 in „kisunt", — seltene, ja einzelne abkürzungen: „t", worauf ein abwärts zugespitztes „o" ruht, für „tor", und dieses öfters wieder für „tur", wie s. 257 „hortator"; s. 258 „pollicitor, fatitor"; s. 259 „soluuntor"; s. 260 „torba"; — ferner, doch nur auf seite 239 ein „t" mit dem folgenden „i" so zusammengezogen, dass man sich seines irthums, ein „o" vor sich zu haben, sehr schwer belehrt: „Retinet; stetti".

Dass die schreiber unserer handschrift die abtheilung in den einzelnen glossen selbst vorgenommen, dafür scheint besonders der umstand zu sprechen, dass dieselbe theils ungeschickt, theils unterlassen ist. beispiele jener art sind zu genüge angeführt; dieser art mögen einige folgen: s. 30 „arripio. inchoo. catriffu. inginno" statt „arripio. catriffu. inchoo. inginno"; s. 206 „necesse. recte. thurust. rehto" u. s. w. Entscheidend aber spricht gegen diese annahme jener häufige fall, wo das teutsche wort unrichtig vom lateinischen getrennt ist, wie s. 48 „succedi. theris" statt „succedit heris", s. 53 „cetuki. samanitha" (mit roth gefärbtem anlaut) st. „cetu. kisamanitha". hiernach zu schliessen muss in der urschrift die abtheilung der glossen, nicht aber die abtheilung der einzelnen wörter vorhanden gewesen sein, wie diese denn auch sonst noch oft genug zusammen gehängt sind, wie s. 24 „aernuep" st. „aer uuep"; s. 243 „uelorum. seculorubore. rotendi" statt „uelorum, seculo; rubore, rotendi";

s. 254 „sontesratontesolū". So wird kein ausweg übrig bleiben, als anzunehmen, dass unsere handschrift eine schlechte abschrift von einer handschrift mit theilweis schlechter trennung sei.

Die schrift rührt, wie gesagt, von verschiedenen — etwa sieben — händen her, die, besonders später, häufig abwechseln. bis zu „separatus" auf seite 22 mag eine hand geschrieben haben; dort aber beginnt eine zweite bis zu „accessus" auf seite 23, welche sich ausser der schrift auch dadurch verräth, dass sie strichpunkte anstatt einfacher punkte gebrauchet. ähnlich verräth sich seite 117 bis 120 wieder eine andere hand ausser der schrift durch anwendung einiger „v". seite 204 beginnt eine hand, welche einer frühern sehr ähnlich, aber eben so fehlerhaft als jene richtig ist. auf seite 215 endlich begegnet man zum ersten mahle der beschriebenen abkürzung für „tor".

Die schrift nähert sich der karolingischen, doch nicht in dem masse, wie dies bei der Benediktiner-regel der fall ist. die anlaute aller wörter, zum wenigsten der grösseren, bedeutenderen, sind auf verschiedene art roth gemahlt. die schrift läuft fort, und die absätze sind so wenig hervorgehoben, dass man, wenn man es nicht wüsste, die handschrift vielleicht lange in der hand haben dürfte, ohne auf die entdeckung zu kommen, dass eine buchstäbliche ordnung drin walte. die absätze der glossen und in den glossen haben wir somit selbst gemacht, und haben dabei die grossen buchstaben auf den anlaut der einzelnen glossen beschränkt. gut war aber die abtheilung nicht überall zu machen, wie s. 169 bei „jurgerum". man hat dieses für „jurgium" genommen, wonach es zur vorangehenden glosse gehörte; es gehört aber zur folgenden und sollte „jugerum" heissen.

Bei dem abdrucke haben wir unserm grundsatze zufolge die eigenthümlichkeiten der handschrift so viel als möglich zu wahren gesucht und sind verfahren wie sonst: nur betreffs der unterscheidungszeichen müssen wir etwas nachtragen. karakter der handschrift ist es zwischen jedem worte einen punkt zu setzen. wir haben diese eigenthümlichkeit beibehalten, und da, wo ein punkt fehlte, denselben hinzugefügt. wo daher ein punkt fehlt, sind die wörter in der handschrift zusammen gehängt und die trennung ist von dem herausgeber vorgenommen, z. b. auf seite 4 „longe sit . rumo si" statt „longesit . rumosi". bietet mithin der druck z. b. auf seite 144:

„Erugo . ecala.
   sangus=suga . plod

Hedri . uuarmi .
serpentis . edho . uuazzar≠natrun."

so ist leicht zu erkennen, dass in der handschrift steht: „Erugo . ecala . sangus suga . plodhedri . uuarmi . serpentis . edho . uuazzar natrun." wo ferner ein punkt zwischen zwei wörter, welche eine zusammensetzung bilden, oder gar mitten in ein wort hineinfiel, haben wir ihn gelassen, jedoch die theile zusammen gezogen. liest man daher z. b. auf s. 181:

„copiosismus . kinuhtsamor . ta
Lues . uparkan."

so wird man sich dieses wieder leicht in die schreibweise der handschrift umsetzen können: „copiosismus . kinuhtsamor . talues . uparkan." wo wörter fehlen, setzten wir ein oder zwei gedankenzeichen, doch nur da, wo zu unserm glauben noch das ansehen der pariser oder reichenauer handschrift kam. — Ferner ist die bedeutung des bindezeichens (s. s. 23) für die folge dahin erweitert, dass es alle wortverbindungen bezeichnet, die der herausgeber vollzogen. die bedeutung des trennungsstriches ist dieselbe geblieben.

Von unserer handschrift gibt es mehrere abschriften. Arx sagt in seinem verzeichnisse: „Codex omnibus origines Teutonicæ linguæ scrutantibus pretiosissimus, et ab iis sæpe descriptus, collatus, indagatus". Einen abdruck gibt es bekanntlich nicht.

Die seitenzahl der handschrift ist mit arabischen, band und seitenzahl der „Diutisca" mit römischen und arabischen ziffern angezeigt.

INCIPIUNT CLOSAS EX UETERE TESTAMENTO.

Abrogans . dheomodi . s. 4.
   humilis . samft-moati. I, 128.
Abba . faterlih .
   pater . fater .
Abnuere . ferlaucnen .
   renuere . pauhnen .
   recusare . faruuazzan .
   refutare . fartriban .
Absque . uetere . uzzana moat-scaffi .
   absque . amicicia . uzzana . friunt-scaffi .
Abincruentum . anasceopandi .
   abinmittentes . analascende .
Absit . fersi .
   longe sit . rumo si .
Abest . fram ist .
   .deest . uuan-ist .
Abdicat . farchunidhit .
   abominat . faruuazzit .
   denicat . farsahchit .
   repudat . fartribit .
Abstruhum . uncafori .
   clandestinum . unidarzoami . s. 5.
   latens . caporgan .

   occultum . tunchlo .
   remotum . caroarit .
   abstractum . farzocan
   subductum . farleitit . I, 129.
Absurdum . ungafoari .
   dispar . ungamah .
   inconcilium . ungamez .
Abluit . aruuaskit .
   emundat . cachrenit
   lauat . thouuahit .
Adseuerat . cafrumit .
   adfirmat . cafastinod .
Adminicolum . helfa .
   subsidium . folzuht .
   solacium . trost .
   auxilium . helfa .
   adiutorium . helfa .
Adnitentem . ilantem .
   opitolantem . helffantem .
   adiuuantem . —
Adnectit . farslahit .
   asciscit . far-spanit .
   adiungit . camahcoht .
Adnectens . farslahandi

notans . caspraitandi.　　　s. 6.
ligans . capintanti.
Adnixa . camachot.
　coniuncta . cafoagit.
Anus . artopet.
　uetula . araltet.
Adulta . gelo.
　matura . riffi.
Abrogans . —　　　　　　I, 130.
　humilis . —
Abrogancia . hroam.
　petulancia . soahchandi
　iactancia . cehf.
　superbia . ubarhuhet.
Arroganter . hroamlihcho.
　elate . praitherze.
Algor . chaldi.
　frigor . frost.
Angor . angidha.
Anxior . angust.
　tristor . unplidhem.
　coartor . canotit.
　contringor . cadhungan.
Angore . cadhungani.
　anxietate . mitangusti.
— . follo.
　abunde . canoac.
　satis uberti . ubargnoac.
Affare . follun.
　locutus . sprehchandi.　　s. 7.
Ambrosie . liuplih.
　diuine . cotchundlih.
　pulchre . fagari.
Alternatim . ainstritan.　　I, 131.
　uicaria . undar zouuaim.
　id est . daz ist.

aduicem . undar . mittem.
　reciproga . casacit.[1]
Alternanti . zheondi.
　dubitanti . zouuiulantan.
Adamans . minnontan.
　lapis . ferro . durio . stein . isarne. hardiro.
　id est genus . chunni.
　gemme . gimmono.
Alacer . frauuer.
　letus . plidhi.
　caudens . mandhendi.
　hilares . slehtmoati.
　ut alia . so andhre.
　fortis . expeditus . strengi . pi-tharpan.
Armonia . mit=uuari.
　conpletens . arpitandi.
　coniunctio . camahchidha.　s. 8.
　ut alia . so . andhra.
　ex multis . fon mislihchem.
　uocabulus . namon.
　abtamo . cafori.
　dolotio.
　aut . eddo.
　ut inuenietur . so . fundan ist.
　duplex . zuiualt.
　sonus . hluti.
Arduus . uuidharperg.　　I, 132.
　altus . hoh.
　crauis . souuar.
　difficilis . unodhi.
Arua . angar.
　fuma . rucchi.
　humus . fuhti.
　telus . molta.

---

[1] Von dem, der die buchstaben färbte, | mit rother tinte in »cascait« verbessert.

Aula . salihus .
  domus . hus .
  regna . chuniglih .
Aulacer . chamarare .
  ministri . chamarare .
  regis . chuninges . etho . ambahte .
    chuninges .
Amoena . liuplih .
  loca . stat .
  delectabilia . lustlih .
  fertilis . perandi .
  uel . amoenitas . etho liuplih .
  iucunditas . iucundlih .
Adtonitus . pithonorondi .
  — . sendi
  intentus . pibaltandi .
  stupefactus . archuemandi .
  ut alia . sosumae [1])
  aut stupore . edho archomini .
  defixus . cafastinot .
Agrestis . undaralih .   s. 9.
  rusticus . rustih .
  adstipulatus . camahchot .
Adstipulatur . cafoacander . I, 133.
  idoneus . canuhtsamer .
  testis . sagender .
  adprobatur . cachorot .
Adstipulacione . mit . fastinodhe .
  adsponsione . mit cahaizzu .
  adinterrogacione . mit . fragungu .
Absque fœdere . ano . canozscaf .
  absque amicicia . ano . friuntscaf .
Abingruentes . analagde .
  abinmittentes . anauuerfande .
Auxpicia . souuaridha .
  somnia . slaf .

signa . zeihchan .
initia . az erista .
rudimenta . hlera .
Auxpicati sunt . arsouuarre . sint .
  consecuti sunt . cafolgam . de-
    sīt . [2])
Acer . sarpfer .
  durus . hart .
Aceruitas . sarsida .   s. 10.
  crudelitas . uualugiridha .
Aceruus . sarfer .
  cumolus . huffo .
Acerus . crim .
  malus . ubil .   I, 134.
  inmatura . unriffi .
  — — . aut . salauuer
  niger . souuarz .
Atra . salauuo .
  nigra . souuarzo .
  tenebrosa . finstro .
  obscura . tunchlo .
Atrum . salauui .
  nigrum . souuarz .
  tenebrosum . finstar .
  obscurum . tunchal .
Atrox . ainstritanti
  crudelis . uualugiri .
  seuus . slizzari .
  malus . —
  pessimus . uuirsisto .
Atrocem . uuidharchuetum .
  amarum . pitran .
Alama . uuih .
  claro . blutar .
  scam-dita . hercas . ginanti .
  pulchra . fagar .

---

[1]) Geschwänztes »e«.   [2]) »cafolgande sint«?

Almum . uuih .
  clarum . hlutar .
  uel . serenum . edho haitar . [1])
Annet . sginit.   s. 11.
  pletchet . fulget .
Anguis . ung nagal .
  serpens . natra .
Angia . nagala.   I, 135.
  ferrum . intus . isarn innana .
  buccula . rantbauc .
Angina . uuassi .
  glandola . dhroasi . edho
  morbus . suht .
  faucium . coamono .
Angust . uuirdhig .
  pulchra . fagari .
Augustorum . frehtigero .
  sanctorum . uuihero .
Agustius . frehtihc .
  magnificentus . armarit .
A fine . az ende .
  proximus . nahisto .
Adfinitas . az andim .
  propinquitas . nahist .
Agmen . fornontig .
  cornu . hornes .
  uel . edho .
  multitudo . manag .
Acie . orde .
  turba . managi .
Aciem . uuassa .
  oculum . augono .
  aud gladii . edho magin souuer-
  des .
Agone . fora . nondigemo .
  pugna . fehta .

Arbiter . uuanandi .
  iudex . soonco .
  a duobus . fona . zouueim .
  electis . cachorauem .
Abro . pinoman.   I, 136.
  consuntor . pifangan .
  patrimonii . faterarbes.   s. 12.
Ambrones . bifangane .
  deratores . piscarite .
Ambiciosus . blistiger .
  expedens . suahchendi .
  honorem . era .
Aruina . uparspicchi .
  caro pinguis . fleisc frezzit .
  ferina . mitticarni .
  aut adeps . alapi
  uel exunia . edho smero laiba .
Aliter . cafedhere .
  aues . fogala .
  volucres . fleogande .
  alates . cafedhere .
  pinnates . slagifedherom .
Alitilia . cafedhere .
  volatilia . fleogande .
Accupatur . pifahandi .
  captator . habendi .
  uel . uenator . edho iacondi .
  auium . focala .
Anceps . zuuueho .
  ambiguus . undar zouuaim .
  dubius . zouuiual .
  uel . incertus . edho unchundi .
Ancepitem . zouuihandan.   s. 13.
  dubium . zouuiflondan .
  uel duplicem . edho zouualdan .
Astra . zaihchan.   I, 137.

---

[1]) Das erste »a« ist aus einem »ei« entstanden.

sidera . sedal .
caeli . himilo .
uel . stelle . edho sterna .
Artus . foranontig .
  stille . thero .
  semtem . sterno .
  trionales . sipunsterneo .
  uel si in cælum . edho . in himile .
Aelam . fasti .
  porticum . forzih .
Ambitus . cadhuing .
  circuitus . umbi .
  uel potencia . edho mahti .
Ambages . codhuing .
  circuitiones . sinuuirbili .
Abagines . cadhuing .
  loca . stati .
  flexuosa . pugihafto .
Anfracta . caprohchan .
  uel tortuosa . edho . crumbo .
  aut dificilia . edho . unodih .
Apostata . faruuazzan .
  refuga . arflohan   s. 14.
Altergatio . roaffari .
  lites . sageba .
  contencio . paga .
  disceptacio . pisouuih .
Altercator . pagari .
  litigat . sagchit .
  obiurgat . pihaizzit .
Aliter . sagchari .   I, 138.
  allobroges . in glihnissi .
  alligator . roahchari .
  gallus . hano .

Apter . cafoaro .
  aut . inpleat . edho cafulle .
Apta . cafoari .
  congrua . cafoarsamo .
  utilem . pitharbi .
Aptemus . soahchaemes . [1]
  adiungimus . camahchomes .
Afflata . pifundan .
  inspirato . anaplahit .
  inluminata . inleohtit .
Adicias . zoatoa .
  addas . zoatos .
Adeas . zoacangis .
  accedas . zoacalidhis .   I, 139.
Abba . —
  pater . —
Adeptus . pifangan .
  consecutus . endi cafolgandi. s. 15.
Adepiscit . pigizzit .
  adquerit . casoachchit .
  obtenit . endi piniusit .
Adepiscitur . pigezzendi .
  consequitur . cafolgendi
Amictum . unpifangan .
  canusgit .
  uestimentum . vuat .
  indumentum . cahcaruuui [2]
A stirpe . fona . dhrume . fona herostin .
  ab origine . fon ufchume .
Aliquantis . thur edhes . manage .
  per aliquamdiu . edhes in lango .
Artus . foranondig .
  digitus . fingar .

---

[1] Das »a« von »ae« ist ein wenig ausgekratzt, schwerlich von 1. h.

[2] Bei dem ersten »u« ist eine verbesserung, wie es scheint in »o«, vorgegangen.

membra . lidhi .
uel . noda . edho zaihchan .
Arta . uuidharpert .
  angusta . angi .
  stricta . cadhuing .
Antrum . hol .
  specum . hloh . s. 16.
  spelunca . einoti
Admissum . cafrumit . I, 140.
  peccata . sunta .
  uel reatum . edho . sculd .
Absit . fersi .
  longe sit . rumo si .
Abest . ferist .
  deest . uuanist .
Adest . azist .
Adesto . azuuisthu .
  auxiliare . helfan .
Adero . azpim .
  auxiliabor . hilfu .
  occurro . incacanhlaufu .
Addita . zoacatan .
  adiuncta . zoacamahchoha .
Addidit . zoatoit .
  intulit . pringit .
Annuit . pauhnit .
  adnuit . inmalet .
  fauit . cahizzit .
  promittit . cahaizzit .
  consentit . cahangit .
Abdicat . farchuidhit .
  abominat . faruuazzit .
  denicat . farsahchit .
  repudat . fartribit . s. 17.
Alueus . straum .
  profundus . tioffi
  uel torrens . edho unslehti .
Amnis . aha .

fluvius . float .
Aluus . sinuuerbal . I, 141.
Alitus . moasandi .
  nutritus . foatandi .
Alendum . mastendan .
  nutriendum . zeohandi .
Altricem . zuhtarum .
  nutricem . foatare . idhi .
Amittere . forsantan .
  perdere . farleosan .
Amissis . farsantem .
  perdisti . farloranem .
Amputaui . farsnaid .
  tuli . canum .
Apex . a b c d s .
  interdum . undar zouuaim .
  distinccio . note cascait . notono .
  aut summa . pars teli . edho thaz
    opora . ista-titulo .
Audet . catar .
  ausus est . caturstig ist .
Audenter . caturslihcho .
  confidenter . catriulihcho .
Anathema . faruuazzan .
  perdicio . farlos .
  siue . abominabilis . samo . far-
    mainsot . s. 18.
Arundine . rora
  canna . fedhar . foatar .
  uel . calamo . edho . scripisarn .
A nutus . tercio . fona . mittemo . za-
  thrantin tage . I, 142.
  a die tercia . fona taget . hrittm .
Aperit . antluhchit .
  ostendit . caaugit .
Agebat . toat .
  gerebat . teta .
Arces . maistar .

ædificia . zimbro .
summa . hohostono .
uel palatia . munita . edho . fa-
	lanzo . fastinot .
Arces . hchraft .
iugu . iohcho .
summa . hohi .
montium . pergo .
Architector . trisouuerpigang—. [1]
qui domum tegit . ther . thaz . hus .
	thacchit .
Arcity . eis-cote . herostun .
uocati . canamte .
Arcit . ni lazzit .
uetit . uuarit . s. 19.
prohibit . furibiutit .
Arcire . triban .
repellere . fartriban .
Arcentibus . pipeotantem .
prohibentibus . piuuariantem .
Arcariui . muntporo . I, 143.
dispensator . scaro .
Archanum . fronisg .
secretum . carati .
occultum . caholan .
Adita . zoacatan .
Aldita . farnoman .
secreta . ainrati .
occulta . caholan . farbannan .
Architector . herosto . thagchio .
Acimis . uuizhotprot .
oblacionibus . oblatono .
Auenis . uon adhrom .
retenacolis . pizocan .
Agere . toan .
strata . ardhanit . siue . castrauuit .

uia publica . cafundaner .
Autumant . arplahandi .
dicun . chuedhant .
stimant . uuanant . s. 20.
Austeritas . abohnissi .
seueritas . slizzandi .
amaritudo . pitri .
Austerior . crimira .
agrior . surora .
Egeris . undharalih .
inbicilis . uuaih . I, 144.
inualidis . unmahtig .
molestis . uuaih .
Editus . cascaffan .
natus . caporan .
Aemulus . antrondi .
inmitatur . antrari .
Emulo . antrom .
inuidio . apanstigom .
Aemulo . antronda .
inmitatrix . antrarit .
siue . aduersa . sosama . uuidhar-
	uuert .
Aemulacio . antrunga .
zelus . ando .
contencio . pagunga .
inuidia . apanst .
Aestuaremus . arheizzemes .
seruemus . aruualle .
mechxierimus . arangustemes .
Nedes . cadhum . s. 21.
domum . hus .
uel . templum . asilum . edho tem-
	pala . inlotstat .
quod est lucus . thaz ist stat .
sacer romæ . un rumiu .

---

[1] Wahrscheinlich ein »tu«.

Aemulumentum . cauuin .
   lucrum . castriuni .
   uel . questum . edho pigezzan .
Aequiperant . camahchont .
   æquant . capanont .
   conspinsaut . scauuont.   I, 145.
   connardant . casonant .
   similant . calihchant .
Aeque . epano .
   iuste . reht .
Aequitas . aepani . [1]
   iustitia . rehti .
Aequalante . aepan=calihchemo .
   simile . calihchemo .
   diuisione . cascaite .
Aegestas . uuadhali .
   inopia . armidha.   s. 22.
   uel . campi . edho feldhir .
Aestus . haizi .
   calor . souuilizzo .
   uapor . arslagan .
   anxietas . angidha .
Aeuo . alti .
   grauis . souuar .
   sexu . eiti .
   infirmus . unmahtig .
   uel . etate . edho an aalti .
Aenu . aldidha .
   ætas . uel . tempus . zit .
Aeuita . pipirg .
   ætas . aldi.   I, 146.
Aeuulsus . piuualzit .
   seperatus . arscaidhan .
   abductus . farlaitit .
Actihiobs . mori .
   gens . chunni .
   sub . occasu . incagan . sunnun .
   sedhale .
Aethiopia . mori .
   tenebre . finstre .
Aenigma . camahchida .
   uel . species . edho . sconi .
   aliter . andhrauuis .
   obscura . tunchi .
Aeternum . eouuerandi .   s. 23.
   perennem . eo .
   perpetuum . vuonandi .
   sempiternum . susamo .
Aegomet . ihcha .
   ego . ipse . ih . selbo .
   ego . inquid . ih . qhuuad .
Arcessire . suahchan .
   accire . holon .
   euocare . ladhon .
Aditus . zoacant .
   introitus . ingant .
   accessus . zocalidhant .
Aculeus . ortuuassa .
   stimolus . stehchunga .
Argues . thrauuis .
   increpas . sahchis .
   doces . leris .
Attritus . farthroschan.   I, 147.
   diminutus . farmulit .
Abstrusum . ungamah .
   clandestinum . ungalimfalih .
   latens . tarni .
   occultum . tunchal.   s. 24.
   siue remotum . sosamo arunagit .
Abstractum . farzocan .
   subductum . farlaitit .
Auidus . kiri .

---

[1] Geschwänztes »e«.

auarus . arg .
  insaciabilis . unuollanlih .
  aliter . andhruuis .
  inprobis . seuus . aboh slizzandi .
Ad culmina . za . hohidhu .
  sublimia . edho uflihcheru .
Aer unep .
  inter celum . undar . himile .
  et . terram . endi erdha .
Erem . luft .
  cacumen . hnach .
  uel . summitate . edho oparosto .
Erarium . caperg .
  thesaurum . triso.   I, 148.
Argeui . liuti .
  greci . chreachi .
  uel medi . edho . mitilari .
Asiam . lantscaf . creci .
Ausonia . italia .
Affluentia . uparfleozzandi .
  abuntancia . canuht.   s. 25.
Antecipat . furislahit .
  preoccupat . pifastinot .
Adtentius . pihaltantlihcho .
  diligentius . gernliho .
Administrat . ambahtit .
  percurat . scira . habat .
  siue . sugerit . spanit .
Adcælerat . hrato .
  adpropiat . nahit .
  festinat . ilit .
Ad officium . za opfrono .
  ad ministerium . za ambahtanne .
  ad obsequium . za striunanne .
Ad liquidum . za amualtemu .
  ad purum . za lutramo . ¹)

Adoluit . unahsit .
  creuit . uuahsandi .
Adolisci . ufcangit.   I, 149.
  crescit . unahsit .
Adolore . souuelchan .
  incensum . offerre . uuirauh prin-
    gan .
Ait . qhvad .
  dicit . qhuidhit.   s. 26.
  canit . singit .
  fatur . gihit .
Aspera . sarf .
  orreda . uuidharruzzant .
  tristis . unplidhi .
  dura . hart .
Annua . iarespigang .
  anniuersaria . iares umbiuuerf .
Aduersa . uuidharuuert .
Absurdum . ungamah .
  in-congruo . ungafoaro .
Auiam . auuicgi .
  extra . uiam . uruuicgi .
Auelli . aruualze .
  tolli . arucche . neman
Ambit . fizzeot .
  circuit . umbicat .
  circumdat . umbihabet.   I, 150.
Ambire . zouuiulon . ²)
  circuire . umbicangan .
Abluit . aruuasgit .
  emundat . carainit .
Angere . angan .
  lacerare . slizzan .
  — . finon .
Agili . sarf .
  acuto . orthaft .

---

¹) K. aus »lutaremo«.   ²) Oder »zouuuilon«?

aspero . aboh .　　　　　　s. 27.
seuo . malo . slizzan ubil .
Alias . andhre .
　aliter . andharuuis .
Ab orrea . fona chornhus .
　manacio . uualondi .
Arupes . parauuarithe za
　qui ad ora . sacrificat . themo
　　uuedhar . ploazit .
Ariolus . ainlisteo .
　vatis . filu .
　qui et fariolus . endi filulisteo .
Ardalio . farslindandi .
　clutto . farsounelgandi .
Austa . zoathanchandi .
　putata . uuanandi .
Auserat . anbaiz .
　gustauerat . cachunneta . I, 151.
Abominabitur . faruuazzan .
　alienabit . aruirrit .
　damnabitur . cauuizzinot .
Absorbit . arsuffit .
　absumit . farnimit .
　degluttiuit . faruuilgit .
Absorta . farsoffano .
　degluttita . farsouuolgano .
Adhor . liutscaf .　　　　　s. 28.
　achus . liut .
　cregus . chreach .
Anim . aduerto . moat . zoauuarbithu .
　animum . moat .
　illuc aduer . thara zoauuandi .
Anim . moates .
　aduersio . uuanditha .
　cognitio . aruuarditha .
　intellego . farnimu .

Are . arin .
　altare . altarea .
Aræ . flazzi .　　　　　　I, 152.
　ubi granum . thar . manchoron .
　trituratur . thrisgit . edho choron .
　　chirnit .
Adcomoda . zagamezza .
　apta . cafoari .
　utilem . pitharpan .
Adcomodatius . camezlihchor .
　utilius . pidharlihchor .
Adnatare . zoasouuimman .
　natare . souuimman .
Adnatabat . zoasouuam .　　s. 29.
Adrisit . chinit .
　gauisus est . fro ist .
Aliena . nie¹) . framadhi . chunnig .
　alterius . generis . andhres chunnes .
Adueni . alilandi .
　peregrinus . piligrim .
Accula . lantsidhilo .
　qui alienam . terram . colit . ther
　　framaha . erda . nuzzit .
Adolatoris . litheo .
　blanditor . flehari .
　adsentator . gihangando . I, 153.
Acidiator . hqhuelando .
　estomacator . hlimando .
Adtestator . rahchari .
　testimonium . dat . cauuizzidha .
　　gipit .
Adumbrat . scuit .
　effingit . lizzot .
　simulat . aut egit . zouueot .
Adgressi . zoagacangane .　　s. 30.
　—. zoahqhuemane .

―――――――――――――

¹) Das »nie« ist übergeschrieben. vielleicht »progenie«?

Adpensi . zoacahangane .
   suspensi . zaspraita .
Adgredior . zoagam .
   canor . inuado . gilem . ingam .
   arripio . incchoo . catriffu inginno .
Adfligor . cadhungan .
   malis . ubil .
   opprimor . capressot . pim .
Adflictus . pidhungan .
   perditor . farloran .
Adfligit . thuingit .
   percutit . triffit . edho cazilet .
   occidit . slahit .
Adfitior . thuingin .
   techum . unlust .   s. 31.
   patior . tholem .
Alternis . uundarlihchem .
   diuersis . missalihchem . I, 154.
   mutuis . uuandondem .
Ambobus . pethem .
   utrisque . eocauuedramu .
Aborret . uuidhar=ruzzit .
   discrepat . farskirbinot .
   dissonat . farlazzit .
Argumenta . uuappi . caziugi .
   studia . illunga .
Astutia . ingenia . souueffri .
Argumen . hchraft .
   quod . rei . thaz . sahcha .
   dubia . zouuifleru .
   fidem . dat . calaupun gibit .
Alimentum . cascaft .
   uictum . piliban .
   uel . cibum . etho . moas .
Alimentum . numentum . tri zuht .
   alimentum .

Amplare . preitan . cothazattan . s. 32.
Affectu . studio . lupui . lingu .
Adictus . faruuorphan .
   adpositus . casazzit .
   additus . zoacatan .
Adclinus . inaldhet .
   incumbens . anahlimendo .
   humilior . odhmotiro .   I, 155.
Auectus . pringandi .
   aportatus . tragandi .
Aut procul . edho rumo .
   non . longe . uel . prope . nalles .
   ferrana . edho nah .
Adtollit . hnimit .
   eregit . rihtit .
   ædificat . uuerchot .
   construit . zimbrot .
Adsignat . zaihnit .
   tradit . salit .
   restituit . casazta .
Artat . pitoat .
   concludit . piluhcbit .
Adtrectat . hchochot .
   tangit . hrinit .
   polpat . foalazzit .   s. 33.
Adsumit . ennimit .
   presumit . infahit .
   usurbat . catursticot .
Abscondit . firpirgit .
   pretermittit . firsentit .
Australis plaga . suntaruuinda . [1]
   septemtrionalis . locus . sipunster-
      nes . stat .
Abusiue . fona . kiuunonon .
   ab usu tratu . fona kiuuondu .
Autenticum . frumhaftan .

---

[1] Das »i« ist zweifelhaft.

auctoritate . ortfrumu .
plenum . follan .
Antecellit . foriqhuimit.   I, 156.
   antecidet . furlidit .
   siue . eminit . edho . foris . lihit .
Ardens . arprinnandi .
   flagrans . flogrondi .
Ardentes . prinnende .
   festinantes . ilante .   s. 34.
Ardebat . pran .
   cupiebat . kerota .
Anime quis . motu huuelih .
   paciens . kithuldic .
   uel . longanimis . edho . lancmod .
Alueriaria . chaftere .
   uasa . faz .
   apium . pineo .
Aspernatur . firhukit .
   despicit . firsihit .
   contemnit . furthenkhit .
Adeserunt . azclepeton .
   adpropinquauerunt . zoanahton .
Adferte . kiuuerui .
   intellege . fernim .
Ad limina . zi driscuflim .
   ad domum . zi huse .
Abolere . erkezzan .
   de memoria . fona kihucti .
   exclude . piluhchan .
   retollere . firneman .
   dilire . firstribhan.   I, 157.
   obliuiscere . irkezzan.   s. 35.
   extinguere . irlerchen .
Ademit . firziuhit .
   abstulit . firnimit .
Ad imu . iz nidorostin .

in profundum . in diuffi .
Animatus . selhaft .
   uegitatus . festinonti .
   confortatus . straukendi .
Aquilum . nordanondi .
   nigrum . souuarz .
   fuscum . salo .
Amplum . preid .
   uastum . preitendi .
   spaciosum . stukihaft .
Alcioribus . hohorom .
   striccioribus . kithunckanorum .
   angustiobus . anclihchem .
Abacta . obkidanemu.   s. 36.
   inmolata . inheizzemu .
Acceptatus . pikinnandi .
   auctor . ortfrume .
   conscriptor . scrippanes .
Austris . sundar=uuind .
   uentis . uuindi .
   siccis . thurre .
Afrigus . urfrosti .
   uentus . uuind .
   meridianus . meddiladaceun .
Allabitus . umpisliphend .
   leniter . lihtlihho .
   decurrit . hlauffit .
Ast ego . ih pim.   I, 158.
   ego autem . ih kiuuisso .
Aries . uuidhar .
   genus . chunni .
   tomenti . pinono .
   expugnationes . obakifehtum .
Adtinuatus . kithunned .
   exilis . luzzikem . [1])   s. 37.
   gracilis . trumum .

---

[1]) Das »i« k. aus »e« von 1. h.

subtilis . smalem .
Austrolocus . sundar-stat .
 estimator . uuanendi .
 siderum . sternono .
Aethera . umpiunerft .
 rota cæli . rad himiles .
Apustia . ummez .
 crapula . uparazzi .
 saturitas . fulli .
Edhon . focal chunni .
 aquila . aro .
Alabastrum . salpfaz .
 uaculum . flascon .
 genus . chunni .
 marmoris . marmules .
 preciosi . diurlihcher .
Apologia . audrahha .
 excusacio . laida .
Ancilia . kilaupo .
 arma . uuaffan .
 cælestia . himilischu .   s. 38.
Allegoriam . spelpatih .   I, 159.
 aliut . andher . quidit .
 pro aliud . andher . rechit .
 significans . endi zaihinit .
Anagogen . uflih .
 superior . endi upiror .
 intellectus . enkid .
Analogia . uuistom .
 racio . rehd .
 uel origo . edho . ufchumi .
 aut . sapientia . edho . spahidha .
Altrinsecus . undar . kinozscelfi .
 ab inuicem . undar . zuueom .
Anilia . liuplihhi .
 amentia . minneontlih .

Antes iz andilothe .
 extremi ordines . uzzana . endi-
  prurdi .
 uinearum . uuincardono .
Ancie . antilodi .   s. 39.
 capilli . fahso .
 admissi . kifrumit .
Adpendit . zohankendi .
 estimat . uuanendi .
Arbitrium . kiuualditha .
 oppinatio . mentis . kerunka moates .
Ab incursu . fona anahlaufti .
 ab impugnacione . fona kifehte .
Abrizun . fona scim .   I, 160.
 splendor . perahti .
 auri . coldes .
Arbusta . peripaum .
 uitis . qui in arbore . crescit . [1]
 fructifica . uinea . fructuosa .
 uuinrepa . perandiu .
Arripit . picriffit .
 adprehendit . pifahit .
Actenus . thiu dinku .   s. 40.
 usque nunc . unzi nu .
Abissus . abcrundi .
 profundum . cruntlossi .
Apocalipsis . inthecnessi .
 reuelacio . inrikani .
Apacrifa . unquidi .
 recondita . furipundan .
 — — . endi furipotan .
Egiptus . ekifti .
 tribulatio . arpeiti .
Achademicus . spahi .
 philosophus . ummaz-uuizzo .

---

[1] Zusatz 1. h.?

Achademia . kimahchot .
  locus . stat .
  ubi . thar .
  plato . plata .
  tractabo . trahtoto
Armilustrium . uuafan . slifon .
  quod armis . daz . uuafan . s. 41.
  locus . stat .
  lustretur . kislitit .
Alecti . kichunnete .
  electi . kichorene .
Anfreti . uuazzar-chunni . I, 161.
  mare . seuui .
Amos . krefdi .
  potens . mahdic .
  siue fortis . sosama . starc .
  au populum . edho . folc .
  debellans . fehtandi .
Abdicas . uuizzaco .
  seruus . domini . scalc druhtines .
Abacuc . abacuc .
  amplexans . halsendi .
Ageus . azeus .
  festus . duldhidaco .
  uel . solemnis . edho erhafti .
— . andreas . s. 42.
  uirilis . commanlih .
  gregum est . creches . ist .
Apostata . firhazzet .
  refuga . irsloban .

Baratrum . i.e. toalle .
  gurgitem . tuncculle .
  uorago . craft .
  fouea . cropa .
  uel . fossa . iruuolit .
  ut alia . terræ . so andhre . erthun .
  iactus . uzuuerf .

Baridus . kibarlos . I, 162.
  stolidus . stumpal .
  stutus . narro .
  uel . ebis . tusic .
  brutus . unfroat .
  siue . inracionabilis . sosama . in
    unreht . uuis .
Barbarus . unkithiuti . s. 43.
  trucolentus . unkisprachi .
Brutiscunt . irpotent .
  stulti . fiunt . zi narrom . uuerdant .
Bradium . forateila .
  munus . kepa .
  uictorie . sikinoman .
  ut alia . so andher .
  genus . chunni .
  palme uictoriæ . palma . sicinomin .
Beati . odeke .
  felicis . salike .
Betitas . salitha .
  beatitudo . heilhafti .
Beneficus . frumahaft .
  benefactor . uuelatoandi .
  beneuolus . uuelauuillic .
  benignus . fromafol .
Berillus . pilent .
  genus . chunni .
  saxi . candidi . felises . scinendes .
Babtismus . tauffi . s. 44.
  lauacrum . thuuahal . I, 165.
  — . pislihtendi .
  balastrum . pahuuazzar .
  balneneum . bad .
Bargine . urlente .
  peregrini . elilente .
Buda tadeo .
  storia . kirechida .
Bibliotica . poahfaz .

ubi . libri . thar . man . poah .
biperditum . reconduntur . pirgit .
quiuualt .
duobus . zouuaim .
aliquid . ethesuuaz.　　　I, 166.
duorum . zouuim .
capitum . hopit .
Bicipeti . quiste .
dupleti . quifalte .
Bigamus . quirohiuuid .　　s. 45.
qui duas . habuit . uxores . ther .
zuua . habet . quinun .
Bacha . ploastar .
sacrificat . edho . cepar . ploazzit .
Bacchum . stranh .
uinum . uuin .
Bacchi . furnike .
antiqui . andiske .
Baccatum . kistemit .
margaritatum . kimericreozzod .
Bacatur . zirinnit .
discurrit . zihlaufit .
Batis . uurm .
nomen . namo .
serpentes . natrun .
Batus . uurm-chunni .
anforta . einslihhin .
Bragata . liutscaf .
gallea . gallia .　　　　　　I, 167.
Belliger . scirmeo .　　　　s. 46.
bellator . fehtari .
bella gero . kifihtoam .
inimicicia . fiantscam .
exerceo . pikaan .
Butis . stuffala .

stilla . amomis . fahses . theo . sosama . siama . fahs .
habens . habendis .
Buccula . rant-bauc .
uaccula . thuuahal .
Bustum . fuirstat .
ubi homines . tha man .
conburuntur . prinnant .
aut sepultura . mortuorum . edho .
crap toandero .
Busta . eimuria .
ignis . fuir .
Boreas . uuinit . [1])
uentus . uuind .
aquila . norda . ronar .
Boare . iufensih .
chamare . haren .
resonare . hluten .
Bilue . uuolf .　　　　　　s. 47.
bestie . chunni .
detr . mirinis . firmidandi . I, 168.
Bidentes . placeandi .
oues . scaf .
belantes . plazzandi .
Bulimus . uuerna .
famis . hunkar .
magna . mihhil .
Bardus . liudari .
carmium . leod . slaho .
haud . scaffo . haud . conditor .
Bubum . sanc .
sorbellum . scaffonti .
Bumboso . liuthondo .
sonoso . lutendo .
furibundo . kalazzando .

---

[1]) Oder »uuint«. der hintere fuss des »N« hat aber eine, sonst nicht vorkommende, *gekrümmte*, grosse verlängerung abwärts.

Biuira . andereru .
   secunda . endi . aftara .
   conjux . quen . edho camachida .
Bona . caduca . coad . zirisendi .
   senti .   s. 48.
   quibus . themo .
   nemo . succedit heris . neoman .
   ni folket erpeono .
Bissum . quiquirnet .
   siricum . kodrait .
   tortuosum . kiklenkind .
Bilis . zikiratan .
   irai . kipolgan .   I, 169.
   commotio . kihroritha .
Bellum . ciuilem . kifeht . kipurscam-
   flih .
   domescum . bellum . hiuuisclih .
   kifeht .
   uel tranlatio . edho uuitozipretit .
Bariona . einfalti enti . eintrafti .
   filius columpe . khind tupun .
Bartholomeus . bartholomeus
   suspendens . irthenit
   aqua . uuazzar .

Copulat . kifokit .   s. 49.
   conglutinat . kisitat .
   consociat . kinoazsamot .
Copulatus . kifokendi .
   coniunctus . —
   sociatus . kimahchondi .
Connectere . kisnithan .
   conjungere . kifoken .
   coaptare . kisiton .
Conixe . pizohan .
   conligate . pipuntan .

conpacte . pifangan .
conjugate . kiuuetan .
coniuncte . pizohan .
Conpleti . pisnorahan .
   conprehendi . —   I, 170.
   constricti . pithungan .
Conperi . pifant .
   cognoui . irchanta .
   didici . kilirneta .
   inueni pifant .
Conspiratio . anaplast .
   conibentia . follazuht .   s. 50.
   consensio . kihenkitha .
Consultum . hplec . [1]
   iudicia . sona .
   sinodole . senothe .
Consultat . phlikit .
   querit . sohchit .
Conitio . huckiu .
   estimo . uuaniu .
   arbitror . ana uuan pim .
   reor . hriusa .
   opinor . inperandi .
Contumax . ziplahanner .
   contemptator . firthenkendi .
   superbus . uparhucdic .
Contricio . firmulit .
   mota plaga . kihrorto uuntun .
Confragosa . piraket edho . scimba-
   lac .
Consitum . kisitot .
   conpositum . kisezzit .   I, 171.
   id est . daz ist .   s. 51.
   contextum . kinoi . paumo .
   arboribus . edho . kifokitha .
Condit . piuuindit .

---

[1] Das »h« ist halb gelöscht.

reponit . pilakit .
reseruat . pihaltit .
Condidit . kiscaffot .
  edificauit . kicymbrit .
  instituit . kistot .
Cunnctamini . forscundi . endi .
  interrogamini . frakendi .
Conuulsa . iruualtit .
  separata . irskeidian .
  eradicata . iruuizalot .
  uel fracta . edho . irprohhan .
  aut dissipata . edho firslizzan .
  testis . chundeo .
Contagio . pismez .
  morbus . suht .
  uel . conluuio . edho . piblakan .
  inmundicia . mit unhreinni .
Commone . kimezlibcho .
  honeste . chusco .   s. 52.
Commodius . kimotsamor .
  utilius . pitharpliho .
Commodum . kiuuin .   I, 172.
  lucrum . kistriuni .
Contiguus . pihrinendi .
  proximus . nahisto .
  uel conminus . edho meinscaf .
Contio . kisamanun .
  conuentus . kathinc .
  populi . folcon .
  loquitur . kisprehchari .
  alloquitur . pisprihchit .
  uel . conclamat . edho . piharet .
  deiudicat . edho . pisonit .
  abundancia . kinoki .
Copiosa . kinuhtitha .
  multa . filu .
Culmen . uftih .
  altitudo . hohitha .

fastigium . upireor .
  uel summitas . edho . iz . oparostin .
Culmis . urriran .   s. 53.
  gillionis . ahiero .
  id est . stramen spicarum . daz .
  kistrauui . speltono .
Cultui . nazze .
  habitu . carouuitha .
  uel . uestitum . edho kiuuati .
Celeps . hreinhaft .
  uirgo . theorna .
  uel . uir . sine semine . edho com-
    man . ano soman .
Celebem . eisedhalo .   I, 173.
  solitari . uuostansedhalo .
Cælitus . himilisc .
  — . himil .
Cetu ki . samanitha .
  multitudo . manaki .
  conuentu . thinc .
  uel . concilio . edho sano .
Celatam . pihauuuam .   s. 54.
  sculptam . pisotan .
Citam . sniuman .
  uelocem . rathan .
  citatus . rechendi .
  agilis . kizal .
  in lingua . in zungun .
Citatu . tramitte . sniomo . suuipfendi .
  ueloci . curro . radohlaufti .
Celotes . rade .
  ueloces . kahe .
Cenum . zost .
  lutum . horo .
  uel . stercus . edho dheisc .
Crepusculum . faluu . uendi .
  lucis . leohtes .
  oriente uel . uespere . ufchumi .

Cerimonia . antheizza .
　relegionis . ehaft .
　siue . sacrificia . edho cepar .
Cliens . inhabet .
　susceptus . infankan .　　I, 174.
Clientella . infabandi .　　　s. 55.
　officium . clientes . ampahti . in-
　　fahantes .
Clemens . kinathaft .
　pius . erhaft .
　placidus . lihchendi .
Carene . prunchullae [1])
　nimpha . musse .
　uel aqua . edho uuazzar .
Cautis . uuaredhohc . nollon .
　niuile . sneuuaac .
　cumpe . piziuuit .
Cautes . staufe steina .
　rupes uel . saxa . edho felisa .
　ingentia . ummazze .
Cauillacio . driukan .
　calunia . harm .
　uel . accusatio . edho leitha . ro-
　　genti .
　falsa . luckiu .
Clipeum . scirmuuafan .　　s. 56.
　scutum . scilit .
　parma . pirentit .
　uel . pelta . edho . pizogan . edho
　　pisuuiuit .
Clibanus . ofan .
　camara . steinofan .
　fornax . ther meisto . ofan .
Clerus . zala .
　sors . hlut .
　uel heris . edho erpinomo. I, 175.

Celeber . eruuirdic .
　frequens . ofto .
　uel . sanctus . edho uuihi .
Celebre . uuestlih .
　solemne . diurlih .
Celebritas . uuesthunga .
　conuentus . samanchunni .
Celeberrimi . uuestlihoston .
　preclari . hluttarosto .
　celeberrimus . diurlihosto .
　uenerabilis . eruuirdicosto .
　festus . dulthidaco .
　uel . solemnis . edho . etmal .
Censura . scauuitha .　　　s. 57.
　sententia . uel . discretio . toam-
　　quiti . edho . kisceid .
Celsa . hohi .
　excelsa . ufhohi .
　uel sublimia . edho . holihosta .
Casus . sturz .
　pericula . stalida .
Casu . fal
　euentu . kahquemi .
　uel prouentu . edho . opanana .
　　quemen .
Casum . fal .
　obidum . fart .
　interitum . fir.uurt .
　ruinatum . zirinan .
Cassa . lotara .
　uana . umpitharbi .
　inania . italida .　　　　s. 58.
Cassabundus . in quei . rahchondi .
　titubans . in quei . zocondi. I, 176.
　vacellans . unstilli .
　uel . instabilis . edho . unstatahaft .

---

[1]) Geschwänztes »e«.

Caterua . kisamanidha .
　multitudo . managi .
Cateruatim . kimahchida .
　multipliciter . kimanafaltot .
Causidicus . eneinu=quidi .
　aduocatus . zukilatot .
Carpit . piflitit .
　detrahit . biziuhit .
　fruitur . pruhit .
　potit . drinchit .
Clangor . chlingison .
　tubarum . sonus . — —
Caccinne . chahazen .
　risus . hlahtar . luti .
　inutilis . unpitharpi .
Calcolus . slengi . stein .　　s. 59.
　gladius . uuafan .
　lapideus . stein .
Calcum . zala .
　numerum . rim .
Caupo . uuernari .
　qui . uinum . uindit . ther . uuin
　　farchauffit .
Ceruleum . chorn . chunni .
　triticum . daz ist . uuazzi .
Clam oc.culte . suntari . dunchalo .
　uel . latentur . edho . dernico .
　siue . subito . edho . farlihho . I,177
Cathazizat . irstaupit .
　refugat . firtribit .
　iredarguit . kidrauuuit .
　obiurgat . kihirmit .
Caticuminus . uuestiparn .
　instruetus . kipazzirot .　s. 60.
　audiens . kihorendi .
　siue docet . edho lerendi .
Catholicus . reht.lih uparal .
　rectus . reht .

Catholica . rihttitha .
　uniuersalis . allero .
Canomen . einfalt .
　rectum . reht .
Catholicus . herdomi .
　ordo s.eries . endi . prurdnessi
　　mekin .
Caule auista .
　ouile . scafhus .
Curia . kimahhitha .
　congregacionem . samanunka .
Cenubium . munis . diures .
　congregacio . kisamanunga .
Caus . hsabha .
　profundum . diuffi .
　uel . confusio . edho kicoz .
　uel . caligo . confusa . ede . tun-
　　chali .　　　　　　s. 61.
　omnium . rerum . edo allero . sah-
　　chono .
Chathaplum . kimahchitha . I, 178.
　conuentus . einthingidda
　nauium . sceffo .
Cohorta est . spanantio ist pas . uue-
　　pendi ist .
　subito nata ist . farunka . suuim-
　　mandi ist .
Cys uel citra . in ein halp . edho
　　upiror .
　id est . de ista . parte . daz ist fona
　　desem . einte .
Cuneus . thrupo .
　turbas . meiniki .
　minoris . minnira .
Cuncta . sis . queondi .　　s. 62.
　dubitans . quifalondi .
Colapus . flizzendi . fuston .
　pugnus . kifcht .

Colaphizamur . kifu.stot . pirum .
  pugnis . mihilfehtu .
  cedimur . fillit . pirum .
Caceruans . kimahchondi .
  congregans . kisamanondi .
Conglutinans . kisitondi .
  uel . coaptans . edho kimahchondi .
Condensa . firholan .
  constipata . citighit .
  repleta . kifullit .
Confestim . huuil eina .
  mox . sniumo .
  continuo . ratho.   s. 63.
  extimplo . horsco.   I, 179.
  statim . sareo .
Circumseptus . umpifankan .
  circumcinctus . umpicurtit .
  circumplectus . umpihalsendi .
  circumdatus . umpipihabet .
  circuentus . umpipiqueman . [1]
Cludere . cloccon .
  fabricare . smithon .
Conflictus . kithunchan .
  certamen . kifeht .
Confligit . kithuunkit .
  luctatur . rinkit .
  certat . suuiaffit .
Consule . pithenki .
  prouide . furisih .
Conpulit . kipeitta .
  coegit . kinotda .
Commissacionibus . unmezlibhem .
  luxoriosis . firinlustlibhem . s. 64.
  conuiuiis . kidrinchum .
Collega . kimahchitha .

socius . kinoazscaf .
Colone . lanpuunon .
  incole . inlente .
  inquiline . innan=lantes .
Consors . hleozzendi.   I, 180.
  particeps . deilnemandi .
Coram . fora .
  palam . offano .
  manifeste . khundlihho .
  siue . euidenter . sosama . kischan-
    lihcho .
Conmertium . kimahitha .
  lucrum . kistriunitha .
  uel . conpendium . edho . kimein-
    scaf .
Curruit . irrisit .
  cecidit . pifellit .
Contabescit . firthorret.   s. 65.
  exsiccat . irtrokhenet .
Controuersia . unidaruuerdi .
  iurgio . harm .
  lites . sechea .
  uel . causa . edho erdhincun .
Culpat . misfahit .
  infamat . mistoad .
  uituperat . uparquimit .
  accusat . firrokit .
  — . —
  siue rudimenta . sosama . kisitndi .
Cludelis . unalokiri .
  inmitis . unmilti .
Cruor . niuplot .
  sanguis . ploat .   I, 181.
Cruenta . niuplotendi .
  uexatio . unroa . edho uninnandi .

---

[1] Ein »n« mit aufwärts verlängertem vordern fusse, ganz gleich einem »h«, und einem häkchen oben links an diesem fusse.

sangui . plotendi . nolentum .
Cruentum . smerzzendi .
Cana . fornnic .
   antiqua . anstrisc.   s. 66.
   uetusta . firni .
   uel . cariosa . ed uralt .
Cano . singu .
   dico . quidhu .
Canora . kinkilonti .
Canto . singu .
   grauia . liuplihho .
   uel . suauia . edho suuazlihho .
   idem bene . sonans . afa uuela .
      hlutendi .
Concinent . singant .
   consonent . hlutent .
   concrepant . hellant .
Cataractarum . catarectas .
   in uoce . tonitruarum . in stimno .
      thonaronnes .
Cedros . cedros .
   montes . pirki
   altos . hohe .
   siue . arbores . edho . pauma .
Carnifices . fleiskerne.   s. 67.
   interfectores . irslahare .
Calledus . unkipruchi .
   durus . herti .
   maliciosus . palauuic .
   astutus . suuephar.   I, 182.
   — . ubiles . edo . stedii . kotes .
Concaluit . inuuarmet .
   amauit . mineod .
   dilexit . liupot .
Concaluit . inuuarmet .
   exardescit . inprinnit .
Crapula . ummazzi .
   ebrietas . upartrunkhani .

nausia . uuillidho .
   post potum . aftar drankhe .
Crapulatus . uparhlatan .
   subitus . kahun .
   id est . daz ist.   s. 68.
   subito . kahondi .
   inebriatus . upardrunkhan .
Crisma . khresmo .
   untio . salba . uuihendi . frehdic .
Crismata . kicresmot .
   dona . kepa .
   siue graciæ . edo . huldi .
   uine . cotkunt.lidhi .
Cacrisma . crismota .
   donum . kepa .
   spiritale . keistlih .
Calabris . calabris .
   uentis . uuindi .
Classis . kizoa .
   nauigia . endi scef .
   militum . milizzo . endi herimanno .
Casleo . caslet .
   mensis . manod .
   nouember . niunto .
Cantalena . cantale   I, 183.
   a canendo . daz ist . fona sin-
      kanne.   s. 69.
Cathaclismum . cataclismum .
   diluium . daz . ist . ummez . float .
Cere . mahdiclih . uuelemekis .
Crepetus . stripelendi .
   sonitus . filu.ti
   strepitus . strekendi .
Crepidans . chrekendi .
   rosonans . hlutendi .
Cristatus . kiuuaranod .
   calceatus . kifestinod .
Cesaries . fahses .

 capilli . harer .
Cladis . sleht .
 pestes . pisbled .
 lues . kilihot .
 uel carit . edho kiblut .
Cacumen . inhazh .
 summitas . iz oparoston .
Catus . sciupo .
 sacer . scaldo .
Cadus . risih .
 anfora semis . undiar samin .
  quekhem.   s. 70.
Cardo . ango .
 ubi uertitus . thar uuirsiht ana .
 janua . turi .   I, 184.
Claustra . piploh .
 porta . porta .
 aut . clausura . edho umpiloh .
Claustrum . uuerfa .
 serracolum . endi . nagal .
 ostii turio .
Capitulium . haupithaft .
 summum . thiu oparostvn .
 caput regionum . haupit chuningo .
Carcer . charkhella .
 forceps . nothafti .
Cadauerum . piroht .
 a casu . corpus . endi . umpiforbot .
 mortuum . lih . toadiu .
Capacitas . sniumitha . endi . zalondi .
 amplitudo . endi . pretendi .
Caligo . firnibuli .   s. 71.
Contemplator . einfaldo scafondi .
 intuitur . pihaldandi .
 speculator . spekalari .
 considerat . scauuuondi .
Conflagauit . firpluhida .
 concremauit . pisenkit .

 siue excussit . edho pizuskit .
Conglutinauit . kifoagda .   I, 185.
 copulauit . kikherda .
Coacolauit . kirinnit .
 constringit . kisigid .
Coruscatio . plechunga .
 splendor . scimo .
 flagrans . flokrondi .
 migans . scinendi .
Condicio . kisaest .
 potestas . maht .   s. 72.
 siue . lex . edho . euui .
 inposita . unkisazdiu .
Comis . fasti .
 fidelis . kitriuui .
Comites . mitiuuare .
 benigne . fromofolle .
 humane . manaliupi .
Conlustrare . umpihlustremdi .
 circumquaque . umpi-chirc .
 considerare . scauuuon .
Corda . herza .
 animus . moad .
Citerum . ander .
 alia . ander .
 fabula . spracha .
Circiter . inkinahithu .
 fere . nah .
 uel prope . edho pi .
 undique . inferonolihha . edho
  eokiuuahar .
Ceduntur . pihamalote .   s. 73.
 occiduntur . irslakane .   I, 186.
 truncatur . pistum . panlot . edho .
  stukim . cislahan .
Credidi . kilaupta .
 desideraui . uuilleota . kerota .
Concilias . kisonis .

amicum facis . edho kasin manaheiti friunt . toas .
Ceu . piuurti .
  quasi . so edo . soso .
Creteras . uuokine .
  nasa . faz .
  uinaria . uuines .
  fialas . endi stauf .
  scyphus . in adara uuisun . ki-
    taniu .
Calles . altuuigki .
  uie . uuege .
  in silue . in holze .
  anguste . einge .
Calcis . hohi .
Cariosus . firaltet .
  uetustus . infirnit .
Caicule . framkhehta .
  serui militum . scalkha milizzo .
    edho herimanno . edho eouue-
    libhes . mannes.   s. 74.
Cacula . uuintthupri .
  ligna . paum .
  arida . thurri .
Cereo . ni moaz .
  nolo . ni-uuillu .
Caret . nist . moazzic .
  nolet . niuuilli .
  non uult . niuuilleot .
Carentes . uuorfondi .
  proicientes . firuuerfandi . I, 187.
  arcire . firuuerfan .
  abicire . nikaumen .
Clamitat . cinstridlihho . haredi .
  sepius . clamat . ofto . haret .
Certat . flizit .
  contendit . pakit .
Cicatricem . lihlauui .

uestigium . spor uuntuu .
Cliscit . prinnit.   s. 75.
  crescit . uuahsit .
Cristallus . cristallus .
  saxi . feiliso .
  candidi . scinantero .
Cerastus . uurm . khunni .
  serpens . natarun .
  cornuta . hornohteo .
Ciliarcus . uueralt . khraft .
  tribunus . cotinc .
  qui mille uiros . habet . ther thu-
    sunt manno . habet . edho . ca-
    mano .
Certatim . smahlihhem .
  paulatim . luzzicem .
Cernis . uuardes
  uides . sihis .
Certus . khunt .
  sciens . uuizzendi .
Conparat . kimahchot .
  adsimulat . kilihhit .
Coercit . ana=clepet .
  tenit . pihabet .   s. 76.
  uetat . uuerit .
  prohibet . firuuerit .
  cohibent . lazzit .
Cohercit . anaclepenti .   I, 188.
  retento . pihabenti .
Couescit . prahta .
  conportauit . kitruac .
Coniectura . kiuuerf .
  suscipio . uuan .
  uel . argumentatio . edho kirehd.
    uuanitha .
Coniectorem . uuanenten .
  arbitratorem . huckentem .
Corruptor . piproh .

adultor . iz uzorost .
contaminator . pikhlementi .
coinquinator . pismizzendi .
siue . incertator . edho . pisprehen.kenti . s. 77.
Conditus . piuundan . I, 189.
funeratus . piraiffit .
sepultus . picrapan .
Cognomen . miltinamo .
alium . andher .
cum proprio *nomine* . mit eigenu namin .
Coaluit . insprane .
congreuit . kiuuohs .
Confestus . zirliffan .
debilitatus . zurheilendi .
Conpungar . kicnusit .
conseren . iusefit .
Comma . kbauurti .
breuis . scurz .
dictio . chuidi .
Congerant . kitoad .
adunat . in eino kitoat .
Conlabuntur . kiscritant .
corruunt . irrisant .
Cohors . khraft .
multitudo militum . endi manaki .
collecta . kileran . s. 78.
Coturno . hregil .
calciamento . kiscohi .
Curtunam . antuurti .
responsum . antlenki .
Curriculum . umpihlauft .
cuncti . temporis . allero . ziti .
cursum . hlauft .
Cunctis . uparal . I, 190.
uniuersis . allem .
Concursus . zohlaft .

conuentus . zoquemi .
Conuersa . kiuuartalot .
mutata . firuuihsilit .
Consumpta . firnoman .
transacta . upardan .
Coacta . kinodid .
conpulsa . kicnusit .
Conponire . kisezzen .
ordinare . kieindi.prusten . s. 79.
Cuius.piam . souueliher so iz si .
cuius.libet . souuelihes . luste .
Consolet . flobrit .
temperauit . temparod .
Consternatus . irtdenit .
prostratus . irscutisonti .
aut . metu . perteritu . edho . mit . forahtun . kischiuhit .
Conpatior . epantholem .
miserior . kinadic uuirthu .
Census . cins .
substantiæ . ehdi .
diuicie . uuelaki .
facultatis . folehdic .
Censetur . pisihit .
statuetur . kistellit . I, 191.
Cessauit . stal kipit .
desinuit . farlazit .
Culix . focal .
cinzala . daha .
Corax . corax .
coruus . hram .
Coreb . coreb . s. 80.
uitulus . khalp .
Capit . hpihabet .
accepit . pifahit . edho . infahit .
Cepit . infahit .
incoauit . inkinnit .
iniciauit . anaprurdit .

Conpeditus . kizocan .
 eruditur . kilerit .
Conmissum . pimahchot .
 creditum . pifolahan .
 depositum . kisezzit .
Confusa . kicozzan .
 conturbata . kidropit .
Conari . choron .
 temptare . khunnen .
 contendere . zilen .
Conatus . khorondi .
 temptatus . chunnendi .
 siue motus . edo . kihrorendi .
Consumimus . kienteomes .   s. 81.
 expendimus . firspilthumes .
Comulum . huffo .
Consisturium . ufstantendi .   I, 192.
 rupis . rumio .
Caribdis . unkipreh .
 pseudo . seutin .
Ceruleis . cruentem .
 uiridis . cronnem .
Conpacta . kimahchot .
Cephas . cephas . regit .
 petrus . phetares .
 sirum est . kilihida ist .
Canoneus . pifahandi .
 possedens . kisezzan .
 siue . possessio . edho . kierpit .
Corus . mez ist .
 estimodi . XXX . driezoc mun-
  teo .
Cadus . cadus .
 gregum . in crekiskhun .
 anfora est . kilihchida . ist .

 habet . cornas . tres . habet . horn
  triu .   s. 82.
Cenomia . cenomia .
 non musca . nalles fleoga . canina .
  canimeis [1] . cauhmus . set .
  musca . omnimordax . kipiz-
  zandi .
Comptus . kimahchot .
 conpositus . kisezzed .

Deiscens . inlukhendi .   I, 193.
 aperiens . inzunendi .
 hinians . intoendi .
 pati . offan .
 faciens . toendi .
Dispectus . firsehan .
 contemptus . firthenkit .
Digeris . uruuis .
 ignobilis . unathallih .
 uel . dissimilis . edho . unkilih .
 parentibus . althrom .
Dedunt . kepant .   s. 83.
 — . sellent .
Degit . pithekit .
Dicata . kiquetan .
 dedicata . kinuihit .
 consacrata . kimotsamit .
 uel . constita . edho . kisezzit .
Dedicare . uuihen .
 consacrare . kimo:samon . [2]
 uel . pro religione . edho fora
  cohafti .
 offeris . pringis .
Deuotus . antheizzo .
 dedicatu . enquidi .

---

[1] Ueber dem ersten striche des »m« steht ein punkt.

[2] Der fehlende buchstab scheint absichtlich getilgt.

promissus . pihez .
Denotione . scultienessi .
Defeneranit . kifrehticota .   I, 194.
   ditauit . kipezirota .
Diuictissimo . unzimahchondi .
   inserabile . unziscethedi .
Deus recens . co croni .
   deus nouus . cot . niuui .
Delibutus . pismizzit .   s. 84.
   perfusus . picozzan .
Demu . iz undarostin .
   denique . zi speri .
   postremo . aftrostin .
   igitur . kiuuisso .
Deinceps . fonathiu .
   deinde . thana .
   postea . aftar thiu .
   rursum . sareo .
   iterum . afar .
Difficultas . unsemfdi .
   difficilitas . unodhi .
   siue . tubitas . edho zuuinili .
   uel . labor . edho artpeitsam .
Difficultatibus . unothem .
   que non . queunt . daz . ni-magon .
Delata . praht .
   non longum . nalles . rumana .
   ducta . kileidit .
Dilatus . zuapraht .   s. 85.
   proditus . zoaprinkendi .
Delator . firleitenti .
   diabulus . unaholtha .
   crimenator . firinari .
Disserit . zilazit .   I, 195.
   dispotat . kispunot .
   declarat . kihlutint .
   interpretat . kirekit .
Dudum . nuiz .

paulo . ante . lucicer .
   dehint . fona hina .
Delubra . petapur .
   templa . tempal
   are . erin .
   idolorum . plozhuso .
Distraxit . ziziuhit .
   abstraxit . firziuhit .
Dissidia . uuillitho .
   ignauia . unuuillitho .
   pigritia . slafitha .
Dissiduosus . urluster .   s. 86.
   otio . cupidus . unpitherper . kirer endi frehc .
   ingeniosus . spahi .
   uarius . firunizlihher .
   uel . artifex . edho zimbarari .
   summus . herosto .
Deuellebant . iruualzton .
   disrumpebant . irprahchun .
Deuellemur . zeuuerfumes .
   in duas . partes . in zuei teil .
   diuidemur . zisceidumes .
Deterremum . firta . nosta .
   de malo . peiore . upile uuirsoro .
Depromunt . perant .   I, 196.
   proferter . pringant .
Depromuerunt . peranti .
   detulerunt . prahton .   s. 87.
Dapis . mezzi .
   cybus . moas .
Dapibus . mezzimos .
   epulis . kaumlih .
   escis . az .
Diues . otmahali .
   opum . uuela-ehdic .
   locuplex . ratbaft .
   ed habundans . kinuhsameri .

Dites . ehtic .
　diuites . uuelaker . edho . piuuer .
　　ahunola . filu .
Diuum . cotum .
　deorum . cotto .
Ditione . mekinu .
Desapit . fircnitit .
　delerat . firstribit . firdiligo .
Distenat . kisitat .
　disponit . kisezit .
Depopulatu . iritalit .
　deuastatus . irothit .
Deluit . iruuaskit .
　lauit . thuuahit .　　　　　s. 88.
Digamon . quifalt . [1])
　bictio . edo zuuiror . kitan . sahha .
Deuortium . kisceit .　　　I, 197.
　repudium . zilazzani .
　diuisio . deilitha .
　coniugiorum . zisamanone . ki-
　　mahhothero .
Densitate . thicnessi .
　spissitudine . thicchida .
Detegit . inthekit .
　denudat . innakhutod .
　manifestat . kikhunthit .
　prodicit . pigihit .
Docma . lerhaft .
　doctrina . lera .
　uel . difinitio . edho keintunca .
Decalocum . —
　decem uerba . legis . zehan uuort .
　　euue .
Deuteronomium . —　　　s. 89.
　iteracio . doctrine . afarlera . id

　est secunda . lex . daz ist . aftara
　　euui .
Discrimen . unkiscet .
　pericolum . zallih .
　preiudicium . furisoua .
　uel . laborem . edho arapeid .
Diuersorium . missilihhero .
　domum hospitalem . kestio hus .
Domicilium . selitha .
　domus . hus .
　uel habitatio . edho pu .
Diuerdiculum . unentendi .　I, 198.
　de alter.a fona . andrem .
　in alter.a parte . in ander . teil .
Deuiat . auuic . kat .
　errat . irreod .
Deditus . firkepan .
　subiectus . thuruh=theo .　s. 90.
　seruiens . theonondi .
　traditus . firselit .
Dedita . firkepan .
　opera . uuerc .
　ualde . filukepan .
Diadema . diadema .
　uitta . hrinc .
　capitis . regalis . khuninclihhes .
　ut alia . dicitur . so=sume . [2])
　　qhuedhani .
　corona imperalis . corona . kei-
　　surlih .
Decus . sconi .
　gloria . coatlih .
　uel . dignitas . edho uuirtlih .
Dimitiar . kimizzu .
　dindam . zisceithu .

---

[1]) Roth verbessert in »zuuifalt«.

[2]) Zwischen »so« und »sume« steht ein getilgtes »an«.

Discernit . zisceithit .
  deiudicat . kisonit .
Derelinquet . mistoat .
  peccat . misfahit . edho . sun-
  teod . s. 91.
Dolo . fehihhan .
  fraude . scatho .
Deserta . firotit .
  derelicta . firlazzan .
Distituit . zisezzit .
Deuulgat . kimarit . I, 199.
  defamat . kipreitit .
Diuitio . piuuirfu .
  deuerto . piuuerfio .
Deluculo . —
  mane . in morkan .
Decuria . zehanunka roapa .
  numerus . X . hominum . zehan::
  manno .
Diacunus . iacuno .
  minister . ampaht .
Diurnum . dakalibhidha .
  unius . diei . enis . dakes .
Diuturnum . dagolihha .
Dispendium . unkimoti .
  damnum . unfruma .
Dumtaxat . thanne . uuanit . s. 92.
  dum . tamen . thanne .
  uel . sine . tubio . edho . thiu
  uida . uzar ri queon .
Depluidis . muindlahhan .
  sagum . khelatoah .
  uel damidis . edho zuzilahhan .
Dirimit . zisnidit .
  diuidit . ziteilit .
  detrahit . ziziuhit .
  separat . irskeidit .
  deducit . firleitit .

Depeculato . unferholano .
  defurto . unfirstolano . I, 200.
  publico . euuisclih .
  siue . depredato . firmarit .
Dcretum . kizomidha .
  definitum . kientitha .
  statutum . kisezitha .
Decrepitus . kiproh . s. 93.
  ualde . senex . filu alt .
Diffisus . ziteilit .
  disperatus . urmoat .
Demersit . firsenkit .
  degluttiuit . firuuilkit .
Deripiunt . picrifant .
  auferunt . pinimant .
  rapent . pifahant .
Desectum . zislahit .
  decollatum . irhalsit apa . irchu-
  kit .
Detestabilis . leidlih .
  abhominabilis . firuuazzan .
  pessimus . uuirsista .
Dilatasti . zizuki .
  dissoluisti . inpundi .
Demicatur . uuinnendi .
  pugnatur . fehtendi .
Dira . sarpfi .
  amara . pitri .
Distenat . kistikhit .
  disponit . kisazzit .
  contendit . pihelis . s. 94.
Districtio . kithuuinki .
  rigor . noditha .
Delusit . pihohot . I, 201.
  — . umpiquimit .
  — . edho . umbisitot .
De uertice . fona sceitilun .
Discola . unsenfti .

difficilia . unodlih .
Deffert . pipringit .
   honorat . eret .
Differo te . uuirthiu thih .
   honora te . ereom thih .
Dempsit . screod .
   rasi . scar .
   miniu . slihta .
   uel . deduxi . edo . irleidda .
Deliniti . pisalpote .
   pigati . kipate .
   uel . uncti . edho pirmiruit .
Debellat . pifihtit .
   expugnat . uparuuinnit .   s. 95.
   uasta . iritalit .
   siue . euertit . edho . iruuentit .
Deflet . uuoffit .
   luget . hiufit .
Delibor . insakem .
   immolor . inhezzo .
Desipientium . einstridere .
   conentium . ein-hardero .
Duris . hardem .
   crudelibus . uualokirem . I, 202.
Delabunt . kistritant .
   deficiunt . irlikent .
Desistere . kiusslagon .
   cessare . stal . kepan .
Desinire . zilazzan .
   recidere . irsleohhan .
Dementia . unsaltha .
   insania . unheili .
Dementicus . uparpitendi .
   amenticus . unmazpitendi .
Deuinctus . pizocan .
   ligatus . pipuntan .   s. 96.

Deuinxerat . pihafta .
Defessi . firprohane .
   fatigati . irmoite .
   uel . infirmi . edo suhtike .
Dispicabilis . firseaulih .
   contemptibilis . firthenkitlih .
Dependit . arpiutit .
   reddit . argipit .
Discors . unkiherze .
   dissimilis . cordes . unkilihherze .
Disto . inziuhu .
   disimulo . zuuiualom .
   differi . [1] firtholem .
De interitu . fona firuurti .
Desolauit . zilosit .   I, 203.
   dissipauit . zislizit .
Destrum . kizoso .   s. 97.
   prosperum . kiforo .
Diregere . kirihten .
   extendere . irthennen .
Dispecis . firsihis .
   contemnis . firhugis .
Disrumpamus . zispaldumes .
Dolosus . fehhanic .
   insidiosus . —
   fraudulentus . scadhal .
Dum anxiaretur . thane . anget .
   dum tristaretur . thana . unfrauuit .
Dum conteret . thanne . kiscafo .
   dum construeret . thanne . kicym-
      barot .
Distituerunt . oblipun .
   cessauerunt . stal . kapun .
Derogans . pilistinondi .   s. 98.
   detrahens . pisprekhendi .
   uetuperans . pichosondi .

---

[1] Unter dem »r« ein dicker punkt.

Detractat . pisprihit .
   ualde . tractat . filu . lastrot .
Detractare . pifanton .
   recusare . uuirtharhuuazzan .
Dinarius . scaz .
   pondus est . XX . III . edho . phen-
      dico . dri . indi . zuueinzuc .
Disceptis . pisuuihhem .
   scrutatis . scauuontem .
Disceptatur . pisuuihari .   I, 204.
   ligat . sabhit .
   contendit . pakit .   s. 99.
   altecatur . stridit .
Damna . damna .
   caprioli . keizzi .
   similis . kilih .
   id est . capra . keiz .
   agrestis . einluzziu .
Dumus . unmammunti .
   spne . throno .
   asperitas . sarphi .
Dulces . animus . suuozzi mod .
   dulces . spiritus . suuozzi atum .
Denuntiat . kikhunnid . [1])
   predicit . piquit . [2])
Disiluit . zislihit .
   discerpauit . ziprihhit .
   discendit . zistikit .
Demolitur . firmulit .
   exterminatur . kistrudit .
Distinguntur . zisceithenne .
   uariatur . kifiarte .
Duces . herizohon .   s. 100.
Doctores . lerare .
Depascis . kipizzit .
   consumit . kikhauuaroh

comedit . frizit .
Danihel . —
   — . sona kotes .   I, 205.
Dragma . trimisa .
   est . tridulos . III . ist anderhalp
      scaz .
   didragma . quiro . dragma .
   dragme . due . zua drimise .

Elegans . kikhoran .
   crata . thanglih .
   uel . pulchra . edho fagari .
Elegantia . urmari .
   pulchritudo . liuplih .
Editio . kiscaf .
   expositio . kisezzitha .
   prolatio . edho . fram . pringunga .
Ededit . scaffota .
   exposuit . kisazta .
   protulit . framprahta .   s. 101.
Exprominus . kifoactom .
   exponimus . kisaztom .
Edito . loco . kiscaffanero .
   excelso . loco . stati hoheru .
Euitare . piperkan .
   caui . piporken .
   refugire . pifleohan .
Enitet . scinit .
   fulget . plechere .
Enituit . piscein .
   claruit . piplicta .   I, 206.
   eluxit . piliuhta .
Enitiscere . piliuhten .
   clariscer . pisuuihhen .
   splendiscere . piplickhen .
Eminet . mihilet .

---

[1]) Das letzte »i« scheint getilgt. | [2]) Das »t« ist getilgt.

extat . ˙meret endi *praeteo* .
Eminens . preitendi .
   excelles . thihendi .
Emigat . pisuuebet .   s. 102.
   efulget . piplickit .
   replendit . piscinit .
   exilit . irsliufpit .
   apparit . kiaukit .
   uel . clarit . edho . heidirit .
Emanat . rinnid .
   fluit . fliuzzit .
   exiit . uzkat .
   erumpit . uzirprihit .
Eminus . mittilothi .
   non longe . nalles . rumo . edo nah .
Elimentis . kimahchitha .
   creatura . kiscaft .
   cælum . himil .
   terra . ertha .
   aer . luft . suuep
   so . sanna .
   naturam . kikunt .
   — . uuathale .   I, 207.
   penuriam . armoti
   patientes . tholendi .
Exoritur . uf=chunnit .
   nascitur . kiporan . ist .
Exortus . uf=khuman .
   natus . kiporan .
   oriundus . uf=quemandi .
   — . kisephendi .
Exordium . ufquimi .
   principium . hertoam .
Exordia . fora=nondiki .
   incipiam . piginnan .
   initiam . ez erist .
Exortus . uf=quimi .
   initians . anakin .

uel . locutus . edho . spracha .
Exosus . palouuic .
   odio habitus . fiantscaf . habendi .
   odiosus . fiendi .
Exosa . pifuntan .
   manifesta . kuntheo .   s. 104.
Effectus . mundilandi .
Effare . munthilem .   I, 208.
Efficax . kahi .
   acutus . uuas .
Efficatia . kithiha .
   agilitatem . hrati .
Efficatior . rado .
   agiliter . horsco .
   uelocior . scero . edho . sniumo .
   agutior . huuaslihhor .
Efficatibus . kahen .
   persistentibus . thuruhstantendem .
Ensis . huuassa .
   mugro . suuert .
   gladius . edo . uuafan .
Execrat . leidezzit .
   abomina . firuuazzit .
   maledicit . upilo quithit . s. 105.
Exagerat . kithuuathit .
   explorat . irpitit .
   exprobat . kithuftithot .
Exacerbat . kremizzot .
   exasperat . apuhot .
   adfligit . thuuingit .
Exquerit . kisuahhit .
Excubias . raupa .   I, 209.
   uigilias . uuahtunca .
   uel . custodias . edho pihalditha .
Exubias . numft .
   indumenta sunt . kikarauui . sint .
   spolia . kiraupi .
   ostium . fianto .

Effigiem . kilihnessi .
  figura . kilihtha .
  uel . simulacrum . edho . kilihtha .
    mannes .   s. 106.
Effingere . folon .
  formare . scefen .
  uel . expremere . edho kithuvin .
Exausta . irhrospan .
  consumpta . firnoman .
Affecta . daz . ist .
  sterelis . unperendi .
  siue senex . edo alt .
Extintus . erleskit .
  diletus . firstrihhan .
  mortuos . toat .
Esuescat . lipleidi .
Escas . moas . pilipan aaz . [1])
Edax . ezzo .
  glutto . suuelco .
  uorax . slindo .
  consumptor . sluhho .
Examine . toam .
  ex . inprouiso . unfurisehandi .
  subito . kahun .   s. 107.
  uel . repente . edho farmkun .
Excors . urhirzi .   I, 210.
  fatuus . umpitharpi .
  excors . urherzi .
  uel . sine corde . ana . herza .
Elabe . piscrit .
  euadere . pigant .
  efugire . pifliuh .
Eluens . uuaskandi .
  labans . iluhhendi .
Eluere . irflauuen .
  urguere . streuken .

En . inu .
  ecce . inu .
  uel . edho .
  et . cum . endi . mit .
  enue . clatim . inu . unpihelito .
Exul . recheo .
  peregrinus . pilikrim .
  profugus . anttruneo .
  naufragus . untkenkeo . edo . scef-
    procho .
Extores . pikenkeo .
  expulsus . firtriban .
  patria . fatar . erpes .   s. 108.
  alienus . tharpo .
  uel . extraneus . edho ano . edho
    piscerito .
Exilis . smalem .
  gratilis . luzzikem .   I, 211.
  atinuatus . thunnem .
Exinanire . eischou .
  exquirere . sohhen .
Examinat . kifokit .
  explorat . kifilahit .
  uel . æqualiter . edho epano .
  deiudicat . kisoanit .
  alter' occidit . andher irslahit .
Examinasti . piforscotos .
  probasti . pichorotos .
Exaltat . hohit . edho . irhefit .
Exanimus . fona . moate . edho .
    fana . selu .
  exsanguis . fona ploate . s. 109.
Enixa . offan .
  partu ki . poralihho .
  liberata . irlosit .
Enixius . offanlihho .

---

[1]) Das erste »a« ist von 2. h. (?) überschrieben.

leuius . lihtlihho .
Euellere . iruualzen .
   exponere . kisezzen .
Ergastolum . einodi .
   uel . custodia . edho . pihalti .
Eubo . eubo .   I, 212.
   oleo . oli .
   cerus . herro .
   uel . uir . edho . como .
   set . magis . auh . mer .
   perscripitur . thuruh=scriban .
Era . herra .
Eruas . maganic .
Ethnicus . hinnici .
   gentilis . heithinisc .
   aut moralis . edho uuis=los .
Edocat , foatit .
   nutrit . zuhit .
Effeb . sircertit .
   puer . cneht .
   inperbis . unkizocan .   s. 110.
Edropicus . uuazarhaft .
   aditus . zokang .
Essentia . kascefto .
Experta . kiuftit .
Expertus . irkhennit .
   iguanarus . irchāit .
   suens . uueiz .
   cognitus . inkizzit .
Experte . irchannendi .   I, 213.
   aparte . offana .
   culpe . misfanc .
Experire . khunnen .
Experiar . khunnem .
Expiati . kihluttirit .
   expurgat . irfurpit .

Expiabat . hluttirida .
   effundebat . koz .
Eximius . mari . edho . einmari
   egressius . kikhoran .
   preclarus . thuruhhluttar . s. 111.
   magnificis . mari-mihil .
Eximietas . prunckan . edho . sun-
   darlihhi .
Episcopus . piscof .
   superspectur . uparsehandi .
   uel . speculator . edho kauma . ne-
   mandi .
Eatenus . thiu . thingu .
   ea racione . thiu . rehto .
   uel . eo modo . edho thiu . mezzu .
Eunde them . ipsamon . selpan .
Eologium . unrad .
   famam . huncar . maritha .
Eolilogi . quidi .   I, .214.
   uersicoli . uersiclin .
Epulantem . kaumentem .
   edentem . edentem . ezzenden .
Eflagitat . irfleohot .
   expedit . irpitit .   s. 112.
   exposcit . irerpetot .
Efudire . kileken .
Effusus . irkozzan .
   prostratus . irthenit .
Excidio . turnalingua .
   euersio . kauuefit .
   exitio . fraisa .
   pericolum . zala .
Eurus . uuint-chunni . uuint . undar
   sunnon .
Exuberant . ubiri . kaant . [1]
   profluunt . upir=fleozzant .

---

[1] Das eine »a« ist verbesserung.

abundant . kinuhtsament .
Ereticus . irrari .
   diuisus . zisceithan .
Erumnis . harm .
   luctus . hlaufenti . uuof .
Erudimini . kilerit . uues.   I, 215.
   et . intellegite . endi . fir-nemant .
Euocatio . lathunga .   s. 113.
   uel . collectio . edho samanunga .
Exitum . uzfarft .
   egressum . kanc .
Extollite . heffent .
   extendite . thenēnet .
Exprobrauerunt . ita . uuizziton .
   inprobrauerunt . firuuizzun .
Ebitudo . firmochid .
   suffogacio . firthemphit .
Elul e. lul .
   mensis . manot .
   agustus . agusto .
Exoliscit . kismahdeod .
   defecit . zakat . edho . irlikit .
Exoleuit . irkizzit .
   in obliuione . in akezzali .
Exin . thanan .
   exinde . thana .
   ex . hoc . bidu .
   deinde . thanan .   s. 114.
   uel . postea . edho . after . dhiu .
Ergo . thanne .
   igitur . kiuuisso .
   itaque . edho . soso .
Erga . in . sinuuerft .
Exuit . inhrekilot .   I, 216.
   deposuit . kisezzit .
Exutus . inslozzan .
   uinculis . ur . pantum .
   sublata . praht .

Exemplum . pilothi .
Exemplaria . pilothlih .
   similia . kilihtha .
Edereras . kiscaffos .
   inbutus . kizocan .
— . —
   glorians . koadlihhendi .
   iactans . hromendi .
Exuror . inlazzu .   s. 115.
   propitior . kinathikom .
Exurire . zuuelzan .
   cremare . suuethan .
Elimatus . kizumftit .
   expoliatus . kikarauuid .
   ornatus . kihrustit .
Elucrobratus . inprehttandi .
   euigilatus . iruahhit .
Explet . kifullit .
   perficit . kifrumit .
Exigat . peitit .   I, 217.
Edicto . kiquetan .
   precepto . pipotan .
Euidens . auguzoraht .
   patens . kioffanod .
   apertum . inluhhan .
Euidenter . kisantlihcho .
   perspicue . zispari . uuesandi .
Exciti . irhahcte .   s. 116.
   euocati . kilathote .
   excitati . iruuahccarote .
Extrusit . fircispit .
   expolit . firuuolit .
Electrum . uueralt . diuridha .
   aurum . et argentuum . colt endi
      silapar .
   incactum . uel . crudum . unkiso-
      tan . edho . pleih . endi . plao .
Eburneis . diurlihhem .

osseis . peineom.
Eliganter . kikhoranlihho.
   urbane . kikhunnet.
Enormis . unscaf.
   supra modum . upar mez.
Epistolaris . pikinis.
   exponis . kisezzis . edho . kisitos.
   animal . moathaft . in anthareru.
      stati . nozzili . kimennit ist.
   animal . etho . noz.   s. 117.
E nubibus . fona . uuolchanum.
   de a. ere . fona lufti . fona . suuepa.
Euertit . iruuentit.
   funditus . mouit . krundum ka-
   hrorit.
Expugnat . uparfihtit.
Euentus . anasciht.   I, 218.
   incursus . anahlauf::t.[1])
   consummant . kinemant.
Ex silici . fona . khisile.
   ex lapide . fona . steinne.
Extemus . hindarosto.
   extremus . vzzarosto.
   uel . extraneus . edho . fremithi.
— . —
   inlustris . vnlastrem.
   claris . hluttare.   s. 118.
Exodus . thanafundhi.
   exitus . vzkan.
   uel . egressus . edho kant . edho
   thianafart.
Euchariscia . vvizzoht.
   gratia . anst huldhi.
Exorebilis . herhaft.
   facilis . ohtlih.
Extimplo . sniumo.

continuo . sareo rado.
Eructuat . irroffezzit.
   emittit . kilithit.
Expressit . pislehit . kipressot.
   explanauit . kiepanod.
Edissere . kiscapan . edho noen . ki-
   marcon . kiepanon.   I, 219.
Enarrare . kireken.
   aperire . inzunen etho . inluh-
   kan.   s. 119.
Exultat . uunni. samit
   gloriatur . coatlihhet froed.
Experientia . uruuerf.
   exuperantia . unlad . in . apuh-
   krekendi.
Euangelium . —
   bona . adnuntiatio . koad arunt-
   poro . endi koat poto . endi
   khouuntheo.
Esaia . esaia.
   anuo . salus . domini . heli . truhtines
Ezechiel . uuarspello.
   fortitudo . dei . rehctreten . strenki
   kotes.
Epohd . ahsalpein.
   quod . super . humerale . thaz.
   upar . ahsloa.   s. 120.
   apellat . kinemnit.
   sine cucullo . ana hals.
— . —
   itaque . ze . spari.

Fastus . firuuizzi.
   contemptor . firdhenkhendi.
Fastus . erhaft.

---

[1]) Die tilgung scheint absichtlich und von 1. h.

filex . zeri .
Fautor . slitheo .
 qui fauit . ther . limit . I, 220.
 uel . consentit . edho . kihenkit .
Fauore . hliumunt .
 testimonium . kiuuizzitha .
Flagitat . lohchot .
 postulat . pitit .
 expedit . irluhhit .
 exposcit . irpitit .
Flagris . suumkan .
 flagellis . fillen .
 uel . uerberibus . edho pislahan .
Flabri . unmez .
 fabolosi . rachond . s. 121.
 uentos . uuahente .
Flabris . uuahendi .
 uentis . uuind .
 siccis . thurri .
Facinus . firina . edho kaupithaft . sunte .
 maleficium . zaupor .
 scelus . meintad .
 iniquitas . nid .
 iniustitia . unrehcd .
Facenum . quelmitha .
Facinora . quelitha .
 flagitia . crimena . unkireisni . firina .
 scelera . meintad .
 deformitas . mistad . misuueft .
 adulterium . hoara . I, 221.
 uitium . unchust . ficze .
 uel . libido . edho firin=lust . ¹)

turpido . unkhuski . s. 122.
Flagitiosus . firuuoraht .
 criminosus . firinhaft .
Facilitas . othi .
 licencia . urlaup .
 passibilitas . samfti .
Fanda . forscondi .
 loquenda . sprehhandi .
 dicenda . chiuuethandi . ²)
Fatus . forskot .
 locutus . sprikhit .
Fatur . forschod .
 disserit . framlazzit .
Facundo . fantondi .
 eloquente . sprehandi .
Facundia . fakondi .
Facundus . kinoazsam .
 copiosus . kinuhtsam .
Fas . est . untana ist .
 jus est . nitha . ist .
 conuenit . kirisit .
Faleras . kiziuki . s. 123.
 ornamenta . equorum . kihrusti . hrosso .
 uel . fabulas . edho rahha . I, 222.
— . —
 ornare . daz ist . hrusten .
Facitus . thoendi .
 urbanus . frumendi .
 eloquiens . sprehhandi .
 familiaris . holtlih . folla-zeohandi .
 domesticus . hiuuiskes .
Flagrancia . phala-uuis.khundi .
 suauitas . suuizza .

---

¹) Auf dem rande steht verwischt von 2. h. »pituams« (?).

²) Das »i« in »chi« ist übergeschrieben.

uel . suauis . odor . edho . suuaz..zi
s . uuekhe .
Fla..gor . suuelkhendi .
 strepidus . stripe . lendi .
 fremidus . feimendi . s. 124.
Flagoris . ekisin .
Flagoribus . hlutitha .
 magnis . mihil .
 sonis . hludi .
Flamina . kiplat .
 uenti . uuindi .
 uel . flato . etho plat . I, 223.
 uentorum . uuindeo .
Falanx . eikileihhi .
 militum . herimanno . heri .
 exercitus . heri .
Falangis . eokimundi .
Framea . nueri . ekitha . ploh .
 asta . scaft .
 uel . gladius . edho . uuafan .
Falarica . suuinspeoz . s. 125.
 lantia . sper .
 magna . mihil .
 quod est . daz ist .
 teli s . cesteo .
 maximi . meista . endi . sumaz .
  ist . luzicumera . thane . scefti .
  edho . phil .
Farisei . liut=stam .
 diuisi . zilosit .
 fals . loquax . luki . sprahari .
 mendax . lucki . edho flosari .
Fatue . irtopet .
 sine . suanu . ana . huku .
Fanum . ploazhus .
 templum . tempal .

Frarcire . piratan .
 fulcire . pitrikan .
Famulus . opphar . sculla . tripil .
Faxa . fahckla¹) . edho ken . s. 126.
 facula . liuhtendi .
Facultas . eht . I, 224.
Facultatem . raad .
 conditionem . kiscaft .
Fallit . liukit .
 decipit . pisuuihhit .
Flauellum . uuinta . uuifil .
 muscarium . fliukonuueri .
Fraustra . arouuingon .
 sine causa . ano . einin . casoha .
 uel . particula . edho . unthuruf-
  teom .
Frustrator . driukit .
 seducit . firleitit .
Fuma . thaum . s. 127.
 terrai . erda .
Fugata . mislih .
 tincti . kizeod .
 uel colorate . edho . misfaro .
Functus . opharondi .
Funus . stranc .
Funera . pikhimpot .
 luctuosa . hiufitha .
Funesta . bikimbitha .
 scelesta . meintati .
Funestum . einkhimpi .
 pernitiosum . palouuic .
Funestis . pikimpot . I, 225.
 mortiferis . tot-trakandi .
Fulcit . falcit .
 munit . phiniudid .
Fulcitus . irrukit .

---

¹) Das »h« ist übergeschrieben.

subleuatus . undarhaban . s. 128.
Fulciat . follazeohe .
   auxiliet . frume .
Fultus . fulzuht . [1]
   auxiatus . helpha .
   sustentatus . irthenit .
Fundi . kiziuhc .
   prædia . kihresp . hari-numft .
   agri . campi . akhares . erdo feldes .
Fruitur . pifolod .
   potitur . piniusit .
   adepiscitur . pikizzit .
Frugalitas . firperandi .
   pars-simonia . deil-nemandi . daz
     ist . inlazzandi . fon imu. s. 129.
   abstinentia . firhabendi .
   parcitas . hereandi .
   siue . medio.critas . edho kimez-
     haft .
Frugalitas . uuahasmitha .
Funiculum . strenki .
   territurium . reiffa .
Forte . uuaniu .
   qua quis . edho . uuelih .
   etiam . sic . edho so.   I, 226.
Fortuitu . unfora-uuisinkun .
   subito . farinkun .
   caus . uarunga .
   euentu . anaquim .
Fundatum . kistudit .
   stabilitum . kisteti-haftit .
   uel — . edho kioreidit . s. 130.
Fumen . lohazenes .
Fuluum . farouua .

rubigundum . rot-tendit .
Furua . ramac .
Funtione . theonost .
   ministerio . ampaht .
Fungitur . ustinod .
   obsequitur . opfarod .
Fungimur . ustinomes .
   utimur . prukhumes .
   soluimur . inlasiumes .
Frutectum . sprithahi .
   arborum . paumo .
   densitas . endi . holzes . thickhi .
Fruteci . thickhinodi .
   ramos . esti .
Frondosa . quiohdi .
Fluctuat . flozzet .   s. 131.
   uacebat . unthalod .   I, 227.
Fluxerunt . fluzzun .
Furor . heizhergi . [2]
   temeritas . kidrussditha . [3]
Furibundus . kipuld .
   ualde . iratus . filu . irpolkan .
Formidans . insizzendi .
   timens . forehtendi .
Fomis . —
   radix . uurzun .
Fomites . fahsohti .
   incitamenta . piclipandi .
   initia . iz erist .
Fouit . fodit .
   nutrit . zuhdid .
   refecit . kaumit .
Fotus . foatendi .
   nutritus . zeohendi .

---

[1] Vielleicht steht »folzuht«.
[2] Das »g« hat zwar etwas besonderes, kömmt aber in der folge oft vor, z. b. seite 132 »siginomo«.
[3] Das erste »d« ist übergeschrieben.

Fouendi . pathondi .
   nutriendis . fotendi . zeo.hendi .
Fomenta . salpa .   s. 132.
   solacio . helpha .
   adminicola . folla=zuht .
   uel medicina . edho lihhitoam
Format . scafod .
Fornacem . uphan .
   arcum . pogo .
   triumphalem . siginomo . edho
      dhrifalt .
Fortuna . heilhaft .
   felicitas . salitha .
Fortunatus . heilhaft .
Flos . ploamo .   I, 228.
   decus . sconi .
Fore . noh .
   esse . uuesan . scal .
   uel . futurum . edho . zouuert .
Foret . forn .
   esset . uuas .
   ualiret . mahda .
Fores . uzzana .
   introitus . inkanc .
   uel ianua . edho duri .
Fere . nah .
   forte . uuandi .
   uel . aliquotiens . edho ethes-
      huueo . ofto .   s. 133.
Ferme . izsteti .
Fœda . unchuski .
   turpia . scantlih .
Fœdus . kifoacsami .
   pactus . id est . daz ist .
   iusiurandum . suuart . endi suua-
      ritha .

Fœdere . foken .
   pacto . machalen . siton .
Fœderati . kifoacsama .
Fœderauit . kifoagda .
   pacifigauit . kisoanda .
Fetus . mammundi .
   agnorum . lampo .
Fretus . zisuuerpendi .
   confusus . zifleozzendi.   I, 229.
Fiducia . paldi .
Freta . kisuup .
   marea . seuues .
Fretum . pifleoz .
   mare . seo .
Fenus . lon .
   usura . sunt . uuohhar . sint .
   repensatio . doni . uuirthar=mez
      lones . endi kepano.   s. 134.
Fenerat . uuehsalod .
   mutuat . uuandalod .
Fremit . feimit .
   rugit . endi criscrimmod .
   friunt . crimnit .
   seuit . slizzit .
Fremunt . kremizzond .
   resonant . bluteut .
   trepitatum . faciunt . kherrantdo.[1]
      toant .
Frendit . pizzot .
   dentibus . zenim .
   stridit . kriscrimmod .
Fidibus . kilihhitha .
   citera . aftari .
   uel . filius . edho khindum. I, 230.
   fibrarum . innitha .
   cordarum . herzono .

---

[1] Das »t« ist durch punkte getilgt.

uel . intestinis . edho intharmum .
Fero . pringu .   s. 135.
Fertur . prunkan .
Fertilis . prinkanlih .
   fructuosus . unahsantlih .
   uberis . uffonti .
Flores . plomum .
   hilares . triuui .
Finitimi . umpisethalon .
   uicini . nahkipuri .
   confinis . edho nahana .
   unius . tribus . eines . chunnes .
Fistule . fistule .
   lingue . zungun .
Fessis . unkiuurtike .
   lassis . kemoathe .
   fatigatis . irmoade .   s. 136.
   infirmis . suhdige .
Fingit . zuuiualit .
   simu . queod .
Ficolus . raha .
   fictor . roada .
Figmentum . kilihhitha .
   conpositio . kisezzitha .
   humana . meniselih .
Femena . uuiplih .   I, 221.
Femora . theoh .
Fuducialiter . pallihho .
   fideliter . kidriulihho .
   audacter . kidursdlihho .
   credibiliter . kilauplihho .
   uel . uelociter . edho sniumo . freh-
      tigo .
Festa . fro .
   compta . kimah .
Festiuus . froer .
   letus . plidhi .
Ferocissimus . teorlihhosta .

   atrocissimus . crimmista .   s. 137.
Feretrum . hreo .
Fas . uuizzic .
   racionabili . rethuuislih .
Fascibus . uuirthike*m* .
Fastigium . por .
Fastidium . unkibaritha .
Femur . uparkniuui .
   quod . super . ienucolum . est . daz
      upar . edho . umpi cneon ist .
Fluxum . kifloz .   I, 232.
   uanum . suuep .
Fluit . floz .
Fluxa . irflozan .
   resoluta . zilosid .
Fluere . fleozzan .
   in peius . in uuirsira .
   deducere . kileiten .
   uel . conuertere . edho kauuer-
      pia*n* .
Philippus . philippus .
   os . munt .
   lampadarum . leoht-fazzo .
Feteor . gihu .
   confiteor . bigihu .
— . —
   confidentia . kidriuuidha .   s. 138.
Feralia . tholenlih .
   luctuosa . hiufantlih .

Glosa . kimahchitha .
Glosa . opaz .
Gloua . opanoudic .
Globo . khliuua .
Glomerat . kimahchot .   I, 233.
   conuoluit . kifilahit .
Gomor . mez .
   mensura . kimez .

— . —
   maiestatem . mekin .
Garrit . khirrit .
   subtiliter . mutilod .
Garrus . kherrari .
Gamus . crista .
   nuptie . prudhaft .
— . —
   indebiti . unscult .
Gratissima . uuerlihhosta .   s. 139.
   iucundissima . iukuntlihosta .
Gramen . gras
   erba . uurz .
Gramma . crefisc . uuort . [1])
   littera [2]) . dicitur . pohstap . kiquetan . edho so kinemnit .
Gramina . firscrouanet .   I, 234.
Grandeuus . uralt .
   grandis . grandis . senex . ummez.
   alt .
Gradatur . plidet .
Gradulatur . menthilot .
Grassatur . muhhari .
   inusor . insliho .
   predat . huhspreho .
   latro . scathari .
Grauiuit . kisuuanta .
   onerauit . kihload .   s. 140.
Gradatim . einezzem .
   paulatim . luzzikem .
Grassare . muhhon .
   prædare . huhs . ir-crapan .
   inuade . inkankan .
Caneo . horsc .
   golosus . usstar .

Gnarus . froad .
   peritus . kipenihhot .
Gazo.philatium . odmahali .
   diuitiæ . uuelitha .
Gignit . irkhennit .
   pululat . kipitit .   I, 235.
Gerit . toad .
   agit . toad .
Gessit . teta .
   agit . teta .
Gestit . toad .
   optat . nunskit .
   exultat . uunnisamit .
Gestat . forit .   s. 141.
Gestiunt . forond .
Gege crana
   loca . edho . stat .
   super pucca . umpi mund .
Genitalia . kiziuki .
   loca . edho stat .
   uerecundiosa . scamalih . ze-
   sk:::: [3])
Gerulus . tracari .
   baiolus . forari .
Genimia . khunni .
   nobilis . edho adoles .
Generositas . koatkhunni .
Geumetrica . spahitha .
Gage . liuti .
   guti . guti .   I, 236.
Gremium . posum .
   sinus . parm .
   uel . præfectura . edho . umpizo-
   tenti .
Cremia . thorri .

---

[1]) Dieses wort ist eine verbesserung; wahrscheinlich stand früher »pohstap«.

[2]) Verbesserung.

[3]) Absichtlich getilgt bis auf das »z«.

siccamna . trohkini .
  lignorum . uuito .
Gripes . suum kandi .
  alites . edho . ferrae . strenken .
Gliscit . fotit.   s. 142.
Gelidum . kifroran .
  frigidum . frost . edho crunt.-
    frosto .
Getulia . kikhunni .
  mauritania . edho . kilihitha .
Gregariis . irhleonem .
  uualgaribus . irmatem .
Grus . sant-uuerf .
  gruis . pifleoz .
Grumolus . kipraite .
  ager . akhar .
Curgibus . suuarpum .
  fluctibus . fluzzim .
Gamaliel . gamaliel .
  retributio . dei . lon . kotes .
        Finit . endi .

Haut procul . edho . ofana .
  non longe . nalles rumo. I, 237.
Haut aliter . edho . anther=uuis .
  non aliter . nalles . anther=uuis .
Haurit . sepit.   s. 143.
  bibit . trinkhit .
  exinamuit . iritalit .
Haustu . khunnet .
  custatu . inpizzit .
Hausta . suphit .
  epotata . edho kiliphit .
Habene . zaum .
  frena . priddil .
  quorum . thero .
  lora . kinothon .
  retinacula . pihaftitha .

Habelis . situsam .
  aptus . kiforo .
  oportuaus . kirunio .
Amens . urmod .
  ebis . —
  stupidus . irqueman .
  lentus . unpata .
  uel . segnis . edho ircahot .
Hantent . thisu thingu .
  usque . nunc . unzinu .
Harunda . rore.   s. 144.
  sagitta . strala . spirilin . phil . sce-
    phandi . flukhe .
Humo . molta .
Humandi . pitelpandi.   I, 238.
Hunatus . pitolpan .
— . —
  talia . solid .
Here . erpeo .
Haue . hapo .
Hesitare . queon .
  tredpithare . pipen .
Hirsutum . urketilih .
  drustum . unkiresni .
  uellosum . uuitharzomi .
Hidor . uuazzar .
Erugo . ecala .
  sangus-suga . plod
Hedri . uuarmi .
  serpentis . edho . uuazzar=na-
    trun .
Heiulans . uuinnendi .
  luctuosus . hiufandi.   s. 145.
  clamor . hroafandi . harendi .
Hipocrita . zuuifalari.   I, 239.
  subdolus . feihhene . feihhan .
  uel . simulat . edho zuuisculari .
Hyemnus . hyemno .

carmen . leod .
in laudem dei . in lop kotes .
Hiantes . kinente .
ōs . munt .
Hilus . innana .
intestinis . inhertharum .
Hiatus . luhhilin .
firsura . scruntusse .
uel uorago . edho holi .
Hiberbolice . unkimezlihho .
Hhyrobin . hirophin .
sancta . mons . vuihperc .
Hirographum . cirographum .
manus.scriptio . hant=kiscrip . edho . hantmal .
Hyena . stara .
lestia . plind .
cuius . thes.   s. 146.
pupille . lapidee sunt . aukun . thes . sehun . stein siot . edho zi steine . uuordato . [1]
Hyems . uuintar .
tempestas . unuuitari .
uel . frigus . edho . frost .
—. —
munerat . lonod.   I, 240.
Hostia . cepar . edho . daz . kote .
uictima . antfenki . ist . endi . kotes . pipot . ist .
Holocausta . antheiz .
integra . alonc .
Horror . ekiso .
pauor . irquemani .
Horriscit . irscutisod .
pertimiscit . forahtit .
Horrendus . ekisonti .

expauiscendum . pipinondi .
detestandum . leithendi .
Heressis . irrita .
secta . kimeidita .
Heroas . khacrefdic.   s. 147.
fortis . uir . strenki man . edho como .
Herus . kal . tekan .
Hera . herra .
Hibene . liut=stam .
spania . spani .
Hisperia . lantscaf.   I, 241.
italia . undar . alpeom . endi . seuuiu . daz . sint . rumare . lancbarta .
Helitores . phlanzare .
ortolani . kartari .
Hierusalem . hierusalem .
uisio pacis . kisiht . kisonitha .
Helia . daz ist .
domini dei . druhtines . kotes .
Heliseus . heliseus .
dei . mei . salus . kotes . mines . heli.   s. 148.

Inlustris . urlastrem .
claris . hluttrem .
magnis . mihilem .
Inlustrat . in=scinit .
inluminat . inliuhtit .
Inclitus . fronisc .
Industria . vstri .
vigilantia . vahkri .
ingenium . spahitha .
studium . ilunka .

---

[1] Das »at« ist mit verzogenen buchstaben geschrieben. Vgl. »dignitatibus« s. 172.

efficatia . sniumitha .
astutia . urstothali .
solertia . sueffari . I, 242.
Insignem . einzeihhener .
egregium . kikhoran .
Inobs animo . armodi .
distitutos . sezzit .
uel . pauper . edho thurfdic .
Instat . anastat. s. 149.
insistit . anastendit .
Instar . thunkhitha .
Instantem . anastantandi .
Instigat . irstunkit .
incitat . iruuegkhit .
Irrigat . zuuankondi .
stimulat . stozzot . edho . zeikod .
Irritum . firmerridi .
sine . affectum . ano fruma .
Inritabo . uuerfiu .
prouocabo . lathom .
Instauramus . kizehomes .
renouamus . kiniumes. s. 150.
Inconsulti . frauuiolose .
Inbubes . Inhregil .
inuestes . inuat. I, 243.
Insequor . folkem .
persequor . thuruh . folkem .
Incassum . unthurufteono .
frustra . arouuinkun .
uacuum . italingun .
uel . sine . causa . edho . ana sahha .
Inlusit . pihoahot .
inrisit . pismeret .
Inlubies . pismiz .
squalor . unkhuski .
sordis . unsupar .
Inuectus . forendi .
inportatus . trakandi. s. 151.

Inuehitur . kifoarit .
inportat . kitrakan .
Innexit . iziuurphit .
intruxit . zislizzit . zizimparod .
Inlexit . firleitit .
seducit . pisuuihhit .
noleuit . inmarket .
innotuit . kikhunthit .
Intima . inuuert .
preciosa . diurlih .
Intimare . saken .
suggere . spanan .
indicare . kikhunthen .
Intimabo . sakem .
insinuabo . spano. s. 152.
— . —
studium . inlunka .
Itaque . so. I, 244.
ergo . thanne .
Indeptus . piniusendi .
adeptus . kezzendi .
consecutus . kifolkendi .
Id . daz .
hoc . daz .
Idcirco . umpidaz .
ideo . pitheo .
Idem . tidem . daz . selpa . daz . suma .
Iterum . adque iterum . endi . afar .
after .
crebro . ofto .
uel . frequenter . endi . samahefti-
cum .
Inuisus . unfersehandi .
qui non uidetur . ther ni . kisihit .
Inuisere . sohken .
uisitare . ouiso. s. 153.
Incestat . pithrohsilit .
contaminat . pismezzit .

Innuit . inpauhhinit .
Indidit . kisezzit .
   inposuit . kisezzit .
Incutit . inlazzit .
   inmittit . inuuirphit .
Ingrauit . anasikit .
   inruit . anafallit.   I, 245.
Inminit . anahalhalthet .
   incumbit . anahlinet .
   insistit . anahaftet .
Ingluuies . mago .
   guila . platara .
   glutto . edho suuelgari .   s. 154.
Indagine . forscunne .
   inquisitionem . frakunna .
Inquis . sprihhis .
   agis . rahhos .
Inquam . ih chuat .
— . —
   agiunt . sakent .
Inquiens . unstilli .
   inpaciens . unkithuldic .
Inquietas . unkastillitha .
   incitas . irrihhitha .
Immo meri .
   quod . prius . est . daz . erist . ist .
   aut pocius . ertho mer .
Immolo . plozzu .
   uictimo . pifilahu .   s. 155.
Immolat . inheizzit .   I, 246.
   sacrificat . ploazzit .
Inlibatus . kirekit .
   intemeratus . samanhafdic .
   inuolutus . inuuntan .
Integer . alone .
   intactus . unhrorit .
Inmaculatus . unpismizzan .
   inrepræhensibilis . unkirefsentlih .

Inconuulsa . unpihuualzit .
   inconmutabilis . unfirunihsilit .
   inconcursa . uukiscutit .
Implorat . irrespetod .
   obsecrat . irpitit .   s. 156.
Incrimetum . uuahsmitha . uuohhari .
   augmentum . endi uuohar .
Institutum . kisczzitha .
   exemplum . pilothi .
   dispositum . kisitod .
Insertam . kifestinod .
   infixam . kinekilid .
Inultam . unkihonit .
   inuindicatam . unkiuuizzinot .
Indolis . situ .
   ingenium . situhafti .
   natura . moris . kikhunni uuisun .   I, 247.
Inclemens . unkinadic .   s. 157.
   inmisericors . unharmaherz .
Inmemor . unkihuedic .
   olitus . ekezzal .
Inmoderatus . unkimezhaft .
   leuis . lihtuuerpit .
   inpaciens . unkiduldic .
Inmodestus . unmezfast .
   inmitis . unmilti .
Inbres . tau .
Indicia . foraquidi .
   testimonia . kiuuaritha .
Inter . pocula . untar . tranchum .
   inter . epulas . untar . caumom .
Incuria . unrohha .   s. 158.
   negligentia . kaumalosi .
In alligoria . in alligoria .
   in spiritalia . in keistlihem .
Indigna . innocte .
   ciuis . purcliut .

Incentiua . inzunditha .
   cupitas . firnessi .
   uel acoliu . morum . edho pigant . spizze . unkusteo .
Ingens . ummezzi.   I, 248.
Inmane . unmanaheideo .
Inmania . unmanalomi .
   orda . epar . edho arundi . edho .
   uuitharzomi .

— . —

   forax . uuilthendi . deorlih .
Ignarus . unfroat.   s. 159.
Ignauus . unpauhhinic .
   iners signis . piger unzeihhannaft.
Inertia . unhurski .
   inbilicia . unsilli . endi . uueih .
Infimis . uht.lih . [1]
Inbicilis . unmahdic .
   infirmus . uueih .
Inexpertis . unchunnentem .
Inbuit . piziuhit .
   informat . pikaffot .
Innitentes . anahnekhendi.   I, 249.
   insis.tentes . anahlinendi .
Inpendit . firspentod.   s. 160.
   erogat . kideilit .
   uel . supereminit . edho upur-
   polod . endi pizetit .
Insulto . hoahom .
   inrito . pismerem .
Insoliscere . keilen .
   insuperbire . et flozzen . edho upar-
   hucken .
Insolerter . unroahlihho .
   insoliter . unscolalihho .

   uel . iniuriose . edbo . sonent-
   lihho .
Insolencia . kimeitheit .

— . —

   perfice . thuruhton .
Innectit . innirahit .
   inuoluit . inuuindit .
   inligat . inpindit.   s. 161.
Innixa . zizokan .
   inligata . inpuntan .
Innixus . anahnicando .
   incumbens . anahaltendi .
Inibit . uuerit .
   prohibuit . uuerit .
Inperium . kheisartoam .
In oromata . uuarta.   I, 250.
   uisionem . kisihit .
Ignonisma . kiliuhtitha .
   imago . kilihnessi .
   uel . figura . edho maualihho .
Inscia . unuuizzo .
Ignorantia . mihi . unuuizzentem.o
   mir .
Inberbis . unbartohti .
   sine barba . ana bart.   s. 162.
Inermis . uuanuuafan .
   sine arma . ano . uuafan .
Inusto . unuuis .
   inuisitato . unkiuuona .
Ignosce . inlaz .
   parce . ere .
Inedie . ilki .
   famir . hunkar .
   uel . stridor . dentium . edho . zeni.
   kriscrimmon .

---

[1] Ein eignes »u«; doch den ersten theil für ein »l« zu nehmen, erlaubt die schrift nicht.

In etherium . merikerte .
In excitacione . in pikanku .
   in operatione . in uuerche .
In excessu . in tuualme .
   in pauore . in irquemannessi .
In occasu . in sunnun sedale . s. 163.
Intempesta nox . kistillandi . naht .
   media nox . mittinaht.   I, 251.
Inpenetrabile . unthuruhfarantlih .
   in interiore . in innarorom .
   uel . inaccessabile . edho . unki-
      litlih .
   quod . adire . non potest . thar .
      man kikankan . ni mac .
Intra memia . innana uuerino .
   intra muros . innana . murom .
Item . afar .
   iterum . afar .
   itemque . afar kiuuisso .
Infit . muntilit .
   infert . modazit .
   dicere . chuuetan .   s. 164.
   incipit . inginnit .
Infertat . prinkit .
   inportat . trekit .
Informamur . scaffomes .
   instruemur . zimbromes .
   docemur . lerumes .
Inhabitabile . unpuantlih .
   in deserto . in uuosti .
Ingemiscemus . irsufteomes .
   plangemus . uuoffemes .
Inuio . in auuicke .
In uestibulo . in zapalonne . I, 252.
   in ingressu . inkanke .
Inormis . unscaf .
   inmensus . unmazi .
   infinitus . unkienteod .

— . —
   gemus . anasiuni .
   inusum . kisiht .
   odiosum . fiantscaflih .
Inimica . unfriuntscaf .
   contraria . uuithar=uuert . s. 165.
Interdum . undar diu .
   frequenter . kilomo .
Intercapido . untar=suualaht .
   interieccio . untaruurf .
Intestabilis . unkikhuntlih .
   sine . fide . ano . kitriuuuon .
   testium . kunthari .
Inians . hlusterendi .
   intentus . pihaltendi .
   uel . adtonitus . edho pitumilonti .
Intonuit . pithonarod .
   insonuit . pihlutit . edho . ir-
      killit .
Integer . puzzendi .
   singuine . ploades .
Interpres . firslenkendi .
   coniector . firuuerfandi .
Inplacabilis . unlihhantlih .   s. 166.
   absque . foedere . id est . ano
      friuntscaf .   I, 253.
Inexorabilis . unirpetontlih .
   inexaudibilis . unkihorenlih .
Indiota . unkileste .
   ignauus . unuuis .
   inscius . unuuizzo .
Inpolitus . unthuruhzokan .
   ineruditus . unthuruhlerit .
   siue mediocrus . edho kimezlih .
In precipiti . firnipolte .
   in abrupto . loco . in firprohaneru
      ste . que .
Intestinum . inapureo .

domesti . huiuselih . [1])
Inculpat . anahlinet .
   insistit . anahneket .
Inculat . lohkot .
   ingerit . anatoad .   s. 167.
   insinuad . spenit .
Incola . urlenti .
   peregrinus . pilicrim .
   siue aduena . edho elilenti .
Incruat . inpiukit .
   humiliat . otmodit . [2])
   insinuat . spenit .
Ius fas que ratio . rehtlih . reht .
   et quod oportet . endi . daz . ki-
      risit .
   iusiurandum . thothareid .
   federis . friuntskephi .
   idem . pacis . iuramentum . daz .
      ist . kisonitad .
Iaculat . murthit .   I, 254.
   negat . firslahit .
   perimit . firslahit .
Iure . anauualt .   s. 168.
   iuste . reht .
   uel . merito . edho . kiuuraht .
Iures . anauualtandi .
   domine . herro .
Iure . pi kiuualtithu .
   querit . suhhit .
   merito . pi kiuurihtim .
Iubat . plickhita .
   splendor . scimo .
   uel . lucifer . edho . dakastern .
   que solis ortu . sunnun . ufeane .
   apparet . kiaukit .

Ioram . i . caho
   diaconus . iacuno .
   sangulem . simpligem .
Iugiter . sincallihho .
   perseueranter . thuruh=uuonent-
      lihho .
   uel . semper . edho simplum .
Iubilatet . uuaderet .   s. 169.
   strepite . strepaled .
Iurgat . uuinnit .
Iurgium . uuinna .
   contentio . paga .
   altercatio . strid .
   iurgerum . uuinnari .   I, 255.
   aripennem . flizzari .
Iactans . hromari .
   uanus . piheizzari .
Iactus . uurf .
   iactus . slenkirendi .
   uel . casus . edho fal .
Iactura . piuuerf .
   damnum . unfruma .
Ianitor . turiuuart .
   custus . pihaltari .
   osciarius . turi=uuart . usinari .
Iamdudum . iu forn .   s. 170.
   iam ante . iu er .
Ilico . sar
   statim it . insteti .
   mox . sniumo .
   confestim . kahun .
   continuo . rado .
In cenoleis . in caumoni .
   in conuiuiis . in kitrinchum .
Incestum onisitad .

---

[1]) Deutlich so geschrieben.

[2]) Ueber dem »i« noch ein »i« (?) übergeschrieben.

adulterium . hora .
Incentor . inzundit pim .
   stimulor . stekhom .
   incitor . iruuekit pim .
   cogor . kipeidit .
Insons . unscolo .
   innocens . unsculthic .
Inprobus . unkikhorot .
   inconsideratus . unkiscauuod .
   uel . qui soli . edho the eninom .
   siui uolunt . bonum . im uillant .
   coat .   I, 256.
Intollerabilis . unkitholentlih .
   inportabilis . unkitrakentlih. s. 171.
Inlecebris . unirlaupentlih .
   in uoluntatibus . in uuilleom .
   que sollicitant . the pihuckent .
   uel deducunt . etho leitent .
Infronitus . unfirhelit .
   indegestus . unpithekit .
Inopinata . unuuanenti .
   non sperata . nalles . huckendi .
   uel . repente . subito . kaun farinkun .
Intemperantia . afarhuckendi . umkazokanii .   I, 257.
   leuitas . lihti .
   uel . audatia . etho . kidorst .
Inter septa . untar lohhum .
   inter clausa . untar clvseom .
Infule . frehdic .
   uite . lip .   s. 172.
   sacerdotalem . prestlih .
Inberbolice . upar=brachii .
   superbus . upar=modii .
Inuenta . fundan .

prima . eriston .
   ætati . alti .
Infandum . zifirthakenni .
   nec . dicendum . ini ziquethanni .
Inuercundus . unscamahaft .
   inpudens . unerhaft .
Incolomis . kisunt . [1])
   integer . alonc .
Insidus . farunkom .
   dolis . felhhanum .
Inuergit . pispradit .
   infundit . pikiuzzit .
Infolas . herhaft .
   dignitatibus . uuerthunkam .
Intomiscere . irsuuelhan .   s. 173.
   inflare . irplaen .
Incidit . anslehit .
   — . anasteffit .
   ambulat . kenkit .
Insuper . upar .
Iners . trakii .
   piger . traker .
Inertis . traki .
   inutilis . unpidarpi .
Iesus . nergendo .
   saluator . kihalthandeo .
Iohel . iohel .
Incipiente . domino . pikinnentemu . druhtine .
   uel . dei . etho . ist . cot .
Iona . iona .
   culumba . tuba .
   uel . docens . edho losendi .
Iudith . iudith .
   laudans . lopondi .
   aut iudea . edho . iudeon .

---

[1]) Das »u« ist sicher, obschon es einem »o« ähnelt.

Ioseph . ioseph .
    auctus . ortfruma .
Iacob . iacob .
    subplantatur . pisuihari .
Iohannes . iohannes .
    gratia . kepandi . anstanti . huldi.
        kotes .   s. 174.

Kalendæ . az erista . manothes .
    uel . initium . edho . anakink
Kalyps [1] . kruhkhe .
    furka . penalis . edho . zan.ka
    uuizlih .

Liquidum . linthi .   I, 258.
    splenditum . scinendi .
    lucidum . liuhtendi .
Liquet . heitirit .
    claret . hlutaret .
Licuntur . flos.kezzendi .
    defluunt . uparfleozzant .
Linquid . firlazzit .
    relinquid . firlazzit .   s. 175.
    deserit . nihrinit .
Linquimus . firlazzumes .
    deserimus . nihrinumes .
Limat . slihtit .
    mulcit . scihhit .
Litat . erpotot .
    preces . petoth .
    obsecrat . kipet irpetit .
Lipo . pifilahu .
    sacrifico . ploazzu .
    offero . prinku .
Libare . pifelahan .

sacrificare . ploazzan .
immolare . kiantheizzon .
Limis . thriscufli .
    fines . endi .
    treminos [2] . edho . endilosta .
Lis . seche .
Litem . roac .
Liuens . nithondi .
    inuidens . apanstikandi .   s. 176.
Libens . lustendi .
    uolens . uuellendi .
Libuit . lustac .
    placuit . lihheta .
Libuit . streih .
    supernix . upar . salpota .
Limina . antilothi .
    cogitaciones . kitha .
    temptamenta . khorunka .
Libamina . antheizzitha .
    oblaciones . oblatun .
    siue . sacrificium . edho . cepar .
Limpido . klad . puroh . luttar .
Liberaris . kelstarari .
    munificus . metari .
    largus . irlosari .   s. 177.
Liuor . kund .
    inuidia . nid .
    uel . dolor . edho suuero .
Liberat . kiuuikit .
    equat . epanot .   I, 258. b.
Limpha . straum .
    aqua . uuazzar .
    uel . unda . edho unthe .
Lixa . unuuatlih .
    uilis . untbaralih .

---

[1] Das »k« ist von uns zugefügt. in der handschrift steht »anakinkalyps«.

[2] Ueber »tr« ist »it« übergeschrieben.

Limitata . kisceitan .
  terminata . kienteod .
Libani . rihhe .
  potentes sæculi . mahtike . uueralti .
  uel fortes . edho strenke .
Liminum . trikilod .
  seruitium . opparoht .
Linchinum . leohtfaz.   s. 178.
  candele . kherzun .
  cicindele . cicindalun . edho cle-
  sinu leohtfaz .
Leperidi . samftlihho .
  teneris . habes .
  molles . slafto .
  diligati . pifangan .
Lenocinia . leitha .
  seducciones . pisuuihhitha .
  persecuciones . athnessi .
  circumuentiones . unpiqueman-
  nassi .
Lesus . teriendi .
  offensus . firspurnan .
Letalis . teriantlih .   s. 179.
  mortifera . totperandi .
Lepos . rahha .
  orbonitas . quidi .
  eloquentia . sprahha .
Lepedum . leffendi .
  uoluptarium . firinlustlih .
Læna . lihditha .
  uiciorum . uncusteo .
  seductrix . pisuuih .
Lesia . mammundi .
  paradisi . —
Leua . lenka .
  senixtra . uuinstra .
Leuem . liuplih .
  formonsum . firuuizlih .

Legale . uuizzodlih .
  ex lege . fon euuiu .
Leges . euue .
  lator . preitendi .
  legis . dator . euue . kepandi .
Lectitat . lesendi .   s. 180.
  crebrius . legit . ofto lisit .
Legionis . scefina .
  choortes . khunpal porun .
Legitima . eulih .   I, 259.
  iudicia . toam . etho pipot .
Luritha . uueitin .
  palida . pleih .
Luit . irluhit .
  soluit . inlosit .
Luere . luhhen .
  soluere . losen .
  laxare . rumen .
Lupinar zatre .
  meretricum . extupra .
  uel . habitacio . edho piselitha .
Lustra . kisloof .
  ferarum . teoro .
  cubilia . muuuerf .
Lustrum . liuhtitha .
  quinquenium . finfta teil .
  temporis . zidi .   s. 181.
Lustrare . lustrihhon .
  circuire . circon .
  peragere . thuruhtrennilon .
  perambulare . thuruhkankan .
Lucentissimus . leohtosta .
  splendedissimus . perahtista .
  copiosismus . kinuhtsamor.ta
Lues . uparkan .
  pestis . hriuua .
Luxus . unlust .
  luxoria . firinlust .

Lupa . lupin .
   meretrix . zatre .
Lucubre . uhhizenti.   s. 182.
   luctuosum . hiubanti . [1]
Luctantes . chuuelanti .
   contendentes . pagandi .
   certates . cerandi .
Lurconum . lekhari .
   deuoratorem . slintari .
   uel . glutto . edho suuelkari .
Logo . lango .
   limine . altithu .
   longo . ordine . lankeru enprurdi .
   tracto . kitrahtot .
   loca . sinta . steti unartoto .
   inculta . unkikankano .
   spinosa . thornohteo.   s. 183.
Loquax . sprehhandi .
   uerbosus . uuortalonti .
Locuplex . kiziuchaft .
   abundans . kinuhsam .
Longeuus . lanlip*er* .
   senex . alt*er* .
Lotos . liuhhit.   I, 259. b.
   labatus . kithuuakan .
Lactas . aukit .
   nutrit . ziuhit .
   fouit . foadit .
Labe . unchuski .
   sorde . unsupar .
Lapsit . selit .
   ruina . fal .
   uel . macula . edho . psmiz .
Laris . leoht .
Lacone . drukilih .
   fosse . lacungule .

Lanterne . edho . stenon.   s. 184.
   id est . uasa . daz ist faz .
   lucerne . leoht=fazzo .
Laqueari . strikhi .
   catena . khuna . uuithi .
   auria . falla .
Lautus . kilopod .
   electus . kikhoran .
   inlustris . urlastri .
Loconie . uuithi
   catene . khuna . uuithi .
Laureatus . kihaubit . pandot .
   redemtus . pipundan .
   coronatus . kikhoronot .
Labrum . tiuf .
   inferium . innarira .
Lacertus . oahsana .
   brachia . arm .
Latebra . zoauuan .
   refugia . zoafloht.   s. 185.
   latibulum . uueri .
   defensaculum . kiscirmi .
Labentes . slifhendi .
   aculantes . huuazzandi .
Lasciue . uuotenti .
   feruede . uuinnendi .
Lasciuitur . uuinnit .
   luxoriatur . firinlust .
Lautumie . einginothi .
   carceris . kharkhella .
Labefactus . zi lotare kitan .
   ad nihilus redactus . zi niuuuihti
     kiuuorfan .
Lancie . uuitharuuaki.   I, 260.
   pondere . uuaka .
   mansure . mez.   s. 186.

---

[1] Das »u« ist übergeschrieben.

Laciniosum . zislizzan .
   pannosum . lutharom .
Laicus . laihman .
   popularis . folchlih .
Luteris . luteris .
   dicitur . ist . kiquetan . conca khorca .
Lebitas . lihtira .
   cacabolus . hafan .
   minoris . minnira .
Lucas . ruhc .
   ipse . selpo .
   consurgens . irstantenti .
   siue . eleuans . edho . irhefendi .

Mauis . noh uuili .
   magis uis . mer uuili .
Maluisse . uuolti .
   magis uoluisse . mer uuolti .
Manat . rinnit .   s. 187.
Medita . uuelc .
   humida . fuht .
Madefactus . uuela-kitan .
   humifactus . fuht-kitan .
Materia . cimbar .
   causa . sahha .
Machera . uuafan .
   gladius . suuert .
Mancipando . mana-haupitondi .
   iungendo . mahhondi .
   sociandum . kinozsceffendi .
Mansoleum . holeo .
   sepulchrum . edho crap .
Manda . pipiut .
Mandemus . khiuuuemes .
   commedamus . nosiumes .
Maculosus . flechohti .   s. 188.
   pullutus . pismizzan .

uarius . misfaro .
Maturius . foa .
Mane . in morgan .
Magnanimus . mihil-moad .
Mansuetus . mituuari .
Maioribus . merom .
Melioribus . pezzirom .
Malum punic . upil . pulleohti .
Marsupium . putil .
   sacculum . sahkhilin .
Mas comman .
   maculus . thekan .
Mares . commana .
   masculi . thekana .
Manna . quod . hoc . manna . huuaz .
    ist . daz . daz . ist . moas . hi-
    millih .   s. 189.
Manua . picrift .
   manipula . karpa .
Manuuie . hantfol .
   que . manu . detrahuntur . daz .
   mit . hendi . ziuhant . id est .
   spolie . daz ist regil . endi .
   raupa .
Macherie . pslittium .
   sepes . zuni .
Maranotha . maranatha .
   dominus . noster . druhtin . unser .
Martirium . martartoam . I, 260. b.
   testimonium . kiuuizzitha .
Magistratus . maistarari .   s. 190.
   principes . herosto .
Mancipatus . kitheonot .
   uinctus . kipuntan .
Mancipare . manahaupit .
   deseruire . theonon .
Manus . hant .
   potestas . maht .

uel . multitudo . edho . managi .
Mactat . uurkhit .
   iuculat . cuuuelit .
Manticulat . sotod .
   fraudat . tarod .
   furat . stilit .
Matheus . matheus .
   donatus . kepo .
   quondam . sum .
Marcus . marcus .
   excelsus . hoh .
Mandato . pipoto .   s. 191.
Mulcet . smilcit .
   delectat . lustit .
   placet . lihhet .
Mulcendus . smelzendi .
   delactandus . lustendi .
Munia . festinot .
   edificia . cymbrumka .
   uel firmitas . edho strenki .
Munitus . pifestinot .
   circumdatus . umpitan .
Munimen . festitha .
   tucio . scauuitha .
Munificus . erhaft .
Munificencia . moazzico .
   libertas [1]) . frihalsi .
(Sind vier zeilen leer gelassen.)s.192.
   libera . frihals .
Musitant . mutilond .
   murmurant . murmulont .
Murina . puzze .
   pocio . dranhc .
   diuina . kotkun . daz .
   que a . gregis . fona kikhoranem .
   nectar . nectar .

dicitur . ist . kiquetan .
Multifariæ . manakem rahhom .
   multis . sermonibus . manakem .
   uuostum .
Multifario . mislih .
   multiplice . manacfald .
Mucro . spizze .
   summa . parastin .
   pars . teli . teil uuafannes. s. 193.
   cuiuslibet . souuelihhes . thiheo-
   lustid .
Mulosus . rotheo .
   canis . hunt .
   rusticus . rustih .
Muntus . irthiski .
   cælum . himil .
   uel . omnia . terra . enti . al-
   therda .
Musia . huft .
   nidi nest .
   suricum . museo .
Multatus . pismahet .
   contensus . firthenkhit .
Mutuor . firuuantalom.   I, 261.
   feneror . firuuisleu .
Municeps . furdharosto .
   princeps . herosto .
   primus . heristo . [2])
Muscipula . falla .
   laqueos . strik .
   uel . temptatio . edho . freisa .
Medilla . lachita .   s. 194.
   medicamentum . lachitoam .
   remedium . lahunka .
   uel . sanitatem . edho heilitha .
Mediocrem . kimezlih .

---

[1]) Statt »liberalitas«.   [2]) Oder »herysto«.

temperatum . kitemporod .
Mestus . unfro .
   tristis . unplithi .
Metus . unfrouui .
   tristat . unplithit .
   plorat . uuofhit .
Meror . sorka .
   lacrime . zahari .
Mero animo . hlutaru motu .
   simplice . einfaltu . moatu .
   uel . sincera . edho . hlutaru .
Mera . clat
   pura . hlutar .
   uel . sincera . edho thuruh=hlutar .
Menia . fah.   s. 195.
   ædificia . kizimbaritha .
Murorum . murono .
   uel . ciuitas . edho purc .
   aut . edes . publici . edho . hio-
      hreidi . kiuuisso .
Metum . mit forahtun .
   incussit . kiknusit .
   terrorem . mit ekisin pifellit .
   incurrit . pirinnit .
Metallum . stein
   gent . khuni .
   marmoris . murmules .
Melodia . liuplih .
   dulcido . svvazzi .
   cantus . sanc .
Mermis . uurm .
   formica . amaizzun .
Metreta . half .
   anfora . stukhi .
   demedia . haftanothi .
Meta . thrum.   s. 196.

   fines . endi .
Mens . moad .
   animus . hukumoad .
Mercedis . meida .
   præcio . uuert .
Mercatur . marchat . chaufit .
      uuindit [1] . uuantalod .
Micat . scinit .
   rutilat . rotet .   I, 261, b.
Misterium . kiradi .
   sacrum . kirunni .
   uel absconditum . edho firholan .
Mirra . mura .
   ungentum . salpa .
   uel pigmentum . edho piminta .
Mitra . nestila .
   amictus . pant .
   capillorum . haupito .
Minitatur . kunet .
   assiduæ . simplum .
Minitatur . t'era . uuid .
Meminit . kimundit .   s. 197.
   recordatur . kihukit .
Mirificum . firuuizlih .
   dictum . mirabile . quiti . uuntar-
      lih .
Mistica . fronisc .
   sacra . diuina . uuih . kot. khunthi .
   uel . cælis . edho . himilih .
Molitur . uuihhit .
   excogitat . dhenkit .
   temptat . khunnet .
Modolat . scaffot .
   formatur . skeffit .
Modolacio . maritha .
   dulcido . suuazzi .

---

[1] Wohl »vendit«, wie »ouuans« auf s. 197 für »ovans«.

uocis . stimna .
Moderare . kimezzon .
   curbanare . stiuren .
   regere . rihten .
Moderatio . kimezzitha .
   pacientia . kiduhlt .
   uel . temperantia . edho . tempa-
     runka .   s. 198.
Moderatus . kimezhaft .
   rectus . reht .
Morbus . suht .
   egrotatio . suuhero .
   moruida . suhdic .
   insana . unheil .
Mos sidu .
   consuetudo . edho . uuisa . ki-
     uuona .
Modestia . kimezhaft .
   uerecundia . scama .
Moneo . manon .
   præpicio . pipiutu .
   testor . khunthiu .
   denuntio . kikhuntheo .
Molles . slafte .
   unitale . —
Mollibus . uuahhem .
   hominibus . mannum .
Mollē . uuahhii .
Magnitudinem . mihhalitha . s. 199.
   in capud mulierum . in haupit .
     uuipo .
Monilia . khelotuh .
   pectoria . halpirc .
   uel . ornamenta . edho kihrusdi .
Monimuna . pustare .
   artificia . spachit .

Monarcus . einherosto .
   singularis . suntaric .
Monarchia . einherodi .
   solitarius . uuostan-sethalo .
Monstrum . pauchan .   I, 262.
   ostendum . kiaukitha .
Monagamia . einluzzi .
Monumentis . kraft .
   momoris . kihuct .   s. 200.
Messias . messias .
   christi . krist .
Michie . michie .
   quis . huuelih .
   iste . theser .
Maria . maria .
   inluminat . inliuhtit .
   uno late . ein feri .
   rependen [1] . hanckendi .
   quo . manachi . thes municha .
   utuntur . pruhhant .
Manmona . fura .
   diuicie . ehti .

Nazareus . nazareus .
   sanctus . uuiher .
Nauus . narro .
   stutus . unfroad .
   piger . traki .
Nauilia . scef .   s. 201.
   loca . steti .
   in . qua . nauis . educantur . thar .
     scef . kilentit . sint .
Nauiter . horsco .
   strinne . suuefharo .
   utiliter . pitharplihho .
   uiriliter . stranlihho .

---

[1] Das »re« gehört wohl zu »late (latere)«?

Nare . suuepen.
  natare . suuimman .
  mendo . suuependi .
  natando . suuimmandi .
Nauale . hroft .
  prælio . uuic .
  maritima . kistor .
Nactus . piniusit .
  inuentus . pifundan .
  adeptus . pikezzan .
Nancisti . piniusen .
  inuenire . pifuntan .   s. 202.
  adepiscere . pikezzan .
Natura . kikhunni .
  corpus . lib .
  ingenium . kiscaft .
Natus . kiporan .
Nimirum . uzzar . queon .
  uere . prorsus . uuar . zisperi .
  procul . dubio . uzzar . zuuifal .
Nitens . hnekendi .
  incumbens . hlinendi .
Nimpham . klinka .
  deaquarum . fona . uuazzarum .
Nimbus[1] . kisuuore .
  tempestas[2] . unuuitari .
Nitiscit . scinit .   s. 203.
  splendiscet . perahtet .
Nidores . stenkhe .   I, 262, b .
  odores . suuekhe .
Nisus . niusenti .
  conatus . cilenti .
Nitunt . niusent .
  conantur . cilent .
Nisan . nisan .
  mensis . manot .

marcius . marceo .
Nicolais . nicolais .
  dactilos . foaz . mere . III .
Nihil-hominus . neouuihti min .
  et . tamen . endi thiu . uui-
      tharu .
  uel . omnino . edho alluka . s. 204 .
  (Sind drei zeilen leer gelassen.)
Nihil . obfuit . neo=muiht . nitrauc .
  nihil . neobt .
  inpetiuit . nimarta .
Necnon . auhni .
  sed et . auh .
Nequeunt . nimakun .
  nequeunt . nimahta .
Nemus . holz .
  silua . uualth .
Nemora . holzilin .
  silue . uualthilin .
Neuum . smiz .
  macula . flech .
  quod . in . homini . nascitur . daz .
      in . manna kikhennit .
Necolaum . liutstam .   s. 205.
  in ecclæsie . daz . in khirihhun .
      kimeinithu .
  languentem . suhtiker .
Nexe . pichufid .
  ligate . pipuntan .
Nectit . pistrihhit .
  alligat . pintit .
Nectire . slahan .
  inmittere . inananuerfan .
Nectar . stenkhe .
  sapor . ranum .
  uel . odor . edho . suueche .

---

[1] K. in »nimbosus«.   [2] K. in »tempestuosus«.

summe . suauitas . iz oparostin .
    snuazzitha .
mel . uel . vini . honakes . edho .
    uuines .
carni . fleiskes .
Neuter . nohuuethar .   s. 206.
    medius . in mittamu .
Necat . slahit .
    occidit . irslahit .
Nenias . racha .
    fabulas . spel .
    uel . res . edho sabha .
    super . upar .
    uacuas . kimez .
Nimpe . kiuuiso .
    nonne . auhni .
    uel . nimeum . edho . uzzar . zueon .
    n'utique . nalles . kiuuiso .
Necesse . recte . thuruft . rehto .
Nefario . firintad .
    scelerato . meintad .
    aut . mille . scelos . edho thus*ent*
        meintateo .
Nefantum . meinlih .   s. 207.
    cruentum . firinlih .
Nequaquam . neo .
    nullatenus . neinin . cu . dinku .
    uel . nullo . modo . edho . nei-
        nin.ku mezzu .
Nentes . spinnendi .   I, 263.
    filatur[1]) . fathum .
    quentes . thrandi .
Negromanticus . hleothar . sazzo .
    euocatur . kinendit .
    umbrarum . scuuuo .
    diuinatio . uuizzanunc .

Nebula . nebul .
    umbrosa . scuhaft .
    uel . obscura . edho . finstri .
Nemorosa . kilihhitha .
    frondosa . kibaritha .   s. 208.
Ne . dispicias . nifirsih .
    ne contemnas . nifirthekhi .
    uel . spernas . edho . nifirhuki .
Ne sinas . nilaz .
    ne permittas . nifirlaz .
Neophitus . kisezzit .
    nouella . niuuuiu .
    plantatio . planzunka .
Nundina . nundinas . merkati . ki-
        mahhot .
    potestate . maht .
    uel . magestate . edho . meginig .
Nobelis . athallih .
    genere . in . chunne .
Nurus . snur .
    bruta . proaton .   s. 209.
Nutrice . foatar . eidi .
    gerule . zuht=te .
Nota . khunt .
    cognita . einknosli .
Notu . mahti .
Noncubat . namod .
Nuper . nunc . nu .
    uel . modo . edho nu .
Nulli fas . neininc .
    nulli licet . neininc . nimoaz .
Nūmisma . lib .
    nummi . silihha .
    percussa . thuruh slagan .
Nonnullos . nalles . fohe .
    aliquantos . ethes . in manake .

---

[1]) Dieses »tur« gehört als »tor« zu »quentes (torquentes)«.

uel . plurimo . edho . manake .
Noxa . sculdic .
   peccatorea . suntihaf .
Norma . sprata .   s. 210.
   regula . rihti .
   orda mensura . prurdi . kimez .
   uel . forma . edho kiscaft .
Norat . kan .
   sciebat . uueiz .
Non est . fas . ni ist chuski. I, 263, b.
   non . est . iustum . nist . reht .
Non putatiue . nalles . unuuantlih .
Non est iustum . nalles . reht .
Non putatiue . nalles unuuan .
   non . est . dubium . nist . zuuiual .
Non adicias . ni . zoni.uuirf .
   non addas . niauhho .
Non coangustamur . niangustemes .
   non contristamur . niumplithu-
   mes .   s. 211.
   non confringimur . ni cirprechu-
   mes .
   non conlidimur . nifirmullumes .
Non silet . nisuuiket .
   non tacet . nithaket .
Naum . frauui .
   germes . ploamo .
   siue consolacio . edho drost .
Nocticorax . nahkela .
   noctua . nahtfokal .
   bubone . esse . contendunt . daz .
   iz . uuic-laf . uuari .
   alii aū sume . daz . iz . uuari .
   focal .
   in orientem . in ostanond .

que . nocturn' . keme [1] . daz . se .
   corb' . appallant . naht=focal . heiz-
   zant .

Orsus . ufqueman .   s. 212.
   locutus . sprehchandi .
   uel . cepit . edho . pikinnit .
Ore . mund . antlutti .
   uel . facie . edho . kakanuuirti .
Oret . potom .
   peto . pittiu .
Orator . petondi .
   eloquens . sprehhande .
Oracula . kiped .
   responsa . antlenki .
   præcepta . pipod .
   uel . mandata . edho arundi .
Orditus . iz cristin .
   incipit . pikinnit .
Ocior . ratho .
   uelocior . sniumo .
   acucior . uuahso .
Ocius . kaho .
   cicius . skiero .   s. 213.
Ouuans . frauuendi .
   gaudens . menthendi .
   letans . plithendi .
   exultans . uunnisamondi .
   trepidians . nuilleondi .
   uel crescens . edho uuahsandi .
Opifex . maistar .
   artifex . smeidar .
   fabricat . smid .
Officium . ophar .
   obsequium . ampaht .
   ministerium . —

---

[1] Oder »keine«.

Obsecundare . sicondam .
   obtemparare . temparo .   I, 264.
Obdutus . pituhtit [1]) .
   uisus . kisihit .
   aspectus . anima . uuan .
   intuitus . scauuod .
   uel . faciens . etho . toandi .
Oppido . fara .
   castro . kiscz .   s. 214.
   uel . ciuitas . edho purc .
   sine muro . ano . mura .
Oritur . ufquimit .
   nascitur . kiporan .
Oriuntur . ufquimandi .
Ortus . iz erist .
   natus . kiporan .
Opema . preid .
   ampla . rumi .
   uel . magna . edho . mihil .
   uel . spolia . edho raupa .
   quie . dux . theo . herizoho .
   detrahit . irzuhit .
Opemus . preid .
   saginatus . saginatus . feizzit .
   uel . crassus . edho . kifotit .
Obiurgat . uuitharmodit .
   obpugnat . fihtit .   s. 215.
   increpat . trauuid .
   castigat . castikot .
   uel . cupat . edho . mis.fahit .
   mistoit .
Orbatus . urstiufiti .
   priuatus . pilosit .
   seperatus . irskeithan .
Opulencia . kauma .
   abundancia . kinuht .
   rerum . sahhono .
   uel . fertilitas . edho uuahsmic .
Opitulancia . helfa .
   suffragia . folzoht .
   opem . kinatha .
   auxilium . helfa .
Opitulantor . kiskirmendi .
   auxiliator . helfendi .
   adiuuator . helfandi .
Opes . ehti .
   diuiciæ . uuelaki .   s. 216.
Omitto . firlazzu .
Ob . pithiu .
   propter . fora .
   propter . eode . furfaru .
Obtinatio . uuitharpruht .
   nequicia . palo .
   uel . contentio . edho . pakunka .
Obscenus . meintateo .
   famosus . mari .
   turpiter . agens . scantlihho . toandi .
Obsessus . pisezzan .
   occupatus . pifestinod . I, 264, b.
   possessus . pisezzan .
   circumdatus . umpihabet .
Obnixus . pifestinod .
   contrictus . kithunkan .
   submissus . untarsentit .
Obnixius . pifestinotero .   s. 217.
   subiectus . untar=theora .
Obnixe . kirilihho .
Obnixii . pifestinote .
   intende . pihaltlihho .
   subditi . rei . unthar=theo . sahhu .
Olus . chol .

---

[1]) Das »u« ist übergeschrieben über das »t«, welches einen punkt unter sich hat.

Olera'. crateras.
Olor. namo.
   cignus. kilih themu anderemu.
Olocres. flokaronti.
   uolucres. fliukandi.
Obpressus. pithunkan.
   necatus. firslahan.
Occasus. fal.
   fines. endi.
   uel. interitus. edho firunrchi.
Occubuit. kileid.
   interit. firuuart.
   occidit. irsluag.   s. 218.
Oblicus. hofarohti.
   non rectus. nalles reht.
   uel. transuersus. edho misuuentit.
Obsidione. hnekendi.
   uuallatione. talundi.
Obsidiauerunt. kilakoton.
   insidiati sunt. starendi sint.
Opaga. taugal.
   obscura. tunchal.
   tenebrosa. finstar.
Oblustrans. inliuhtendi.
   circum.spiciens. unpisehandi.
Obliteratum. urpohhi.
   obliuione. abkezzal.
   obliterata est. urpohhi. ist. s.219.
   oblita. est. irkezzan ist.
Onera. purthin.
   sarcina. purthin.
Onustum. kiscoppot.
   oneratum. kihlatan.
   grauatum. kisuuarit.
Osianna. osanna.
   saluiuifica. kiheli.
   uel. saluum fac. edho. kihaltanan. kitoa.
Olimpum. uflih.   I, 265.
Obtio. uuinsc.
   arbitrium. hokiuualti.
Obœdiens. horsam.
   dicto. quidi.
   parens. karo.
Operire. inluhhen.
   expectare. pitan.
Obice. firuuirphe.   s. 220.
   repelle. firtrip.
Obiciunt. firuuerfant.
   obponunt. irlekent.
Obstraculis. uuitharsili.
   impedimentis. marunka.
Obtundere. pistozzan.
   prohibere. uueren.
Obtunsus. pistumpolod.
   obscecatus. irplendit.
   uel. clausus. edho pilohhan.
Obtundentes. pistumpalondi.
   abscondentes. kiperkandi.
Opinio. maritha.
   notitia. kikunt.
   uel. fama. edho. maritha.
Obsecrat. pitit.   s. 221.
   qui alium. rogat. ther antharan pitit.
Obtrunkat. firklenkit.
Obprobrium. inproperium. itauuizza. hoha. pismer.
Obstructum. picymbarot.
   præclusum. pilohhan.
Obcumbere. hlinen.
   cadere. fallan.
   mori. irsterpan.
Obstat. uuirtharstat.

contradicit . uuitharquidit .
Oluallatum . pislakan .
   untique . munitum . infera.nolih-
   ha . kifestinod .
Obilum . stukin .
   demedium . halp .
   scriptuli . scriptulus .   s. 222.
   siliquas III . silibha trio .
Olim . forn .
   qvandoque . huanne .
   uel aliqvando . edhethar=huanne .
Onix . tein .
   gentes . chunni .
   marmoris . marmules .
Ozia . ozia .
   fortitudo . dei . strenki kotes .
Osecce . helhendi .
   saluatur . kihaltandi .
Omelia . omelia .
   grecum est . khrechisc . ist .
   quod latina est . daz . latina . ist .
   dcitur . kikhuuetan .
   popularis . folclihho .
   tractus . tractat .
Obstinatus . einkhirpi .
   disperatus . uruuani .   I, 265, b.
   inreuocabilis . unkiuerfentlih .

Passim . samfto .   s. 223.
   leuiter . lihto .
   uel . ubique . edho uuar .
Passimonia . teilondi .
   frugalitas . furipurt .
   abtinentia . firhabitha .
   uel . penuria . edho . chuuala .
Parum . luzichiz .
   perparum . thuruhluzic .
   paulis . luzzikem .

   perpaululum . thuruh=luzzic .
Pauludimentum . uuindlahhan .
   clamidem . nuskilahhan .
Pantheram . tranc .   s. 224.
   aurit . scaphit .
   fialam bibit . endi lid trinkhit .
Palmites . uuinrepun . paum .
   sarmenta . uuidhi . edho zaini .
Placito . lihhendi .
   tranquillo . sleht .
Patramus . thuruh=frummiumes .
   peragimus . thuruhtoames .
Patravit . thuruhfrumit .
   perficit . thuruh=toat .
   expleuit . kifullit .
Patrantur . thuruh-frummant .
   perficiuntur . thuruhuuesant .
   perpetrantur . thuruh zaukenendi.
Pari . kilih .   s. 225.
   simile . equale . epani .
Palmas . palmas .
   uictorias . sicnumf .
Patulis . kipreitet .
   expansis . irthenit .
Palpat . irfoalod .
   fouit . flistirit .
   blanditur . flehot .
Parabula . spel .
   similitudo . kilihhitha .
Pangit . pintit .
   coniungit . camahhot .
   conligat . kipentit .
Patefacit . offantoat .   I, 266.
   aperit . inluhhit .
Pousa . irthenit .
   aperta . offan .
Palam . aukazuraht .
   publice . akiuuis .

Paulus . paulus .
   mirabilis . uuntarlih. s. 226.
   siue electus . edho . firnemmandi.
Pasca . ostarun .
   transitus . fart .
Paraclitum . drostendi .
   consolaturium . flouerendi .
Parasceuen . parasceuen .
   præparatio . kikarauui .
Papula . paula .
   pascua . ostarun .
Pascebam . paro .
   seruabam . helt .
Plaustra . plau*stra* .
   carra . uuagan .
Plaustrum . uuagan .
   carpentum . lancuuid .
   uehiculum . sitod .
Pactio . mahal .
   conhibentia . kimahhitha .
Patruus . fataro .
   castitas . hrenessi . s. 227.
   uerecundia . scama . I, 269.
   puditicia . scamahafti .
   certamina . kiuuin .
Pusillum . luzcic .
Prumptuaria . funthi . I, 269, b.
   cellaria . hardii .
Puplicanus . aukuzoraht .
   telonari . zolanari .
Piublites . kneoradon .
   suffragines . edho theo . pra .
   uel . genua . etho . kneo .
Præpitat . eruuakhit .
   inpellit . piuualzit .
   uel . de alto . deiecit . edho ho-
     hona . aruuirpit .
Præcordia . umpiherza .

Pellititie . harir .
   seductionis . pisuuih . irzochan .
Præualui . pitrahta .
Puerperium . khnethkiperandi .
Puerus . kneht .
   generans . kiperandi .
   aut . cum puer . nascit . etho . mit
     diu . knehd . kiporon . ist .
Promit loquitur . prompsit . piheiz-
     zota . s. 228.
   locutus . est . sprehhandi . uuas .
Propono . furisezziu .
   ordino . endi .
Prodio . pentatico . fimfiu .
   quinque . libris . fimf . poha .
Paulus . paulus .
   mirabilis . vundarlih .
Pihlippus . philipus .
   os . lampadarum . munt . leoht=
     fazzo .
Pudore . alba .
   linea . linin .
   sacerdotalis . prestarlih .
   corpereinlin .
   ad . structa . kithunkan .
Portentum . pauhhan .
   prodigium . forazaihhan .
Puerpera . khnehtperan . s. 229.
   qui . primum . masculum . parit .
   thiu eriston . kneht . pierit .
Prærogatiua . pirehte .
   propria dignitas . eikan . uuirthida .

Quamobre . olthera . sahhu .
   idcirca . pithiu .
   uel . ideo . edho pithiu .
Quatit . uuekit
   contutie . knusit .

mouit . hrorit .
terit . hrimfit .
uexat . uuizzinot.   I, 270.
uel . quassat . edho hnotot .
Quatere . uueken .
 mouere . hroren .
Quatenus . thiu . uuitharu .
Qua ratione . uualihhu rehtu .
 uel . qualiter . edho uueo . s. 230.
Quandam . sumem .
 aliquam . sumem .
Quintillum . fimfto .
 mensis . manod .
 quem iunium . uocant . then . iunium . nēnent .
Quando quidem . thanna kiuuiso .
 tunc omnino . thana alluka .
Queremonia . luppi .
 maleficia . zaupar .
 uel . facio . edho daad .
Querilla . sahhan .
 culpa . misfanc .
Quescio . sahhunka .
 contentio . pakunka .
 disceptatio . pisuuih .
 aut difficilis . edho . unothi .
 explicacio . pifaltunka .
Questiones . sohhi .
 causis . sahhono .
 inquisitiones . frakunka . s. 231.
Quempiam . eininka .
 quem . then .
 quendam . suman .
 uel . aliquem . edho . ethaslihhem .
Queso . forscom .
Queam . meki .
Queas . mekis .
 lialeas . mekis .

Questuarii . arnare .
 mercenarii . metanemon
Questus . kiuun .
 lucrum . kistriuni .
 uel . quesitio . edho kiuuin .
Questor . sceffin .
 ad requirendum . zisohhenne .
Quemadmodum . thiu kimezzu .
Quomodo . soso .
 sicui . apa uuelihemu .
Quispiam . einic .   s. 232.
Quisquam . eininc .
 ullus . eininc .
 uel . aliquis . edho ethes . uuelih .
Quippiam . eouuih .
 aliquid . ethasuuaz .
Quiuit . mahta .
 potuit . mahta .
Quiuerunt . mahton .
 potuerunt . mahton .
Quia . pithiu .
Quietum . stilli .
 placitum . lihhendi .
Quietem . stillen .
 silencium . thakendi .
Quippe . kiuuiso .
 certe nimirum . certe . nimirum .
  zisperi . uzzarqueon .
 sine dubio . uzzar . zuuiuafali .
 presenti . thuruhfasto .
Quin noh sim . etho quod. I, 270, b.
 quia daz . pithiu .   s. 233.
Quin etiam . thoh . kiuuiso .
 insuper . upar .
 si etiam . opa . kiuuiso .
 magis . mer .
 ac magis . endi mer .
Quidam . sum'odicum . luzcit .

Quibus . them .
  omnibus . allem .
Quiduæ . huueo .
  uel . quod . etho . uuaz .
— . —
  palleas . lahhan .
  uel . crientias . etho hemithi .
Quousque . vnz . uuaz .
  quandiu . huueo . lango .
Quorundam . sumero .
  aliquorum . etheslihhero .
Quondam . iu .
  olim . forni .
  uel . aliquando . etho . ethas-
  vuanne .
Quoque . sosama .
  dinuo . afar .
Quo nomine .
  (Seite 234 ist frei gelassen.)
      uuelihu namin . s. 235 .
  qua potestate . huuelihheru .
  mahdi .
Quotiens . ofto .
  assidua . simplum .
Quercus . pohha . eih .
  genus . chunni .
  ligni . uuitu .
Quo . circa . vmpi daz .
  qua propter . fora . thiu .
Querimonia . flizza .
  querilla . seickhe .
  uel . culpa . edho . mistat .

Rapidus . notnemo .
  uelox . kahun .
  rapax . nodi-nimit .
Rapido cursu . sniumo hlaufit .
  ueloci cursu . brado . hlaufit .

Ratus . uuanendi .
  arbitratus . uuanendi .
Ratum . festi .
  ualidum . filu .
  definitum . kienteod .
  uel . certum . edho cund . s. 236.
Rates . cheola .
  naues . scef .
Ram . thornhus .
  ramus . thornu .
  spine . thorn .
  uel . uirgultum . edho zein .
  spine . thornes .
Rancor ran. kason .
  inuidia . nid .
  dolor . kisuuer . racha . iruuortani .
Rama . rama .
  excelsa . hoh .
Ridiatus . piscinan .
Rariscent . kiufent .
  pitiscent . offanod .
Redemitus . kihaupit-pantot .
  coronatus . kikaronot .
  uel . ornatus . edho kihregilod .
Repperit . pinisit .
Rependebat . irsazta.   I, 271.
  reddebat . irkap .
Repente . farunkun .
  subito . kahun .
Repentinus . farunkun .   s. 237.
  subitaneus . kahinkun .
Relata . praht .
  reportata . kitrakan .
Reiecit . iruuirfit .
  recusauit . firuuazzit .
  refutauit . firtripit .
  renuit . firsahhit .
  abicit . firuuirfit .

respuit . firspiuuit .
repudit [1]) . piseitit .
Relator . praht .
refector . prunkan .
Reiecit . iruuirfit .
Reticuit . firsuuiket .
   tacuit . thaket .
Reticentes . suuikente .
   tacentes . thakente .
Remotiora . kihroartora .
   secretiora . sundricora .
Retiproga . untar zuuei*n* .
   ad uicem . zi mittilothe .
Remissa . farlazzan .
Recolere . kilesan .
Recordare . kihucken .
Reminiscens . kihuckendi .
   in mente . in moate .
   habens . habendi .
Refectum . prunkan .   s. 238.
Reconditum . kiporan .
Repositum . kisazzit .
Rex . cuni*nc* .
   rector . rihtari .
   regnator . rihhendi .
Reserare . insleozzan .
   aperire . intoan .
   pandere . innegilen .
Reuma . pizokan .
   reuolutio . piuuntan .
   gurgitis . pipuntilod .
Recisum . firslakan .
   succisum . firslakan .
Retentare . pidennen .
   retenire . pihaben .
Reuocare . kilatho .

reduceret . kileiten .
Reor . salo .   I, 271, b.
Regidus . unprachi .
Reatus . scult .
   reus . sculdit .
Retiuu . kiafalod .
   ex ruinis . fona falliu .
   renascens . kineran .
Reddundad . uparuntheot .
   exuperat . uparikat .
Refluit . upar=fliuzzit .   s. 239.
Renes . lendi .
   uires . makin .
Redargutionis . kifluhdic .
   non habens . nihabendi .
   fiduciam . uite . halthi libes .
Resocolas . kiscafos .
   recreas . kiscepfes
Respicant . ireiscond .
Resapiant . iruuerfant .
Retinet . riuhhit .
   olet . suihhit .
Renit*et* . uuitharhabet .
   resistit . untarstantit .
Restituisti . zi steti kisaztos .
Repræsentas.ti . kikanuuertos .
Restaurasti . kizehotos .
   reparasti . kndniuuuotus .
   renouasti . kiniuuotos .
   retintegrasti . alonc.kitadi .
Resilet . iruuispalod .
   resonet . irhludit .   s. 240.
   resilet . irhludit .
Reuelat . inrihhit .
Reuerantia . uuirthi .
   honorificat . hera .

---

[1]) Ueber dem »it« steht »et«.

Retexit . pitoat .
   reuoluit . piuuindit .
   replicat . piuualzit .
Recessibus . in nithom .
   interibus . innana .
Redolet . slakazzit .
   flagrat . flogarod .
Refulget . piplihhit .
   replendit . piscinit .
Relego . eolihhi .
   sanctitas . uuihi .
Resultat . uuitharhabet .
   reluctat . uuitharrinkit .
   recalcitrat . firtridit.   s. 241.
Recubans . hlinendi .
Redubias . mahti .
Reliqua . suuihta .   I, 272.
Redactus . pitankifrumit .
   perductu . kileidit .
Remeat . uuirfit .
   recreditur . quimit . edho afarkat .
Retrudit . pistozzit .
   reclaudit . piluhhit .
Recensit . kizalazit .
   denumerat . kiropot .
Resurreccio . urrist .
   restitutio . irstantannessi .
Regimen . rehunca .
   gubernacio . stiuritha .
Rimare . fanton .
   scrutare . scauuon .
   inspicere . anasehan .
Rite . rehto .
   consuetudinem . kiuuona .
   ore . munthe .
   aut . recte . edho rehto .
Rimis . neo .   s. 242.
   iuncturis . kifori .

   tabularum . preto .
Ritus . ritus .
   cultus . picanc .
   sine . sacrificium . ano cepar .
   edho . heilacom .
Rigans . lekendi .
   dirigens . rihtendi .
Robore . krefti .
   uirtute . mekinu .
Rogum . eid .
   in strue lignorum . hauf uuito .
Robustum . stranlih .
   ualidus . mahdic .
Rudis . rotake .
   indoctis . unkilerte .
   crudelis . uualokiri .
   noui . niuui .
Rubes . stein .
   saxa . felisa .   s. 243.
   ingentia . ummazze .
Rudencium . strenki.   I, 272, b.
   funes . reiffa .
   uelorum . seculo .
Rubore . rotendi .
   confusione . scama .
   uel . uirigundia . edho unkihaba .
Rubignem . rost .
   eruginem . frost .
   deinceps . stundthannan .
Rudimenta . iz erist .
Rudibus . unreht .
   peccatis . sunteom .
Rudera . theisc .
   stercora . theisc . endi zort .
Rugiebam . roz .
   plorabam . uuofta .
Rura . kihuffe .
   uilla . thorf .

uel . agros . edho . akhara. s.244.
Rutilare . ronton¹) .
   migare . liuhten .
Runphea . uuaffan .
   gladium . suuert .
Refus . —
   rubeus . rotendi .
Rubus . astalohti
   lignum . uuitu .
   spinosum . thornohti .

Sane . heillihho .
   certe . chundlihho .
Sata . kisait .
   seminata . kisait
Sator . scari .
   seminator . saari .
Satum . stathala .
   et . dimidium . modium . endi halp.
   mutti . edho . scefil . fol .
Saucius . kiuuirsirot .   s. 245.
   purifica . kihluttiri .
Sacrum . frehdic .
Saccum . unkiuurd .
Sacramenta . kuruni .
   misteria . ampahti .
Salubris . heilanlih .
   uel . incolomis . edho kisunt .
Sanait . uuihit .
Sanxit . uuihit .
   definifid' . kienteod .
   uel . deiudicauit . edho . kisonid .
Sancire . uuihen .
Sacrata . sedis . kiuuihit sethal .
   relegiosus . locus . eohaft.lih stat.

Sarcina . burthin .   I, 273.
   pondus . suuari .
Satrapi . satrapi .
   præpositi . prebarac .
   persarum . persarbo .
   uel . qvisunt . edho the sint .
Salue . halt .
Salus . kanz .
Saxax . sceri .
   acer . atar .
   aut celer . edho sniumi .   s. 246.
   ad inuestigandum . zi-spuregenne.
   sipescitus²) . edho zifinthanni .
Sacrissimus . sceri .
   uelocissimus . kirathi .
Sarmenta . zoki .
   rami . eisto .
   que de uinia . exciduntur . the
      fona uuincartom . irsnitan sint.
   uel . sarso lamina . edho ascrota.
Saltim . —
   uel . edho .
   sic licet . edho irlaupit .
Saltus . saltus .
   silua . holz .
   uel . montes . edho perga .
Sanie . samiheil .
   corruptu . kipah .
   sanguine ploatu .
Satellites . sataniceliln³)
   socii ki.zza .   s. 247.
   latronum . scathareo . reo .
   uel . regni . edho rihher .
   comites . graueon .
Sabat . scodaht .

---

¹) Scheint in »ronten« verbessert.
²) Gleich »sive citus«?
³) Oder »satanialin«.

Samo sant.uuerf.
　insola . uuerid.
　in medio mare . in mittem . se-
　　uuim.
Satan . sirplasino.
　aduersarios . uuithar-uuert.
　uel . contrarius . edho uuirondi.
　siue . transgressor . edho upar-
　　farandi.
Salathiel . helfa.
　petitio mea deus . petunkā in . kot.
Septum . pizunit.
　circumdadum . umpipitan.　s. 248.
Serta . quæ . mericreozza.
Secum . mit.timu.
　intra se . innan imu.
Secus . samant.
Sequis . naah.
Series . festi.
　ordo tenor . endiprurditha . fora-
　　nondic.
Sequestrati . zistrudit.
Sedus . mammundi.
　sine dolo . anu feibhan.
　idem uerus . daz selpa uuari.
Sentes . hacana.
Sertis . festi.
　ardua . loca . pithunkan . steti.
　uel . roae.　　　　　I, 273, b.
　in mare . edho pifleoz.
Seuus . slithic.　　　　　s. 249.
Sedicio . pifaritha.
　disceptacio . pisuuih.
Sexus . heid.
Serpellum . namo.
　pulegium . kilihhitha.
Secta' . folkitha.
　institutio . kisezzitha.

Sectans . folkendi.
　exercens . pikankandi.
Sectare . folken.
　persequere . ahten.
Seduccionis . pisuuih.
　contenciones . pacunka.
Senium . alt.
　senium . halti.
Seorsum . suntirinkun.
Segregati . irsceidan.
　prospero . kiforo.　　　s. 250.
　uel . filici . edho saliclihho.
Suuerus . shleht.
　modestus . mezhaft.
Seuitia . slizzunka.
　iracundi . apulki.
Sedit . slihtit.
　mitigat . stillit.
　compascit . kistenno.
Secubo . zisceidiu.
　seciodore . zaslazzu.
Senius . thraco.
　tardius . lazzo.
Sudulis . simplum.
　assiduus . kilihho.
　frequens . ofto.
　uel . — . edho unpihuedic.
Sin opa ni.
Sin' . sic . sine . firlaz.
Silencium . suuicunca.
Sidera . sternon.　　　　s. 251.
　stille . sterna.
　uel . signa . edho zaichan.
Sinodus . senothic.
　congregacio . kisamanunkun.
　senum . kimahhitha.
　uel . comitatus . edho . kisintin-
　　scaf.

Sillabeo . sallaba .　　　　I, 274.
　uocabula . nemnunka . endkī-ah-
　　hitha . poahbo .
Signat . zcihnit .
　exq'mit . pithunkit .
　excutit . pihniutit .
Simulata . lizitonti .
　fincta . lizzitunc . daz ist . thane-
　　man . antharuuis . kiparet . an-
　　thar-uuis . thenkit .
Simulacrum . kilibhitha .　s. 252.
　effigiem . manalihho kimali .
　imaginem . kilihnesse .
Silenter . suuikendo .
　latenter . tarnūkū .
　uel . tacite . edho thakendo .
Simbulum . kilaupo .
　obtima . kiforosta .
　collatio . prahta .
　uel . quodcunque . edho . daz mit
　　cote ist .
　pactu . mahal . sino .
Sinagoga . thinc .
　conuentus . zoquimina . karori .
　inneuentabilis . umpipora . canth-
　　calih .
Sinore . tunchalo .
　grauis . suuar .
Socordia . narrabeit .
　pire sopires¹) . lesken .　s. 253.
　compescere . stillan .
Sopitus . kituolin .
　extinctus . arklihhod . irleskit .
　aut sommo grauatus . edho mit .
　　slafu . kisuuarit .
Sodalis . scatho kimah .

sotii . kinoz .
　latronum . scatho .
Sodalitas . kimabhitha .
　amicicia . friuntscaf .
　uel . familiaritas . edho . the-
　　onosti .
Solercia . urstotli .
　heremus . einsidilo .
Solocissimus . kiuuntanlih .
　flexuosa . kipiukautlih .
　uel . tortuosa . edho . kitrahit .
　conclusa . pilohhani .
　collega . kisamanunc .
　comis . kimachit .　　　s. 254.
　consors . kiteilon .
　particeps . teilnemandi .
Soers . suuephar .
　sollicitus . pithahdic .
Solemnia . idmal .
　festa . missa . anua . solita . tulthi .
　　dacon . scolic .
Solemnitas . erhaftitha .
　relegiositas . edho . lihnessi .
　uel . solitudo . edho sculthiclih .
Sutis . stakulle .
　fustis . rap .
　acuti . uuas .
Sol ruit . sunna pifeal .
　sol occidit . sunna . pisluac .
Sospis . kisunt .　　　　I, 274, b.
Solamen . follazuht .
　solatium . trost .
Sontes . ratonte .
Solum . solum .
　terra . ertha .
　excelsus . in porc .　　s. 255.

---

¹) Das »s« scheint durch einen punkt getilgt.

erectus . inrihdit .
    præclarus . thuruh-hlutar .
    glarior . hlutarora .
Sopha . uuistō .
Superstitio . unscaf .
Superfluo . unkimez .
Superuacue . eokimundi . upar-itali .
Superstitione . unscaflihho .
Superos . suparoston .
Suspensi . urthahte .
    dubie . cogitantes . zuuiualt . thenkhendi .
    et deliberantes . endi losunkondi .
Sustenttent . thennent .
    nutriant . zeohant .
Sustentacione . thennunku .
Subleuacionæ . untarhabithu .
Subsubpellectile . helfantlih. s. 256.
Supplex . ar'poro .
    submissus . untarsentit .
Suppet . fullit .
Sub pectore . in prustun .
Subnectens . piknupfendi .
    subligans . pipindenti .
Subnixis . einfald .
Subdit . untartoad .
    subponit . untar-lekid .
Subiecti . untartheothe .
    subiugati . kiuuetane .
Sub uisibus . untar kisihtin .
    sub præsentibus . untar kankan-uuirdu .
Soboles . zuht .
    propago . zuhhi .
    nati filii . kiporaniu khind. s. 257.
    uel . progenies . edho . chunni .
Subent . untar-teta .
    deuicit . uparuuan .

uel . subdit . edho . untar-thiudit .
    daz ist . kitheaed .
Sues . suuin .
    porci . suuin .
Subulcus . suen .
    pastor . hirdi .
    porcorum . suuino .
Suasor . scuntəri .
    ortator . spanari .
Subsidia . follazuht .
    auxilia . helpha .
    suffragia . follazukitha .
    patrocinia . helpha .
    siue . auxilia . edho . helfa . edho . fruma .
Susurrio . runa .
Sineciosus . zuuiuli .
    uel . binguis . edho . zuuizuki .
Surrat . runet.   s. 258.
Subsannat . scernot .
    inridit . pismerit.   I. 275.
Substullit . zistozit .
    degregauit . ziscedit .
Sugillat . misdumurthirid .
    strangulat . uurkit .
    suffogat . themphit .
Pugillare . uuerra .
    uuacusare . roken . einist . daz .
Sutcepit . infahit .
    uenerator . uuerthod .
Suspendit . piheizit .
    pollicitor . piheizit .
    fatitor . gihit .
Suspensus . urheizzo.   s. 259.
    dubius . zuuifalari .
    incertus . unkhunt .
    arrogans . hromari .
Sultor . afalondi .

Soluuntor . zilosit .
  langiscunt . irsiuhhet .
Sceptrum . sceptrum .
  uirga . garte .
  regale . chuninclih .
Scōrū . lenne .
  meretrix . zatare .
Stuprex . scanda .
  fornicacionis . firligari edho . un-
  chus.ki ligiri .
Sponstanea . kiheizzantlihho .
  uoluntaria . uuillantlihho .
Stipis . stiura .
  elimosina . alamosan .
  uictus . pilipan .
Stipendia . stiura .
  munera . meta [1] .
  lucrum . kistriuni .   s. 260.
  uel . censum . edho cins .
Stipatus . kistiurit .
  torbaciredatus [2] . mit meniki . umpipihabet .
Stipulatur . rahchondi .
Stipide . zispaltan .
  trunco . zislakan .
Scandit . ufstikit .
Scitare . forscon .
Spectaculum . stuuo .
  spectacio . pischandi .
Stagnum . stilli .
  lacum . uuac .
  siue quod stat . edho . daz . stillo
  stat .
Stridor . kristkrīmūc .
  strepidus . stripelenti . I, 275, b.
  sonitus . hlutendi .

uel . tumultus . edho . prahtendi .
Speluncis . ho*lun* .
  concauus xais . in olem . felisom .
  scupolis . scopsteum .   s. 261.
Saxa oponens . felise lekentis .
  offindiculos . firspurnitha . daz er .
  nimac . fallan .
Stadium . stukhi .
  passus . scritamal . edho stapho .
Statuit . kistudita .
  censit . scauuuota .
Sponte . uullin .
  ultra . upari .
Spreuit . pismahet .
  contempsit . firthenkhit . edho firhukit .
Strophan . strupitha .
  fraus . unfruma .
  nequitia . palo .
Scenophigia . kiuuirkhi .
  templi . tempales .
  fabrificati . kicymbritha .
  uel . constructio . edho kiuuir-
  khitha .   s. 262.
Sema . imago . kimali .
  figura . kilihhitha .
  uel . templum . edho . te*m*pali .
  idolorum . zauparo .
Stima . kiuuati .
  ornamenta . kihrusti .
  regales . chuninclih .
  quasi bannum . soso firiuuiz-
  lihhi .
Studium . zilun .
  disciplina . kathau .
Scribelegis . scribare . euu .

---

[1] Man sollte eher »ineta« lesen.   [2] Ueber »ci« stehn zwei punkte.

periti . kilerte .
Storio . storio .
   graphus . graphus .
Storio . kirekhitha .
   conscribens . kiscripendi .
Strinuus . lunkar .
Sollicitus . pithahdic .
Stater[1] . kiouaki .
   dragme . thrimise . edho spann' . pislehto .
Scidola . ein endi . pohho .
   paginec . edho ein peine . daz . ist ein kant plates .
Specialiter . ackiuuislihho .
   omnino . zialasperi .
Stimulat . stechot . stunkit .
   incidat . karauuit .
   trallat . khizilod .
   imittit . zuuankod .
Scinditor . slizzit .
Stripsit . stuhhi .
   sternit . kilekit .
Strio . namo .
   mimrius . kilihhitha .
Sterquillium . mistun .
   aceruus . sarpf .
   uel . ruderis . edho . eipar .
Stipat . stikhit .
   conponit . kisezzit .
Stipata . kistikit .
   fulta . pistozzan .
Strupulo . finstari .
Scribula . scrift .   I, 276.
   epistola . foranondic .

Strepidus . stripelendi .
   tumultus . praht .
   admonet . manot .
Stupit . irqueman ist .   s. 264.
   mirator . uuntarod .
Scelerare . firinon .
   contaminare . pismizzan . piunchusken .
   istat[2] . *est* . nūm' . uuaka ist . silihhaono .
   aut[3] . quidam . firmanot[4] . sosum festinond .
   unzia unā . unze einu .
   aureos . sex . skillinka sehsi .
   sic.los . sidus .
   abet . habet .
Scriptula . scriptulos .
   X . obolos . cehani . hofinac .
Scinifex . mucke .
   culicum genus . p'ma . chunni .
   permolestum . thuruh . arapeit .
Sion . sion . perc .
Speculatio . anascauuunka .   s. 265.
Salus . salus .
   temptatio . khora .
   uel . angustia . edho . angust .
Subprimus . untar heroston .
   nouissimus . iunkisto
Summus . hohosto .
Sonipes . sonipes .
   æquus . hros .
   cornipes . orohti . mosci .
Stilo . stil .
   grauio . zraf .

---

[1] S. »istat« auf der andern spalte.
[2] »statera«?
[3] Das »u« ist übergeschrieben und soll also wahrscheinlich verbesserung in »ut« sein.
[4] »affirmant«?

uel . calamus . edho . calomo .
Simultas . unkimahhitha .

Tabes . uueih .
   macies . magar .
   taxator . uuanendi .
Trabes . pat . kikarauui .
   uestes . uuat .
   sinaturia . uueitin .
   uel purporia . edho uuorm-prun .
Tramite . hæc gepugi .
   uie . transuerse . uueka . in anthra
     fera . kiuuante .   s. 266.
Tantillus . luzic .
Tranquillus . sleht .
Trangreditur . uparkenkit .
   demum . uuanne .
   tandem . ethas .
   postremum . iz . iunkistin . iz .
     aftrostin .
   uel . nouissimus . edho . iunkista .
Tandundem . ethas . huuanne .
   eadem . similitudo . daz . selpa .
     kilihhitha .
   uel . similiter . edho . sama .
Talami . kheminatun .
   cubicula . chamara .
Testamentum . euui . uuizzod .
   pactum . mahal .
Terminatum . kienteod .
   finitum . kisinit .
Tetarce . in eina halp .   s. 267.
   IIII pars . regni . feortha . teil .
     rihhes .
Trepidiad . pipinod .
Demerite . kidurstlihho .
   inconsiderate . unkiscauuontlih .
Temulentus . kidurstlihho .

   furibundus . furifuntlihho .
Terga . aftanondic .
   dorsa . hrucki .
   fuga . ars belli . uel . coria . edho .
     hindin'dic .
Telum . scefti .
   quod . uulnerat . daz . uuntod .
Tetrum . unsupar .   I, 276, b.
   nigrum . suuarz .
   inmundum . unrheini .
   putidum . suuehhandi .
Tenus . thiu thinku .
   usque . undaz .
Temerata . pismizan .   s. 268.
   uialata . piuuemmit .
Terribilis . eikisih .
   metuendus . forahtendi .
   terrendus . prokendi .
Tenturia . husilin .
   tabernacula . purii .
   papiliones . sapphii .
Degurium . thechi .
   hospicium . casthus .
   uel . casa . edho . hus .
Tempsit . firmanet .
Tedit . sorket .
   angit . ankit .
   pinetet . hriuuot .
Testitudo . thikinothi .
   densitas . thicnes .
   romorum . esteo .
Tenax . eistridi .
   perseuerans . thuruh-uuonendi .
   auarus . freh .
Testa . hnach .
Testinum . testinum .
   oportunum . kifori .
Terretus . kisciuhit .   s. 269.

Degmen . thechi .
　uelamen . pihullid .
Tegunt . thechent .
Tenatacis . einstriti .
　celant . helant .
　firmitas . strengi .
　condinencia . habuhnessi .
Terris . sciuhis .
　confundis . kiscendis .
　terrorem . ekison .
　incutis . irkiuuis .
　uel . metum . edho . forahtun .
III . solis . thri . sunni
　triduum . thri decge .
Titan . titan .
　sol . sunna .
Ditanla . liuhtitha .
　luna . mano .
Triumphum . siginumft .
　solemnitas . uuerthunc
　uictorie . sikginumfti .
Triumphato . siginomo .
　diuicto . uparfohtan . 　　s. 270.
Tirannus . uuotan .
　herz . malus . ubil .
　uel . seuus . edho . slizzendi .
Typus . tipus . 　　　　　I, 277.
　figura . kilihnessi .
　uel . aspidus . edho . aspidus .
Timidum . trac .
　uinum . uuin .
Timolentus . upartrunchan .
　uinolentus . uuinac .
Tatis . uuazzar .
Titulat . titulod .
Timia.mati . suuozzi .

odor . suuekhe .
　suauitatis . suuozzitha .
Tinnies . khellanti .
Tripulacio . arapeid .
　persecutione . ahtnessi .
Titulus . titula .
　notis . chunde . 　　　　s. 271.
　indiciis . kunnessi .
　obras . plint .
Tribus . khunni .
　populi . folkes .
　diuisio . ziteilitha .
Tyrus . unsupar .
　rustigus . rustih .
Tymphanis . cymbolon .
Triarus . cūtriar'.
Tora . uuizohd .
　tot.idem . somanike .
　eiusdem . thes . selpin .
　numeri . zala .
Torrens . klinkun .
　fluuius . fload . 　　　　s. 272.
　ex pluuia . fona . rekane .
　collectus . kisanot .
Torrendum . thurri .
　tostum . stiupandi .
　sils [1]) . thuruhcan .
Trochus . radscipa .
　rota . rad .
　ludentium . spilontero .
Toga . stoz .
　flaus . paltoles .
　membra . stlihhi sint . 　s. 273.
　circa . uuanum . piperi .
Trophea . hrekil .
　spolia . raupa .

---

[1]) Das letzte »s« ist durch einen punkt getilgt.

ponitorum . uuizzi.n'thero .
    siue . uicoria . edho . siginumſt .
Torus . resti .
    lectus . petti .
    siue recubitus . edho hlina .
Toregina . slipistein .
    tornatura . uuendendi .
Tuota . tuota . kisunt kimiz .
    secura . ursore .
Typu . paukhan .
Tronus . secal .
    sella . satul .
    regalis . chuninclih .
    siue celum . edho himil .
Trophologia . trophologia .
    moralis . intellegentia . uuislihho .
        firnem'ti .   s. 274.
Tellet . firnimit .
    delet . firstrihhit .
    extinget . irleskit .
    generat . kikhennit .
Tolerat . tholet .
    sustenet . thuldit .
    pacitur . troed .
Torpor . tropi .   I, 277, b.
    signicies . zaihhan .
    stupor tam . corporis . piluhlih .
        hōnū .
    quam . animi . sosama . selun .
Tutela . kisunt .
    procuracio . rocha .
    siue . defensaculum . edho . ki-
        scirmitha .
Tundentes . pozzendi .
    pectora . prust .
Torpidus . kitrobit .
    iratus . kipolkan .
    commotus . kihrorit .

Tumida . zisuuollan .
Turpolentes . uuiluuerbic .   s. 275.
Turpo . truobi .
    procella . unstilli .
    tempestate . unstillitha .
Tunditor . porit .
    uerberatur . suuenkhit .
Tuitus . scauunka .
    misertus . kinatha .
Tuire . scauuon .
    uitare . pipergan .
    defendere . kiscirmen .
Tuicione . scauuonka .
    defensaculus . kiscirmitha .
Tunc . thanne .
    uel . demum . edho iz iunkistin .
    siue de præsenti . sosama pi kan-
        kan.uuertv .
Turibulum . rauhchar .
    ubi thartus . uuihrauh .   s. 276.
    incenditur . inzundit . ist .
    id est . daz ist .
    timiatarus . raukhelle .
Tuaura . unperendi .
Trudinat . khunnet .
    rependit . faret .
    perpensat . scauuot .
    estimat . uuanit .
    siue metitor . edho mizzit .
Trutinare . scauuon .
    perpensare . thuruh scauuon .
Trux . aariupo .
Trucis . unkitrasun .
    gentilis . heidinisc .
    asperi . apuh .
Trucidat . pinod .
    debilitat . uuanaheilit .
Tunsa . piscoran .

cesa . pisnitan .
Tumolus . hleo .
Turget . piklipit .
Thomas . thomas .
    abysus . abcrundi.   s. 277.
    uel . geminas . edho . zvuifalt .
Tatheus . tatheus .
    ipse est . er selpo ist .
    et iudas . endi iudas .
    iacobi . iacobi .
Talentus . un*um* talenta . eiu .
    uel . XXX . aht=tozo phunto .
Tyrus . enki .

Ualuas . Ioh .
    fenestras . finestrun .
    ianua . postes . turi upartur .
    uel . hostia . edho . cataro .
Ualla . talohti .
Uastus . iritalit .
    sufficiens . kino .
Uades . purkeon .
    fideiussores . kitriuuualiton .
Uaticinatur . marid .
    diuinat . uuizzod .
Uaticinium . coaridia .
    prophetatio . uuizinunc .   s. 278.
    prosagium . lera .
Uafer . sniumi .
    callidus . suuefari .
Uagitus . —   I, 278.
    ploratus . uuostendi .
    ululatus . hiufendi .
Uastat . irfurpit .
    expoliat . irraupot .

expugnat . irfihtit .
Uestibolus . oposa .
    prima pars . erista . teil .
    domi . huses .
    aut cardines . susun . edho ufhus .
Ueredicus . uuarqueto .
Ueluti . sosama .
    quasi . so .
Uenerat . eret .
    adorat . petot .
Uenerandum . uuerthoti .
Ueternosus . iraltet .
    uetustus . irfirnet .
Ueneficus . zaupari .
    erbarius . uurzari .   s. 279.
Uentilaturium . uuind*p*reidun .
Uecticalia . nasahelmes .
    auehendis . mercidibus . ziuue-
        rienni . meato*m* .
    omniumque . allero .
    negutiu*m* [1]) . scirono
    so.lucionis . zilositha .
Uersucia . unuuatlihho .
    contorta . kikru*m*bi .
    sententia . quiti .
Uerna . trikil .
Uernat . menthit .
Uernabunt . laupet . zenū .
    slorebunt . ploent .
Uernaculus . sundiric .
    probus . eican .
Uecors . urhirzi .
    status . unfroat .
    siue brutus . edho sic .
Uecor animo . urherzmodi .

---

[1]) Das »i« ist herabgezogen, und sieht mit dem vorangehenden »t« einem »q« sehr ähnlich. ebenso bei »spoti« auf s. 286.

mesero . arm .
   et anxio . endi . ango .
Uenustua . froad .
   scita . uuizzanda .   s. 280.
   agia . ahtfenki .
   grata . inthankhe .
Uenusta . liuplih .
   pulchritudo . fagiri .
Uenustauit . kiliuplihota .
   decorauit . kic'ta .
   uehementer . filu .
   cat' . acaleizzo .
Uellere . hrespan .
   college . lesan .
Uelant . hellent .
Uertid . uuendit .
   permutat . firuuhslit .
Uerbatinus . so . ist kiuuisso .
Ueruntamen . nuardiiu . uuitharu .
Uexat . uuernet .
   fatigat . moid .
   adfligit . thuinkit .
Uexati sunt . uuernendi sint .
   temptati sunt . khunnendi . sint .
Uesperugo . apanstun .   I, 278, b.
Uespere . uesperun .   s. 281.
Ueterauit . infirneto .
   antiquauit . aralteta .
Uepperet . pramiun .
   seutes . hiufaltar .
Uergit . uuerfit .
Uesania . heilhaft .
Uetuperauit . scalt .
   increpauit . trauuitha .
   inproperat . firuuiz .
Uescere . ezzan .

manducare . mosen .
Uescor . mosiu . edho izzu .
   comedo . māmūtu . mirmosiu .
Uectus . prinkandi .
Uectes . krindila .
   serre . sloz .
Ubrat . irziuhit .
   micat . scinit .
   crispat . klinkit .
Uiperare . scuten . hnutten . s. 282.
   asta . ast . scaft .
   intorquire . piucan .
   minitare . huuennen .
Uget . uuekit .
   agitat . irhrorit .
Uigor . mekin .
   uim . 'mekin .
   uel . ui . ehto . maht .
   uisi . mekin .
   uiolentia . noduuekitha .
Uicissim . inkizaske .
   alternatim . quiski .
   uel . mutuo . edho inkiuuihsli .
Uicissitur . inquiski .
Uis . animi . mekin . selu .
Uis corporis . mekin libhi .
Uirgula . hrispahi .
Uirecta . hrisir .
   quiuirbit . thiu croent .
   in agris . in accharun . daz ist .
   holz . luzzic .
   minuta . luzic .   s. 283.
Uidelicet . kiuuisso .
Uindicamus . lonomes .
Uacillum [1] . hreini .
   labacrum . thuuahal .

---

[1] Es steht »uillum« mit übergeschriebenem »aci«.

Uinxiit . pithuuane .
Uincere . kihefte .
Uicin . nahkipuro .
   propinquus . nahisto .
Uiolant . pismizzant .
   rapiunt . kikrifant .
Uiolasse . kihankriffon .
   ligasse . pintan .
Uirago . strankiu .
   fortissimo . strenkista .
   femina . uuip .
Uiscera . prust . nahiston deil . litheo .
   quibus . uita . them . lip .
   contenet . pihabet . ist .
Uigens . festitha .
   uigax . fertinunc.   s. 284.
Uictima . karo . hosti ant.heiz .
Uictima . kariuuic .
   immolo . pifilahu .
Uiduatus . uruuituid .
   orbatus . irstiufit .
   fraudatus . kitarod .
Uisibus . uulleoten .
   conatibus . tilentem .
Uibex . zankar.   I, 279.
Uis.endi . sehandi .
   uidendi . zihenni .
Uitricu . aftaro . iunkiro .
   secundus . aftaro .
   maritus . kharl .
Uiscera . innana prustun .
Uolumine . poah .
   tractato . trahtot .
Uoluptas . firinlust .
   oblectatio . kiuurt . unreht .

Uoletat . fliukit .
   uolat . fliukit.   s. 285.
Uolutad . uuantalod .
   pectore . mit prustun .
   cogitat . thekhit .
Uolucres . fliukande .
   uœlocis . hrate .
Uolubilitas . uuiluuerbiic .
   mentis . moates .
Uarietas . missilihhi .
Uulgata . kiiuffit .
   in notitiam . in kikund .
Uulgus . unuuadlih .
   uilis . untharalih .
Uulgo . kiiuffit .
   passim . kipreitit .
   palam . kifortharod .
Ultiro . meruuih .
   sponte . uuillihafto .
Ultra . upar .
   supra . upari .
Ultor . uuizzinari .
   uindex . rehthari.   s. 286.
Ultrices . uuizzinare .
   uindices . rehhari .
Osurpat . kisturtikod .
   usum facit . kiuunnuntoad .
Alcus . reiz .
   pestes . stramilon .
   uel lues . edho rizzi .
Ulne . elinna .
   uel . cubiat . edho . elinamez .
   edho . spanmali .
Umosion . umosion .
   unus substantie . eineru . mahti .
   eineru . spoti [1] .

---

[1] K. aus »spcot—« .

Ubertas . uuasmic .
Uberrima . spodic.   I, 279, b.
 fructuosa . uuahsan . perantlihhi .
Ultimus . uzzarosto .
Ultatus . kiuuizzinod .
 damnatus . pinod .
Ultosus . unfro.   s. 287.
Ultorem . mundporo .
 defensorem . scirmeo .
Unorus . kinoc .
Urbs . hac .
 ciuita . burc .
Uri . prinnan .
 consuetutinarium . kiuuonitha .
Utensilia . neozzandi .
Usibus . uuisom .
 necessaria . nodthuruft .
Usto . pruhhit .
Uisitatio . uuisondi .
Utque . kiuuisso .
 aut etiam . edho . zisperi .
Utere . pruhhan .
Uestire . uuerihan .
Utpute . so ih . uuaniu .
Ut . testimo . so . mir . thunkhit .
Usque . quaque est . —
 utro . iahber .
 ibique . iohthar .
Utinam . althar.   s. 288.
 obtantis est . uunkentes . ist .
Uspiam . eoener .
 ullum . locum . einic . stat .
Usquam . einic .
 alicub . eininc . huualih .
Umbone . scirmari .

Ulli . einen . kāmu .
 alicui . etheshuuelihhemu .
Ulla . eininc .
 aliqua . ethesuualih .
Untique . eokiuuanan .
 ex orbi terræ . fona alleru erathu .
Urgeat . peite .
 gluttiat . suuelke . slinte .
Christus . christ .
Unctus . salpa . edho . uuihi

Irmneus . restendi .
Ipotasis . maht .
 substantie . spot.   s. 289.
Zelfera . zefera .
 uenti . uuindi .
Zelus . ando .
 inuidia . nid . apanst .
Zelosus . ellenhaft .
Zelotibus . einsnel .
Zezania . turd . krud upila . zratan .
Zebedeus . zebedeus .
 donatus . kepo .
Zacheus . zacheus .
 iustificatus . rehthaft .
 aut iustus . edho reht .
 uel iustificando . edbo rihtendi .
Zacharius . zacharius .
 memor dei . kihuedi kotes .
 uel . memoria . domini . edho . kihuedi . druhtines .
Zarda . irscopan .
 alienatus . irfremidid .
  Finit . closas .

Auf der folgenden leeren seite findet sich ein runisches wort. dieses folgt später. S. 292 »Incipit doctrinæ fides« etc. geht bis s. 319.

Dann steht noch auf den zwei letzten blättern das gebet des herrn und das glaubensbekenntniss, welche wir später geben.

GLOSSEN ZUR BIBEL.

Handschrift 295. Jahrhundert IX.
Handschrift   9. Jahrhundert IX.
Handschrift 1395. Jahrhundert IX.
Handschrift 299. Jahrhundert X.
Handschrift 292. Jahrhundert IX.
Handschrift 70. Jahrhundert VIII.

VORBERICHT.

Es folgt hier zunächst eine reihe bald mehr, bald minder reicher glossensammlungen, welche eine verteutschung biblischer wörter und ausdrücke zu ihrem stoffe haben. die quellen, an welche sie sich anlehnen, sind bekannt; doch werden gelegentlich auch Virgil, Varro, Martial, Horaz genannt.

Was die verwandtschaft der einzelnen sammlungen betrifft, so stehen sich handschrift 295 und handschrift 9 sehr nahe. jene ist reicher durch die menge und fülle ihrer glossen, doch bietet zuweilen auch diese etwas dar, was jener abgeht. so lies't z. b. erstere auf s. 137 »Tragelaphum . cerui capræ«, letztere auf s. 286 »Trægelafum . cerui capreæ . helaho«. In diese familie gehören ferner die von Massmann in dem ersten hefte seiner »Denkmäler deutscher Sprache und Literatur« auf s. 92 und den folgenden mitgetheilten stuttgarter, münchner und augsburger glossen, wenigstens bis zum Josua, und die ganz nah verwandten bruchstücke aus der handschrift 1395, welche mit glossen aus dem Paralipomenon beginnen, und die genannten handschriften 295 und 9, die gerade in diesem theile etwas mager sind, ergänzen. An die massmannischen glossen dagegen reiht sich, da wo etwa die verwandtschaft mit den erwähnten sanktgallischen aufhört, die handschrift 299 an, zum wenigsten für das buch Esther und Esdra. sonst scheinen die glossen dieser handschrift weder mit der vorangehenden, noch nachfolgenden sippschaft in eine nähere beziehung zu treten.

Ferner stehen und bilden eine zweite sippschaft die glossen der handschrift 292 und einer karlsruher handschrift, von St. Peter auf dem

Schwarzwalde stammend, deren verwandtschaft durch die zusammenstellung beider in Graff's Diutiska (b. 2. s. 168 ff.) klar vorliegt.

Die handschrift 70 hat wohl keine verwandtschaft, weder mit der einen, noch mit der andern der angeführten reihen. dies wird um so wahrer sein, als wir uns nicht irren, wenn wir als ihren urheber den übersetzer der Benediktiner-regel erkennen (s. die einleitung zu handschrift 70). dagegen halten die dem Leviticus entlehnten thiernamen in dem wörterbuche des heiligen Gallus so die mitte zwischen den beiden angeführten sippschaften, dass man nicht weiss, welcher seite man sie zuweisen soll.

Schwer ist es über den näheren oder entfernteren grad der verwandtschaft mit den glossen, welche Docen in seinen Miscellaneen (s. 201 ff.) mitgetheilt hat, zu entscheiden, wegen der form, die er ihnen gegeben hat. können wir auch Docen der beliebten form wegen nicht tadeln, so ist doch wieder ein neuer beweis geliefert, wie wünschenswerth unveränderte abdrücke alter denkmahle sind, und wie nur sie eine sichere grundlage für spätere arbeiten liefern.

Der herausgeber glaubte sich dank zu verdienen, wenn er die glossen zum theil vollständig wiedergab, und nicht bloss das erklärte und erklärende wort, wie bei »ascopam« (handschrift 1395, s. 454). ebensowenig fürchtet er tadel, wenn er durch eine oder die andere ursache bewogen zuweilen eine glosse aufnahm, die gar kein teutsch enthält, wie die glosse »cirogrillus« aus handschrift 292, um ihre verwandtschaft mit den thiernamen in dem wörterbuche des heiligen Gallus darzuthun, oder die glossen »pilosi« und »stigmata« aus handschrift 295 (s. 221 und 130), »conpingite . langite« aus handschrift 9, wegen der seltenheit und der bedeutung des letzteren wortes, u. s. w. Auch liess er sich nie durch falsche scham verleiten, zweifelhaftes zu unterdrücken. so nahm er aus handschrift 292 »larus gáia« auf, obgleich verderbniss aus dem lateinischen »gavia« wahrscheinlich ist.

Randglossen und zwischenzeilige glossen sind bezeichnet, und wo es die deutlichkeit gebot, überdies in klammern gesetzt. dessgleichen befinden sich in klammern die vom herausgeber hinzugefügten titel. Grosse buchstaben im anlaute der wörter sind gelassen, in mitte derselben durch kleine ersetzt.

Wir sind in diesen handschriften öfters dem zwielaut »ui« begegnet, besonders in handschrift 299 und 9. ganz unzweifelhaft ist z. b. »puilla« und »ruidik« auf s. 278 und 279 der handschrift 9. bei handschrift 299 ist karakteristisches kennzeichen des »i«, dass dasselbe unten mit einem kurzen graden strichelchen im spitzen winkel abgeschnitten ist, während die striche des »u« in einen gerundeten, oft langen schwanz ausgezogen und nur selten wie das »i« abgeschnitten sind. wo nun die karakteristischen kennzeichen eintraten, da durften wir auf unserm standpunkte nicht anders lesen, wie z. b. »bruitit« auf s. 10, »stuifsun« auf s. 34, »puilla« auf s. 38, u. s. w. manchmahl ist jedoch »iu« und »ui« ganz unentscheidbar, wie in »coniua« auf s. 196. wir haben die schrift wohl betrachtet und erwogen, und machen diese bemerkung für alle künftigen mahle, wo wir ein »ui« werden geben müssen. und nachgerade fängt auch unser glaube an die unmöglichkeit der schreibweise »ui« zu wanken an, besonders wenn wir die heutige mundartliche aussprache in betracht ziehen.

Die römischen und arabischen ziffern deuten auf Graff's »Diutiska«, »M« mit folgender arabischer zahl auf Massmann's »Denkmäler deutscher Sprache und Literatur«.

Handschrift 295. Jahrhundert IX.

EINLEITUNG.

Die handschrift, in quart, gehört wohl dem anfange des neunten jahrhunderts an, denn ihre schrift ist kräftig und hat noch nicht die völlige abrundung der karolingischen. Sie enthält glossen zu den vier evangelisten, der apostelgeschichte, den briefen der apostel, der geheimen offenbarung. dann folgt s. 44 »Incipit interpretatio nominum hebreorum«, s. 54 »De gentibus«, s. 56 »Incipit de locis«, s. 57 »De fluminibus«, s. 58 »De mensibus«, ebendaselbst »De solemnitatibus«, s. 60 »De idolis«, s. 61 »De ponderibus«, s. 62 »De mensuris«, ferner »De Græcis nominibus«, s. 66 »Incipit glossa de psalterio«, s. 95 »Epistola Hieronymi de nominibus quibus apud Hebræos deus uocatur«. dann beginnen glossen zum alten testamente, so ziemlich in der gehörigen reihenfolge, doch sind s. 110 — 115 noch einige stücke dazwischengeschoben, wie »De vocibus variis animantium, De septem liberalibus disciplinis, De ponderibus«. Graff erwähnt dieser handschrift in seinem althochdeutschen sprachschatze (XXXV, Bib. 9), doch sind ihre glossen noch nicht gedruckt. Die schrift ist sehr deutlich, unterscheidungszeichen bloss der punkt.

INCIPIT GLOSA IN PROLOGVM.
S. 96. Obtrectatorem pisspracharro.   M. 92.
S. 97. Nenias . id est uanitates uel mortiferos cantus . seu spani . siue loterspraba . quia neni spani uocitantur . uel aliter hibêra bestia dicitur et solet in tumulis morare ac significat mortalitatem uocemque simillimam ueterane matri.   M. 93.
S. 98. Usurpata . kifalgta.

INCIPIT GLOSA IN GENESIM.

S. 99. Bdellium uero plinius scribit aromaticam arborem colore nigram magnitudine oliuæ et folio roboris fructu caprificis . id est murboum . ipsius natura quæ cummi est lacrima ualde lucida subalbida . leuis . pinguis . æqualiter cærea æque facile molliatur . gustu amara odoris boni . sed uino perfusus odoratior .

S. 100. Ad auram post meridiem . hoc est in thera chuoli after unternes .

S. 101. Bitumine . bitumen est genus luti id est erdleim . f . alii uolunt esse piculam alii resinam . huius autem natura contra aquam fortissima est ubicunque fuerit .
Cataractæ himilrinnun . uel fenestræ .

S. 102. Lateres . i . e . ciegal .
Cimentum . flaster .

S. 104. Uita comite . kisuntemo libe .
Dissimulante illo . tuualsontemo .
Erdfiur enim sulphur uocatur .

S. 105. Monetæ publicæ . i . e . liutparero munizzo .
Ydriam . vuazzerfaz .
In canalibus . i . e . in uuazzertrogun .
Inaures . i . e . orringa .
Destrauit . insatelota .

Placito . thinch .
Rugitus . cremizzunga .
Tedet . indiuuirdit .
Lippis erat . plenoukiu .
Uenusto aspectu . lustlichero kisichte .

S. 106. Gira . congregata uel chere .
Fuluum . eluuuaz . furuaz . prunaz .
Platanus . aorn .
Decorticauit . skinta .
Admissura . kimiskida .
Prosequerer . bileitih .

S. 106. Sic delusa . so bitrogan .
Emarcuit . ardorreta uel eruuesineta .

S. 107. Tunica thalari . tiufero tunichun .

S. 108. Maceria . lectar .
Pincerna . putigilare .
Obesas carnalibus . kilatene . uel pingues . crassas .
Denuntiauit . firbot .
Tenere . ceizzo .

S. 110. Glabra . kibilla .
Peduclus . lûs .
Boia . halftrua [1] .
Lens . lendis . niz .

DE LIBRO EXODO.

S. 115. Vrbes tabernaculorum . i . e . mansionum . vueidipurigi .
Scirpeam . pinezinez . iuncinam . M. 94.
Exposuit eum . firsazta .
In carecto . in semida uel in riote .

---

[1] Oder »halstrua«. Wegen der form des »st« vergleiche z. b. »sestertius« auf s. 115, z. 5.

Papirio . i . e . piniz .
Uagientem . uueinonten .
Rubus est genus uirgulti spinosi . thornstuda uel brama in quo moraberi crescunt .
S. 117. Linum . haro .
Folliculos . pollun .
S. 118. Coxeruntque farinam . puochan .
Occurrerant . nikimahtton .
In uestram coloniam . kilenti .
Obriguerunt . irstabeton .
S. 119. Coriandri . chullintar .
Strenuis . cambren uel ernesthaften .
Contestare . firbiut .
S. 120. Dotabit . vuidimit .
Conductum . kimiettaz .
Scrabrones . hornuzza .
Cratèras . choffa .
Rubricatas . kirottiu .
Iantinas . loskisfel .
S. 121. Sethim genus arboris inputribilis similitudinem habens hagan .
Thimiamata . vuierouch .
Ductile . kislagan .
Interrasilem missilichen kirusten[1]) uel . untarfalztaz .
Pumex . pumiz .
Hastile . selpoum .
Emunctoria . chlufte . uel snuzzila .
Ansa . nestilo .
Incastratura . kitubilit . uel nuoha .
S. 122. Forcipes . zanga .

Fuscinulos . chraffun .
Ignium receptacula . cum quo ignis portatur ad altare holocaustorum . chellili .
Craticulum . in quo carnes assantur . ròst .
Oras . soum uel ort .   M. 95.
S. 123. Feminalia . i . braga .
Fricatur . kigroubit .
Reticulum . nezza .
Renes . i . e . nieren .
Fimum aruinam . feizti uel unslit .
Onicha . chalbanen .
S. 124. Armilla . rotunda erit . armbouga .
speculum . spannili .
excubabant . uuahteton . uigilabant .

DE LIBRO LEUITICO.

S. 125. Uessiculam . chrofh .
Ascellas . fehtaha .
Torres . therrest . asses .
Reticulum . adeps intestini . i . nezza .
Renunculi . duo paria i . e . nierun .
Uestibulum . atrium uel forciche .
S. 126. Defricabitur . kiscorren uuirdit .
Lugûbri . charagemo flebili
Alietum . eringrieoz .
Uultur . kir .
Strutionem . struz .
Noctuam . i . e . quæ nocte uolat . uel coruus marinus siue vuuila .

---

[1]) »missi« verbessert aus »misse«.

ut alii uolunt . alii lusciniam uoluerunt esse . i . e . nahtagala .

S. 127. Nocturnus . nahtram .

Larum genus auis . et uocabitur saxonice meum .

Bubonem qui rustice dicitur buf . hu.uuo[1]) uel uuo .

Mergulus niger auis . mergit se subter aquam pisces querendo . tuchari

Cignum . albiz .

Onocrotalum . auis que sonitum facit in aqua uel felefer i . e . animal olori simile . nec distare æstimaretur omnino . nisi faucibus ipsius inesset alteri uteri . genus miræ capacitatis ut mox perfecta rapina sensim . i . e . ubique in os reddita . in aluum ruminantis . modo gallia hos septemtrionali proxima in oceano mittitur .

Porfirionem . auis orientalis et solo morsu bibit . omnem cibum aqua tinguens . deinde rostrum ad posteriora referens . ueluti cum manu omnia foris fert .

Herodius . vualdfalcho .

Caradrion . lericha .

Upula . uuitihoffa[2]) .

Uespertilio . fledremustro .

Brucus . cheuur .

S. 128. Migale quadupes sed tamen ignotum nobis . aut aliter migale mus longa . haramo . ut quidam uolunt .

Stelio . mol et est bestia uenenata similis lacertæ .

Lacerta . eithesa .

Talpa . schero .

Pustula . puilla .

S. 129. Humiliorem . tuilla .

Flauus . falo .

Dissuta . ungicurtit[3]) .

Stamen . uuarhaf .

Subtemen . uueual . quia in transuersum per stamen ducitur .

Ualiculas . tuillili .

Sagma . stuol . sella .

Aucupio . fogolon .

leuitas . uueihmuoti .   M. 96.

S. 130. In pelicatum . in chebisod . in domum concubinarum .

Racemos . minores uuæ in uineis . achuuemilinc .

Non auguriabini . niheilisont .

Stigmata . signa pictura in corpore quales scotti pingunt in palpebris

Prostituta . huorra . lazza .

Matertera . muoma .

Amita . pasa .

Repudiata . firtribiniu .

Gybbus . houerohter .

Lyppus . surougker .

Herniosus . holohter .

S. 131. Papula . anguueizo .

Testiculi . hodun .

Feriæ . firrah .

---

[1]) Der punkt findet sich in der handschrift.

[2]) K. aus »uuitchoffa«.

[3]) K. aus »ungecurtit«.

Pultes . polz . uel p.ri

In umbraculis . uel in tabernaculis . in loubon .

Uicarium . nuehsal .

Conditio . kimarchida .

Affinis . mâch .

DE LIBRO NUMERORUM.

S. 132. Uexillum . cundfano .

Excubias . uuarta .

Batilla . chella uel baculus cum quo ignis uertitur . aut aliter batilla . pala ad focum similis uasis . quibus aquæ de nauibus proiciuntur . i . e . scermscuuala .

Curiositate . firuuizkerni .

Acinum . unum granum debotro . thrubili .

S. 133. Porri . forro .

Alea . chlobilouh .

Precoces . frumerifiu .

Procêræ staturæ . hoeroki uuahste .

Operculam . vbirlit .

S. 134. Per uiam publicam . heristrazza .

Nausiat . vuillot .

Percussi . kihahcte .

Rinoceros . einhurno . et est fortior leone ut perhibent . et si uirgo ei occurerit ac denudauerit feminalia eius protinus omnis feritatis obliuiscitur .

S. 135. In trieribus . in chielun . trieres dicuntur a tribus ordinibus .

Perscelides . armillæ in pedibus aureæ i . e . sporun ad canallum .

aliter perscelides i . e . armillæ ornamenta tibiarum .

Dextralia . pouga minores .

Murenulas latas catenas et spissas . Aliter . menni . kispan .

Alumni . achuuemon . uel . chindili .

Fritico . fruticem facio . cruoh .

DE DEUTERONOMIO.

S. 136. Procerior . frambarira .

Sequester . folgare . susceptor pignoris .

S. 137. Bubalum . cornua habens ingentia . et similis est boui . i . vuisant .

Nicticoracem . nahtram .

S. 138 a. Fenerabis . inliehist . mutuo dabis .

Mutuum . inliehen .

Uiaticum . vuegenest .

Illiciant animum . kispanen .

Uentriculum . mago.   M. 97.

Arrogantia . ruomida .

Manubrium . halp .

Scribet libellum repudii . zurslaht puoah . hoc nominat dominus in euangelio . duritiam iudeorum .

Cartallo . churbili . uel zeinna .

Leuigabis . slihtist .

In suris . in uuadon . in poplitibus .

Secundarum . de quibus infans egreditur . i . lehtar .

DE PROLOGO.

S. 139 a. Fenore . lehine .

Negare . firziehan .

Limen . thriscubile . dicitur .

Syrenarum . merimenni uel calstrun

DE LIBRO IOSUE.
Linistipula . pozun .
Alueus . runsa .
Concisior . kiscuttora .
Pallium coccineum . i . e . fellol .
Regula . lebeleia uel . zein .
Pittacus . uosteften . uel . plezan .
S. 138 b. Mutire . i . crinen . uel .
   vuinson .
Lingua maris . scaccho uel . kero .
Suspirauit . suftota .
Sudes . stecchon .
Potissimum . meist . uel maxime .

DE LIBRO IUDICUM.
S. 139 b. Capulum . hanthaba . uel .
   helza . manubrium .
Uomere . mit scaro .
Tempus . thunuuengi .
S. 140. Magnanimorum . i . e . ru-
   benitarum . mihilmuotero .
Ius carnium . proth .
Conca . labol .
Poplite . chniuuerada .
Bullas . i . ringa uel torques . in
   collo equorum .
Proplema . ratissa . propositio .
Pronubis . framhiunga .
Mandibulam . chinnibeine .
Stuppa . auurichi . uel achambi .
S. 141. Quasi fila telarum . vuoppo .
Licio . mit uuilli .
Bacchati sunt . vuotton .

DE LIBRO RVTH.
Obstinato animo . vuiderchriege-
   linemo muote . perseueranti .
   intento . inreuocabili .
Priuilegium . suuasscara .

DE PROLOGO REGUM.
Accomodare . anliban .

DE PRIMO LIBRO REGUM.
S. 146. Conticescent . kithagent .
Caccabum . steinna habet pedes
   tres .
S. 148. Cliuum . uohaldi .
S. 149. Stationem . exercitum . uel .
   vuarta . nam steron græce sta-
   tio dicitur .
S. 150. Demolire . vntuurche .
S. 152. Ocrea in cruribus . uel in
   tibiis . peinperga .
Limpidissimos . slehtisten .
Cauere . midan .
Deierare uel . deiurare . suuerien .
S. 153. Abruptissimas . stecchilostin .
Hibicibus . steinkeizun .
Pedissæquæ peinsegga .

S. 154. DE SECUNDO LIBRO REGUM.
S. 156. Sorbitiuncula . muosili .
S. 157. Ptysanas . fesùn .
S. 159. Cribrans . kiczinte .

DE III LIBRO REGUM.
S. 161. Amicus regis . i . e . trùt .
Abiegnis . tanninen .
Obliquas . anaglifas . uel . sche-
   leho .
Tabulata . pritir .
S. 162. tornatura . thrat .
Domuncula . hùsili .
Serrati . secati . kisegote .
S. 163. Plectas . lidirrun .
Humeruli . chiffun .
Radii . speichun .

Canti . felga .
Modioli . naba .
De auricalco . orcholh .
In argillosa terra . in leimigero .
S. 164. Eruca . craseuurm .
Rubigo . rot .
Deuotacio . uitium uel . schelta .
Inprecatio . fluohunga .
Rumor . liumunt .
In enigma ibus . ratisson .
Lignisthynis . pimpoum . aliter thynum lignum nigrum in quo scribi potest quasi in cæra et iterum deleri .
Fulchra . penchi .
Uectigalia dicuntur a uehendo i. e . tributa uel kelt .
Simias . affun .
Pauos . fahun .
Indolis . bone uirtutis . uel . cuetes anauuanes man .
Ad armamentarium . ubi arma reponebantur . vuafanchamera .
S. 165. Demetam . pisnido .
Lecytum . vas uitreum in similitadine flasconis .
S. 166. Habenas . zuhila .

DE LIBRO IIII REGUM.

Oscitauit . keinota .
Mutatoria . quia mutantur . kàrauui .
Duorum burdonum . soumari genus equorum .
S. 167. Stragulum . zussa . uel sagulum .
Stibio . kimali .
Sarta tecta . consuta tecta . sarcio . consuo . kicehotaz thah .
Gazophylatium . repositio pecuniæ . trisihus .
S. 168. Trullas . chellun .

DE PROLOGO ESDRÆ.

Abnuere . ferzihan .
Sententiæ . vuizzod . iuste .
S. 169. Laniant . slizzant
Arrogent . ruomant . uel laudant .

DE PSALMO CIIII.

S. 187. Scyniphes . muscæ minutissimæ sunt . aculeis permolestæ . quas uulgus uocat zinzilas .
Coturnices aues paruæ . similes illis quas uulgus quas-quilas uocat .

DE LIBRO ESAIÆ.

S. 197. Scoria . sordes metallorum i . e . sintar .
S. 201. Iuncus dicitur eo quod radicibus hæreat i . e . piniz .
S. 202. Uicia dicta . quod uix ad triplicem fructum peruenit . unde uirgilius . aut tenuis fœtus uiciæ . i . e . vuicche .

S. 219. DE LIBRO IHEREMIÆ PROPHETÆ.

S. 221. Pilosi . qui græce panitæ . latine incubi appellantur . siue inuii . ab ineundo passim cum animalibus . unde et incubi dicuntur . ab incubando . hoc est stuprando . sepe enim improbi existunt etiam mulieribus et eorum peragunt concubitum quos dæmones galli dusios nuncupant . quia assidue hanc inmunditiam péragant . quem autem uulgo incubonem uocant . hunc romani faunum dicunt . ad quem oratius . fane nimpharum fugientium etc.

S. 222. DE LIBRO EZECHIEL PROPHETÆ.

S. 224. Limatus . kifieloter .
Scoria . sintar .
S. 225. Remi . ruodar .

DE LIBRO IOHEL PROPHETÆ.
S. 230. Eruca frondium uermis . in holere uel pampino inuoluta ab erodiendo dicta i . e . craseuurm .

S. 170. DE PRIMO MACHABÆORUM LIBRO.

S. 171. Obses . kisal .
Pasto foria græce dicuntur thalami uel cubilia . quibus leuitæ excubabant in atriis domus domini i . e . forciche .
S. 172. Curia dicitur . eo quod ibi cura per senatum de cunctis rebus administretur . thinchus .

S. 2. DE MATHEO EUANGISLA.

S. 8. Parapsis kebita . uel catinus uel acetabulum maius .

Handschrift 9. Jahrhundert IX.

EINLEITUNG.

Die handschrift, ganz kleines quart, trägt die aufschrift »Tob. Iudith«. Das stück, worin sich die tentschen glossen befinden, beginnt erst auf s. 264 mit den worten der Genesis 50, 22: »Filii quoque machir filii manasse nati sunt in genibus ioseph, hoc est nutriti«, und ist dem vorangehenden theile schon seiner form nach fremd, denn seine seiten sind gespalten, jene nicht. Graff erwähnt dieser handschrift in seiner »Diutiska« (II, 71) und in seinem althochdeutschen sprachschatze (XXXV, Bib. 12), doch haben ihre glossen noch keinen abdruck erfahren. Die einzelnen glossen sind abgesetzt, und die teutschen wörter stehen in dem texte. Die schrift, obgleich ungleich, rührt doch von einer hand her. dieselbe ist, wo sie nicht blass geworden, meistens deutlich, und sicher ist z. b.

das »oh« in »faloh« auf s. 278, in »kimarohida« auf s. 280, »hermolus« auf s. 279, »labob« auf s. 291, u. s. w. dagegen nähert sich das »u« öfters der a-gestalt, auffallend z. b. in »suuerien« auf s. 303, doch kennt die handschrift diese art »a« nicht: eher darf »ci« gelesen werden.

Unterscheidungszeichen zwei: punkt und strichpunkt, von denen der letztere die einzelnen glossen schliesst. wir haben sie ebenso wiedergegeben.

DE EXODO.

S. 265. Urbes tabernaculorum . mansionum . uuedipuriki;   M. 94.
In carecto . in sairaha [1];
In papirione . piniz;
S. 266. Rubus est genus uirgulti spinosi thornisstuda uel brama in quo moraberi crescunt;
S. 268. Coliandri . chullintar;
Strenuis . gambren . f [2];
Contestare . firbiut;
S. 269. Cultrum . mezzraz;
S. 270. Conductum . gimetaz;
Scrabones . hornoz;
Conpingite . langite;
Interasilem . missilihen greftin .
Rubricatas . kirotaz;
Iantinas . loisgisfehl;
Sehthim . genus arboris inconputribilis . similitudinem habens . hagan . f;
Thimiama . uuiroh;
Ductile . gislagan;
Emunctoria . cluft;
Crateras . choppha;
Ansas . nestiloh;

S. 271. Incastratura . gitubilit;
Forcipes . zanga;
Fuscinulus . crhafun;
Receptacula cum quo ignis portatur ad altare holocaustorum . chellilih;
Graticula . in quo carnes assantur . rohost;
Oras . sòm . uel ort;   M. 95.
S. 262. Intestina . innouilih:
Reticula . nezza;
Aruinam . neizti;
Crustula . panis conspersus in medio caurus et tortus . et quod in modum crustæ superficiei panis durus coquitur;
Lagana similiter panis est in prima blasma longus . postea curvatus fines ad finem . coquitur in aqua primitus . in :qua postea . in sartagine et oleo fricatur . gigrobit;
S. 273. Cornuta id est slendida . quia radii quasi cornua-ta faciei prodierant;
Speculum . spannilin;

---

[1] Das »i« ist übergeschrieben.   [2] Wegen des »f« s. die einleitung zu handschrift 299.

Armilla . rotunda erat . id est armbouga;

Dextralia . ampla erant ante manicam . id est ristillo et possunt ibi coniungere in uno clduo [1])

Feminalia . braga;

S. 274. Excubabant uubateton;

DE LEUITICO.

Uersiculum . chroft;

Ascellus . fehthac;

Dorres . derres;

Ilia . daramah . i . e . inter costas . et . uiscera;

Reticulum adeps intestini . i . e . nezza;

Renunculi . duo paria . i . e . incorum;

Lentibus . braton;

S. 275. In pabulum . in nutrimentum . ueiztin;

Lugubri . charager;

Cirogillius . genus bestiæ . et est similis iricio sed maior aliter similis muris et ursis;

Alietum . eringrez;

S. 276. Strutionem . struz . nus nocturnus i . e . nahtraban . f;

Noctuam i . e . quæ nocte uolat . uel coruus mari nahtagalah . sive uuuilah ut alii uolunt . alii lusciniam uoluerunt esse;

Bubonem . qui rustice bûf dicitur . i . e . huuno uel uiio [2]);

Mergulus . niger auis . mergit se super aquam pisces querendo i . e . tuhchari;

Larum genus auis et uocabitur saxonice meum;

Onocrotulum . avis quæ sonitum facit in aqua . uel felefor . i . e . animal oleri simile;

S. 277. Uppupa . uuitihopha;

Caradrion . lerihha;

Erodius . uualdfalcho;

Uespertilio . fledremustro;

Bruchus . cheuur;

Migale . mus longa . haramo . ut quidam uolunt;

S. 278. Stellio . mólt . et est bestia uenenata similis lacerte;

Pustula . puilla;

Humiliorem i . e . tuillah;

Flauus . faloh;

Ualliculas . tuolin;

Sagma . stuol;

Aucupio . fogolon;

Afinitate . consanguitate . incestus . inlicitum . inpelicatum . inchebisod;   M. 96.

Dissuta . ungigurtit;

Stamen . uuarhaf;

S. 279. Subtemen . uuefal quia intrans uersum per stamen ducitur;

Sticmata . pictura in corpore quales scotti pingunt;

Porstua hurra . laza;

---

[1]) Das »cl« ist in der mitte durchgekratzt.

[2]) Bei letzterem sind beide »i« weit getrennt, dagegen muss man bei ersterem drei »u« lesen.

Nuoerca . stiuf=moater;
Matertera . moma;
Amita . basa;
Cippus . houerohter;
Lippus . surougger;
In petiginem . ruidik;
Hermolus . holohter;
Testicule . hodun;
Feriæ . firod;
Pultes . polz;
In umbraculis . in loubon;
Uicarium . uuehsal;
S. 180. Foris genita . in itinere uel in concubina uel in peregrim;
Conditione . kimarohida;
Non auguramini; Ni helisont . in regula . in mensura;

NUMERORUM.

Fuscinula . chraffun;
S. 281. Uatilla . chella . uel baculus cum quo ignis uertitur;
Uexillum . gûntfano;
Excubias . uuarta;
Uatilla . pala ad focum similis uasæ . quibus aquæ de nauibus proicitur . schermscuuala;
Funere . para . f;
S. 282. Perscelidas . i . e . armilla in pedibus aurei . i . e . sporun ad cauallum;
Operculum . ubirlit;
S. 283. Per uiam publicam . heristrazza;
Nausiat . uillot;

Percussi . gihahcte;
Rinocerotis i . e . einhurno et est fortior leone . ut perhibent et si uirgo ei occurerit . ac denudaverit feminalia eius protinus omni feritate non recordetur;
S. 284. In trieribus . in cheolon [1] . trieres dicuntur a tribus ordinibus;
Dextrariola . pouga minores;
Murenulas . menni . kifpan [2];
Alumni . acuuemon;

INCIPIT DEUTERONOMIUM;

S. 285. Procerior . frambariro;
Sequester . folgari;
S. 286. Bubulum . cornua habens ingentia . et similis est boui . uuisant;
Trægelafum . cerui capreæ . helabo;
S. 287. Secundarum . de quibus infans egreditur i . e . lehtar . f;
S. 288. Fenerabis . iutillihis;
Mutuum . inlehen . f;
Uentricolum . i . e . mago;
Arrogantia rohmida;   M. 97.
Libellum repudii . zursahcbuoh . hoc nominat dominus in euangelio duritiam iudeorum;
Cartallo . corbilin;
Leuigabis . slihtis;

INCIPIT IOSUE BEN NUN;

Fenore . lehinan;
Negare . firzeihan;

---

[1] K. in »cheolyn«.

[2] Vielleicht dass das »p« mit einem »s« zusammengeflossen ist.

Limen . drisgu.fli dicitur;

Quidam codices habent exilio . ihsilih;

Sirenarum . merimenni . uel calstron;

Lini stipula . bouzon;

Alueus . runsah;

Concisior . giscutit;

Pallium coccineum fellol;

S. 289. Regula lelebeia uel zein;

Pictatus . uostafton;

Mutire . grynen;

Suspirauit . suftota;

Lingua maris . scahho uel gero;

Sudes . stecchon;

Optio . pezzira;

Potissimum . meist;

INCIPIT SOPTIM . I ID EST IUDICUM;

S. 290. Capulum . hanthabun;

Uomere . mit scaro;

S. 291. Magnanimorum . i . e . rubenitarum mihil mutero;

Timpus . dun . uuengi;

Concam . labob;

Poblite . chneorada;

Bullas . i . e . ringa uel torques in collo æquorum;

S. 292. Problema . ratissa;

Pronubis . framhiunga;

Mandibulam . chinnibeni.

Stuppa . anurihti . uel achambi;

Putamine . craffilin cum quo funis torquebitur;

Litio . mit uuilli;

Bachati sunt . uuotinti uuarun;

DE RUTHI.

Obstinato animo . uuidirgre gilinemo nocte;

S. 293. Priuilegium . suuas scarha;

DE PROLOGO (LIBRORUM REGUM).

Acomodare . anleian;

S. 295. Cacabum . stelnna habet pedes tres;

Demolire . firuurchen;

S. 297. Cliuium . uohaldi;

S. 298. Stationem . exercitum uel uuarta;

S. 302. Cauere . midan . f;

S. 303. Deiurare . uel degerare . suuerien;

Ibicibus . steingeizin;

Pedessequæ . beinsegga;

DE SECUNDO LIBRO.

S. 308. Pthisimas . fesun . f;

S. 310. Cribrans . redinti;

S. 313. DE TERTIO LIBRO.

S. 315. Deuotatio . uicium . schelta;

Inprecatio . fluohunga;

Erugo . schimbli in grano;

Rubigo . rost;

In enigmatibus . ratisson;

Lignis tynis . pimpoum;

Fulchra . penchi;

(LIBER SAPIENTIÆ).

S. 316. Depauerunt . scutisoton . unuerunt [1].

---

[1] Oder »tinuerunt«.

DE LIBRO FILII SYRACH HEESU.

Receptacula . antfantlih ;
Affabilem . gisprachan ;
Non acide feras . nizurlustos ;
In agilitate . in agileizi ;
S. 317. Non alceris non litigeris . ni uuchsoloes ;
Cacabus . steinna
Lasciuius . kettiloser
Stuppa . achambi .
Brachiale . arimbouch :
Inmunis unangoltan ;
S. 318. Detentio mea bibannissada ;
Delaturam . —ldunga ;
Elotipa [1] . biziginiu ;
Per tusuram cribri . per faramina sibes ;
Aporia abominatio suuintiloh
Asserum . lattono ;

Handschrift 1395. Jahrhundert IX.

EINLEITUNG.

Die handschrift ist eine sammlung von bruchstücken. Drei blätter in quart (s. 450 bis 455) enthalten die nachfolgenden glossen, welche auch schon Graff in seiner Diutiska (II, 378) mitgetheilt hat. Die schrift ist stark und leserlich; die glossen, zwar unabgesetzt, doch durch grosse anfangsbuchstaben hervorgehoben. Unterscheidungszeichen ist der punkt.

PARALIPOMENON.

S. 450. Trahas . slitun .
  Stertit . rùzit .
  Fideiussor . purigo .
  Genæ . hiufolen .
  Crater . tornatilis . nafh .
DE SAPIENTIÆ . LIBRO.
Fascinatio . zoubar .
Carina . schef .
Lanugo . floccho .
Gracilis . chleinner [2] .
Thorace . prunna .
Habena . senua . vel corrigia equorum .
Contubernium . kiselliscaft .
S. 451. Vespas . uuafsi .
In muscipulis . in uallon .
Malagma . faski .
Aceruatim . hufon .
Depauerunt . scutisoton .

---

[1] Statt »zelotypa«.
[2] Das eine »n« ist übergeschrieben.

DE LIBRO IHU FILI SYRAC.

Receptacula . infengida .
Affabilem . kisprachan .
Non acide feras . ni zurlustoes .
In agilitate . in agileizi .
Non alterceris . ni uuehseloes .
Caccabus . steinna .
Lasciuus . kettiloser .
Stuppa . achambi .
Brachiale . armbouch .
Inmunis . unangoltan .
Si frustrauerit . triugit .
Detentio mea . bihabannissida .
Delaturam . meldunga .
S. 452. Zelòtypa . piziganiu .
Caupo dicitur qui uinum miscet aqua et sic uendit . i . e . tauernare .
Pertusuram scribi . perforamina sibes
Aporia . abhominatio . i . e . suuintilod .
Asserum . lattono .
Cholera . choloro .
Hinnit . uueiiot .
Sophistice . hinterskrenclicho . uel unchustlicho
Sationes . sati .
Gelauerit . kifriusit .

DE PROLOGO IOB.

Murenula . piscis similis anguillæ marinæ . sed grossior . i . e . lantprida .

DE LIBRO IOB.

Carectum . arundo i . e . sahar .
Arcturum . uuagan .
Clarea . lapides modici . i . e . chisilinga .
S. 453. Cartillago . prustlefil .
Gurgustium . auarah .
Sternutatio . hynona . uel thrahasunga .
Incus . anaboz .

DE LIBRO TOBIÆ.

Insiderent . ririn .
Branciæ . cheuun .
Extentera . scurfi . euiscera .

DE LIBRO IUDITH.

S. 454. Expeditiones . heriuerti .
Ascopam . i . e . flasconem similis utri de coriis facta sicut solent scottones habere .
Lapastes . caricæ . i . e . ficheffele .

DE PROLOGO HESTER.

Laciniosis . firzanoten .

Handschrift 299. Jahrhundert X.

EINLEITUNG.

Die handschrift, in quart, ist durch nässe am oberen rande verdorben und ausserdem mangelhaft; denn die erste lage ist mit der zahl XXVIIII bezeichnet. Die schrift ist von einer hand und schön, der inhalt verschiedener art, die anordnung sehr bunt. Bei der wichtigkeit dem ursprunge und dem verhältnisse verwandter sammlungen auf die spur zu kommen, dürfte es wünschenswerth erscheinen, die sämmtlichen titel aufzuführen: De Esther (s. 3); De Esdra (s. 5); De Iob (s. 6); De Daniele (s. 7); Item alia glossa (s. 7); De Isaia (s. 8); De Ieremia (s. 11); De Ezechiele (s. 12); Item alia glossa (s. 13); De XII prophetis (s. 14); Item alia glossa in XII prophetas (s. 15); In prologo libri Salomonis proverbiorum (s. 17); In libro proverbiorum (s. 17); Item alia (s. 24); De lapidibus (s. 24); Alia (s. 25); Verba VII epistolarum (s. 28); De epistola Hieronymi et Augustini (s. 28); Verba de ecclesiastica historia (s. 30); De arboribus (s. 31); De oleribus et herbis diversis (s. 31); De bestiolis (s. 32); De volatibus (s. 33); De piscibus (s. 33); De membris (s. 33); De parentibus (s. 33); Item de parentibus (s. 33); De Levitico (s. 34); Incipit de Numerorum (s. 42); Incipit de Deuteronomio (s. 52); De I libro regum (s. 74); Incipit de secundo (s. 92); Incipit de tercio (s. 102); Incipit quartus (s. 117); Epistola Hieronymi ad Dardanum de generibus musicorum (s. 122); Item Isidorus in tertio libro sic ait (s. 128); Epistola Hieronymi ad Marcellum de elementis Hebræorum i. e. litterarum (s. 129); De Ecclesiaste incipit (s. 135); Finit. Virtutes animi sunt quatuor: prudentia etc. (s. 136); In libro Sir Hasirim i. e. canticum canticorum (s. 137); De sapientia incipit (s. 142); Quæ superius omissa sunt, hic repetuntur (s. 154); Incipit de libro Iesu filii Sirach, qui Ecclesiasticus dicitur (s. 154); De canone apostolorum (s. 161); De Nicæno concilio II (s. 164); Incipit præfatio (s. 165); Item (s. 167); De Neocæsariensi (s. 168); De Gangrensi concilio (s. 169); De Ancyrani concilio (s. 170); Explicit. Non per inlusionem etc. (s. 171); De Antiocheni concilio (s. 172); VII Laodicensis concilii (s. 174); Chalcedonensis (s. 176); Sardicensis (s. 179); Carthaginiensis (s. 180); Africani (s. 184); Item glossa (s. 186; nach den anlauten geordnet); Item de Milevitano LVIIII: capitulum (s. 209); Item alia glossa (s. 212); De prima anterioris partis homiliarum (Gregorii Magni, s. 216); Incipiunt subsequentes (s. 229); De primo libro Machabæorum (s. 245); Incipit de secundo (s. 251); De psalmis (s. 256); De pœnitentiali, qui de multis aliis pœnitentialibus vel canonibus excerptus est (s. 257); De alio (s. 260); De primo libro dialogorum (Gregorii Magni, s. 260); De secundo libro (s. 260); De tertio libro (s. 262); De dialogorum libro primo (s. 263); De quarto libro dialogorum (s. 266); De Cassiano (s. 267); De Eusebio (s. 270); Incipiunt glossæ in epistolas Hieronymi ad Damasum (s. 278); Ad Nepotianum (s. 279); Ad Paulinum (s. 279); Ad Augustinum (s. 279); Ad magnum oratorem (s. 280); Ad Iulianum (s. 280); Ad crisocomam (Chrysogonum? s. 280); Ad Tyrasium (s. 280); Ad Vigilantium (s. 280); Ad Evangelium (s. 281); Ad Phlomonem (s. 281); Ad Vigilantium presbiterum (s. 282); Ad Oceanum (s. 282); Item de epistolis Hieronymi (s. 283); Ad Hieronymum (s. 284); Ad Nepotianum (s. 284); Ad Damasum (s. 284); Ad Paulinum (s. 284); Ad Rusticum monachum (s. 285); Ad Hieronymum (s. 288); De catalogo virorum illustrium Hieronymi (s. 288); De natura rerum Bedæ presbyteri (s. 293); De secundo libro (s. 295); De chronicis (s. 301); De multa blasphemia hæreticorum (s. 302); De primo libro historiarum Orosii (s. 303); Fabula Minotauri (s. 311); De morte Codri (s. 315); De septimo libro Orosii (s. 331); Finit. Deo gratias (s. 334). Aus den angeführten titeln lassen sich einige schlüsse ziehen: dem urheber unserer handschrift lag reichlicher stoff vor, doch nicht gleichzeitig, ansonst er eine andere anordnung getroffen haben würde; derselbe hatte ferner mehrere quellen, wie aus den worten »Item alia glossa«, »De pœnitentiali, qui de multis aliis pœnitentialibus vel canonibus excerptus est« und mehreren andern äusserungen hervorgeht. hierfür zeugen auch die buchstaben »f« und »s«, welche die verteutschungen häufig begleiten, und die doch wohl auf die fränkische und sächsische, oder vielleicht besser schottische mundart hindeuten, um so mehr, als stellen wie folgende vorkommen: »Laum genus auis uocabitur *saxonice* meum« (handschrift 9, s. 276); »Cripta est, quod *theodisce* chruft dicitur« (unsere handschrift, s. 24); »Scandala, offensiones, gr.« (unsere handschrift, s. 206); »Curialis a curia dicitur, id est apud alamannos êsago« (unsere handschrift, s. 261). Der verfasser fügte aber auch wohl von dem eignen hinzu, wie aus erklärungen folgender art hervorzugehen scheint: »Recaluaster est, qui in anteriore parte capitis dvo caluitia habet medietate inter illa habente pilos, vt est vuikrāmus«; (»haud dubie illum insignem magistrum scholarum, coævum S. Notkeri«. v. Arx in der handschrift) s. 38; oder »Rabulum, thincman, qui semper uult ad unamquamque rem disputare, sicut ratolt facit«, s. 287. Wenn wir von schottischer mundart sprechen, so muss darunter nach altsanktgallischem gebrauche die mundart der ankömmlinge aus Britannien, die in grosser anzahl dem kloster zuströmten, verstanden werden. Die erwähnten »f« und »s« stehen bald vor, bald hinter dem worte im texte, bald sind sie übergeschrieben. Sind die übergeschriebenen nachgetragen? und welcher mundart gehören die unbezeichneten wörter an? der ein mahl erwähnten alemannischen? — Die übergeschriebenen sind im drucke ihrem worte nachgestellt.

Nicht alle stücke enthalten teutsche glossen.

Nach Kolb, in seinem verzeichnisse der handschriften, b. 1, s. 409, dürfte vielleicht Notingus, ein graf von Veringen, zuerst mönch in St. Gallen, dann bischof in Konstanz, der 934 oder 935 starb, verfasser unserer handschrift sein.

Im ganzen hat unser sammler fleissig gearbeitet, wenn auch einzelne verstösse vorkommen, wie s. 331 »Dororum i. e. gens in germania«, oder s. 4 a »banm«, oder s. 16 »diriuitur«, oder s. 9 »morditus« statt »inorditus«. häufig fehlt das erklärende wort, wie s. 15 »Directus est i. e. —«; s. 14 »Bubasti —«, wofür dann raum gelassen ist. wahrscheinlich dass unleserliche schrift vorlag, wie sich besonders aus dem nicht ausgeschriebenen »cub« auf s. 14 schliessen lässt. auf s. 4 c — die vierte seite ist nämlich dreifach da — ist das fehlende wort »inevveiz« nachgetragen, wie aus der kleinern schrift geschlossen werden darf, da zu der gewöhnlichen grösse der buchstaben der gelassene raum nicht genügte.

Als unterscheidungszeichen kennt die handschrift nur den punkt.

S. 34. DE LEUITICO.

S. 36. Exustus cap' i . e . farbrunnenêr

S. 38. Recaluaster est qui in anteriori parte capitis dvo caluitia habet medietate inter illa . habente pilos . vt est vuikrām' Papula . puilla . f.

S. 40. Uile prostibulum i . e . smaha huorrun i . e . quod ad lvpanar prostituitur pro pecunia.

S. 42. INCIPIT DE NUMERO.

S. 43. Signa i . e . heribouchan . f . Uatillam. quidam cluft. quidam patellam . quidam trullam ferunt.

Si spiritus zelotypiæ i . e . bizithti. concitaverit etc.

S. 44. Appetitur i . e . bizigan vuirdit

DE . I . LIBRO REGUM.

S. 74. Sponsalia dicuntur quæ illi dabunt qui accipiunt sponsam brutgeba . f.

S. 89. Hibix . steingeiz.
Massa . kiknet . f.

S. 92. INCIPIT DE SECVNDO.

S. 96. Subneruabit . præcidit nernos . hahsna.

S. 97. Serra enim sega dicitur.
Sorbitiuncula . muosili . f . a sorbendo.

S. 98. Infatua . eruuertengittia . f . fatuum . fac.
Stratoria . tapezia . uel panchlachin.

S. 102. INCIPIT DE TERCIO.

S. 103. Fenestras obliquas . gigleifit . sicut in magnis basilicis muratis.

S. 104. Interrasile . untaruihilot . f.
Plectas . gifleth.
Umeruli . kiphun.
Radii . speichon.
Canti . velga.

S. 105. Modioli . nabal.
Scutras . scudilara.

S. 107. Delegauit . commisit . uel kivualta . kiuualazta.
Cedam vos scorpionibus astalothten stabon affaltirinen' . f . quod est genus difficilis flagelli.

S. 109. Iuniperus . reckalter poum.

S. 112. INCIPIT QUARTUS.

S. 113. Coloquintida est cucurbita est agestis et uehementer amara . quæ similiter ut cucurbita per terram flagella tendit . Dicta autem coloquintida . quod sit fructu rotundo atque foliis ut cucumis vsualis . Quidam uolunt illam fuisse scituurz.

S. 114. Caluaria . kibilla . f . cesaries.

S. 122. Trulla . chella . f.

DE HESTHRA.

S. 4 c. In vitulis in campo vno . i . e . inevveiz.

S. 5. Seras . sloz.
Vectes . slozzes grintila.
Quasi vaticinans i . e . rediondi . f.
Oppilate . hispartora.

S. 6. Matrimonio . i . e . biunga . f.

DE HESTER.

S. 3. Tentorii . uagryst. M. 99.
Tenta . giteid.
Aeri . hasye.
Iacinthinis i . e . suidur haye.
Lectuli aurei . berianbed gildi bilegid i . e . tragabetti mit goldo bilegit.

S. 4 a. Mundum muliebrem i . e . subar uuibis gigaruuui.
Pedissequas eius i . e . hirofolgarun.
Scita . i . e . monita . url præcepta . i . e . banm.
Consternata . i . e . afflicta . uel perterrita . siue bisurni.

S. 4 b. Purpura . uiluchæsu . s.

Coccus . i. e . uurumbæsu corn-
vurma . rubeum . yretebæsu .
Consitum i . e . kimbito . uel plan-
tatum .

DE IOB.

S. 6. Murenula . piscis marinus similis anguillæ sed grossior i . e.
lampræda .

Scirpus herba rotunda i . e. leber.

Carectum . hreód .

Pedica . fuozthruc .

Ober eliman . innannorū .

Lacerto . pars brachii . i . e . musi.

S. 256. DE PSALMIS.

In abusione . in ungiuuoniheiti.

S. 257. Molas leonum . kimbein .

Coagulatus . kiranter . f.

In potentatibus in machtigin . f.

Sicut opertorium i . e . dechi uel
dach .

Fructum nativitatis . kiuuasti . f.

Nouella oliuarum . niu seccida . f.

Dum adhuc ordirer . denni ki-
uuorafin¹) vurti . s.

IN PROLOGO LIBRI SALOMONIS PROUERBIORUM.

S. 17. Dati . i . e . kifpti . et accepti
i . e . infankenes.

Coacuerint . acuendo diminutio-
nem senserint i . e . irsurent .

Teste i . e . zeagal.

IN LIBRO PROUERBIORUM.

S. 18. Tendiculas i . e . insidias i . e.
seidar .

Infames . malæ . fame . i . e . vn-
liumunthafpti .

S. 19. Hinnuli i . e . cerui pulli cer-
uorum i . e . stach .

Aucupis . fokularis .

S. 20. Gratiosa i . e . enstigiu .

Ascella i . e . ochasa .

Pestilens . palauuik . f.

Attonitis obstupefactis . lustren-
ten . f.

S. 22. Catasta genus penæ i . e . ha-
rapsa .

ITEM ALIA.

S. 24. Cripta est quod theodisce
chruft dicitur .

Calces est quod in theotisca lingua
dicitur chalc .

S. 142. DE SAPIENCIA INCIPIT.

S. 143. Et in tempore erit respectus
illorum i . e . vvidirsith .

Fastinatio . zoubar .

S. 148. Vertitibus i . e . scruntis-
sun .

S. 150. Malagma . vaske . confectio
medicorum .

INCIPIT DE LIBRO HIESV FILII SIRACH QVI ECCLESIASTICVS DICITVR.

S. 156. Obripilationem capiti sta-
tuet . horrorem scilicet dum in-
horrent . uel eriguntur capilli .
f. tobod .

S. 157. Tortura . uuintunga . f.

In iaculo i . e . kertisane²) . f.

---

¹) Das »a« ist übergeschrieben und steht über dem »r«.

²) K. in »kertisine« von 2. h. (?)

DE ESAIA

S. 8. Disertus . kispracher .

Tvgurium i . e . domuncula i . e . scyr .

Coccinum . huurm besubruuiz .

Uermiculvs . vuorm-corn .

Avgures . qui auguria faciunt i . e . stribctrat .

Lvnulas quas mulieres habent de auro uel argento similitudine lunæ diminutiæ sic dicuntur i . e . hlibas uel scillingas .

Discriminalia vnde discernuntur crines de auro uel argento uel ære i . e . scregibant .

Murenulas i . e . sciniuipant .

S. 9. Pilosi . incubi . monstri i . e . mæræ . (scrazza) .

Ululæ i . e . holzmovum

De radice colubri egredietur regulus i . e . basiliscvs . per hystoriam dicitur de colubro nasci regulus . qui manducat avcellas i . e . paruas aues ab aue diriuatur i . e . fukili .

Riui aggerum . congregatio aquarum i . e . geræ . s .

Tæla . morditus . est componens i . e . invuerpanvuepi .

Uiciam i . e . bisas agrestes i . e . fugles bænæ .

Ciminum . chumi .

Prescindet i . e . brachot .

Uitulam conternantem i . e . vrronta .

Perpendiculum dicitur de plumbo modica petra . quam ligant in filo quando edificant parietes i . e . hûaga .

S. 10. Paliurus . herba que valde spinosa et grossa folia habet i . e . akileia .

Fovit . cubat i . e . brædit uel bruitit .

Munilia . menni .

Spicula . i . e . spinula .

Lima i . e . fihila i . e . uilo .

Rvncina . bidugio i . e . vuidubil . uel noil .

Pila . i . e . stanpb .

Circino i . e . gabulhrand . uel circil .

S. 11. Titionum i . e . torrivm . f. brenteo .

DE IHEREMIA.

Pedica i . e . seiton .

Cartellv' panarius i . e . tenel .

Sinopide . i . e . hrotile steine .

Avrvgo color sicut pedes accipitris . uel milui i . e . gelo .

S. 12. Scalpellum . ferrum est i . e . scripsahr .

Polite . mundate . lindgens .

DE EZECHIEL.

Litura i . e . pflaster .

In pariete . i . e . nagal .

S. 13. Inuolŭclis dicitur quando inuoluitur vestimentum i . e . vulluch .

Foramina (castun) . ubi mittunt gemmas .

Ad crepidinem i . e . labium uel soum .

ITEM ALIA GLOSA.

S. 14. Areola . i . e . betti . ab area dicitur .
Vineas . i . e . hurdi . uel cridas .
Remus . ruadar .
Depilatus . birouffit .

DE DANIELE.

S. 7. Lentiscus . folia modica habens . fructus sicut rama i . e . murarubr .
Cybitum . elin .
Napta . genus fomitis est i . e . tyn .

DE XII PROPHETIS.

S. 14. Lappa herba habens lata folia . cletto .
Ligones i . e . seh .
Trulla . chella .
Ederam i . e . hebah .
Tene laterem i . e . fac laterem i . e . zegulvn .
S. 15. Herba fullonum i . e . burith . quod inde faciunt saponem .

ITEM ALIA GLOSA . IN XII PROPHETAS.

I. Dolavi . a dulatura dicitur . f . sneid .
Novale . rodh .
Fumarius i . e . rouchus .
II. Eruce i . e . graseuurm . uel qui in arboribus fiunt . sed sunt valde nociui hominibus uel animalibus siue ipsis arboribus .
Locusta i . e . heuuistaffol .
Brucus i . e . cheuuar .
Rubigo uel aurvgo vnum sunt i . e . militôv .
III. Pigneratis . kifantoten .
Pompatice . kettilose .
Lasciuitis . scherot .
Bubalis i . e . nrin .
Litum . kitunichot [1]) cum cemento .
Armentarivs . sveikari .
Vncinus . hago . .
S. 16. V. Naulum i . e . ferischatz .
VI. Excoriauerit i . e . filton .
Contraheris i . e . zuchoft .
Sacelli . sechila . a sacco diriuitur .
VII. Radiculi i . e . huochbari .
VIII. Nione . vt ferunt harafleiche . f .

S. 245. DE PRIMO LIBRO MACHABEORUM.

S. 246. Compositio . ornamentum . Quæ erat libera . i . e . hirl'm
S. 247. Ad . III . milia . ze drin dusonton . f .
Tribus ordinibus scaron . f .
S. 249. Præstationes . tributa uel lehan .
Immunitatis . indempnitatis . unsculdigi . f . qui nullum damnum inde habent .
S. 250. Pyramidas . auarûn . f . a similitudine pyræ .

---

[1]) Hoch über dem »u« steht ein zeichen, welches fast wie ein hellenisches »ϱ« aussieht.

S. 251. INCIPIT DE SECVNDO.
S. 253. Delatæ . firmeldet . f.
   Suspectus . zurtriuer . f.

S. 254. Flagitiosissime . vertanosta.f.
   Fulmina . donarstrala .
S. 256. Aggestum . kebufot . f.

Handschrift 292. Jahrhundert IX.

EINLEITUNG.

Die handschrift ist duodez und trägt auf der zweiten seite die überschrift: »Incipiunt glosæ siue interpretationes nominum ignotorum de vetere et nouo testamento«. Die teutschen übersetzungen stehen theils im texte, theils zwischen den zeilen, scheinen aber, besonders später, etwa von seite 149 an, völlig gleichzeitig und ohne eine eigentliche ursache übergeschrieben zu sein. Das erklärte und das erklärende wort sind durch punkte getrennt; die einzelnen glossen durch punkte, die einen haken über sich haben, und durch grosse anfangsbuchstaben. diese haben wir beibehalten, und wo die handschrift ein unterscheidungszeichen bot, überall einen punkt gesetzt. Die schrift ist ungleich und nicht immer sehr leserlich. leicht können »o« und »e«, ferner »ut« und »itt« verwechselt werden, z. b. »sittlose« auf s. 156. Das geschwänzte »e« ist häufig, und nicht selten falsch angewandt, z. b. »dæpændæbant« auf s. 30. Merkwürdig ist es, dass man in dieser alten handschrift öfters dem buchstaben »w« begegnet, wie s. 14 »wafänsahs«, s. 109 »gewormot«, s. 152 »wazzersoht«. Tonzeichen sind zuweilen gesetzt, doch die spitze manchmahl zu weit links gerückt. steht daher dieselbe bei doppelten selbstlauten in der mitte, so dürfte sie jedes mahl auf den linken buchstab gehören.

Ausser den glossen zu der bibel enthält unsere handschrift auch noch andere, besonders zum Prudentius gehörige. wir haben die biblischen getrennt und lassen die andern in spätern reihen folgen. Die römischen mit den arabischen ziffern deuten wieder auf den abdruck in der Diutiska von Graff. die glossen von s. 191 (»irretitus«) bis 193 (»exanthletis«) haben wir aber bei demselben nicht auffinden können, und, wenn derselbe auf s. 182 der handschrift (Diutiska II, 348, b.) »*olor albus*« gibt, so heisst die glosse vollständig »Olor cignus albus quasi tot'«, wobei »albus« über »cignus« steht.

S. 2. DE LIBRO GENESEOS.

S. 4. Campestria . pharan . gifildi. II, 168.

S. 5. Subtémen . vveual.

In canalibus . in nóhin . uel . in drógin

Palee . stró.

Vadum . uvrt.

S. 7. DE EXODO. II, 169.

S. 9. Cotúrnix . quátala.

Pilo tunsum . stam'pf.

S. 10. Inpensa . stips¹).

S. 11. Fibula . núsga.

S. 12. Capicium . hóubitlóh . a capite ubi caput per tunicam intrat. II, 170.

S. 13. rg. Féminalia . femora . linbruh.

zg. Reticulum iecoris . nezzi leberun.

S. 14. zg. Piperis . peffares.

Culter . wafansahs.

Graticula . róst.

DE LIBRO LEUITICO.

S. 15. zg. Strues . buffo.

Renunculi . lumbala.

Cirogrillus . bestia spinosa maior ericio.

S. 16. Larus . ipsa est gáia quæ solet semper supersedere aquis.

S. 17. Corcodrillus . nichus.

S. 20. DE LIBRO NVMERORUM.

S. 21. Pepo . pedena. II, 171.

Stirps . trunc.

S. 22. zg. Clunes . huffin.

zg. Trieris . kiol.

S. 23. Botrus . drûbo,

DE LIBRO DEUTERONOMII.

S. 25. zg. Protelentur . gilengit uuerden.

DE LIBRO IHESU NAUÆ.

S. 26. zg. Sudes . stipites . stecco²).

S. 28. DE PROLOGO REGUM.

S. 29. Coniectorem . ratiri.

DE LIBRO REGUM.

zg. Cacabus et cucuma (ocohma) a sono feruoris uocantur.

Fuscinula . rouuel³).

S. 30. Fænus . wæddi.

---

¹) Ist dieses »stips« das lateinische »stipes«, so hat es sich aus kap. 37 in kap. 21 verirrt, denn unter die wörter jenes kapitels gehört es.

²) Graff hat »steccon«, getäuscht durch eine alte verbesserung.

³) Graff hat »crouuel«; es findet sich aber keine spur von jenem »c«. S. jedoch s. 39.

Sistarciæ . proprie sunt nautarum .
dicte . quod sint sute . malacha .
uel . dasgâ .   II, 172.
Sarculum . getisan .
Trindens . greifa .
S. 31. Cubitus . clafdra .
Palmus . munt .
Ocrea . béinbirega .
Licitorium . mittul .
S. 33. zg. Alligaturis (hangilla) uue passæ . maturæ .
Capsella: . capselin . in angulo .

DE PARTE SECUNDA SAMUELIS.

S. 35. Infatua . bidumbili .
Ptiphsane . spridun . grecum nomen est et dicuntur quod iplla fieri solent de ordeo decorticato .

S. 36. DE PARTE III REGUM.

De dolatis . lapidibus . gimezzoten .
Latomi . mezzon .
S. 37. Celatura . irgrâbida .
Lapides politi . gimeztzot .
S. 39. zg. Fuscinula . crouuil. II, 173.
zg. Mortariolâ . morsari .
zg. Renes . lendin .
Ilia . lanka .
zg. Thina ligna de tilia . lindea .
S. 41. zg. Zelatus sum . andoda .
Furibundus . vvuadender .

S. 42. DE LIBRO IIII REGUM.

Fictiles muri i . e . thabine .
zg. cabi stercoris uacui inanis .
(kropf col' columbarum).
S. 43. zg. Caluaria . gibilla .

zg. Tritura aree . flegilunga .
S. 44. Ariolatus est . gougeleida .
S. 45. zg. Exédra ábsida . locus subselliorum . latinum est . et grece cyclon dicitur . (cum circulo facta thuerhehùs . uel locus ad sedendum).

DE LIBRO ESALÆ

zg. Tugurium . hútta .
Peponum i . e . melonum . pedenon .
zg. Coccinum rubrum . golan kruagon .
zg. Scoria . sordes metallorum . sindar .   II, 174.
S. 47. zg. Ticio perustum lignum . brant .
S. 49. Vicia . uuicca .
zg. Milium . milli . hirsi .
Trieris durco nauis magna i . e . kiol .
S. 50. zg. Vrtice . nezzulun .
zg. Paliurus . distil .
Lamias . agenggun . quas fabule tradunt infantes corriperæ . ac laniaræ solitas . habentes pedes similes equi . manus et totum corpus pulcrum .
S. 51. Runcina . ieda .

S. 54. DE LIBRO IEZECHIELIS.

S. 58. zg. Contus asta sine ferro . colbo .

S. 60. DE LIBRO DANHIELIS.

S. 61. Intriuerat . instunketa .

DE LIBRO OSEE.

zg. Vinatia . trestir .

S. 62. DE LIBRO MICHEÆ.

S. 63. zg. Paliurus . distil.

DE SOPHONIA.

S. 64. zg. Onogratalus . horodubil.

DE ZACHARIA.

zg. Funda . slengura.   II, 175.

S. 66. DE LIBRO BEATI IOB.

S. 69. zg. Aruina . sméro.

zg. Decipula . fálla.

zg. Librum . rinda.

S. 70. zg. glarea . grioz.

S. 72. Cardo . ango.

S. 73. Arundo . rora.

S. 74. Hamus . angul.

S. 75. SUPER LIBRUM PSAL-
MORUM.

S. 76. Framea . ex utraque parte gladius acutus . quam uulgo spatam dicunt . uocant . ipsa est et romphea.

S. 79. zg. Reuercant . intéret werden.

zg. Susurracio . runezunga.

S. 80. zg. Quando ueniam . vvenne ih quome[1]).

S. 81. zg. Femur . huf.   II, 176.

S. 84. zg. Reuerencia . inderunga.

S. 91. zg. Bubonem . húo.

S. 94. Scynifes . musce minutissime sunt aculeis permoleste . quas uulgus uocat zinzilas . coturnices . aues parue similes illis . quas uulgus quilas uocat.

S. 95. zg. Salsugo . sulcaza[2]).

zg. Oppilabit . pestoceth.

S. 97. Inpulsus . anagistozaner.

S. 100. Ad excusandas excusat' . ziursagenne.

S. 103. DE CANTICO EZECHIE.

Precisa est uita mea . uelut a texente mul' . succidit me . dum adhuc ordirer succidit me . girauuit . vuurci.

S. 104. DE PROVERBIIS SALO-
MONIS.

S. 105. Cisterna . putzi.

zg. Cancellus . piliri.

zg. Vecordem sine corde stultum . aneherciken.

S. 106. Mirra arbor . arabie altitudinis V cubitorum . similis spinæ . quam achntū dicunt.

Stertit . ruzzot.

zg. Ascella . ochansa.   II, 177.

zg. Fideiussor . burigo.

S. 108. zg. Emungor . uzsnuzon.

zg. Fusum . spinnila.

DE LIBRO QUI APPELLATUR
ECCLESIASTES.

Distencio . zithenida

S. 109. DE SYRA SIRIM.

zg. Vermiculata . gewormot.

S. 111. zg. Propugnagula . brustuuri.

Fistula . arfa . genus infirmitatis.

---

[1]) K. aus »come«.

[2]) Das »za« steht ohne noth unter dem »ca«

S. 112. DE LIBRO SAPIENTIE
SALAMONIS.
S. 113. Turbedo uenti . gidruabda .
zg. Conuenciones . gizamunga .
Muscipulum . mùsfalla .

S. 114. DE LIBRO ECCLESIA-
STICO.
zg. Strues . hûffo .
Perdix . rephuun .
Caccabus . cohma [1]) . liuidus .
S. 115. Saccus . (sac) . hairra . II, 178.
S. 116. zg. In pertussura . raterunga .
zg. Asseres ab asse dicti . first
scidelun .
Acini . we [2]) relictæ .

S. 117. DE PRÆFATIONE B. IHER'.
IN LIBRVM PARALIPP'.
zg. Cornix . craa .

S. 121. DE LIBRO HESTER.
S. 122. zg. Ueru . spiz .

DE PRÆFATIONE TOBIÆ.
zg. Proselitis . exulibus i . e . peregrinis . agastalt .
zg. Textrinum opus . dung .
zg. Brancia . kio .
zg. Decassili (burissa) de sarcello .
uel sacciperio . kiulla .

S. 123. DE LIBRO IVDITH.
Dextraliola . ârmilon .
zg. Ascopa . similis utri . flasga .
zg. Lapâtes . olle minores . brocco .

S. 126. DE EVANGELIO MATHEI.
S. 127. Festuca . àgana .
S. 129. Parapsis . gebita .

S. 132. DE EVANGELIO LUCÆ.
Mensuram . confersam . farcior .
inde confercior confersus gi-
stunkot .
S. 133. Stabulum . stal .   II, 179.
zg. Diffamatus . bisprohhan .
zg. Cribrarentur . ridirodin .
S. 134. Querela . klagunga .

DE EVANGELIO B. IOHANNIS.
S. 135. Leuabit contra me calca-
neum suum . i . e . finē fersna .
S. 136. Cado . cecidi . flagello . slizzu .

S. 140. DE EPISTOLA B. PETRI
PRIMA.
zg. In die uisitacionis . (i . e . retri-
bucionis) discolis (missizuhtige) .
indisciplinatis (agrestibus) . indoctis .

S. 141. DE EPISTOLA EIUSDEM
(Pauli) AD CORINTHIOS.
S. 142. Anathema . perdicio . fur-
uuazo .

S. 143.   AD GALATHAS
Impudicicia . ungûsgida .

S. 146.   AD HEBREOS.
S. 147. Vrna . uas in quibus cineres
mortuorum funduntur . asgfaz .

---

[1]) Das »h« ist übergeschrieben. | [2]) »uvæ«?

Handschrift 70. Jahrhundert VIII.

EINLEITUNG.

Die handschrift, in kleinem folio, ist im jahr 761 von Winithar, einem sanktgallischen mönche, geschrieben, und enthält vierzehn briefe des heiligen Paulus und ein mahnschreiben unseres Winithars selbst an seine mitbrüder (»Primum opus litterarium in S. Gallo«. v. Arx in der handschrift). Die teutschen glossen, welche theils auf dem rande, theils zwischen den zeilen stehen, sind gewiss nicht viel jünger, und rühren — wir möchten sagen ohne zweifel — von der hand Kero's her; so sehr begegnet man den eigenheiten, selbst den unarten der keronischen schrift. nur ein zeichen fanden wir, ein verschlungenes »di«, das in der Benediktiner-regel nicht vorkömmt. Graff hat »ti« gelesen, eine art zu schreiben, welche eigentlich bei mehreren wörtern der keronischen weise näher kömmt. für unsere ansicht spricht jedoch: dass das seite 33 mit »d« ausgeschriebene »indi« auf s. 107 mit dieser abkürzung geschrieben ist; ferner die gestalt des zeichen selbst, das ziemlich dem hellenischen »δ« in alten drucken gleicht, dessen oberer theil herabgezogen, hier aber meist durch den bauch des »d« hindurchgeführt ist; endlich dass sich das gewöhnliche zeichen des verschlungenen »ti« auch hier findet (z. b. »unetti« auf s. 99). vielleicht, dass das erwähnte zeichen für beiderlei abkürzungen diente. zur vorsicht wollen wir aber die wörter, welche mit ihm geschrieben sind, hier anführen: s. 98 unradi; s. 101 sendipuah, kianbahdiu; s. 102 hiudigan; s. 103 inl-dida, —*didi*; s. 107 lancmuadi, indi. Weniger zu bedeuten hat es, wenn Kero bis seite 27 seine glossen schöner und mit kräftigerer feder geschrieben hat, so dass man bei flüchtigem betracht eine andere hand vermuthen dürfte.

Die tinte ist übrigens zum theil sehr verwischt und verblichen, dass vieles nur mit der grössten mühe und da nicht immer mit sicherheit gelesen werden konnte. unsicheres geben wir mit kleiner liegender schrift, auflösungen wie früher. Oefters finden sich einzelne buchstaben, wie s. 97, ohne eine spur, dass eine abkürzung oder ein verblich stattgefunden. Kero schrieb ähnlich in der Benediktiner-regel. wir haben es eben so wiedergegeben, mit wahrung verhältnissmässigen raumes. Graff hat in seinem althochdeutschen sprachschatze, b. 1, s. LXII, unter sg. 70 eine probe unserer glossen, d. h. meistens das leichter leserliche gegeben.

S. 15. INCIPIT EPISTOLA AD ROMANOS.

S. 17. rg. inuisibilia. —*nauki*.

S. 18. rg. contencione æmolacione. *stritiv fliz*.

non obœdientes insipientes incompositos sine adfectione. *striclose ungasazte ana pidarp: ana friuntscaf*.

S. 19. rg. longanimitatis contemnis. *man-munt mutet* [1]).

S. 20. rg. qui in lege gloriaris. *in uba:::::du* [2])

S. 23. rg. remissionem precedencium. *furifara si*.

S. 27. rg. forma futuri. *pilidi des aftarin*.

in condemnacione. *in gāsunka* [3]).

S. 33. zg. accepistis spiritum adobcionis. *ca* [4]) *kasaz—t*.

si tamen conpaciamur. *a:::a:emes* [5]) *indi l::ddemes*.

expectacio creaturæ. *dera:kasf:* [6]).

uanitati enim creatura subiecta est. *italnissa——uuerafan ist* [7]).

S. 34. zg. in libertatem. *in alosani*. usque adhuc. *unzan dara*.

S. 42. rg. *rvavar*.

S. 95. (EPISTOLA II AD CORINTHIOS.)

S. 97. zg. deus tocius consolacionis qui consolatur nos. *alles kirates der ist kitrosti unsih*.

qua exortamur et ipsi. *dera pirum kispanan selbun*.

habundant. *k n mont*.

siue enim tribulamur. *eto kevvisso p n k zot*.

earundum. *dero selbono*.

socii. *sellun*.

ignorare. *niuuizzan*.

S. 98. zg. periculis. *f som*.

consciencie. *dera unradi*.

senciritate. *latri*.

in sapiencia. *s:hidiu*.

conuersati sumus in mundo. *lebente*.

hac confidencia. *k—ruuida*.

S. 99. zg. unxit. *ta*.

---

[1]) Von „et", das „&" geschrieben ist, ist nur die linke hälfte übrig, und das vorangehende „t" kann leicht für „a" gelesen werden.

[2]) Der zweite und fünfte der fehlenden buchstaben sind hochaufsteigende.

[3]) Das abkürzungszeichen steht senkrecht.

[4]) Kann auch „ac" sein. Es steht über „ad", mit dem die zeile abbricht, und es scheinen hinter ihm noch mehr buchstaben gestanden zu sein. — Fast alles ist auf dieser seite absichtlich getilgt.

[5]) Das „ki" bei Graff im anlaut des wortes ist mehr als unsicher, scheint nur ein flecken. Gleiches öfters.

[6]) Steht über „expectatio".

[7]) Die beiden letzten wörter stehen über „creatura".

dedit pignus spiritum in cordibus nostris . uuetti s — t .
dominamur . k u lt .
adiutores h—fu̱nra .
ne . min .
letificet . —f uue .
S. 100. rg. obiurgatio . flizzunka .
zg. e contrario . :n*d*eari ¹) kandiu .
ne forte habundancio*re* tristicia absorbeatur . —nuhtsamo*r*un si farsoffan .
eiusmodi . suslihhu mezzu .
experimentum . pifindunga .
odorem noticiæ suæ manifestat . k:si — k::o::at .
S. 101. zg. incipimus . mes .
commendaticiis epistulis . pífelahantliho sendipuah .
ministrata . kianbahdiu .
fiduciam . paldi .
sufficiencia . kinuhtsami .
litteræ . puahstaba .
litteris . pum .
euacuatur . —— eritalit .
quomodo . uuelihu .
damnationis gloria . des todes — *da*:nisse .
glorificatum est . ——urit ist .
claruit . ski*n*it .
S. 102. fiducia utimur . paldi erkip=han .
uelamen . hullilahan .
euacuatur . lit .
obtunsi . s——.
reuelatum . ndkit .
in hodiernum diem . in hiudigan tac .
reuelata . in:::lit*e* ²) .
speculantes . sc———.
transformamur . piru k—*la*—e .

astutia . f=os —t .
conscienciam . uui*zza*nheiti
S. 103. zg. inluminacio . inl-dida .
imago . a*na*lihid*a* .
sciencie . uuis*d*omes .
sublimitas . hohi .
aporiamur . pirumes f——s*an* .
non derelinquimur . pirum p—= ru — f — l — z*an* .
sed non perimus . —f uuer*d*ames .
mortificationem . —*didi* .
S. 104. zg. momentaneum . stuntunlihan .
rg. in sublimitate . in *h*ohi .
S. 105. effecit . kifrum:t .
pignus . fant .
peregrinamur . pirum kielilentot .
speciem . *ios*—*un* .
contendimus . kistrit*u*mes .
siue absentes . so abauuarte .
S. 106. rg. itaque . ptt' .
ex hoc . desu .
qui reconciliauit nos . der kis*u*anit uns .
reconciliationis . d—s——.
zg. fungimur . pirum kiprohan .
in uacuam gratiam dei recipiatis . itali .
S. 109. zg. in longanimitate . in langmuadi
in benignitate . in enstigi .
non ficta . nalles lucheru .
et ignobilitate indi unatali .
per infamiam . duruh unliumunt .
famam . liumunt .
seductores . pisuuihhare .
castigati . kireinte .
locupletantes . kinuhtsamonte .
S. 112. zg. uituperet . uuerne .

¹) An den vier letzten buchstaben ist noch bei frischer tinte gewischt worden.

²) Der mittlere fehlende buchstab ist ein aufsteigender.

GLOSSEN

ZU

KIRCHLICHEN SCHRIFTEN.

Handschrift 159.   Jahrhundert X.
Handschrift 295.   Jahrhundert IX.
Handschrift 299.   Jahrhundert X.
Handschrift 292.   Jahrhundert IX.
Handschrift 136.   Jahrhundert X.
Handschrift 134.   Jahrhundert X.
Handschrift 242.   Jahrhundert XI.
Handschrift 172.   Jahrhundert X.
Handschrift 216.   Jahrhundert IX.
Handschrift 218.   Jahrhundert X.

Handschrift 159. Jahrhundert X.

EINLEITUNG.

Unsere handschrift ist in folio, stammt aus dem zehnten, vielleicht neunten jahrhundert, und enthält briefe des heiligen Hieronymus, Augustinus, Damasus und Cassiodorus. Die glossen rühren von der sehr kenntlichen hand Ekkehard's IV, des bekannten geschichtschreibers, gestorben 1070, her (seine »Casus S. Galli« sind bei Goldast und Perz abgedruckt). Man vergleiche über ihn »Arx Geschichte des Kantons St. Gallen« b. 1, s. 278. Wir werden demselben noch öfters begegnen, denn er hat in vielen büchern, die durch seine hand gingen, spuren seines fleises und seiner gelehrsamkeit zurückgelassen.

Auf dem ersten blatte einer neuen lage steht öfters unten am rande ein name, wahrscheinlich des schreibers, denn die handschrift ist gemeinschaftlich verfasst. die lage hat meist acht blätter, doch läuft die seitenzahl um zwei zu hoch, von vorn an. die namen sind folgende:

S. 67. Vvolfmar.
» 99. Hiltine.
» 163. Abraham.
» 249. Anemot.
» 295. Dietmar me habuit.

S. 311. Auemot.
» 327. vuolfmar
» 343. Hulzilo
» 379. Hiltine

S. 16. TRANSLATIO SANCTI HIERONYMI DE TRACTATU ORIGINIS IN EPITHALAMICIS.

S. 18. zg. Duos choros inter se continentes . heingartin .

S. 51. HIERONYMUS AD PAPAM DAMASUM DE FIDE . CUI.etc.

S. 53. zg. Cauterio (prénisine) unionis inúrimur .

S. 71. AD HÆC (i . e . AD DAMASI INTERROGATIONEM DE OSANNA) HIERONYMUS.

S. 72. In hebreo legitur . anna . adonai . osianna . anna . adonai . aslyena . baruc . abba . basen . adonai . *Hierzu drei glossen:* 1) *eine zwischenzeilige:* ó domine . salua gratiose . ó domine . prosperare . benedictvs et cæt'; — 2) *am obern rande:* Quasi barbarice dicat nuóla hêrro . hêile gnâdigo ; — 3) *am seitenrande:* osianna salua ó . quasi dicas heilô . aut Uuillechomô .

zg. Απεσεσιν ωσαννai . apesesin osanne . Siō apud te'utones uuillechomo .

S. 185. HIERONYMI AD HELIODORVM EXHORTATORIA.

S. 188. zg. Stagni . zinis .

S. 192. INCIPIT EPISTOLA AD NEPOTIANUM .

S. 197. zg. Lumen meum . min o'vga .
Meumque desiderium . min trût .
Delicias . zart uuort .
Lepores . min blůomo .
Cybario pane . spént=pròte .
Rugientem . cúrgilinten .
Noui et genera et nomina piscium . lanprêdan . illanchent . Rôten .
Raritas . seltsani .
Damna . únheil .
Mappulam . amío livhin .

S. 219. INCIPIT EPISTOLA HIERONYMI AD PAVLINUM.

S. 220. zg. Habet nescio quid latentis energiæ uiua vox . energia in [1]) operatio in uuerches [2]) .

S. 279. HIERONYMI AD OCEANUM.

S. 280. zg. uiscarium . fógalchleip .

---

[1]) Es steht „en in . ergia . operatio" .

[2]) Das letzte „e" ist nur ein runder fleck.

Handschrift 295. Jahrhundert IX.
Die einleitung siehe s. 224.

S. 60. DE IDOLIS.
Ululæ . in isaia ab omni translatione nomine ipso hebreo ibin appellantur . LXX . tantum interpretes pro his onocentauros in translatione posuerunt . sunt qui ululas putant aues esse nocturnas ab ululatu uocis quam efferunt . quas uulgo cauannos uocant .

S. 61. Brucus . in psalmo . locustæ quæ nondum uolant . quam uulgo olbam uocant .

S. 62. DE GRECIS NOMINIBUS.
Enormis . sine regula . vngiscruofer .

Handschrift 299. Jahrhundert X.
Die einleitung siehe s. 238.

S. 28. DE EPISTOLIS HIERONIMI ET AUGUSTINI

Tepon uel papizozen pallii uel uestimenti
Uncus scilaf

S. 29. Piliolum huotili
Racalla ruhi græce arbeonto

S. 30. VERBA DE ECCLESIASTIKA YSTORIA

Callus suvuil
Pessulum sloz

S. 31. Tessara vurfzabal

S. 278. INCIPIVNT GLOSE . IN EPISTOLAS HIERONIMI . AD DAMASVM.

S. 279. Siliquæ . genus frugis uel leguminis uel spriu .

Epilogi celeuma . ubaruuortes . scipleod .

AD NEPOTIANVM.
Lenocinia . quænanessi uel fitnessi .

AD PAVLINVM.
$O\lambda\omega\tau\eta\varsigma$. Pilo . speoz .

AD AVGVSTINVM.

S. 280. Mantica . uargila uel fraudata . unde et manticulatio i. e. falla .

s. 281. AD EVANGELIVM.
$\iota\chi o\upsilon\varsigma$. sonus uel galm . aquosa petit .

S. 282. $\upsilon\pi o\tau\upsilon\pi o\sigma\epsilon o\upsilon$. kasluppi deformatico .

S. 284. AD NEPOTIANVM.

Matronarum opes . uenentur . i. e. lagent .

Delitesco . lesgen .

AD PAVLINVM.

S. 285. Cariosis artubus i . e . olmohten lidin .

Imperatorem scita i . e . giban .

Obole . scazze .

Institorem . chaufon .

AD RVSTICVM MONACHVM.

S. 286. Falarica . uuagastria .

Cantharus . napf . in quo portantur lactucæ ad mensam .

Pedicas . springun . quibus aues capiuntur .

Fidicinas . harperi .

S. 287. Neuus . lebeto uel vvarza .

Rabulum . thincman . qui semper uult ad unam quamque rem disputare . sicut ratolt facit .

S. 161. DE CANONE APOSTOLORVM.

S. 163. Cessationem f . stal gebant quia inde cessari debet de omnibus .

S. 164. Fidei iussor . purigo . f .

Minusne i . e . ne minus proscribantur . ferumfet uuerden . f .

Alea . vvrfzabol .

DE NICENO CONCILIO . II.

S. 165. INCIPIT PREFATIO.

Efferens i . e . asportan uel indomitus .

S. 167. Mutuum . in inuicem . analehan .

EXPLICIT . ITEM.

Humanius . kinadigor .

S. 169. DE GANGRENSI CONCILIO.

S. 170. Infucatum . nols kimartaz .

DE ANCIRANI CONCILIO . III.

Letiori habitu . kiparido .

S. 171. EXPLICIT.

Non per inlusionem . nols duruh getrugida .

S. 172. DE ANTIOCENI CONCILIO.

S. 174. Exponantur . referantur . uel kiscoltan uuerden . f .

VII LAODICENSIS CONCILII.

S. 175. Summam i . e . daz mez . prespiteras .

Eulogiæ . ouelei . f .

S. 176. Commessatio . vberazzi .

CALCIDONENSIS.

S. 177. Competenter . gilimfliho .

S. 179. Conantes . zilente .

Delirantes . tobonte .

SARDICENSIS.

Non refricentur . i . e . nigepoit uuerden . uel ne sepius iterentur .

S. 180. CARTAGINE N'.

Prestitutam . fora-kesaztan .

In mandatis . mit uuorton . f .

S. 182. Suggestionem i . e . manunga .

S. 183. Tituli . petapur . f . liberalitate .

S. 184.   AFRICANI.
Conrogatum . zisamine kepetanaz . f.
S. 185. Scalpentes . aures . iuahinti [1] . f.
Detractant . rennunt .
S. 186. Pudor . chuski . f.

S. 209. ITEM DE MELIBITANO .
L. VIIII . CAPITVLVM.

S. 211. Liberti . hantlazza . f.

S. 213. DE PRIMA ANTERIORIS PARTIS HOMELIARVM.
Arescentibus . seruuenten . f.
Sollicitet spane . f.
Exhilerate . fruont . f.

S. 214.   ITEM DE SECVNDA.
Defectum . zurganc . f.
Importunitatis . agileizi . f.
Figimus . staten . f.
S. 215. Partustura . kilichiu . f.

DE TERTIA.
In aura . en uuetere . f.

S. 216.   DE QVINTA.
Reficientes . zehonta . f.
S. 217. Minutis . quazzon .
Locupletius . otagorin .
Ut profectus sui passibus . dih semon . f.

DE SEXTA.
Ad remissionem inutilis . grāe . i . e . zi gelaze . f. humane laudis .
Cyatus . stoufili . f.

S. 218.   DE SEPTIMA.
Commendatur . kiliubit .
Distitute . zizaztere . f.

S. 219.   DE OCDAUA.
Vindicemus . giuuinnen . f.

DE NONA.
Nummolarius est qui nummos facit i . e . quazza . uel denarios .

S. 220.   DE DECIMA.
Magus quasi magis gnarus . sahsluzzo . f.
S. 221. Constellatio . gistirni . f.
Trapezita . munizari .
Confricatur . i . e . kiuuaremit . uel kiheistu .

DE DVODECIMA.
S. 222. Tetros . egislicha .
S. 223. DE QVINTA DECIMA.
Curia . dinchus . uel sprachus .

DE . SEXTA . DECIMA.
Pinnaculum . a pinna dictum . quidam dicunt . quod sunt manaperaga .
S. 224. Interim paciendo i . e . innanades . f. donec in sui resurreccione percuteretur .
Interdicat . uirbiete . enzihe .

DE SEPTIMA DECIMA.
S. 225. Inuectio . sceltungo . uel rafsungo .
S. 226. Infatuatum . iruuorten . f.
Cloaca . dola.

---

[1] Ob »i . e . uahentia?

S. 227. DE NONA DECIMA.

Conuentione . i . e . gizunti . f.
Diurno . tagalichemo .
Sero . aband .
Procurator . meior .
Nutibus instabilis . gihabon . f . uel uoluntatibus uel motibus .

S. 229. INCIPIVNT SVBSEQVENTES.

S. 230. DE SECVNDA.

S. 231. Crudum . rouaz . f.
Lactuca . quidam . sudistil . f . quidam solsequium ferunt esse.

DE TERTIA.

S. 232. Figulus . hauanari . f.
Opinatares . marriu . f.

DE QVARTA.

Pulmentarium . unum est et pulmentum quicquid cum pane comedi potest . zoumuosi . f.
Nauigium . verith .

DE QVINTA.

S. 233. Torrens . liuui . f . qui sit ex collectis aquis pluuiarum .

DE SEXTA.

S. 234. Per excessum . thuroc urgilit . f . quia de expositione euuangelii excessit .

S. 235. DE OCTAVA.

Diffisus est i . e . missitruenter . f.
Fecunditas . zuht .
In propagine . in chunni .

DE NONA.

Per multa argumenta . i. e. listi . f.
S. 236. Et sub eo i . e . in Christo . per incrementa temporum . thurot uuahsamon ziteo . f.

DE DECIMA.

S. 237. Sicommores uellicantem . sicomor' est fatua ficus . uellicantem . colligentem more pastoris . uel slizenten . f.
Conclauum . kamara . quia claue concluditur .

DE VNDECIMA.

Conquiritur . stouuot . f.

S. 238. DE TERCIA DECIMA.

Hinnulus . hindkalp . f.

S. 239. DE QVARTA DECIMA.

Onix . onichin'.
Berillus . berala . f . maxima.
S. 240. Calculus quidam dicunt esse kisiline . f . quidam carbonem .

DE QVINTA DECIMA.

Seditiones . heinstrit . f.
S. 241. Recidiua febris . itslath . f.

DE . SEXTA . DECIMA.

Prodige . spildo . f.

S. 242. DE SEPTIMA DECIMA.

Secretum a circumstantibus petiit . kesuastuom . f.
Episcopium . hoc loco dicitur . tuom . f . ponitur tamen diuerse.

DE OCTAVA DECIMA.

Altilia . hantzuchilinga . f.

S. 243. Vestibulum . forceih . f.
Præmortuum . uoratot . f . quia ultime partes sui corporis iam moriebantur.

DE NONA DECIMA.

Exactor . notmeior . f . qui cogit census dari dominis.

S. 244. Obstruant . bisturzen . f.
Formido . plodi . f.

DE VICESIMA. SVBSEQVENTIVM.

Vlcus . tolc . f . quod post sanata uulnera uidetur.

S. 245. Ex diuerso . fona uidisti . f. quod contrarium uidetur. quod diues de gloriosis vestibus uituperatur . et iohannes de uilibus laudatur.

Sancti monialis . nunna . f.

Sexus . kiburt . f.

Ex uocibus discreuisse . giunterskeiton nuesan . f.

Exequiæ . folgunga . f.

S.257. DE PENITENCIALI . QVI DE MVLTIS ALIIS PÆNITENCIALIBVS EXCERPTVS EST.

S. 258. Tenucla . casi vvaszer . f.
Battudo . slegimelc . f . illa aqua est quæ de slegibatta exit.

S. 259. Placeat . kihulde sih.
In ceruulo . in lioder saza . et in uetula . in dero uarentun truchti.
Sub iudice flamma . quidam urteilida . f . ferri.
In lexiua . in louga . f.

S. 260. DE PRIMO LIBRO DIALOCORVM.

Ad condimenta olerum nutrienda i . e . zi gismachen . dicit propter angustā illius loci . quia non ad copiam illic poterant olera enutriri.

DE SECVNDO LIBRO.

S. 261. Concaua . holir . f.
Falcastrum . riutsegansa . f.
Curialis . a curia dicitur . id est apud alamanos . ēsago.

S. 262. Tripedica a tribus pedibus dicitur . i . e . cucuma . siue crugula.

DE TERTIO LIBRO.

Vuandali . quidam populi de affrica . quorum reliquiæ fertur ut sint paiuuarii.
Suricis . ratin.
Rudit asini . luon . f.
Pupulonia . polona . f.
Vanga . scuuala . uel graba . f.

S. 263. Fricauit . reib . uel gneit.
Baratrum . hol . f.

DE DIALOCORVM LIBRO . I.

S. 264. Incurie i . e . unbisorgida . f.
Mansionarius . sigeristo . f.
Fleotómum . fliodema.
Erucæ modici vermes . qui manducant folia multos pedes habentes i . e . crasauurm.
Coxa . quasi media axa i . e . huf.
Simia . affo.

Utcunque aliquo modo . edisveio . f. uel tabatis . uel kistorkenen . f.
S. 265. Rimis . bordremū .
Aduocatus dicitur . qui uocatur in adiutorium alicuius causa uel pecuniā i . e . diugare .
Vulgar . pulgari [1]) .
Exactio . monung gæbles .
Decrepitam . dobend . s .

S. 266. DE QVARTO LIBRO DIALOGORVM

S. 267. Conclamatus . biclagoter . f.
Defossa . engrabaniu .
Laterculus . a latere . scintala . f.
Alternent . vvesilont .
Tinctorum i . e . farauuono . f. qui intinctionem fecerunt .
Aureos . mancusa . f.

S. 267. DE CASSIONO.
Loetheo . mortari .
Spiathio . matta .

S. 270. DE EVSEBIO.
S. 271. Fornice . scelp . f . derbs .
S. 272. Litteras . stofun .
Petigo . tetrafic . s .
Iugeris . kicer . s . i . e . unius diei opus aratoris .
Rogus . beel . s . uel ead . s .
S. 273. Fatum . uyrd . s .
Graticulis . ferreis factis i . e . herst.
Baratrum . loh . s . uel dal . s .
Latiniosa . slittendæ . s .
Lineolis . dredū . s .
S. 274. Gallos . tensam cutem i . e . uarres . s .
S. 275. Extalis . sine dildaerm . s .
S. 276. Inuisum . leader . f .
Ruderip . mixinnū
S. 278. Sescuplum . dritdehap . f .

Handschrift 292. Jahrhundert IX.
Die einleitung siehe s. 245.

S. 149. DE VIRTUTIBUS APOSTOLORUM.
Peluis . label .
Basis . stollo . scinga .
Dorcas . nomen interpretatur simia . affo .
Zima . fermentum . deismo .
Comparare . koufon .

zg. Scortator . huarari .
Assæntacio . gihengida .
Falx . sichila .   II, 180.
Decuplo . zehenfalt .
Stips . pruanta .
Conclauis . ebansloz .
Incantare . galsderon .
zg. Sarcofagus . sarch .

---

[1]) „Vulgar" wohl für „Bulgar". Graff hat es in seinem sprachschatze fälschlich zur vorangehenden glosse gezogen.

Squama . suabba .
Sporta . corb .
S. 150. Semizintia . albgurtilla .
Sarmentum . spha .
Dissenteria . uzsoth .
Conductus . meidc .
Arreptum fustem in quo res . ex-
  primere solent . vuàtstanga .
Ruga . runcelo .
Apostaticus . abedrunniger .
Preditus . gioadeger .
Manica . m'chlo .
zg. Prestrigium . zoubar .
zg. Congelauero . zisamænegi-
  renno .
Deliro . auuitzon .
Giro . umbekero .
Therebintus . arbor gerens . resi-
  nam . prestantissimam resina est
  fliod . et . seipha . et harza .
zg. Reustus . brant .
Callus . suuil .
Infestacio . piullida .
Maritima . sélich [1] .
  carectum . saherahi .
zg. Scirpus . binuz .
Inficio . gifohtu .
Scala . leitera [2] .
S. 151. zg. Pauimentum . esdri .
Theatrum sic factum . spile-
  hus .   II, 181.

Carruca . carruh .
zg. Piscina . vuihiri .
Scateo . vuiumo .
zg. Purulentus . venenatvs . gi-
  blapeco .
Formica . ameiza .
zg. Caberna . malaha .
Nouale . niuuilenti .
Hebetata . bidumbilidiu .
Eneruo . uzzer adron .
Sponsio . erborgida .
Serica . gote-mebbi .
Mica . brôsma .
Incucio . anasmidon .
Fiscale . fiscilih . a fisco i . e .
  vuilla [3] .
Rubeta . bofo . krota rama" . in-
  quieta [4] .
Musca . fliega .
Térebro . boron .
Basilica . ecclæsia . khirica .
Pulli . huanir .
S. 152. Exagillum . ferio . ferias . i .
  e . uron [5] .
Concionas [6] . dingon .
Idrops . wazzersoht .
Verenda . hegi-druosi .
Fomentum . baunga .
Minitans . drevuenti .
Tussis . huasto .
Citerior . gendra .

---

[1] Das „c" scheint durch punkte getilgt.

[2] Es steht scheinbar „lŏttera", d. h. das „o" ist ein schlecht gezogenes „e", wesshalb man ein anderes darüber gesetzt hat.

[3] Das „v" scheint durch zwei striche, über und unter ihm, getilgt.

[4] Ist übergeschrieben.

[5] Schwerlich „iuron" keinesfalls „uiron".

[6] Scheint durch übergeschriebenes „no" in „conciono" verbessert.

264

Pincerna . skenko .
Cementum . ehsdrhi . blastar .
Suggillo . herdehu¹) .
Lanx . bahuueiga .
zg. Therma . bad .
Lentum . horo .   II, 182.
zg. Arteria . senadra .
zg. Matrona . itis .
Numularius . munizzari .
Colobium . gote uuppe .
Sandalia . giriumi²) .
Amentum . laz .
Lunaticus . manuduuiliger .
S. 153. Troclèa rota . per quam funis traitur . gurba . uel furega .
zg. Fuligo . ruaz .
Stips . bisancter stoc .
Ablactatus . intuueniter .
Fantasia . drugida .
Perfectio . fuara .
zg. Panosus . pannis plenus . ludera .
Fiscum . fisc . camera .
Fiscus . lim .
zg. Conflictus . baga .
zg. Scrinia . scrini .
Capsa . kafs . kefsa . basciza .
Surculus . ramus . zuig .

(DE SANCTO MARTINO.)

Detrimentum . ungifuari .

S. 154. Ticini . i . e . tisin . uicus .
zg. Panoni . huni .
Vertigo . suindilut . vuintes .
zg. Cultro . sahse .
Peniculum . duach . genus pallii .
Parisius . peris
Conicere . radisson .
I'ncudem . ánaboz .   II, 183.
Secretarius . sigersto
Pesculum . grindil .
Toga . silecho .
S. 155. zg. Tolose . tul .
Tugurium . hutta .
Exoneratus . . intburdiniter .
Gallo . i . lac . inde dicuntur galli . a candore corporis .
zg. Carica . figon .
Birrum . kottus . kozzo .
S. 156. zg. Faleras . brittila . ornamenta equorum .
Bigerriga uestis . guffa i . e . uillata . bigerriga uestis ex lana caprarum delicatum .
Fiscalis reda . dominicalis æquitatus . bâra
zg. Ritúdula . serua sine ritu sittlose .
zg. Vmbo . media pars scuti . rantboug .
Pessuli . grindila . scubila .
Esox . genus pisci . salmo .

---

¹) Das zweite „h" ist sicher — vgl. z. b. „his locis" auf s. 155, b der handschrift — obschon es sehr dem „z" anderer handschriften ähnelt. dann ist dem „h" aber ein buchstabe übergeschrieben, der ein „p" zu sein scheint.

²) Ueber dem „u" steht ein querstrich und darüber ein punkt.

GLOSSEN ZUM PRUDENTIUS.

Handschrift 292. Jahrhundert IX.
Handschrift 136. Jahrhundert X.
Handschrift 134. Jahrhundert X.

VORBERICHT.

Die handschrift 292 unterscheidet sich von den beiden andern dadurch, dass sie lateinische glossen zu den gedichten des Prudentius enthält, welche mit teutschen untermischt sind; die beiden andern handschriften dagegen haben die gedichte selbst, die mit einzelnen lateinischen und teutschen glossen, welche bald zwischen den zeilen, bald auf dem rande stehen, ausgerüstet sind. die handschrift 292 ist mit den beiden andern nicht verwandt; dagegen ist handschrift 134 offenbar eine abschrift von handschrift 136, mit vermehrten glossen, jedoch nicht vollständig, indem sie nur bis zur »passio St. Laurentii« reicht, von der sie noch eine seite hat. darnach zu schliessen und aus dem umstande, dass dieses bruchstück mit stücken aus dem elften und dreizehnten jahrhundert zusammen gebunden ist (s. die einleitung zu handschrift 134), ist ein theil dieser abschrift verloren gegangen. Graff hat die glossen der erwähnten drei handschriften mit noch andern glossen zum Prudentius zusammengestellt und in dem zweiten bande seiner Diutiska abdrucken lassen; doch hat er manche übersehen, manche falsch wiedergegeben, wie »boen« statt »risboen« (s. handschrift 134, s. 38).

Die römischen ziffern, welche von arabischen begleitet sind, deuten auf Graff's Diutiska; die eingeschalteten titel sind vom herausgeber hinzugefügt.

Handschrift 292. Jahrhundert IX.

Man sehe die einleitung auf seite 245, und seite 262, nebst dem voranstehenden vorbericht.

S. 166. INCIPIT LIBER CHATHEMERINON. CARMEN CONSECRATIONVM. SIVE COTTIDIANVM.

(HYMNUS ANTE CIBUM.)

Ederas . ebahi .
S. 167. Pampineo . palmite . thonahti erdscozza.   II, 312, a.
zg. Pampinus . blat .
Palmes . thona .
Siliqua . fesa .
Multra . melcubilin.   II, 312, b.
zg. Thimus . heida .
Orbita . vuaganleisa .
zg. Résonam caueam . ioræ¹) . keuiun .

(HYMNUS POST CIBUM.)

Subnixus . erspuzzit.   II, 313, a.
zg. Pércita . percitata . erhabeneru .   II, 313, b.
S. 168. Coturnices . ortigometra . wáhtelon .
zg. Surculo . uirgulto . zvig .
   II, 314, a.
Themo . thihsla .

(HYMNUS ANTE SOMNUM.)

zg. Feriati . gifirot .
Prestigiator . astigæ . gouggilari .   II, 314, b.

(HYMNUS IEIUNANTIUM.)

zg. Obstrangulata . biwurigit .
zg. Detersa prudencia . polita . gisuorban .
Seta . bùrsta   II, 315, a.
zg. Lanugo . ascorunga .
Locusta . heuuiscerkko .
Notas . noxas . bizihti .
zg. Defecauerat . purgauerat . erdruasnita .
Metallum . zimbar . aurum etc.
Sudum lucidum . sauuahti .
S. 169. Molares . kinnizeni . bilorna .   II, 315, b.
Palpitat . za—.
zg. Glaucos . gruane .
zg. Impexa . ungistralit .
Villis . willoson .
zg. Lena . pallium . indumentum . lahchan .   II, 316, a.
zg. Cunula . waga .
zg. Papilla . brust .

---

¹) „in ore"?

Limat . filot . slihtit . II, 316, b.
zg. Scabra . aspera . hôlaz . lohhahti .
Fenerans . intlibenti .

(HYMNUS POST IEIUNIUM.)

zg. Lappa herba tenax . i . e . cleddo. II, 317, a.
zg. Studes . steccon .
zg. Carduus . distil .
zg. Cratem . hurt . II, 317, b.
zg. Plectrvm . citerphin [1]) .
zg. Qualus . corb .
zg. Obstacula . ingeginstantunga . II, 318, a.
Susurris . runizungon .
zg. Obice uecte . grindil .
Ferrugine . nigredine . ruozfaro .
Vexillum . gundfano . II, 318, b.
zg. Insuesceret . giweniti .

(HYMNUS CIRCA EXEQUIAS DEFUNCTORUM.)

Resorbens . widar slindænti [2]) . widarsûffenti [3]) .
zg. Linteum . lilahchan .
zg. Cyatus . stouf .
zg. Cariosa . uetustas . caries . putrida . wurmmelo . II, 319, a.

(PRÆFATIO IN PERISTEPHANON.)

zg. Scyfus . urzol .
zg. Parapsis . izanari [4]) . II, 319, b.

(ENCHIRIDION.)
(ADAM ET EVA.)
zg. Tinxit . zeheta . II, 354, b.

(ILEX MAMBRE.)
zg. Armentale . culmen . sueiglih. hús .

(IOSEPH.)
S. 170. zg. Cratera . uas . naph .
zg. Cunacubula . wæga [5]). II, 325, b.
zg. Lanx . waga .

INCIPIT LIBER APOTHEOSIS i . e. DE DIVINITATE. II, 329, a.

zg. Diuorcium . danakerunga .
zg. Pruriat . iukke .
zg. Interpolat . undirburgit .
II. 329, b.
Ventilabrum . werscufla .
zg. Recrementum . spiu .

(APOTHEOSIS.)
(CONTRA HÆRES.)
Obses . gisal . II, 330, a.

(CONTRA UNION.)
S. 171. Cornix . craia .

(CONTRA HOMUNC.) II, 331, a.
Pusio nondum nominatur infans . pusilin .
S. 172. Verrunt . kerint . II, 331, b.
Soleæ . solun .
zg. Ruder . purgamentum . arutz .
II, 332, a.

---

[1]) Scheint in »citarphin« verbessert.
[2]) Die trennung ist durch zeichen angedeutet.
[3]) Ist zwischenzeilig.
[4]) Das »z« und »a« sind ganz verschlungen.
[5]) Vielleicht steht »waga«.

DE NATURA ANIME.

zg. Flabellum . wedil . II, 332, b.
zg. Vola . media pars palme . Hir.

INCIPIT AMARTIGENIA. II, 333, a.

S. 173. zg. Sarculum . getisan .
zg. Coniectare . radisson .
zg. Examina . suarma .
zg. Neruos . senewon . II, 333, b.
zg. Plagis . masgon .
zg. Acidis medullis . amaris . suren .
zg. Spiris . slauh .
zg. Supellex . gizauua .
zg. Culta . gilenti .
zg. Uacua auena . merispoto .
                      II, 334, a.
zg. Brucus . keuera .

S. 174. Cicuta . surning .
zg. Repagula . grindil .
zg. Claua . kolbo .
Incerat . wahsit .
Scalpeps . iuckenti .
zg. Iacintis sutilibus . iahchenton girigeton .
zg. Calculus . merigrioz .
zg. Union . berelon .
zg. Concharum qui sumitur a conchis . musgulon in mari .
zg. Scutulis uestibus . mualtilin [1]) . skibahten . II, 334, b.
Pectitur . gikaembit wirdit .
Uersicolor . misfaro .
zg. Indumenta plumea . giplumot .
zg. Peregrino puluere grio odore . bisemo .
zg. Uegetamina . fuarunga .

zg. Nutimentis . bahungon .
zg. Dotes . eigan .
zg. Pupula . pupilla . seha .
zg. Ganeo slinto . II, 335, a.
zg. Glutio . fraz .
zg. Proscenia . ascena . uestibulum . furikelli .
zg. Perniciosa uol' . mortalis . freislih .
zg. Obtrectatio . bisprachida .
Casside . helme .

S. 175. zg. Manica . stucha . II, 335, b.
zg. Secures . acches .
zg. Limat . fihelot .
Lituus . herihorn .
zg. Arietat . cum ariete concutit . phederari .
zg. Viscum . gluten . lim . II, 336, b.
Diuersoria . gastnissi . II, 337, a.
Pupula . seha .

S. 176. zg. Luxus i . e . luxuria getilosi .
(PSYCHOMACHIA.) II, 337, b.
Buculas . cuauui .
Baga . rahchinza .
Linea . regeila .

S. 177. Gluten . lim . II, 338, b.
Contus . stanga . ruadar . II, 339, a.
Hirsuta . crista . burstahti . kambo .
Lorica . brunia .
zg. Torax . brustroc .
zg. Capulum . helza .
Cassis . helm .
Calibs . stahal . II, 339, b.
Pudendi decoris . sconi .
Rasile . giscoran .

---

[1]) Die buchstaben »ili« sind unsicher.

zg. Carbasea . segelath . II, 340, a.
zg. Limbus . borto .
Lupatum . kâm. mindil . II, 340, b.
zg. Plebeio . dorflih . II, 341, a.
zg. Ridiculum . gamanlih .
zg. Friuola . bôsa .
zg. Stipula . halm . II, 341, b.
Umbo . rantboug .
zg. prodiga . perdrix . ferliesa . II, 342, a.
S.178. zg. Marcida . uuelkiu. II, 342, b.
Lituus . ludihorn .
zg. Ales . harundo . zein .
Neruum . senevva .
zg. amentum . lazc . II, 343, a.
zg. Bratteolu . pedela . blech .
zg. Axis . naba .
zg. Radiorum . speicheno .
zg. Electrum (quecsilbar) . obrizum . ubarguldi . II, 343, b.
zg. Ganearum . deuoratricum . scortorum . hazisson .
zg. Vernantes . florentes . grunente .
zg. Mitra . huat . II, 344, a.
Serica . godu-vuebbi .
Pollex . tumo .
zg. Catus . stouf .
Crapula . ubarazzi . ubartrunkini . II, 344, b.
Offa . bizzo .
zg. Sistrum . ludihorn .
zg. Peplum . e-oral [1] .

zg. Crinalis acus . spinela . II, 345, a.
zg. Fibula . nusca .
zg. Strofium . reuersio . vuindila .
Infarcire . instungon .
zg. cruminis . seckilon .
Fiscos . sekki .
zg. Vngues . kruuila .
Bullis . bolcon . caston . II, 345, b.
S. 179. zg. Moneta . munze .
zg. Parapsis . sulzkar .
zg. Lucturus . ingeldender .
zg. Anathema . alienacio . perdicio . firuuazan . II, 346, a.
zg. Manicis . handruhin .
zg. Loculus . seccil .
zg. Fœnore . pecunia . erlohnungu .
zg. Palpitat . zabelota .
zg. Ingluuies . vuuarige. II, 346, b.
Venalibus . fircouflihen .
zg. Exfibulat . intnusta .
zg. Victrices aquilas . signa . guntfanon .
zg. calx . calc .
zg. Plectru . zidar:in [2]). II, 347, a.
zg. Castrensis portæ . eriberdil .
zg. Staciones . heriberga [3]) .
S. 180. Vela . carbasa . sekela .
zg. Stertens . rucenti . II, 347, b.
zg. Domestica . hemesgiu .
Harundo . ru'ada .
zg. Dolata (herholoth) forattu-(ata) [4]) ergarabungu. II, 348, a.

---

[1]) Das »e« dürfte eine wiederholung des etwas undeutlichen »c« in »peplum« sein. ähnliches öfters.

[2]) Der fehlende buchstab gleicht völlig einem geschriebenen teutschen »t«.

[3]) Ueber »ga« steht »ti«.

[4]) Der erste, weniger der zweite buchstab unsicher.

(CONTRA SYMMACHUM.)

S. 182. zg. Contractos . girumpfan .
zg. Panso carbaso . expanso . zidenitemo segale .
zg. retinaculus . anchore .
S. 183. Pessulus . grindil. II, 348, b.
Cuneus . weggi .
zg. Incantare . bigouggellon .
Proluit . profudit . bigôz. II, 349, a.
S. 184. Cilindros . kraphilin . uirgulas de palmite vuinton .
zg. Fuctis defunctis . ginuzzidon .
Pependit . suebeta .
S. 185. zg. Lares . nigros ignes . ugento (smalzze) quod sacrificando urebant .
S. 186. zg. Priuignus . stiefson . II, 349, b.

zg. Venustas . kúsgi .
Ciatos diis . stouffa .
Volucri axe . uolubili . naba .
S. 189. zg. Eneis lāminis . blehchon . II, 350, a.
zg. lima . fila .
Scabra erugo . lohanti róst. II, 350, b
Immanes populi uel feri . unmezmanage .
Transactis alpibus . elbon .
Labarum . gundfano .
Crista . kambo .
Concreto crine . ungestráltemo fahse .
Fossis muralibus . grabon .
Forum . zich [1]) .
S. 190. zg. Nugis . boson. II, 351, a.
mimica solemnia scernu .

Handschrift 136. Jahrhundert X.

EINLEITUNG.

Man sehe den vorbericht zu den glossen zum Prudentius, s. 265. Die handschrift ist quart, die schrift nicht schön, verwischt und abgerieben. Die glossen scheinen von zwei händen herzurühren, und sind gewiss nicht viel jünger als der text selbst, was auch schon aus dem umstande hervorgeht, dass handschrift 134, welche eine abschrift aus demselben jahrhundert ist, fast alle glossen aufgenommen hat. — Die glossen stehen meist zwischen den zeilen, die randglossen sind angezeigt.

S. 8. INCIPIT YMNUS MATUTINUS.
S. 9. rg. nugator . ugigirul .
S. 10. intemperans . ungimezzoda .
II, 311, b.

S. 11. INCIPIT YMNUS ANTE CIBUM.
S. 13. rg. coagula . —runnida.
II, 312, b.

---

[1]) Schwerlich »zieh«.

rg. calatho. ——a . i . e . chasichar.

S. 16. rg. sospitet . kancehe¹).II,313.

S. 17. INCIPIT YMNUS POST CIBUM.

quod . daz .
ac . ioch .
rg. dicarant . kim — n —.
austibus . sluntan .

S. 20. INCIPIT YMNUS AD INCENSUM LUCERNÆ.

S. 21. rg. peplo . — abili . lachene.   II, 313, b.
S. 22. rg. hospita . kestin .
S. 23. rg. cedere . uuichan .

S. 28. INCIPIT YMNUS IEIUNANTIUM.

S. 31. rg. uillis . zaton . II, 315, b.
lænam . laahan.   II, 316.

S. 46. INCIPIT PASSIO SANCTI UINCENTI MARTYRIS. II, 321.

S. 55. extinxero . prodgam .
S. 57. rg. barbarus . rūst²) .

S. 59. INCIPIT PASSIO SANCTI LAVRENTI MARTYRIS.

S. 64. mvculentis. mucus.roz. II,320.

S. 71. INCIPIT AD VALERIANUM EPISCOPUM DE PASSIONE SANCTI YPOLITI MARTYRIS.

S. 75. alacres . horschiu . II, 328.

S. 86. INCIPIT PASSIO SANCTORUM APOSTOLORUM.

S. 87. colymbo . mit gisuuimtun ³).
                        II, 328, b.
S. 88. musci . mies .
cyaneus . gronaz ⁴) .
lacunar . himil .
brateolas . bleccher .

S. 115. INCIPIT PASSIO SANCTI CASSIANI FOROCORNELIENSIS.

S. 117. feriatas . muozigen. II,322,b.
S. 118. ferias . firra .   II, 323.
S. 119. dextris . thesemon ⁵) .

S. 120. INCIPIT DE SANCTO ROMANO MARTYRE.

palpitet . zabal'.
S. 122. luas . tholes.   II, 323, b.
S. 123. rg. apparitores . :nknetha.
rg. suggerunt . :nderzaltun .
noxialem . marterliohen ⁶) .
rg. tuberet . tuber . masar .
stemmatis . chunne-zalo .
S. 124. licentia . urlobe ⁷) . II, 324.

---

¹) K. aus „cancehe".

²) Ob „rusticus"?

³) Die drei letzten buchstaben sind nicht ganz sicher.

⁴) Ueber dem „o" ist ein gekrümmter strich, eher ein flaches „v", als ein zeichen der kürze, wofür es Graff hält.

⁵) Ueber dem angegebenen worte und nicht über „successibus" steht die teutsche übersetzung.

⁶) Das „o" ist deutlich.

⁷) Rechts über dem „o" befindet sich ein grosser runder punkt oder fleck, den Graff wieder für ein zeichen der kürze nahm.

S. 133. caraxat . chrazota . II, 325.
   mentum . chinne.   II, 325, b.

S. 134. capellam gnosiam . keiz .

S. 139. uulturum . kir .

S. 153. INCIPIT DE OPUSCULIS SUIS PER *QUÆ* IMMOLAT PATRI DEO.

   leuamen . i . e . follasti .

   suppellex . i . e . keziug .

S. 178. ADUERSUS IUDEOS.

S. 179. cortice libri . loft. II, 330, b.
   svrculus . snitelinc .

S. 181. chelys . harepha .

S. 217. ADUERSUS MARCIONITAS.   II, 333.

S. 230. (*randglosse neben vers 272*: crinibus aureolisque riget coma texta catenis) : scot' neman .

(*randglosse neben vers 275*: inficiunt, ut figmentis cutis inlita perdat) : kainke .

S. 257. Horrescunt sætis . caton .
   II, 334, b.

   pupula . seha .

S. 261. INCIPIT PSYCOMACHIA.

S. 262. gaza . scaz .   II, 338.
   monilia . steinne .
   Attrita bogis . rachir . zan .

S. 278. bratteolis i . e . lobileion .
   II, 343.

S. 279. mithra . cupha .
   toreumata . i. e. scafareita. II, 344.

S. 283. crinalis acus i . e . spenela .
   II, 344, b.
   monile . gesteine .   II, 345.

S. 288. manicis . bantthruchin .
   II, 346.

Handschrift 134. Jahrhundert X.

EINLEITUNG.

Man sehe den vorbericht zu den glossen zum Prudentius, s. 265. Die handschrift ist quart, und enthält, wie angeführt, die gedichte des Prudentius, jedoch nicht vollständig: ausserdem stücke aus dem elften und dreizehnten jahrhundert, ohne teutsche wörter. Die schrift ist deutlich, und die glossen wohl gleichzeitig mit dem texte und zwischenzeilig. die randglossen sind angezeigt. S. die einleitung zu der handschrift 136, auf s. 270. Graff spricht von unsrer handschrift auch in seinem sprachschatze, b. 3, s. 320.

S. 5. YMNUS AD GALLICINIUM.
cubile i. e. betikeminada. II, 311.

S. 8. YMNUS AD MATUTINUM.
S. 9. lucramur . feruuesen .
  liuida . plauua .

S. 11. YMNUS ANTE CIBUM.
  pateras . scala .   II, 312.
  seria . gidigini .
S. 12. modulata . liudonte .
  glutine . cbleibe .
  calamum . hamon .
  mulctrat . chubelen .
  coagula . kirunnida .
S. 13. galatho . zeinna . i . e . chasi-
    char .   II, 312, b.
  thimo . heido flore .
  fidibus . seiton .
S. 16. sospitet . kancebe .
  sarcofago . lichare .

YMNUS POST CIBUM.
S. 18. expolita . kifiolotero. II, 313.
  dicarant . kimeinton .
  iubas . manun .
  expertum . conscium i . e . ant-
    chunden .
S. 19. canistris . zeinnon .

S. 20. INCIPIT YMNUS AD INCENSUM LVCERNÆ.
S. 21. scirpea . pinizine . II, 313, b.
  collita . pichlenan .
  pinus . uachela .
S. 22. inuolucris . kescuhe .
  tutus . geholfener .
  rg. preualida manv . manegote .
  calamis . soasten .
  gnosiis . cretensiscvn .
S. 23. rg. sub bifido . vnder demo
    gesbaldenen .
S. 24. cedere . vuichan .
  pateat . offenvurte .
S. 25. anhelitu . geblaste .
  calta . chleon [1]).   II, 314.
  tenues . cleinen .
S. 26. gracili . chleinan [1]).
  surculo . civuige .
  modulis . leichon .
  rg. mitibus . mite factis . stillon .
  trahimus . laidemes .
S. 27. subfixa . nider hangenda .
  desuper . dar obene .
  rg. trionibus . arcturis . vuagenen.
  tinctum . genaztez .

S. 28. YMNUS ANTE SOMNUM.
  sensim . ensebida .
S. 29. pererrat . durech louffit .
  feriatum . firrontum .
  patriarcha . vordero .
  approbauit . bevuand .
S. 30. domine . vrono
  tacenda . holebara .
  rg. signata . bisigilten .
  purpurantem . plutendez .
  in æuum . hiemer.   II, 314, b.
S. 31. preferre . imo gefelgin .
  heros . gomo .
  sinistrum . abehes .
  innouatum . genivueten .

---

[1]) Das »h« ist übergeschrieben.

somniorum . troumo .
prestigiator . zouberare . calste-
    rare .
agitas . muest .
recline . niderhaldiger .
paulo . ein lucil .

S. 32. YMNUS IEIUNANTIUM.
expiatur . gereinnit . vuiridit .
putrem . vnsuverun .
rg. crapulam . uberazi .
hinc . dannent .
rg. gula . chelegire .
parcam . genota .
disciplinam . gediuuinc .
S. 33. creuit . deh .   II, 315.
S. 34. rg. usitatis . geuuonon .
S. 35. rg. seucræ industriæ . des
    genoten geduuinges .
liquore . lutere .
defecauerat . kilutarta .
S. 36. stemma . dia getat .
bruto . tumbun .
excitatur . ergremit vuar .
crepantes . di diezentem .
dicta . daz bemeinta .
S. 37. plectere . vuizemon [1]
reuincta . enbundenemo. II,315,b.
capacis . vuitun .
ictus . slegi [2] .
offam . pizen .
palatum . Joh [3] .
S. 38. æstuantibus . uuallendon .
pellitur . erspiunuen vuard .

apicem . obintinc .
struem . huffo .
flagellis . ris.boen (multinodi ger-
    minis)
S. 39. frementem . erbalctem .
fluentem . sbretenda .
rg. impexa . vngestralta .
rg. uelamine . gekariuue .
rg. æstuantem . ostendentem . vn-
    denda .   II, 316.
lenam . trenbil .
reuulsa . ensbannenero .
fibula . rinca .
sutiles . gerigenen .
exuebat . abenamer .
impeditus . gunsuuereter .
papillæ . pruste .
parca . arga .
S. 40. armentalium . dero sueigaro .
uagum . uueidenente .
strepentis . springenten .
refrenat . beduuanc .
oracula . dreuuva [4] .
soluit . vergab .
fautrix . follestarin .   II, 316, b.
istud . disen .
S. 41. labentibus . veruarenton .
rg. gratiam . vvunne .
salubri . heilsamun .
aram slihte
placabilem . holtsama .
dormientis . nafficenten .
ægram . handega .
nec-tabescunt . nesmelcent .

---

[1] Doch scheint in »vuizenon« verbessert.
[2] Steht jedoch über »volat«.

[3] Schwerlich darf »loh« gelesen werden.
[4] Das »v« ist übergeschrieben.

S. 42. turbidarum . vnsuueron
    scabra . handega .
    rg. supplicantibus . bedelondon .
    fenerantem . lienten .

YMNUS POST IEIUNIUM.

S. 43. rg. palpas . trostist .
    summissum . huhaldigun .
    imbuatur . genérit uuerde. II, 317.
    lactat . trostit .
    mulceat . getroiste .
    rg. inuenusto . unvunnisamun .
    lacerare . gunsuueron .
    pexum . gestraltun .
    honorem . gecire .
    terge . besich .
    rubore . rotemen .
    latentem . den helenten .
S. 44. rg. dissipantem . uerlierentez .
    irtæ . ruen .
    purgatam . geluterotez .
    rg. aprico . vuaremen .
    uibrat . nestaberot .
    lappis . cleddon .
    sudibus . dornen .
    frequens . dicho.   II, 317, b.
S. 45. in uenis . innadrin .
    liber . friez .

YMNUS OMNI HORA.

S. 46. plectrum . harfa .
    melodum . lobesamaz .
    infulatus . kareuuer .
    comminus . zegakenuuarte .
    rg. obnoxia . scvldigen .

S. 47. piamina . reinnunga .
    inlinis . gesalbetost .
    tristibus . freissamon
    fundo . grunde .
    obsecundat . horsameta .
    extimum . hore .
S. 48. fœtidum . stinchindun .
    summa . hobintinga .
    nec fatiscit . nescrant .
    ruitque . zeilter [1]).   II, 318.
    lymphaticum . erdrunchenez .
    qualis . choreben .
    in æuum . in alter .
S. 49. meatus . inuart .
    languor . suht .
    reuulsis . uuidertribenon .
    tenax . artkiu .
    extrorsum . uzuuertson .
    recluso . uuiderspartemo .
    squalentis . uinstrenten .
    lugubri . mit clagelichero .
    ferrugine . suerzo .
S. 50. hinc . einehalbun. II, 318, b.
    immolatam . den goffereten .
    usum . stundo .
    tepescere . uuaremon .
    gluttino . chleibe [2]) .
S. 51. concordes . siha .
    rg. crepedines . kebreh .

YMNUS CIRCA EXEQUIAS DEFUNCTORUM.

S. 52. senescere . eruuesenon .
    luteum . unsuuero .
    pigra . vnsuueren .

---

[1]) Das erste „e" ist nicht ausgekratzt, wie Graff sagt, sondern abgeblasst.

[2]) Das „h" ist übergeschrieben.

conlegia . genoschefe¹).
lintea . lilachen.
medicamine . selbo.
S. 53. creditur . beuolehen . uuirdit.
prouida . geuuara.
heros . gomo.
uexat . fuorit.

S. 54. nulla — carpet . nerenfit.
II, 319.
S. 55. titulum . sarc.
S. 62. INCIPIT PASSIO SANCTI UINCENTII.
S. 67. chauterem . polz.

Handschrift 292. Jahrhundert IX.

EINLEITUNG.

Siehe seite 245, 262 und 266. Die glossen sind zu den werken des Sedulius, und es verhält sich mit denselben, wie mit jenen zum Prudentius. Graff hat dieselben in dem zweiten bande seiner Diutiska — die römischen ziffern mit den arabischen verweisen auf dieselbe — mitgetheilt, doch fehlen die vierundzwanzig ersten, welche zu dem »carmen paschale« gehören.

(DOMINO SANCTO AC PATRI BEATISSIMO MACEDONIO, ABBATI, COELIUS SEDULIUS IN CHRISTO S.)

S. 191. irretitus . tentus . binazzter.
patrimonium . alodē . prædium.

(PRÆFATIO.)
zg. rubra . testa . thaha.

(LIBER PRIMUS.)
orbita . wagenleisa.
paliurus . distil.
zg. tholus (rohus) . est in medio templo uel ut scittum breue.

(LIBER SECUNDUS.)
lanio . mezlari²).
zg. arista . ehir
pinna . wintberga.

(LIBER TERTIUS.)
alga . fenum (sahirabi) . gras.
cimba . nauis . floz . scif.
S. 192. scapula . scultira.
zg. mancus . manu deceptus . lamer.
zg. vtreos . lucidos . glesine.
organa . senaderon . lidigilazzi.
lichnus . carchlih.

---

¹) Das „h" ist übergeschrieben.

²) Das „z" ist unsicher, und über ihm ein gezackter strich.

(LIBER QUARTUS.)
pactus mercatus . vuiniscaffender.
zg. nomisma . munizza.
zg. sudes . stecho.
zg. apostata . abdrunniger.
zg. falx . segesna.
zg. falcicula . sichila.
coccus . kruago.
abustus . kibrante.

(SEDULIUS DE GRECA.)
scarturire . quellan. II, 186.
curiositas . firiuuizzi.
S. 193. exanthletis . utimini . kiuua[1]).
sponda . betibret.
zg. ocrea . beinbirega.
zg. emungeo . snuzo.
zg. pedagogus . magezoho.
zg. ocio . leniter . bimuzzo.
zg. mulxi . lockota.
zg. vdones . pedela . socka.
braca . bruh.
zg. sapa . sucus pirorum . saph.
zg. absinthium . alahnsan[2]).
mappa . amballahchan.
zg. mantile . manutergia . handdualla.
patella . panna.
lupini . figbonun.
zg. hosas . hosun.
manica . hanscuah.
zg. lugillares tabula . scripgiziug.
zg. auripiganentum . orgimint.
zg. norma . rigistap.
zg. creta . crida.

zg. lardum . kspek. II, 187.
pisa . arawiz
zg. sutor . sutari.
zg. liquamen . smarz.
stouppū . copp.
zg. medū . n . illeū . mitó.
gobio . cresso.
S. 194. zg. sturio . sturid.
zg. anguilla . âl.
tructa . forahana.
zg. ostrèa . scertifedera.
caulos . brasica . koli.
faritalia . vuarm-muas.
ius cellarius . iussol.
halium . klobelouh.
satureia . quenela.
cárica . figon.
zg. nucleus . kerno.
cuba et delium . butin.
zg. forpex . scára.
inextricabilis . unuzzerstrihlih.
zg. poples . kinirado.
librans . ufuuanizenti.
zg. legalma (gestate) interpretatur nuntius.
zg. cabota . krucka.
zg. stazza . krucka.
zg. scabellum . scamel.
bannita . syllaba.
mandriten . soritas.
zg. cunis cunabulis . vuaga.
S. 195. zg. tranat . natat . drini.
scótica . geisla.
fuligo . ruaz.
licia . fizza.

---

[1]) Oder „kiuuâ".
[2]) Das „n" in der mitte ist übergeschrieben und hat einen punkt vor und hinter sich.

BEMERKUNG.

Einige wenigen glossen, welche noch zu dem »carmen paschale« des Sedulius gehören und sich in der handschrift 242 befinden, sind auf der seite 282 abgedruckt.

Handschrift 242. Jahrhundert XI.

EINLEITUNG.

Die handschrift, in quart, enthält verschiedene stücke, zuerst vier lobgesänge des heiligen Notker auf den heiligen Stephanus, deren letztem wir folgende zwei strophen entheben:

> Aeger et balbus uitiisque plenus.
> Ore polluto stephani triumphos.
> Notker indignus cecini . uolente
> > Præsule sacro.
>
> Flore ruodbertus iuuenale . qui nunc
> Cor senum gestans . senium beatus
> Ac piis plenus meritis . uidere
> > Promereatur.

Dann folgt ein aufsatz über die tonkunst, welcher demselben Notker zugeschrieben wird und schon öfters abgedruckt worden ist. wir werden denselben bei den werken dieses schriftstellers folgen lassen. ferner ein bruchstück des lebens des heiligen Apollinar, die epigramme des bischofs Adelhelm mit teutschen glossen auf dem rande und zwischen den zeilen. ferner das »carmen paschale« des Sedulius, mit einigen wenigen teutschen glossen, die wir am ende mittheilen werden. endlich drei blätter lateinisch-teutscher glossen und einiges andere. Schrift, tinte, pergament sind verschieden. erstere ist schön und deutlich. merkwürdig, dass das grosse »R« öfters mitten in wörtern angewendet wird, z. b. laRba (s. 165).

die tinte dagegen ist an vielen orten sehr abgeblasst, besonders auf den drei blättern lateinisch-teutscher glossen, so dass vieles nur mit der grössten anstrengung, manches gar nicht mehr gelesen werden kann. Hagen hat diese glossen im ersten hefte seiner »Denkmale des Mittelalters« auf seite 33 bis 35 mitgetheilt, und Graff dieselben vermehrt und verbessert in dem dritten bande seiner Diutiska, s. 221 ff.

S. 21. ADELHELMI EPISCOPI ÆNIGMATA.

S. 22. de uento . i . e . vuint.
de nvbe i . e . uuolchan.

S. 23. de natura i . e . gipurt.
de iri uel arcu celesti i . e . regan-pogo.
de luna i . e . mano.
de fatv vel genesi i . e . urlaga.
de pliadibus i . e . sipun stirni.

S. 24. de cane i . e . hunt.
de poliadibvs uel follibvs fabrorvm i . e . palga dero smido.
de bombicibus id est uermibus sericas uestes texentibus i . e . dia uurmi dia daz gotuuueppi machont.
rg. telas i . e . uueppi.
de organa i . e . organa.

S. 25. de pauone i . e . fao
de salamandra i . e . natra
de perna quæ multo maior est ostreis i . e . snecco.
concis i . e . scalon.

S. 26. de sale i . e . salz
de apibus i . e . piana.
lima i . e . saga . uel uila.

rg. lima i . e . sega.
rg. de achalantide . uel luscinia i . e . nachtegala.
de trutina i . e . uuaga.

S. 27. de gallo i . e . hano.
rg. de coticvlo i . e . uuezistein.

S. 28. de aqua i . e . uuazar.
de elemento uel abedario i . e . pohstapa.
ciconia i . e . storah.

S. 29. de lorica i . e . gisaruuui.
rg. Licia i . e . uizza.
radiis i . e . rauun.
de locvsta i . e . stafol.
rg. Rubeta i . e . chreta
de nicticorace i . e . nachtram.
de scinife i . e . mizun.

S. 30. de cancro i . e . chrepazo
de tippula i . e . abageiz.
de leone Leo.

S. 31. de pipero i . e . fefor
de pvlvillo i . e . uuengi.
de strvtione i . e . struz.
sanguisuga i . e . egala.
de igne i . e . uuivr [1]).

S. 32. de fvso i . e . spinnila.
vrtica i . e . nezzila.

---

[1]) Es stehen deutlich zwei „u" und ein „i", das „v" ist übergeschrieben.

hirundo i. e. sualuuua.

S. 33. de vertigine poli i. e. unpi-
uueruunga himiles.

de cacabo i. e. chezzil.

de mirmifilone i. e. garauua.

de candela i. e. charza.

de arcturo i. e. uuagan.

S. 35. rg. incus i. e. anapoz.

de crism— i. e. chresam ua—

rg. castor i. e. pipar

aquila i. e. aro.

S. 36. de vespero sidere i. e. apand-
stern.

penna i. e. uedara.

de monocero. id est unicorno i.
e. einhurno[1].

S. 37. de pvgione i. e. suert

de fanfalica græce. quæ bulla
aquatica latine dicitur i. e. uua-
zar-platra.

de corvo i. e. ram.

S. 38. de columba i. e. tûpa

de murice i. e. chazza

de mola. i. e. múli

S. 39. de cribello furfures a farina
sequestrante . i. e. hasip. uel
ritra.

de salpice i. e. horn.

de taxo i. e. igo.

S. 40. de tortella i. e. leip. uel zelto

de pisce i. e. uisc

fons i. e. prunno.

S. 41. de fundibalo i. e. slinga.

de crabone i. e. hornuz.

S. 42. de ficvlnea i. e. ficpoum.

de cvba vinaria i. e. uuin-chuofa

S. 43. de calice vitreo i. e. gles-
ner[2] chelih.

de lvcifero i. e. tagastern.

S. 44. mustela i. e. vuisala.

de ivuenco i. e. stior.

de srofa pregnante i. e. svu suan-
gariu.

rg. Populus. alpari.

rg. taxus. iigo

S. 45. de ceco nato i. e. plint-po-
raner.

de ariete i. e. uuidar.

de clipeo i. e. scilt.

de aspida uel basilisco i. e. natra

S. 46. de archa libraria i. e. po-
haracha.

de palma. similiter.

S. 47. de faro editissima i. e. turri
hohez.

de scintilla i. e. gneisto.

rg. cinifes i. e. minores. muscæ
i. e. mizun

de ebulo i. e. atuch.

rg. sambucus i. e. holantar.

rg. bacca i. e. beri

rg. corimbos. i. e. Trupilun.

S. 48. rg. Palmula i. e. extrema
pars remi i. e. laffa.

de elephanto i. e. helfant.

S. 50. INCIPIT LIBER ALDHELMI
EPISCOPI DE UIRGINITATE.

S. 51. rg. grumas i. e. granas.

rg. pipant i. e. gellent.

---

[1] Es scheint, als habe ursprünglich »einhurino« gestanden.

[2] Oder »glesiner«, verbessert aus »glescner«.

S. 57. rg. obrizum smelzigold.
S. 58. rg. glebula i. e. scollo.
  rg. Unio i. e. merigroz.
  rg. Bratea fila i. e. giuuntana fa-
  dana
S. 59. rg. crepundia i. e. gisteini.
  bullis i. e. cnopfon.
  rg. salignis i. e. salahinen.
S. 60. rg. lichinus i. e. charz.
  rg. Anthlia i. e. galgraha.
  rg. Mergula i. e. scarua.
  rg. graculus . i . e . roruoh.
  rg. occas . i . e . suochun.
  rg. uenustas i. fronisk.
S. 65. rg. massam i. e. offam uel
  cliuuua.
S. 66. rg. poplite . chneorado.
S. 67. rg. paranimphus . i. e. bru-
  tiboto.
S. 73. rg. funesto . i . e . fulemo.
S. 74. rg. negromantia i . e . helli-
  runa.
S. 75. rg. rugosæ i. e. girunfan.
S. 76. rg. omina i. helisod.
S. 77. propugnacula i. e. uueri
  rg. scrobem i. e. uuason.
  rg. imbrice rubra . testa . uel te-
  gula i. ziagal.
S. 79. rg. turificare . i . e . rvo-
  chan.
  rg. in ueribus i. e. in spizun.
S. 82. rg. fotu . i . e . paunga.
S. 83. rg. titulantis . pungentis . uel
  mouentis siue chizilontis.
S. 87. rg. narcisus . nomen herbe.
  Chres

S. 90. rg. extalibus . Extales i . e .
  grozdram.
  rg. latrinæ. Latrina . i . e . feld-
  gang.
S. 95. rg. blessos . i . e . lispante.
  balbos . i . e . stam—
S. 98. rg. uestalis i . e . uuatlihhiu.
S. 99. rg. suras i . e . uuadon.
  cipporum . druho . Cippus . i . e .
  druh.
S. 100. rg. papyrus i . e . pinoz.
S. 106. rg. Spina i. e. rucki.
  rg. glus i. e. lim.
  rg. calcis i. e. chalc [1]).
S. 108. rg. incupas . i . e . chofon.
S. 109. rg. fuso . Fusum . i . e . spin-
  nila
S. 111. rg. dolium . i . e . putinna.
  rg. Stuppea . i . e . auuirihhiniu
S. 112. rg. Competa i. e. giuuicci.
S. 115. rg. colostrum i. e. piost.
S. 116. bargina . i . e . peregrini.
S. 120. rg. leuirum i . e . zeibhor.
S. 127. rg. basterna i. e. sambuh.
S. 128. rg. uisco i . e . laqueo . uel
  fogallim.
S. 133. rg. per ipsima i . e . purga-
  menta farris i. e. spriuuir.
S. 137. bargina i. e. peregrina.
S. 138. rg. obrizum . ubarguldi.
S. 140. rg. larbam . Larba . i . e .
  monstrum . scrato.
S. 142. rg. rugis . i . e . rumfungun.
S. 143. rg. uibice . Vibex . i . e . su-
  marlata.
  rg. thermas . i . e . bad.

---

[1]) Das »h« ist übergeschrieben.

S. 148. DE VIII PRINCIPALIBUS VITIIS¹).
S. 149. rg. Semispatium . i. e. sahs.
rg. sparus . i. e. sper.
S. 151. rg. scortatores . i. e. hvorara.
S. 156. rg. contos i. e. strangun.
S. 162. rg. porcaster . i. e. paruch.
rg. acescant . i. e. arsûren
rg. cupis . chuofon
S. 163. rg. antemnas . i. e. segalruota.
S. 164. rg. spinam . i. e. rucki.
S. 165. rg. capulus . helza.
rg. ocreis . beinberga.
rg. larba . i. e. sblezzo.

S. 188. INCIPIT LIBER NOVI TESTAMENTI . PRIMUS (SEDULII).²)
S. 194. zg. vada . vurt.
S. 199. zg. sanguis alat . gitrosta.
S. 200. INCIPIT LIBER . II.
S. 210. zg. reliquiasque suas . i. e. edrū.

Handschrift 174. Jahrhundert XI.

EINLEITUNG.

Unsere handschrift, in folio, enthält briefe des heiligen Augustinus mit einigen glossen von der hand Ekkehard's des vierten. ausserdem stehen auf dem ersten blatte ein lateinischer lobgesang zur heiligen Wiborada und Ekkehard's des vierten lateinische übertragung von Ratbert's bekanntem gedichte auf den heiligen Gallus (bei Pertz, b. 2, s. 33), das wir in seiner teutschen abfassung nicht mehr übrig haben. dasselbe findet sich auch noch in zwei andern handschriften. da Pertz dieses lied nicht ganz abgedruckt hat, dasselbe aber an die stelle eines verloren gegangenen teutschen stückes tritt, gedenken wir es später mitzutheilen.

---

¹) Der titel ist von jüngerer hand hinzugefügt.

²) Ist das zweite buch des „carmen paschale".

S. 12.   AD AURELIUM.
S. 13. rsch. choraula . chórsangere .
rsch. symphoniacus . orgenare .
suegelare .

S. 25.   (AD LAETUM.)
zg. passionibus . kēlústēn .

S. 136.   AD EGDIGIAM.
S. 142. zg. ne forte ut ait apostolus etc. ecce itervm . ne . su-
pradictum . teutonicæ linguæ
nimis absonum .

S. 150. SANCTI EUBODI AD AU-
GUSTINUM.

S. 152. zg. sine quadam specie
(kērâte . uel ánāsīhte) non in-
telliguntur .

Handschrift 216. Jahrhundert IX.

S. 4. INCIPIT LIBER REGULÆ PASTORALIS GREGORII.

S. 14. zg. arbitrium . den wilen .
S. 20. zg. modis omnibus . allen wison .
S. 61. rg. sepe sub parsimoniæ nomine . se tenacia palliat [1]) contra
que se effusio etc. spildlicho .
S. 97. zg. uita carnium . sanitas cordis . tukeckimel cut' uuerko .

S. 99. zg. inquietudinem exerit .
hovbit [2]) .
zg. excusare moliuntur . hilint .
S. 104. zg. uitia expenditur . uir-
kebovcchot [2]) .
S. 110. zg. Ita dum (cretoso)
taxat .

---

[1]) »at« ist verbesserung.   [2]) Das „v" ist übergeschrieben.

Handschrift 248. Jahrhundert X.

(REGULA PASTORALIS GREGORII.)

S. 101. zg. Liuor (smerza) uulneris abstergit mala.
S. 103. zg. 3. h. percussione . harinscara.
zg. 3. h. existit . hist.

S. 132. zg. in proximorum nece grassantur . grimment.
S. 133. zg. propitiationem . pisuneda.
S. 139. zg. inpugnabant me gratis . undurftis.

NATURGESCHICHTLICHE GLOSSEN.

Handschrift 299.   Jahrhundert X.
Handschrift 292.   Jahrhundert IX.
Handschrift 184.   Jahrhundert X.
Handschrift 242.   Jahrhundert XI.

Handschrift 299. Jahrhundert X.

EINLEITUNG.

Siehe seite 238 und seite 257. Der aufschrift »Alia« auf seite 25 der handschrift geht seite 24 eine andere, »De lapidibus«, voran, welche aber keine verteutschungen enthält. die wörter unseres ersten abschnittes sind meist dem reiche der thiere, namentlich dem der vögel entlehnt; doch sind sie nicht so rein gehalten, dass nicht einiges fremdartige eingemischt wäre.

S. 25.   ALIA.
S. 26. Glarea . greoz .
 Merulus . amfsla .
 Cicuta . scerilinc .
 Turnus uel sturnus . stara .
 Ulula . vuuila .
 Graculus . ruoh .
 Tvrtella . drosca .
 Fvlica . anatchunni .
 Ficetula . snepha .
 Mergulus . tuchar .
 Carduelus . thistilfinco .
 Cappus . falcho .
 Fringellus . finco .
 Loaficus . gruonspeth .
 Caradrius . lericha .

Scarabeus . vuibil .
Picus . speth . uel hehara .
Cicendula . glimo .
Pica . agalstra .
Bastaban . promo uel oester .
Parix . meisa .
Uespa . vueffa .
Apis . pine .
Cetus . vvâl .
Costrux . vuiso
Phoca . selach
Fvcus . treno .
Timallus . asco
Crabro . hornuz .
Truca . forahana
Capedo . alont .

Imbrices . ziegal .
Esox . lahs .
zg. Porro . sturio .
Tempis . lovba .
Pollinctor . funera . curans q's pollu¹) .
Delfin . merisvin .
Compluuivm . trouf .
S. 27. Balena . vual .
Cluma . ah .
Aqua manile . hantcar .
Zizania . trud .
Lena . lihlachan .
Lolivm . getto .
Buculare . labal .
Lustum . teoruueida .
Mantile . duuahilla .
Scrofa . su .
Andela brantreita .
Castor . bibur .
Byrsa hut .
Lvstrus . ottar .
Bothoma eimbri
Cvniculus . lorichin
Botholicula . stouf .
Verris . per .
Ciclade . gotauueppi .
Zomentum . ziecha
Magalis . parug .
Cittas rinta
Alx . elaho
Cirris lochun
Capreolus . reho .
Capulus . helza .
Grilis . heimo .

Cathus einbar
Lvmbricus . reganuurm
Tarnus . mado
Cauteiolum . cantar
Rubeta . preita .
Testudo . scartifedar .
Drabilis argus .
Baculus . lintvurm .
Bracile bruochah
Cecula blinteslih .
Tribune theohbroch
Cartillago . prustlefil .
Ficones . sobscuha .
Cetramentum . plach .
Hulcitum . huluft .
Terrebellus . nabuger .
Svlcatorium . noil .
Bipennis . bursa .
Mansus . hisaz .
Ariola . huoba .
Mentum chinnibeni .
Submentum . vntarchinni .
Cvla . kela .
Gvrgulio . gurgula .
Inguis . hegathruosi .
Leno . vuibgern .
Glaber . caluus .
S. 28. Monoptalmus . einogi .
Chòvs . ce—ū ucl axis cæli .
Posthumus . stiofsun .
Sponda . bettipret
Uitricus . stiuffater .
Balifium . pilidi
Consul . ratkebo .
Tornarius . drahsil .

---

¹) »curans q's pollu« stehen nach »trouf«, haben aber ein zeichen, dass sic anders wohin gehören; doch fehlt das entsprechende zeichen.

Bvcularius . ohsanari .
Uitellum . tittarei .
Colostrum . biost .

S. 31.   DE ARBORIBUS.
Robur eich
Tila linta
Facus puacha
Fraxinus asch
Alnvs erila
Salix vuida
Populus salaha uel arbar
Platánus ahorn
Corilvs hasal
Paliurus hagan vepres
Malus affultra
Pinus pinpoum
Abies tanna
Tvscvs mistil
Carpenus haganpuocha
Cvpressus ciprissus
Tremula aspa
Dumus thorn
Nux nuzpoum
Picea foraha
Ulmus elm
Cerasus chresipovm
Tramarga mazzaltra
Sambucus holantar
Fvsarius spinnilibovm
Sanguinarius hartrugula
Persicus fersipoum
Savina sevina .
Esculus
Cipro   lares
Farnaicus . cippus . stoch .

DE OLERIBUS . ET HERBIS
DIUERSIS.
Allium chlouoloch

Cepa . louhc .
Cepe . flanza
Appium epphi
Lubisticum lubistechal
Coliandrum chullintar

S. 32. Cerefolium cheruola
Anetum tille
Petroselinum pedarsilli
Lactuca ladducha
Menta minza
Sisimbrium sisimbra
Papâuer mago
Satureia chenula
Absinthium vuormota
Acer cundereba
Malua papula
Plantago vuegorich
Lappa chleduurz
Carduus distil
Lapatium pletacha
Canniua hanuf
Radix ratich
Rafánus meriratich
Fenitium fenich
Pestinacha morach
Harvndo ror
Urtica nazza
Millefolium garuua
Cicuta scerilinc
Celidonia scellivurz
Colocasia vildiu minza
Cladiolus snuértula
Porro forro
Caulis cholo
Pisa haruiz
Lentes linsi
Fraga erdperi
Ascolinium asclouh

Peta piozza
Caulis chola
Tvbura erdnuz
Fungus sqvom

DE BESTIOLIS
Onager schelo
Alx elah
Rinoceros elsunt [1]
Linx luhs
Simia affo
Zenozephalus hunthoubito
Iricius igil
Istria herbistra
Ceculus plintoslih
Cecula plintosicho [2]
Talpa muurf
Tarnus mado [3]
Crapeolus reho
Heruca huntessatol
Pulix floch
Peduculus lus
Scarebeus vuibil
Mursio et muricéps chazza
Grellus muhc heimo
Iaculus lintvurm

S. 33. DE UOLATIBUS
Cappus falcho
Olor albiz
Nycticorax nachtra*ban*
Cornix chraa
Tvrdella throsga
Merula amfsla.

Palumbæ tubun
Pellicanus bisigomo
Cvculus gouh
Alias eringreoz [4]
Bvbo huo
Sternulus stara.
Picus speh.
Chuvuetacha
Merga scarua
Mergulus tuchari
Laudula lericha [5]
Lvscinia nahtagala

DE PISCIBUS
Timallus ascho
Troita forana
Anguilla al
Concis . muscolosi

DE MEMBRIS
Maxilla chinnibacho
Tempora dunuvengi
Gingiue pilarna
Mentum chinni
Extrex nol
Lvmbc lentin
Tibia schingun
Svres vuadun
Calcanti fersana
Palatus huriua
Tali enda
Svblinguium racho
Gurgula diūsa foramina gutturis

---

[1] Das »s« scheint getilgt.
[2] Steht erst s. 33, auf dem untern rande. 2. h. (?)
[3] Steht nochmals s. 33, auf dem untern rande. 2. h. (?)
[4] Zwischen den »er« steht ein punkt.
[5] Also verbessert aus »liricha«. 2. h.

Handschrift 292. Jahrhundert IX.

EINLEITUNG.

Die handschrift ist uns schon auf seite 245, 262, 266 und 276 begegnet. die nachfolgenden naturgeschichtlichen glossen stehen auf s. 196 der handschrift und sind in Graffs Diutiska b. 2, s. 188 abgedruckt.

NOMINA HOLERUM.
ypericum . hardheiuui [1].
plantago . vuegebreida.
tanaceta . reiniuano.
zg. febrifugia . materana.
zg. abrotanum . stabeuurz.
zg. altea . iuisca . ivisca.
zg. senecion . rietaccher . uel rotlacha.
millefolium . garcuua.
potentilla . grensinc [2].
acero . gundereba.
balsamita . sisumbra.
origanum . thosto.
ceráfolium . uel sarminia . keruella.
marrubium . andor.

rafanum . merratih.
lexiua . louga.
zg. psyllatrum . sleifa.
celidonia . scelliuure.
artemesia . biboz.
lupinum . figbona.
lacteridia . sprincuure.
coconidum . ziulinberi.
genciana . hemera.
colocasium . vuildi minzi.
coniua . hanuf.
zg. pertinaca . morha.
lapacium . letaha.
cituita . uel . kanna . scereling.
tubaura . herdmiz . enna [3].
fungus . suam.
corcodrillus . nixes [4].

---

[1] Oder „hardheuuu".
[2] Verbessert aus „grensich".
[3] „enna" 2. h.
[4] 2. h.

Handschrift 184. Jahrhundert X.

EINLEITUNG.

Die handschrift, in folio, enthält sachen von Prosper, Augustin, Valerian, über den erzengel Michael, einen compotus, u. s. w. und glossen, vorzüglich auf dem drittletzten blatte. Diese hat von der Hagen in seinen Denkmalen des mittelalters (s. 35 und 36) zum theil abgedruckt, und Graff in seiner Diutiska (b. 3, s. 224 — 226) vervollständigt. Die schrift ist deutlich, nur »a« und »u«, ferner »cl« und »d« haben ähnlichkeit. ein Wort (»anus, brslph«) ist mit geheimschrift geschrieben. Wir haben alles ohne eine änderung in der schreibung und in den unterscheidungszeichen wieder gegeben, nur dass der beistrich in der handschrift aufwärts geht.

(Das bei Hagen folgende stück, mit den anfangsworten »venite et videte«, welches, da Hagen keine andere quelle nennt, der er es entnommen, auch unserer handschrift anzugehören scheinen dürfte, findet sich nicht darin.)

Wir werden dieser handschrift auch später noch begegnen.

S. 261. DE ARBORIBUS,
  Abies . tanna.
  picea . foraha.
  Fagus . puacha.
  Robur . eih . uel quercus
  Fraxinus . asc
  Tila linta.
  alnus erila
  Salix uuida uel salaha
  Populus , albari
  Plantanus , ahorn ,
  Corillus hasul
  Nix cinus nuzpoum
  paliurus hagan ,
  malus . affaltra

pinus , pinpoum .
tumus dorn ,
tuscus , mistil
tremula . aspa
Carpenus . haganpuaha
Sentes . dorna
ulmus . elm
Carasus . chrichpoum
tramarga . mazultra
salbuccus . holantar
persicus . fersihpoum
Sauina . scuina
amictalum
phirus . pirapoum
fusarius . spinnilapoum

DE OLERIBUS.

Aleum . chlouulóuh .
cepe . flanza
Epium . ephfi .
lupistinum . lubistechal
coliandrum . quhillantar .
anetum . tilli,
cerafolium .
fenuclum . fenachal,
petrosilium .
Lactducum .
menta . minza .
papauer . mago .
Saturegia . qhuenela .
absinthia . uuermota
Sisinbrium . plantago . uuegarih .
Lappa . cardus . distil .
canniua . hanuf
uertica . nezila .
asolonium . asclouh
caulis . chola .
pisa . arauuiz .
Lentis . linsi .
pomerium . poumgarto .

DE ANIMALIBUS.

emissarius . reinno .
ambulator . celtari .
sellarius . saltulros .
equaricia . stuot .
equa meriha .
erpicarius . egidari .
poledrus . folo .
pultrinus . fuli .
uaccaricia . suueiga .
taurus . far .
subulcus . suein .
fetellus . chalp .
ircus . poch .
ircellus . puchil: .
uerres . peri .
sues . suin .
porcelli . feribil .
magalis . paruc .
Scrofa . su .
allex . elaho,
grellus . muhheimo,

S. 262. DE MEMBRIS.

Cesaria . scara .
cominutrite . ungiscoran .
Sublinguum . racho .
Iecor . lebara .
pulmon . lungun .
Stomachus . mago .
Intestina . tharama .
Extalis . crozmago . throztharam
Inguies . hegadrosi .
Gingines . pilarna .
Gene . hiufilun,
palatus . hurua,
Tempora . thunuuengi,
mentum . chinni
Lacerta . musi .
cartilago . prustlefil .

Handschrift 242. Jahrhundert XI.

EINLEITUNG.

Ueber die handschrift ist schon auf seite 278 gesprochen. Was die nachfolgenden glossen betrifft, so ist es uns gelungen, manches herauszulesen, was Hagen und Graff nicht haben. dagegen haben wir anderes, was sie gelesen oder errathen, von ihnen entlehnt. dieses ist im drucke mit fetter, angezeigte auflösungen wie früher mit grösserer liegenden, unsicheres mit kleinerer liegenden schrift gegeben.

S. 247. Deus got
dominus trohtin
Iesus heilant
christus :rust—[1])
spiritus sanctus heilag geist
Omnipotens almactic
Saluator . heilant
Angilus . engil
Cælum . himil
Aer . luft
Nvps . uuolcan
Tonitruus . thonar .
fulmen . pleccazunga
Irus . reganpogo
Pluuia . regana
Imber . regan
Tempestas . uunst .
grando hagal
Nix . sneo

Algu*l* gelu
frigus . frost
glacies . *is*
Pruina riffo
Ros . tou .
Nebula . nebul
Uentus . uuint
Supra . obana
subtus . nidana
Ante . foru [2])
retro . aftar
dextra . inzeso
leua . inuuistar
Aqua . uuazzar
Mare seo
Oceanus . uuentils*eo*
carectus . *na*
fretus . geazo uel stagn*us*
Abissus abgruti

[1]) Der fehlende buchstab im anlaute scheint ein „x" oder „æ" zu sein.

[2]) Das „u" ist sicher; denn jenes „u", welches dem „a" gleicht, findet sich in dieser handschrift nicht.

flutus . vnda
gutta . troffo
fluuius . aha
Torrens . cliugo
riuus . bah
gurges . uuag
uortex . uueruo
vorago . suuelgo
fons . prunno
Puteus . puzza
Pons . prugca
fundus . grunt
salbo . sant
    (Vier glossen unlesbar.)
cippus sciluf
palus str**uio**
arun**do** ror**a**
i:ua —a:n:
auis fogal.
aquila aro
cignus . albiz
ciconia . sturah
grux granuh
coruus . hraban
pauo . phao
miluus . uuiuuo
cuculus . gouh
graculus . hruoh
cornix . chrauua
cornicula . caha
figa . agalstra
gallus . hano
gallina . henin
anser . gans
mergulus . tuchari

accipiter . habuh
S. 248. **capus f**alco
turtur tertulatub*a*
columba tuba .
oppoba uuituhoppa .
passer sparo .
merulus . amsla
turdus . stara
turdella . drosca
ficetula . snepfa
carduelus . thistilfinco
hirundo . suualuuua
strucio . strux
luscinia . nathagala
Aneta . anut
caradrius . leraha
Singellus . finco
picus . hehara
parux . meisa
Ala federa :,
Penna slegifedera :,
Pluma pflumfedera :,
Rostrum snabul :,
Abis bian
Costrus uuifo :,
Fucus treno ;
Mel honag .,
fauus uuebiar [1]
Nectar seimhonag :
Crabro hornuz .
scarabeus uuibil
cicendula gleimo
Lucusta stafol
Musca fliuga .
Culix . mugga

---

[1] Das „a" und „r" sind mit den untern theilen zusammengehängt, was sonst nicht der fall ist, und „i" ist übergeschrieben.

scinifes mizun	Vallis tal
Bastaban bremo	Puluis melo
Piscis fisc	Aruum accar.
— —	Ager
fno— lah	luger
crocodrillos nihus	gleba scorno
Timallus . urco	M saaz
Tructo . forahana	Sata
Anguilla . aal	semen samo
capedo . cutto	Stipula . halm
errox . lahs .	Spica ahir
porco . sterac .	Arista . agana
delfin . merisuun .	Granus . corn
	palia . stro
DE ARBORIBUS.	frumentum . uuezi
arbor bouum .	hordeum . gersta
S. 249. arbustus sala::s	Annona . corn
vir tū .	Auina . euina .
frutex ast .	Zizania . turd
silva . holz [1])	Triticum . thincil .
nemus uuald	Siclo . rogco
—r [2]) . uuaso	pratum . nuisa
C h uel nn	gramus . gras .
— —	herba . uurz
Radix uurzala	fenum . heuui
Tr— stam	flos . bluomon
cortex rinta	Solitudo . cinoti
virga garta .	deuiū . auuigei
folium **bla**t .	Inuiū . anouueg
feld campus	Semita . stiga .
terra herda .	calis . pfad
Insula uuerid	Specus . griut
Mons berg	hiatus . erdfal
Albis albun	Saxum . stein
Collis buhil	Rupis . flinsa

---

[1]) Also trotz des widerspruches von Graff.

[2]) Das „cespis" von Hagen ist sicher falsch.

cauerna . hol
foramen . loh
Gemma . gimma
Lacus . gruopa
ciuitas . purg
Ledificium . mœnia . gizimbri
uicus . torpf
uilla . giuupffila
sepis . zun
Murus . mura
turrus turra

DE BESTIIS.

Lustrus steoruueida
bestia . teor
fera . uuild
leo . lio
catulus . uuelf
ursus . pero .
ursa pirin .
leena liom [1])
elefans . helfant
bos ohso .
thaurus . stir .
uacca . chouuua
S. 250. —ula [2]) chalba
—ulus . chalp
—encus stior
—:us . hros
—domiti . ungizamot
— —
asinus esil .
Asina esilin .
—is . scaf .

Agnus Lamp
—reus . suuin
—celli . farahir
—agilis . barug .
uersus . be:
—pra . Geiz .
hedus . chizi
—cus . poch .
canis . hunt
—anina . zaga
—tuli . uulfir
—pus . uuolf
lupa u—in
—ulpis . foha .
Lepus . :aso
castor . pipar .
Lustrus . ottar
cuniculus . lorichin
—bix . stengeiz
—nager . uuilder esil
—lx . elaho .
gripes . grif
—iux . Luhs .
Simia . affo
vnicornus . enhorno
Ericius . igil
capriolus . reho
ceruus . hiruz
cerua . uuinta
surex . mus
grulis grello
talpa . muhuuerf [3])
Mustela . uuisala
formica . ameiza

---

[1]) Sicher kein »i« am ende.
[2]) Der vordere theil dieses und der folgenden wörter ist weggeschnitten.
[3]) Das »h« scheint aus »u« verbessert. desshalb muss vielleicht »muluuerf« gelesen werden.

aranea . spinna
Tinea . miluuua
Pulix . flooh .
pediculus . luus
muriceps cazza
—arnus . mado
quadrupes fiorfuoszi [1])
pecus . ueho
pullus . fuli
Camelus . olbenta
mulus . mul
hinnulus . hintcalb
Rana frosc
Rubeta . creta
testudo . portapora [2])
serpens natra .
coluber uurm .
draco . traccho
Rigulus . Basilicus
Iaculus . linuurum
Cecula . blinteslich
Lacerta . arma
basilicus aspis .

DE MEMBRIS HUMANIS.

membrum lid .
homo man'
homuncio . mannil—
femina . uuib
uiuus quecker
Uiua . queckiu
vitalis liblih
Mortalis . todlin
inmortalis untodl'

semiuiuus . samiquec
semimortuus . samitoto
semianimis . uuanheli
Corpus . lihamo .
spiracio atmunga
figura . gilihnussi .
Caluaria . gibilla
cutis huut .
pelis . fel
Capillus . har
Crispus . reider .
caluus . chalo
vertex . nilla .
crinis . loc
cerebrum . hirni .
membran' hirnifel
coma . fahs .
ocepicius . anca
frons . endi
timpus . dunuuengi .
pupilla seha
S. 251. Palpebre . slegipra
Anguli oculorum .
Lacrima . zahar
genes . hiufilo
Auris . ora
Auditus . gihornussi
Narus . nasa
flegma
bucca *h:s* . mun
Ma
te
Lab
Men*us* . *cinni*

---

[1]) Die gestalt des »sz« ist die eines aneinandergezogenen »rz«.

[2]) Ein flecken über dem ersten »p«, der es zu einem »p' (= post)« machen würde, ist wohl zufällig.

Subment— ta chinn
lingua zungi
Palatus bilarn
dentes . ceni .
molares . chinniceni
collum . hals
gingiua . bilo:na
Gurgulio . querca
Guttus . cuomo
gula . kela raho
Saliua . spichilla
Sputus . tugulū
vmerus . ahsla .
Armus . ala
brachius . arm
cubitus . elinpogo
ulna . clina
palma spanna
manus . hant
digitus . fingar
Articulus . lidali
unguis nagil
  thumo

INDEX INPUDICUS

Anularis . auricularis
pugnus . fuust
Ascella . hohasa
mamilla . tutto
Lac . miluh
scapula . harti
spina . ruggipeini
Renes . lenti
ilia . hlanca
Latus . sita
uenter . uuamba .

vteres href .
Uiscera . innodli
Umbilicus . nabulo
Clunes . hodon .
Nates . arsbilli .
femur
costa . rippi
cox: thioh
Uesica . blatra
Inguis . hegedrus
Genu . cne:
poples . r:h
Tibia . scinca .
sura . uuado
crus . bein .
Talus . endi [1])
calconeum . fersna
Vestigius . spor
gressus . canc
pes fuoz . uel stapfo
planta . sola .
os . bein
medulla . marg
sanguis . bluot
testiculi . niorun
Umor . fuhti .
cor . herzi
Iecur . lebara
Pulmon . lungunna
splenis . milzi
reticulus . nezzi
intistina . gidermi
stomachus . mago
S. 252. Adeps . smero
Aruina sput
pinguitudo fcizti

---

[1]) Oder »encli«.

stercus mist	proditor inp—or
:olor uel sudor . suu*e*::	maleficus propter ou
extalis —da:m	*Raptor* not*nemo*
(Achtzehn zeilen nicht mehr lesbar.)	emeritus uat
	Temerarius delictus
Ingratus unliu—	—ribilis . am*bitor*s.
eficax scrapf	Timidus . forahtal

(Man kann noch einige lateinische worte, z. b. »iracundus, odiosus, perniciosus«, aber keine teutsche mehr lesen.)

BEMERKUNG.

Fast ganz hierher gehört auch handschrift 751 und einige andere kleinere, welche unter den glossen verschiedenen inhaltes folgen.

GLOSSEN
VERSCHIEDENEN INHALTES.

Handschrift 299. Jahrhundert X.
Handschrift 292. Jahrhundert IX.
Handschrift 183. Jahrhundert IX.
Handschrift 184. Jahrhundert X.
Handschrift 193. Jahrhundert IX.
Handschrift 28. Jahrhundert X. oder IX.
Handschrift 141. Jahrhundert X.
Handschrift 751. Jahrhundert IX.
Handschrift 219. Jahrhundert IX.
Handschrift 283. Jahrhundert IX.
Handschrift 296. Jahrhundert IX. und X.
Handschrift 105. Jahrhundert IX.

Handschrift 299. Jahrhundert X.

EINLEITUNG.

Siehe seite 238, 257 und 287. die verteutschungen mit der überschrift »Item glosa« sind nach dem anlaute geordnet. sie stehen mitten unter den glossen zu den kirchenversammlungen, welche s. 257 ff. mitgetheilt sind, gehören aber, da die handschrift keine ordnung wahrt, wohl zu etwas anderem.

DE PARENTIBUS
Priuigna nift.
Cliens canoz uel slacah [1]).
Sodalis vuine
Contubernialis canoz [2])
Patronus muntporo
Imbubes kranasprungi
Deformis vnsani
Tvrbo vuintespruth
Centrum mittihimil
Cronna totmeri
Laterculæ schintalun
Carpentarius holzmeister
Plana scabo.
Rastel recho
Sace isan scuvala

ITEM DE PARENTIBVS
Parens fordiro [3])
Avia ana.
S. 34. Proauus . altano .
Thia . et amita . pasa .
Leuir . zeichir .
Consobrinus . muamunsun .
Postuno . stuifsun .
Uitricus . stuuffater .
Coniugales . gihitiu .
Conlactaneus . spunipruadir

---

[1]) »uel slacah« 2. h. (?)
[2]) Von 2. h. (?) in »conoz« verbessert.
[3]) Die ursprüngliche lesart scheint »fordoro« gewesen zu sein. an jenes »o« wurde ein »e« gelehnt, so dass man »oe« und »ae« lesen kann, und darüber steht das »i«.

Cognotia . gilengida .
Sodalis . Uuini .
Contubernalis . ganoz .

S. 186. ITEM GLOSA.

S. 187. Ampliorem summam . zuiualtaz kelt .

S. 188. Adhibiti . kihalote . uel adiuncti

S. 189. Conquiri . conplangere . uel questi i . e . chumon .
Conductores majores i . e . ambahta .
Commoti . stouonti . f .

S. 190. Carperetur . consumeretur . aut kizuigoti uuerde .
Confecta . facta . kageritiu .
Conquestus . chumonti .
Confecta . kitaniu .
Ciangas . hosun .

S. 191. Cos cotis . uuezzistein .
Consultationi . antfraga . ratfraga .
Cassatum . solutum . uel euacuatum . formitan .
Cohibent . uuerrant .
Conlimitant . anamerkant .

S. 192. Culpanda sit . zilastronne .
Delirantes . mente deficientes . tobonte .
Decisio . contentio . todleod .
Dundaxat . disses mezzes .
Deuiauerunt . missauuuorun .
Demum . azlazzot .

S. 193. Depromenda . frambungana .
Dafidus . thruenti . f .

S. 194. Effectant . machont .
Ademeritum . thigantheit . f .
Expiandi . ziheilisonne .

Expedire . kigauan . f .
Euidente . kisehantlih .
Energumine . auuizzode .
Exorbitauerit . uuaganlesa .

S. 195. Furiosus . uuotanter .

S. 196. Fomentorum . lachintoumo . uel salbono .
Grauius . kidiginor . f .

S. 197. Ignauia . unuuistuam . insipientia .
Inhumanitas . unmanaheit .
Interuentor . untarqhemo .
Inrecitus . conligatus . pifangan .
Inexplorate . ungascauotes .
Indiffirenter . indisciplinaliter . iniuste . uel ungalicho .
Incessu . anagangendu .

S. 198. Indemnitates . untzergantlichiu .
Incommodum . ungafuari .
Inculcet . kitretan .
IIII . kl' uuantū . deuuisun .
Inpudenter . unscamalicho .
Incessere . ingangan . f .

S. 199. Ludicris . einvuigi .
Mancipare . manu capere biheistan
Manumissio . concessio libertatis i . e . hantfrii . uel hantlaz .
Massa . keuuimiz . f .

S. 200. Per gesta municipalia . thuruh kipurlicha kidungun .
Mancipalibus . dorfferti .
Non uindicent . ni eiginen .
Nuper . nahun .
Nisus . zilenti .
Notabiles . zaliche .

S. 202. Orescens . despiciens . egiso .

Obnoxius . scolo .
Obtenditur . furidunsun uuirt . f .
Proteruus . apuher . f .
Portentuose . monstruose . Exempli causa . cum sex digitis nati . uel ungihiuro .
S. 203. Philacteria . scriptura diuersa q' propter infirmos habentur . uel carmina zaubarchiscrip .
Pubertas . kiuuast .
Percelli . durahdihan . f .
Perfuncta . kifrumita .
S. 204. Plebeios psalmos . seculares cantilenas . uel rusticos psalmos . sine auctoritate . uel cantus aut uuinileod .
Reditus . heimprunc . uel debitus .
S. 205. Raritatem . fologi .
Recisso . contracto . farslizzanero hautprahti .
Resipiscentes . Eruuereuenti . f .
Sicera est omnis potio, quæ extra uinum inebriari potest . cuius libet nomen hebreum sit . tamen latinum sonat . pro eo quod ex suco frumentorum et pomorum conficiatur . degenspenton . f .
Suggestio . manunga . f .
S. 206. Spectacula . ubi omnia publicis uisibus prebetur inspectio . uel einuuigi .
Seuius . grimlichor .
Suggestio . manunga .
Sine querela . anasahunga .

Sollicitare . holon . uel scuntan . uel spanan .
Suffulcire . kispruzan . uel gubernare . uel adiuuare .
S. 207. Subuentum adiuuent . kiholfan .
Puperstitio . ubermezzichi . f .
Traditio . lêra .
S. 208. Themelici . loculatores i . e . tumare .
Ut non restricentur . ni si kiripan .
Vagueque suihante .
Viaticum . uueganest .
Vagendo . scehanto [1] .
Ventiletur . aruuintot uuerde .

S. 293. DE NATVRA RERVM BEDE PRESBYTERI.

S. 295. DE SECVNDO LIBRO.

S. 296. Pertica . iuhruota . f .
Palmum . munt .

S. 301. DE CHRONICIS.

S. 302. Colossus . irminsul .
Platôma . platta .

S. 303. DE PRIMO LIBRO HISTORIARUM OROSII.

Annalium i . e . iaruuercho . f . annales seu opera singulorum annorum .
Parricidiis i . e . parenticidiis . magmordum . f .
De specula . specula seu in quibus feminæ uultus suos intuuntur i . e . scucar . f . uel spiegal . f .

---

[1] Also aus »scehante« verbessert.

Limbo . limbus dicitur ornatura uel fasciola extrinsecus adsuta uesti i . e . borto . f.

S. 304. Triquadrum . thrifeor scozan . f.

Transuersi i . e . thuuerahes . f.

Occasum versus i . e . uuestarun halba . f.

S. 305. Ostia i . e . aditus . i . e . gemundi .

Promuntorium i . e . rupis in maris . litore prominens i . e . duna . clep .

Orientem versus i . e . ostaruuar .

Lacu i . e . stagno . ubi inmensa aqua conuenit . Nam dictum est stagnum . quod aqua stet nec decurrat . i . e . se . f.

Iugum i . e . summitas montis i. e. first .

S. 307. Experimenta i . e . cogniciones . certitudines commendabat i . e . inibita . f. uel bififilah [1]).

S. 308. Prodigiorum . forazeichano.

Strenue i . e . agiliter inpigræ . horslicho . f.

Dilatis marginibus i . e . deportatis uel diuisis lateribus zitraganen.

Utrimque ex utraque parte gihuuedara halba [2])

S. 310. Vtricium . i . e . uitricius i . e . qui uxorem ex alio uiro filium aut filiam habentem ducit i . e . steopfater . f.

S. 315. DE MORTE CODRI.

S. 318. Scortorum i . e . meretricum. colo . i . e . rofchen .

S. 320. Successu . i . e . folgungu. Confederatas . i . e . gisippoto. Inpunitate i . e . in giniuzi .

S. 322. Tergemanorum i . e . thrizu uuinilingo .

S. 331. DE SEPTIMO LIBRO OROSII.

Vespiliones dicuntur fossarii qui corpora humant . vt aldhelmus dicit in regula dispondei .

S. 332. Vitiligo . inpetigo uel purigo [3]).

S. 333. Deditio . zurgist . f.

---

[1]) Das eine »fi« ist übergeschrieben.
[2]) Das »h« ist übergeschrieben.
[3]) Verschrieben statt »prurigo«?

Handschrift 292. Jahrhundert IX.

Siehe s. 245, 262, 266, 276 und 291, und Graff's Diutiska II, 185.

S. 157. SECUNDUM PRISCIANUM philosophi dicunt uocem esse aerem etc.

S. 162. Controuersia . strit .
  zg. Pertinax . einstriger .

S. 163. Catacresis . secundum iudicium i . e . andari .
  zg. Aristas . ehir . signi*ficat* aestatem .

S. 164. Torrere . backan .

zg. Frangere saxo . malan .
  Testudo . scerdi-f.ed.æra . sneggo . et sciltburg .

(INCIPIT ARS DONATI GRAMMATICI.)

  zg. Aries aīal et signum celeste . et machina belli . phederari .

S. 165. zg. Pomilio . nanus . getuuérc .
  Laterem . ziegelun .

Handschrift 183. Jahrhundert IX.

EINLEITUNG.

Die handschrift ist folio und enthält Cassiani collationes. nachfolgende glossen gehören jedoch nicht dazu, sondern stehen auf dem ersten, freien blatte, und sind wohl jünger als die handschrift. die zweite spalte, von dem worte »Conibentia« an, dürfte überdies von einer zweiten hand herrühren. Die schrift ist gut, nur dass die ersten buchstaben der zeilen öfters zerstört sind: das fragezeichen bedeutet, dass nach dem raum zu rechnen, noch ein buchstab gestanden haben könnte. sonst haben wir die glossen ganz unverändert wiedergegeben. Graff hat dieselben in seinem sprachschatze benützt. s. daselbst LXIII, Sg. 183.

Initiate anageltont .
Industria foreguerida .
Extraordinaria vnantreitlichu .
Vffectatiua muotvuilligin .
per subreptionem . thurch untervengida .

Interuersor . irrare .
Ceterum . abérdenne . uel thenne ouch .
Collationes redinunga .
Seniorum kediginero .
Curationes reinnissida .

fomes cinseod.
lenis lindez.
accuratior. peseunora.
Castigatis. kechestigoten. i. e. ar-
   melichen.
Vanitas vppigi vnte neuuith.
Promulgata :zprunginiu. uel gibrei-
   tiu.
sagum lachen.
dialecticis. syllogismis vuahen redi-
   non
traduxit ?alam ferleifta.

tollens —lud de medio. neminte daz
   ?har-in.
Compilare cesamene ke:ozen [1]).
redibitionem ruidirkift.
?ostificatio erchuelida.
Conibentia. ferhéngeda.
rg. Rancor mótto. kócco.
Iactura operationis. mángelungo.
   fersúmedo. 2. h.
Spiris. Ringen.
Causticis. Héizên
Quam olim uener:t. uuio hálto.

Handschrift 184. Jahrhundert X.
Siehe seite 291.

S. 255. Annona. fruanta.
  Spelta. dinchil.
  Sigilum. rocco.
  Auena. habaro.
  Far. amar.
  Panicium. fenih.
  Sella. satul.
  Basterna. sambuhc.
  Capula. helza.
  Birsa. hut.
  Ulcia. huluft.
  Sedila. sidilla.
  Scamnum. scranna.
  Anus. angul.
  Incus. anapoz.
  Malleus. slaga.

Martellus. hamar.
Forceps. zanga.
Folles. palgi.
Linia. fihala.
Serra. saga.
Forcipula. chluft.

S. 261. DE VASIS LIGNEIS.

Cuba putin.
tunna. chuafa.
tina. zubar.
Situla. einbar
Alueus. troch.
Alueolus. trugili
Cuppas. chopha.
nappa. napf.

---

[1]) Der fehlende buchstab ist ein hoher, durchstrichener, also ein „f" oder „st".

Catinum . sulzchar .
coclear . lefil
Scutula . scuzila ¹) .
cribrum . ritra .
Cirbellum . sip ,
sedatium . hasip ,
corpis . chorop .
anus . brslph ²)
horreum . spichari ,
Grararium . chornhus .
Scuria . scugin .
Molendinum . muli .
clausura . pizuni ,
eminus . chauali , uel iuxta ,

DE VASIS FERREIS.

Conca . labal .
pacinus . pechi .
Manilis . hantchar .
padella . fanna
Caldalium . chezzil .
Scoria . sintarn

ITEM DE FERRAMENTIS.

Torax . prunna .
galea . helm .
Ocrea . peinperga .
spata . suert .
Semispatium . sahs .
palteum . palz .
Cultellum . mazsahs .
Lancea . sper .
Sagita . strala .
hilus . phil .
pharetra . chochar .

graphium . scinouem . scinun ,
Subula . alunsa .
acus . nadal .
Falx . segansa .
falcicula . sihila .
Circinum . rizza .
Calces . sporun ,
Dolatoria . parta .
securis achus
Terebellus . nabager .
scalprum . scrot , san
plana . scabo ,
ascia . thehsala .
pala . scuuala .
Bebillis . pihala .
Roscinum . nuoil . uel sulcator .
Biduuium . gertari .
fosorium . houa .
Sarcula . ietisan .
forcia . scari .
Tridens . mistgabala .
Fuscinula . chrapho .
gratigula . rostisan .
crumacula . haal .
runcina .
lingon seh uel cultrum
uomer . scar .
andena . prantreita .

Bachones .
exungia smeroleip .
Spadula . scultarra .
salsitia . uursti .
Indutiles . scubilinga .
aruina .
annona . fruanta . spelta

---

¹) Es steht „scuĉila". ²) d. i. „arsloh".

sagilum . rocco
auena . habaro .
far . amar .
panicum . fenib .

ITEM DE CULTURIS TERRAE.

Terra salica . mansus . hoba
Iurnales . iuh .
coloni . puringa .
Libertini . laza .
aratrum . fluoc
erpica . egida .
plaustrum . uuagan
humeruli . chiffun [1]) .
radii . felga .
Canti . speichun .
medioli . naba .
Lora . ioholmun .
scala . leitra
Iugum . ioh .
rota . rad .
corda . senua .

S. 262. Sella . satul .
b:sterna . sambuh ,
Capula . helzo .
birsa . hut .
hulcia . hulf .
sedile . sidilla .
Scamnum . scranna .
Amus . angul .
Incus . anapoz .
Malleus . slaga .
Martellus . hamar .
forceps . zanga .

folles . palgi .
Lima . fihala .
serra . saga .
Forcipula . cluf .

DE UESTIMENTIS.

Camisa .
tunica .
rochum . roch .
Zona [2]) .
Bracile . pruah . uel femoralia .
Tribucnas . thiobpruah .
fasciola . uuintinga .
pedules . fuaztuah .
calciaria . scuaha
uuanti . hantscoha ,
Sagum . lachan uel sagellum siue
    pannnm .
persum . uueitinaz . uel cerulei
    coloris . uueitinero farua .
palteum . palz . fezzil .
Sarcile . feitidi .
camisile . hemidlachan .
Coopertorium . chuberturi .
tapetium . Tepid .
Lena . zussa .
tempis . lauba .
linia . umbihang .
Culcita . fedarbetti .
Capitale . hobit-fului .
plumatium . uuangari .
Ceruical ahslari .
Linteamina . lihlahan . siue linuuat .
Lectisternium . petti-streuui .
stuppa . auur .

---

[1]) Das erste „f" ist aus einem „p" verbessert.

[2]) Das „Z" ist nicht sicher.

DE ORNATU ECCLESIÆ.
Turibulum . rouhhar .
Candelabrum . chercistal .
acerra . uuirouhfaz .
pallia . fellola . gliza .
fanones similiter [1])
Uillolus . uuillahus .
stragulum . fehlaham .
Papetium .

luminaria .
casula . missahahul .
dalmatica . similiter .
cingula . zona .
humeralis . similiter .
Sandalia . ruumscoha .
Mappula . hantfano .
campana . clocca .
Calix . stouf .

Handschrift 193. Jahrhundert IX.

EINLEITUNG.

Die handschrift ist octav. Arx sagt von ihr in seinem verzeichnisse: »Codex rescriptus. Prima scriptura referebat librum danielis, minusculâ sæculi VI, scriptvm; secunda omelias Cæsarii, Augustini, Hieronimi etc.« Die glossen stehen auf dem letzten, zerfressenen blatte, und rühren von zwei händen her, wie sich, ausser der schrift, auch aus der stellung derselben im anfange und am ende und auf einem freien seitenraume ergibt. Graff hat dieselben in seinem sprachschatze, b. 1, s. LXIII, doch nicht ganz vollständig und richtig, abdrucken lassen. wir theilen sie ohne alle veränderung mit.

eximios , urmare , 2. h.
tyrones . keringun , 2. h.
insinuare . kech:nden [2]) . 2. h.
iure . pi rehte . 2. h.
lic::t— — mittulli
texentium . nuepantero

æquera . seouuazzar
limpha amnis . aha uuazzar
inquam . ih quidu .
imminet . ana ist .
prediti . keerete 2. h.
depitauare . keirren .

---

[1]) d. h. wohl, es fehlt ein teutsches wort.

[2]) Hinter dem ersten „e" in der höhe ein senkrechter, abwärts zugespitzter strich.

312

industria . kerni 2. h.
conditio . kescaft.
deo insunuante . kote . kundentemo . 2. h.
note [1] . masun
ne—dum est zef:rhtenne ist
lugubre . kharalih charalih [2] .
indefesso . studio . unarmodenlicheru
adduntur . zuasint kaouhot
inuadat anauargange .
inertiam . slaffi
ingerunt . anapringant
munilia . kisteini
euasisse . arnesan

spacium . frist .
non obtinuit . ni kehalota
inlesus . unk:te— [3]
minator . kadroit .
frauderemur . uuarin piteilit
detorqueat . kiride
eminens . fora uuisanter
confligere . flizzan
tuti . kesunti .
sentinatur . ist arscaffan . 2. h.
a situla . fona fazze . 2. h.
inquid . er quid . 2. h.
redisse . uuarpen . 2. h.
malagma . salpa . 2. h.
fibula . hueizzilo . 2. h.

Handschrift 28. Jahrhundert X. oder IX.

Die glossen stehen auf dem letzten, unbeschriebenen blatte der handschrift, d. i. auf seite 265.

effigies . kipand scribæ . doctoris [4] .
deceptio . pisnich
infidelitas . triulosi
fingit . pilidit

respectus . auarsiht .
fascinatio . zoubar .
stuporem . sta . horrorem .
ne tradas . ni-zuu*ell:s*
poreio

---

[1] Es darf kaum an dem „n" gezweifelt werden.
[2] Steht auf dem rande.
[3] Das „k" kaum zweifelhaft.
[4] Nebenan befindet sich ein bildniss.

Handschrift 141. Jahrhundert X.

EINLEITUNG.

Die glossen stehen auf seite 109 und 110 der handschrift, und gehören zu einer abhandlung, welche »conflictus virtutum et vitiorum« betitelt ist. Graff erwähnt unserer handschrift in seinem sprachschatze, b. 1, s. XXXIV. unter asc. 3, und b. 3, s. 320.

S. 109. Scilicet inanis gloria . idalghelf.
Odium haz.
Susurratio . kiflos.
Detractio . bissbrachida.
Rixæ Striht
S. 110. Contumeliæ . harm.
Indignatio . unuuirdi.
blasphemie proferuntur . meinspracha.
Malitia . ubili.

Uagatio mentis erga inlicita nascitur . mvathsorchi[1])
Proditio . meldunga . siue forandannessi.
Fraus . Bisuuihe.
Inquietudo . unstilli.
Inmunditia . unreinida.
Multiloquium . filosprachi.
Cecitas mentis . muothplindi.
Inconsideratio . ungeuuerida.
Amor sui . selbes minna.

Handschrift 751. Jahrhundert IX.

EINLEITUNG.

Die handschrift, in folio, enthält lauter stücke, die sich auf die wissenschaft der arznei beziehen. voran geht ein griechisch-lateinisches wörterverzeichniss naturgeschichtlichen inhaltes, nach den anlauten geordnet. eine zweite hand versuchte die übersetzung einiger namen, die desshalb zwischen den zeilen steht. einige andere teutsche wörter gehören einer dritten hand an. Die handschrift mag für lateinische und griechische wörterbücher gute ausbeute geben.

---

[1]) Also verbessert aus „moathsorchi".

INCIPIUNT HERMENEUM: DE RE-
BUS MEDICAMENTORUM

HÆC SUNT DE ANIMALIBUS etc. DE GRECO
IN LATINO TRANSLATIS.

S. 2. zg. Andragnis . id' portulaca .
?urcilla . 2. h.

zg. Amaracos id' artemissia . bug-
gela. 2. h.

zg. Arundo id' canna . rora . 2. h.

zg. Aneton id' anetum . tille. 2. h.

Artemissia id' zimber .

zg. Artiotidon id' baca ieniperi .
rechiltir . 2. h.

zg. Altea id' euisco iuuisce . 2. h.

zg. Arnoglosa id' plantagine . uue-
gercic . 2. h.

zg. Anemones . id' papauer . mage-
same . 2. h.

zg. Amolu id' flos farinæ mele-
stupe . 2. h.

S. 3. zg. Antiron id' sauina seui-
boum . 2. h.

zg. Ambrosia . id' millefolium .
garuue . 2. h.

zg. Asbestus . id' calceuiua . calc
ungebructe . 2. h.

S. 4. zg. Aleptafilos id' artemisia .
buggila . 3. h.

zg. Arcettes id' iuniperi . recol-
ter . 3. h.

S. 13. Carax id' canna agrestæ q'
ineripis nascitur .

S. 20. Iarent id' iu .

Isius id' ueia .

Lilisfagum . id'. sclareda hoc est
saluia .

Lactuca agreste . id'. sarrada .

S. 28. rsch. engil drud . 3. h.

S. 244. rg. ramicem reprimendam etc.
i . hola . 1. h.

Handschrift 219. Jahrhundert IX.

EINLEITUNG.

Die handschrift, in grossem octav, enthält die regula pastoralis des Gregorius. das pergament ist schlecht, die schrift ziemlich. über einigen selbstlauten findet sich ein kleiner grader strich.

S. 24. zg. cutis pruriginem . iuchedo.

S. 31. zg. ex auro, iacincto (unéitē).
purpura . bistincto (saterôt)
cocco . ex torto (kezuuirnētēmō)
fieri bysso .

S. 40. zg. Et quo (in diu) descendit.

S. 45. rg. uual uuib . 3. h.

S. 85. zg. derogant . pisprachent.

S. 162. rg. quia rekenzo .

S. 232. zg. respectum . fersiht .

Handschrift 283. Jahrhundert IX.

EINLEITUNG.

Die handschrift, in quart, enthält einen commentar zu den ersten vier büchern des Pentateuchs. Der urheber desselben und seine quelle oder quellen sind angegeben. man liest auf seite 298, zu ende der Genesis, die worte:

»HUNC LIBRVM EXPOSVIT HRABANUS IVRE SOPHISTA. STRABVS ET IMPOSVIT FRIUOLUS HOS TITVLOS:,«

Diesen versen gehen aber unmittelbar folgende worte voran: »Huius libri quam svbiectam cernis explanatiunculam domnus rhabanus de dictis sanctorum agustini . hieronimi . isydori . gregorii . et domni bedæ . et aliorum sanctorum uenerandis congregans suis *discipulis* auctoritate tradidit catholica quorum ego ultimus strabus ipsam quanta potui breuitate ne penitus memoria laberetur notaui. Humiliter lectorem deposcens. Ut si quid extra lineam rectitudinis in illa positum inuenerit, ne magistro imputet sed meæ paruitatis ignauiæ misericorditer tamen mihi compassus ueniam tribuat postulanti . Nec enim tutum est aliena damnare illi qui propria uirtute se non potest conseruare . Sciat tamen uoluntas mihi fuisse fidei rectitudinem nunquam deseruisse . si quid autem fortasse in eo dignum inuenerit agat deo gratias et oratione profusa magistro cuius labore hæc hausimus apud dominum perpetuam beatitudinem optare meminerit;«

Der Leviticus beginnt sodann auf seite 449 mit folgenden worten: »Sequentis libri . id est leuitici . breuissimam adnotationem ego strabus tradente domno hrabano abbate . uiro in multis scientiæ diuinæ eloquiis spectabiliter adornato . quantum tenuitas ingenioli mei permittebat adbreuiare curaui. Ut quia memoriæ tenacitatem in me non cognosco . saltim ad pittatia glosularum recurrens . aliquam eorum quæ mihi tradita sunt partem recognoscam . Sed quia nequaquam hoc a notitia aliorum abscondere ualeo . Obsecro te quicunque legeris si quid in eo secus quam decet dictum inueneris ut non illi qui hoc de pleno sapientiæ fonte hauriens mihi transfundit . sed meæ inertiæ deputare incipias qui potui præ inopia sensus facile deuiare . Studui tamen iuxta fidem catholicam quantum mihi fidei auctor concedere dignatus est , quæ in me seminata sunt . ad alimentum anime meæ recondere . Erat autem in huius libri expositione ductor esychius hierosolimorum presbyter fide integer et ueritate suffultus cum ceteris sanctis doctoribus ; Lege feliciter . amen .«

Am ende des werkes, auf seite 684, liest man ferner:

»Accipe nunc *tandem* scripturam care magister
Ex alio ceptam sed de me forte peractam.
Accipe litterulas . deformi scemate factas
Sitque labor gratus quem fert deuota uoluntas«.

Kolb zieht hieraus, und aus dem umstande, dass die handschrift die merkmahle bietet, welche jene zeit erfordert, den schluss, dass Walafrid auch der schreiber der handschrift sei. Die worte »Ex alio ceptam« d. i. »cœptam« beziehen sich auf die ersten blätter der handschrift, welche von einer andern hand geschrieben sind.

Die zwei ersten glossen stehen zwischen den zeilen, und dürften etwas, doch nicht viel jünger sein; die übrigen, im texte stehend, gehören wohl ohne zweifel dem urheber des werkes an. merkwürdig dass auch hier schon den teutschen wörtern der buchstabe »s« oder »f«, wovon wir auf seite 239 gesprochen haben, übergeschrieben ist. — Graff erwähnt der handschrift in seinem sprachschatze, s. LXIV, unter Sg. 283.

S. 298. (EXODUS.)

S. 389. zg. incastraturas . tubil.

S. 449. (LEVITICUS.)

S. 453. zg. Vesicula . croph.

S. 678. rsch. ITEM DE NUMERO.

   Vatilla . scernscuble . s . similes uasibus quibus aqua de nauibus proicitur.

   Paxillum . paruum lignum . i . chil . f.

   Acinum . vnum granum de botro i . einberi . f.

S. 680. Vlulantibus tubis . i . iuppezenten trumbon .

   Operculum . i . lith . f.

   Stabulum . i . stal . f.

S. 681. Passus . i . sicut potest brachia ostendere . i . claftera . f.

Handschrift 296. Jahrhundert IX. und X.

EINLEITUNG.

Die handschrift, in quart, enthält die Mainzer kirchenversammlung unter Hrabanus, ein bruchstück des Hieronymus zum Naus, kurze glossen zu den büchern der heiligen schrift, und die synonymen des Isidor. Die verschiedenen stücke rühren von verschiedenen schreibern her. Die biblischen glossen sind den mitgetheilten klassen verwandt, aber eigens und oft ausführlich bearbeitet. sie gehören in's zehnte jahrhundert.

S. 1. hludouuico . rabanus . magontiacensis . gozbaldo . baturato . hebone . gozprahto . hemmone . uualtgario . ansgario . otgario . lantone . gebeharto . magontiam .

S. 2. albani . carolo . hiltibaldus . richolfus .

S. 10. easdem omelias quisque aperte transferre studeat in rusticam romanam liguam aut teotiscam .

S. 32. INCIPIT GLOSA DE BRESID ID EST GENESIS . DE PROLOGO.

Suggillatio dicitur quasi subiugulatio tantum summis labiis et mellifluum saporem intus latentem aurei sensus pœnitus deicerent . i . huofti .

Pro uirili portione . i . pro uirium facultate uel aster smahemo teile .

S. 34. Uirago . i . frambarebarn .

S. 36. Bitumine . erdlime .
Cenacula . muosstete .
Cataracte . i . himilgiuuerch . cataracte ergo dicuntur conclusiones uel soliditates aquarum que super firmamentum sunt .

S. 37. Expedito . i . fertige uel garauue .
Uernaculos . i . inburiun . qui infra domum nutriti sunt et edocati .

S. 58. INCIPIT DE EXODO.

S. 59. Rubus est congregatio spinarum . ut quidam uolunt . i . d'horistuda .

S. 76. zg. ansule . narauun .

S. 77. zg. incastrature . tubil .
  rg. latus particis . i . losge .
S. 80. zg. In cocco bistincto . ke-
  rezzotemo .

S. 106. IN DEUTERONOMIUM.
S. 111. Classibus . i . herescefun .
S. 116. rg. Larus . smea [1]) .
  Cignus . suana .
  rg. Onocrotalus quæ souitum fa-
  cit in aqua . rofedumble .
  Herodio . falcho .
  Caradrion quidam dicunt . leri-
  cha .
  rg. Upupa . vuitohoffa .

S. 117. Migale . haramo .
  Stelio . bestia uenenata . i . genus
  lacerte . uel mol .

S. 133. INCIPIT DE IOSUE .
S. 134. Lingua maris . i . sonitus
  maris . uel scaccho .

INCIPIT SOPHIM . ID . EST .
IUDICVM .
S. 135. Stuppa . auuirki .
  Putamine . i . uueuale .
  Licium . harluft .
S. 190. fp. Hadamuote .
  Hadam'.

---

[1]) Hat kein zeichen, wohin es gehört.

Handschrift 105. Jahrhundert IX.

EINLEITUNG.

Die handschrift, in kleinem folio, enthält: »Vita S. Martini episcopi Turon. autore Sulpitio Severo; Ejusdem Sulpitii dialogi; Tractatus insignis medicinalis.« Also berichtet Kolb in der handschrift selbst. Die glossen gehören verschiedenen händen und verschiedenen zeiten an.

S. 1. rsch. ueru . taz . ist . spiz taz santa tir tin fredel ce minnon

S. 65. zg. interiectu montis exclusa. kuzotiu.

S. 152. zg. iocundati . quvnnesamote [1]).

S. 167. (LIBER MEDICINALIS.)

S. 168. Hæc in uno simul cum aceto . et rosaceo oleo . aut spano [2]) . concocta . caput embrocabis .

S. 170. zg. cantabro . chlia .
zg. Specular . spat.

S. 174. zg. gesastere . uuormo . (Aliud Gesastere et amilvm cvm posca propinatur.)

S. 176. Aestate uero secunda die soluis . et linteolis in mulsa calida infusis . diligenter curabis . qui nothe taurum scilicet . regula intuentes i . e . ut si uideris ulcus siue uulnus putre uel sordidum cæteris medicamentis depurges .

S. 185. Dehinc simul omnia cum ceruina medulla in girba mittis .

S. 187. Ulceratio faucium . si cum febre acuta in ægritudine contigerit . pessima et exicialis ostenditur maxime si grandis . et scara (i . e . coadunatio) fuerit nata est .

S. 188. leuissime autem ulcerationi sufficit . si et antera (i . e . sauina brateus) cum melle inlinies .

S. 189. zg. dragmas octenas . gallarum (saliuncas).

---

[1]) Das erste »n« dieses wortes ist übergeschrieben.

[2]) Darüber steht »purum«.

S. 202. rsch. *huro* comsisc herre-
lant . 3. h.

S. 204. rsch. c hurocomsic he-
renlant aller oter esalant . 3.
hand.

S. 205. nunc dicemus ad dolorem rem aurium . gesentera i . e .
uermiculus de arrugia aut ara-
neas aut asellos . quos græci
oniscos dicunt .

S. 206. gesasteram tritam assatam
et lotam .

GEBET DES HERRN.
GLAUBENSBEKENNTNISSE.
BEICHTFORMELN.

Handschrift 911. Jahrhundert VIII.
Handschrift 1394. Jahrhundert XI.
Handschrift 232. Jahrhundert IX. und XI.
Handschrift 338. Jahrhundert X. und XII.

VORBERICHT.

Nach der angabe der sammlung, welche Massmann in dem siebenten bande der »Bibliothek der gesammten deutschen National-Literatur« veranstaltet hat, stammen von St. Gallen folgende stücke:

   1. Kilaubu in kot fater . . . . S. 71.
   2. Ih keloubo an got almahtigen . . . . » 72.
   3. ih fersáche dén tiufel . . . . » 74.
   4. Ich uuider saig diem tiunel . . . . . » 75.
   5. Ic kelaue in got uader . . . . » 83.
   6. Ic gelyfe on god fæder . . . . » 84.
   7. In demo gelòb so pigi ih . . . . . . » 125.
   8. Ih uuirdu gote almahtigen bigihtig . . . » 130.
   9. ... geloubegin liute . . . . » 148.
  10. Fater unser du in himile bist . . . . . » 158.
  11. Fater unseer thu pist in himile . . . » 159.

Hiervon sind noch vorhanden nummer 1 und 11 in handschrift 911, nummer 3, 7, 9 in handschrift 1394, ferner nummer 2 und 10 in handschrift 21. beide letztere gehören Notker dem teutschen an. ob die fehlenden stücke, welche zuerst von Vadian, Freher, Goldast und Schilter mitgetheilt worden sind, sich je in den öffentlichen büchersammlungen St. Gallen's befunden, konnten wir nicht erfahren, glauben auch nicht, dass wir noch das eine oder andere auffinden werden. Dagegen besitzt St. Gallen einige andere stücke, welche Massmann nicht bekannt waren: in handschrift 232:

    Hich Gio (demo) cote almactigin
    In den uuorten . so tuen hich hiu ablaz
    Hich kelouben . an got fater

in handschrift 338:

    Ich widir sage demme téifle.

Ausserdem findet sich noch bei Notker, in handschrift 21, das Athanasische glaubensbekenntniss. die Notkerischen stücke jedoch können wir erst später, nach seiner psalmenübersetzung, mittheilen, weil es nicht gut thunlich ist, sie aus ihrem zusammenhange zu reissen.

Handschrift 911. Jahrhundert VIII.

EINLEITUNG.

Das gebet des herrn und das glaubensbekenntniss, die wir zunächst folgen lassen, stehen auf den zwei letzten blättern der handschrift 911, welche wir auf seite 133 u. ff. dieses bandes besprochen haben. sie gehören somit angeblich dem Kero an: seine hand ist es aber nicht.

Beide stücke sind schon mehrmahls abgedruckt: bei Freher; in Eccard's »Catechesis theodisca«, s. 189; bei Schilter, b. 1, abth. 2, s. 85, jedoch nur das glaubensbekenntniss; in den »Geschichten des Kantors St. Gallen durch Ildefons v. Arx«, b. 1 s. 203 u. 204; in der »Bibliothek der gesammten deutschen National-Literatur«, b. 1, s. 71 und 159, aber auch hier nicht ohne mehrere fehler.

S. 319. PATER NOSTER.

S. 320. Fater unseer thu pist inhimile uuihi namun dinan . qhueme rihhi din uuerde uuillo diin so inhimile sosa inerdu . prooth unseer emezhic kipuns hintu oblaz uns sculdi unseero somuir oblazem uns¹) sculdikem enti ni unsih firleiti inkhorunka²) uz-zerlosi unsih fona ubile

S. 321. CREDO IN DEO.

Kilaubu in kot fater almahticum kiscat³) himiles enti erda enti in ih'm christ sun sinan ainacun unseran truhtin . der inphangan ist fona uuihemu keiste

---

¹) In der handschrift ist keine spur, dass etwas fehle, wie man nach dem abdrucke in der „Bibliothek der gesammten deutschen National-Literatur" glauben könnte. wir halten die lesart für richtig.

²) Es steht »inkhorunkauz«.

³) Also ganz deutlich.

kiporan fona mariun macadi
euuikeru kimartrot in kiuualtiu
S. 322. pilates in cruce pislacan tot
enti picrapan stehic inuuizzi
indrittin take erstoont . fonato-
tem stehic inhimil sizit azze-
suun cotes fateres almahtikin

dhana chuumftic ist sonen qkue-
khe enti tote kilaubu inuuihan
keist inuuiha khirihhun catholica uuihero kemeinitha urlaz
suntikero fleiskes urstodali in-
liip euuikan ; amen .

Handschrift 1394. Jahrhundert XI.

EINLEITUNG.

Die handschrift ist eine sammlung von bruchstücken, ähnlich wie die handschrift 1395, der wir auf s. 236 begegnet sind. Unser bruchstück gehört wohl dem elften jahrhunderte an und steht auf s. 143. Arx, dem wir diese sammlung verdanken, hat es von einem bücherdeckel abgelöst und mit folgender einleitung versehen:

»Formula confessionis publicæ (offene Schuld) et symboli sæculo IX populo recitari consueta. — Constat hæc oratio exordio, quod desumptum est ex verbis: »beatus qui custodit vestimenta sua, ne nudus ambulet«, apocal. c. 16. v. 15. in lingua latina et theutonica, ac abrenuntiatione, symbolo et confessione verbis theutonicis solum. Additur (alia manu?) initium homiliæ in dominicam palmarum sermone latino.«

»Primis ecclesiæ sæculis usitatum erat, ut antequam missa cathecumenorum finita pœnitentes tertii ordinis demitterentur, episcopus super eos in terram prostratos dei misericordiam imploraret, cujus disciplinæ vestigium in recitatione publicæ confessionis et orationum *misereatur*, *indulgentiam*, quæ concione finita peragitur, adhuc superest. *Martene, Cardinalis Bona.* Hanc esse formulam, qua sæculo nono populo publica confessio prælegebatur, argumento est vox »*misereatur*«, quæ voci »*amen*« subjungitur, et quod hæc membrana formam schedæ uno solum latere inscriptæ habeat.«

Ein fehlerhafter abdruck steht in den »Geschichten des Kantons St. Gallen durch Ildefons von Arx, seite 204 und ff., den Graff in dem zweiten bande seiner »Diutiska«, seite 280 und 281 angeblich verbessert hat. ein anderer abdruck findet sich in dem siebenten bande der »Bibliothek der

gesammten deutschen National-Literatur«, doch auch nicht ohne wesentliche
fehler. es ist ein schwieriges stück und ohne diese vorgänger würden wir
es schwerlich fehlerfrei geliefert haben. Massmann hat nach der anlage
seines werkes die reihefolge der theile stören müssen.

Wo wir »ou« gaben, ist das »v« übergeschrieben.

O fideles populi qui fratres et sorores in Christo uocamini Audite uerbum domini . Beatus qui custodit uestimenta sua . ne nudus ambulet .

— geloubegin [1] liute irder provdere unte swestere in gote genennet pird . fernemet daz wort mines trohtines . der ist sâlic der dri behüttet sine gewate daz er nihet naccetne [2] gange

Quod dominus dicit de observatione uestimenti . unde nuditas debet uelari . diligenter debetis adtendere . et intenta cordis aure percipere .

daz min trehtin sprichet fone der hahâltenusse des gewâtes . fon dánna dér néccet [3] tága sol bedekket werden . daz scóletier einiclihe [4] bedengin . unte mite anadâhten óren iures herzen fernemen

Priusquam per sacramentum baptismatis ad fidem uenissetis iusticie . innocentieque uestibus eratis nudi . Originalibus tantummodo peccatis ex primo homine pullulantibus obruti .

éir [5] dur die heilicheit der toufi zeme heiligen geloube chòmot fon den gewâten desse rêhtes unte der go\ti uuaren=dir nakket . mit dén gebûrtlichen súnden fon démo êriste menniskin irwâhssenen iruállene únt geuázzet [6]

In baptismo autem albas uestes auroque purissimo preciosiores ac-

áuri in der toufi wrdin=dier gewâtit mit wizzeme gewatin scònern

---

[1] Scheint in „getoubigin" verbessert.

[2] So muss wohl gelesen werden. es stand zuerst „naccat", worauf das letzte „a" in „e verwandelt, doch nicht ganz getilgt wurde, wesshalb Massmann „neccaet" liest.

[3] Ueber dem zweiten „c" ist ein zeichen, das wir aber nicht mit Massmann für ein dach halten können.

[4] Man kann auch „emiclihe" lesen.

[5] Verbesserung aus „ēer".

[6] In der handschrift stehen die worte folgender massen:
iruallene
unt geuazzet
obruti.
Mit welchem rechte Massmann „unt geuazzet" acht wörter weit zurückschiebt, wissen wir nicht.

cepistis . Quas credo regnante peccato in uestro mortali corpore fornicationibus adulteriis . periuriis . homicidiis . furtis . rapinis . mendaciis . et aliis multis his similibus commaculastis . et tamen cum tali immundicia æterni regis nuptiis interesse cupitis . qui hodie cum sponsa sua scilicet sancta ecclesia uere et sine dubio spiritualiter epulatur .

Quod fratres carissimi ualde pertimesco uobisque nihilominus pertimescendum est . ne pro talibus culpis . et hic preces uestræ non exaudiantur . et in futuro ab electorum consortio separemini .

Quicumque istud per ueram pœnitentiam perpendere curaverit . et digne post hac emendare uoluerit . sursum leuando corda dicat post me .

dém áller lúttristin golde daz selbe gewate rihsenter der súnton in iureme tòtlic libe mit hóvre . mit úbrehóvren mit meinen eiden . mit manslâhten . mit tiuuen . mit róuben . mit lúgen . únt: mit andremánegen den gelichen hábent irsi gemĉiligit únte bewóllen . unte wéllet mit sóler unrêinikheite uudriwésen dés himilisken [1]) chunig:s provtelovften dér hiute mit sinere gemahélan mitterheiligen cristinheit wárlichen unt âna zwiuel kĉistlichen wirtskéftit

lieben pruedere daz irfúrht hic . unt ist iu nihut min zerfurhvtinne [2]). daz fóne solichen scúlden iur gebét hie nihet fer nomen wérde únt daz ir indeme khúnftigen súenestága fon der genóskeft aller govten unt allerrweltten gesúntirt unt ferteilet werdet .

swér diz mit wáren riwen sorget zébédénkénne . unt wirdilichen unt wárlichen hinnan fúre púezen wile . ter heffe úf sin hérce unt spreche náh mir

---

ih fersáche dén tiufel . unt elliu sinu werc . unt alle sine gezi:rde fone minemo libe . fone miner sêla . ihn wil imo gelóbe . imo scol niemen gelóbe . ih wil gelob ingotuater almhatigen andenskeph:r des himiles unt der erde . unt gelob án

sinen einpórnen sun . unt gelób anden heiligen keist . unt gelob die tri kenennede einin waren got . der [3]) dri hie wass ana anagenge . unt iémer ist ánente . unt gelob . daz er geborne wart unt gefangen wart . unt gemarterot wart . unt daz er ir-

---

[1]) Aus »himilisces« verbessert.
[2]) Das »v« ist verbesserung.
[3]) Das »d« hat einen querstrich.

starbe daz er begraben wart . unt dazer zerehelle fuor . und dannan nam alle die der wolt unt *gelób* daz er irstuont an demo trittin taga . unt *gelób* daz er andemo fierzechosten taga after siner urstende ze himile fuore . zesines fateres zesuun warer got . unt warer mennisk . unt *gelób* daz er dannan chunftig ist an demo iungesten taga . ze irteilinne lebentin unt tótin . unt *gelób* ein cristnheit alliche . unt poteliche . ein tófe . unt *gelób* gemeinsamede der heiligon . ubhicsigarne . unt *gelób* antláz miner sundon . náh lutere [1]) pihiti unt *gelób* daz ihirsterben scol . unt daz ih irsten scol . unt *gelób* after disme lib dene ewegen lib.

Indemo gelób so pigi ih . dem allemahtigen got . unt disene heiligen . unt dir priest . aller miner sunton . der ih hie gedahte oder gefrumete . fone miner tófi . unz an :isen hiutegen taga . mit huor . mit huores gelusten daz rinnet mi . unt irgibi miscovldigen . demo almahtigen got unt disene heiligon . unt :llen gotes heiligon . unt tir priestere . ze warere pikerde . unt ze williger puezze. *amen* misereatur .

habentir diz getan mittér innikheit iures movtes unt uueltir daz irfollen mittin werken daz ir mitimund gesprochen habent sóstiu offene minestrhettines genade . ubre allez taz desirn hie pitint piert . nah der salikheite iurs libes unt iursela .

Audite *fratres karissimi* et intelligite quid hodierna lectio *sancti* enangelii nobis insinuet . Audistis quod d*ominus* noster non super equum non sup*er* grande animal sedit . Et hoc fecit ipse ut nobis exemplum humilitatis ostenderet . Ait *discipulis* suis ite in castellum quod contra.

Handschrift 252. Jahrhundert IX. und XI.

EINLEITUNG.

Die handschrift, in quart, welche das elfte bis zwanzigste buch der etymologien des Isidor enthält, mag dem ende des neunten jahrhunderts angehören; die beichtformel aber und das glaubensbekenntniss, welche auf der zweiten seite des ersten, früher zweiten blattes stehen, sind jünger und scheinen in das elfte jahrhundert zu fallen. Graff erwähnt der handschrift in seinem sprachschatze, seite XXXIX, unter eo, 2.

---

[1]) Vielleicht »luttere«.

einen abdruck hat aber die erwähnte beichtformel unseres wissens noch nicht erfahren.

Einige wörter sind in der handschrift unterstrichen, das heisst wohl, getilgt. wir haben sie in klammern gesetzt.

Hich Gio (demo) cote almactigin. (et) unde minro froun scē mariun. unde scē petre. unde allen cotes heiligon. unde dir gotes poten. allero minero súndeno. thio hich. hio in uuerelte keteta. alde gefrúmeta. fone demo tage. sosich erist suondon mogta. unzan annen tisin hiutigen dag. suuio hich so getate. sosez in uuerchen uuare. sozez in uuorten uuare. aldez in gedanchin uuare. sose hich ez kerno tate. sose hic hich ez ungenno tate. sose hich ez slafendo tate. sose hich ez uuachendo tate. sose hich ez uuizendo tate. sose hich ez unuuizindo tate. zeso uuclero uuis. hichez tate. uuandez mich riut. so pittich áblazis. den alemactegon got. froun scē mariun. unde scē petren. unde alle gotes engila. unde alle gotes heiligen. unde dich gotes poten. an dén uuorten. daz hich ez furder firmiden mueze.

In den uuorten. so tuen hich hiu ablaz fone gote unde fone scē mariun. unde fone scē petre. unde fone allen gotes heiligon. so filo hich keuualdes hában anfangen. allero iuuero¹) sundeno²).

Hich kelouben. an got fater alemáctigen. unde an den heiligen sun. unde an den heiligen geist. daz thie dri genenneda. ein got ist. keuualtiger unde almachtiger. unde er ze diu fone scē mariun geboren uuáred. daz er alle meniscen erloiste. unde gelouibo daz hich mittemo lichamen sose hich nú hier scinen inenro uuerelde erstanden sol. unde dar réda ergében sol. állero minero uuerecho. unde an déro kegíchte so pieto³) hich. ahlazes. allero minero sundeno.

---

¹) Man sollte fast »hiuero« oder »niuero« lesen.

²) Ursprünglich stand »sounndeno«. die weggelassenen buchstaben sind unterstrichen.

⁴) Ursprünglich »peto«. das »i« ist übergeschrieben, und es ist zweifelhaft, ob das »e« getilgt ist.

Handschrift 358. Jahrhundert X. und XII.

EINLEITUNG.

Die handschrift, in quart, enthält mehrere stücke, meistens für den kirchlichen gebrauch. das nachstehende glaubensbekenntniss steht auf s. 304, welche früher frei war, und ist wohl erst im zwölften jahrhundert eingetragen. Ein abdruck desselben ist uns nicht bekannt.

Wo wir »ov« geben, ist das »v« in der handschrift übergeschrieben.

Ich widir sage demme téifle unde allin sinin werchin . unde allir sinir gezierde . Vnde geloube an ainin got vatir almehtigin der dir schefare [1]) ist himils vnde der erde . Ich gelovbe an sinin aininborn sún unsir herrin iesum christum . Ich gelovbe an den heiligin geist . Ich gelovbe die drie namin ain gewárin got . unde incheuuu [2]) andirn . Ich gelovbe daz der gotis sun gem'dot [3]) wart uon demme heiligin g [4]) engile zunsir frovwin sanctæ mariæ . der ewigin magide . Vndesi in gebar . Vnde er getovfit wart . vnde er gefangin wart vnde an daz cruce ir henkit wart . Vnde er daran irstarb . an der mannisheit . niyt ande gotheit. Vnde ir g [5]) begrabin wart . unde er uon der helle lóiste alle die sinin willin háton gietan . unde daz er an demme dritin tage irstoun . waire got unde waire meninsche . Vnde er an demme uierzgostemme tage . zibilmil vóir . dannan gelovbi [6]) ich in chunftich zirteilin ubir leibindin unde ubir totin . Ich gelovbe aine cristinheit allich unde gotliche . Ich gelovbe aine gemainsammi der heiligon . Ich gelovbe nah disme libe den ewigin lib. Ich gelovbe daz ich irsterbin sol unde abir irstan sol . Vnde mir gelonoht werdin sol nach minin werchin . den lón uirt ich sére wand ich gesundot hán . mit wortin mit gedanchin . mit werchin . daz ruiwit mich unde irgib mich schuldich unsirme hirrin [7]) unde sinin heiligin . unde iv briestir . unde bihte libe unde sele urist sammint . unz ich mine sund' geboze . Ich virgibe allen die mir ie ditatten [8]) daz mir got alle mine schulde uirgebe .

---

1) Ursprünglich »schephare«.
2) »in chenun«?
3) Es war zuerst »gei« geschrieben, dann ward noch »n« hinzugefügt und das vorangehende »i« mit ihm verbunden.
5) Das »g« ist nicht vollendet und scheint einen punkt unter sich zu haben. ähnliche formeln fügen hier noch den namen „Gabriel„ bei.
5) Wie obiges „g", doch ohne punkt.
6) Es stand zuerst „gelovbis" oder „gelovbih", worauf der letzte buchstab getilgt ward.
7) Aus „herrin" verbessert.
9) Scheint so aus „getatin" verbessert.

NAMEN

DER

MONATE UND WINDE.

Handschrift 251.   Jahrhundert IX.
Handschrift 248.   Jahrhundert X.
Handschrift 250.   Jahrhundert XI.
Handschrift 397.   Jahrhundert IX.

Handschrift 251.   Jahrhundert IX.
Handschrift 248.   Jahrhundert X.
Handschrift 250.   Jahrhundert XI.

EINLEITUNG.

Die handschrift 251, in gross folio, hat ein gewisser Winithar geschrieben, wie einige worte, die vornen angefügt worden sind, bezeugen: »Hoc etenim . uolumen . condidi . antequam . indignus . uuinitharius . abba forem . meis ex propriis . sumtibus egi.« etc. Es ist dies aber weder jener Winithar, von dem die handschrift 70 (s. s. 250) herrührt, noch überhaupt ein St. Galler, da die geschichte keinen abt dieses namens kennt. doch ist es die St. Gallische schrift. Die handscrift enthält: Leonis papæ epistola de paschate; einen compotus; Philippus de paschate; Dionysius abbas de paschate; sex ætates mundi a Beda in compendium redactæ; Bedæ de naturis rerum; Bedæ de temporibus; de philosophiæ diversis objectis.

Die handschrift 248, in folio, wird von Arx in das neunte jahrhundert gesetzt, gehört aber eher dem zehnten an. sie ist von mehreren händen geschrieben und enthält schriften von Böetius und Beda: de computo, mathesi, astronomia, geographia, globo, de sex ætatibus mundi.

Die handschrift 250, in quart, enthält eine zeitrechnung, das martyrologium des Wandelbert, Bedæ versus de mensibus, computus Græcorum, Calendarium, St. Columbani de saltu lunæ, Bedæ de naturis rerum et de temporibus, de ratione paschæ, Aratus de astrologia, Hyginus de astrologia. Voran steht eine berechnung der kirchlichen feste mit einigen geschichtlichen bemerkungen, welche sich bei Pertz, b. 1, s. 69 befinden. Die handschrift zeichnet sich durch schönheit aus.

Die monatsnamen dieser drei handschriften sind also die des Beda. wir haben die lesart der handschrift 251, als welche uns die älteste schien, bei dem abdrucke zu grunde gelegt und die abweichungen der beiden andern handschriften in klammern beigefügt. unterscheidungszeichen und grosse buchstaben gehören zum theile uns an.

DE MENSIBUS ANGLORUM.

S. 69. Antiqui autem Anglorum populi — neque enim mihi congruum uidetur aliarum gentium annalem obseruantiam dicere et meæ reticere — iuxta lunæ cursum suos menses conputauere, unde et a luna Ebreorum et Græcorum more nomen accipiunt, siquidem apud eos luna »mona«, mensis appellatur »monath«. primusque eorum mensis, quem Latini uocant Ianuarium, dicitur »giuli«. deinde Februarius »solmonath« (hsch. 248, s. 124 »solmanoth«), Martius »hredmonath« (hsch. 250, s. 217 »hrehmonath«, hsch. 248 »redmonath«), Aprilis »æusturmonath« (hsch. 250 »eusturmonath«, hsch. 248 »eostermonath«), Maius »drimylci« (hsch. 250 »drimilci«, hsch. 248 »trimilci«), Iunius »lida« (hsch. 248 »lida«), Iulius similiter »lida« (hsch. 248 »lida«), Augustus »ueodmonath« (hsch. 248 »ueothmonath«, hsch. 250 »veothmonath«), September »halegmonath«[1] (hsch. 250 »hælegmonath«), October »uintirfullith«[2] (hsch. 250 »uuintirfyllith«, hsch. 248 »uuintirfillith«), Nouember »blotmonath (hsch. 250 »bluotmonath«), December »giuli« eodem quo Ianuarius nomine uocatur. Incipiebant autem annum ab VIII calendarum Ianuariarum die, ubi *nunc* natalem domini celebramus, et ipsam noctem, nunc nobis sacrosanctam, tunc gentili uocabulo »modranect« (hsch. 248 »modranaht«, hsch. 250 »modranech«) i. e. matrum[3] noctem apellabant, ob causam ut suspicamur. ceremoniarum, quas in ea peruigiles agebant. Et quotienscumque communis esset annus, ternos menses lunares singulis anni temporibus dabant; cum uero embolismus, hoc est, XIII mensium lunarium annus occurreret, superfluum mensem æstati apponebant, ita ut tunc tres menses simul »lida« nomine uocarentur. et ob id annus »thrilidus«[4] (hsch. 248 »trilidi«) cognominabatur, habens quatuor menses æstatis, ternos. ut semper, temporum ceterorum. Iterum principaliter annum totum in duo tempora. hiemis uidelicet et æstatis, dispertiebant, sex illos menses, quibus longiores sunt noctibus dies, æstati tribuendo, sex reliquos hiemi. unde et mensem, quo hiemalia tempora incipiebant, »uuirtirfullith«[5] (hsch. 248 »uuintirfillith«, hsch. 250 »uuintirfyllith«) appellant, composito nomine ab hieme et plenilunio, quia uidelicet a plenilu-

---

[1] Das „h" ist verbesserung.
[2] Aus „uintirfyllith" verbessert.
[3] Aus „matrem" verbessert.
[4] Aus „thrilidi" verbessert.
[5] Aus „uintirfyllith" verbessert.

nio eiusdem mensis hiemis sortiretur initium. Nec ab re est, si et cetera mensium eorum quid significent nomina interpretari curemus. Mensis »giuli« a conuersione solis in auctum diei, quia unus eorum precedit, alius subsequitur, nomen accipiunt. »Solmonath« potest dici mensis placentarum, quas in eo diis suis offerebant. »Hredmonath« (hsch. 248 »redmonath«) a dea illorum »hreda« (hsch. 248 »reda«), cui in illo sacrificabant, nominatur. »Eosturmonath« qui nunc pascalis mensis interpretatur, quondam a dea illorum, quæ »eostræ«(hsch. 248 »eostree«) uocabatur, et cui in illo festa celebrabant, nomen habuit, a cuius nomine nunc paschale tempus cognominant, consueto antiquæ obseruationis uocabulo gaudia nouæ solemnitatis uocantes. »Trimulci«[1] (hsch.248 »trimilci«; hsch. 250 »thrimylci«) dicebatur, quod tribus uicibus in eo per diem mulgerentur pecora; talis enim erat quondam ubertas Britanniæ uel Germaniæ, de qua in Britanniam natio intrauit Anglorum. »Lida« dicitur blandus siue nauigabilis eo, quod in utroque illo mense et blanda sit serenitas aurarum, et nauigari soleant æquora. »Ueodmonath« (hsch. 248 »Veudmonath«)mensis zizaniorum, quod ea tunc maxime abundent. »Halegmonath«(hsch.250»hælegmonath«) mensis sacrorum. »Uintirfullith«[2] (hsch. 248 »Vintirfillith«) potest dici composito nouo nomine hiemi plenilunium. »Blotmonath« mensis immolationum, quod in eo pecora, quæ occisuri erant, diis suis uouerent. Gratias tibi bone Jesu, qui nos ab his uanis auertens tibi sacrificia laudis offerre donasti.

Handschrift 597. Jahrhundert IX.

EINLEITUNG.

Die handschrift, in quart, ist eine sammlung verschiedener stücke, die zum theil schon bekannt gemacht worden sind: Litania pro papa, rege etc. (s. 2; bei Goldast); Sermo de urbe Roma nuper a barbaris vastata (s. 5); Benedictio ferri ad judicium faciendum etc. (s. 18, 20; bei Goldast); Annales

---

[1] Aus „trimylci" verbessert. [2] Aus „uintirfyllith" verbessert.

(s. 21, 27, 56; bei Pertz, b. 1, s. 70); Horologium (s. 24 und 146); Dies Aegyptiaci; Nomina mensium et ventorum (s. 26); De sex cogitationibus sanctorum (s. 29); De lunæ cursu (s. 35); Expositio sermonum antiquorum Fulgentii (s. 40); Expositio verborum s. scripturæ (s. 45); Incipit breuis adnotationes de civitatibus metropoleis (s. 48; bei Goldast); Tutilonis carmina (s. 52; in Canisii lect.); Calendarium (s. 54 u. 71); Versus de mensibus etc. (s. 67); Bedæ conflictus veris et hiemis (s. 83); De compotu digitorum (s. 86); De anno (s. 88); De mensuris ac ponderibus (s. 115); Octaviani præcepta (s. 119); Ciceronis præcepta (s. 120), etc.; Beda de naturis rerum (s. 123). Dazwischen und besonders auf dem letzten blatte mehrere kleinere sachen, gedichte, z. b. encomia Ludowibi pii, auf der letzten seite. Die namen der monate und winde sind bei Goldast, b. 2, s. 90 der frankfurter ausgabe vom jahr 1606, und in den »Geschichten des Kantons St. Gallen durch J. v. Arx«, b. 1, s. 197 abgedruckt. Graff erwähnt dieser handschrift in seinem sprachschatze, s. LXV, unter Sg. 397. — Wir werden der handschrift noch mehr begegnen.

»Scriptus est eo anno, quo dies paschatis in 26 diem Martii incidit, quod sæculo nono nunquam nisi anno 859 et 870 contigit.« Arx in der handschrift.

NOMINA MENSIUM SECUNDUM THODISCAM.

S. 26. Januarius . uuintar-manoht
Februarius . Hornung
Martius Lengizin-manoht
Aprilis . ostar-manoth
Maius . uunni-manoht
Junius . Brac-manoht
Julius . Heuui-monaht
Augustus . Aran-manoht
September . Vuitumanoht
October Vuindun-manoht
Nouvember . Herinist-manoht
December Heilagmanoht

NOMINA UENTORUM.

Subsolanus Ostroni-unint
Eurus . ost-sundroni
Euro auster Sunt-ostroni
Auster . Sundroni
Auster africus . sund-uuestroni
Africus . uuest-sundroni .
Zephirus uuest-troni
Chorus Vuest nordroni
Circius Nort uuestroni
Septentrio Nordroni
Aquilo Nort-ostroni
Vuulturnus Ostnordroni

RATPERT'S LOBGESANG

AUF DEN

HEILIGEN GALLUS

IN DER LATEINISCHEN ÜBERSETZUNG

EKKEHARD'S DES VIERTEN.

Handschrift 393.   Jahrhundert XI.
Handschrift 174.   Jahrhundert XI.
Handschrift 168.   Jahrhundert IX.

EINLEITUNG.

Die handschrift 168, in folio, enthält die homilien des heiligen Augustin zu dem Johannes. auf dem ersten, früher freien blatte befindet sich ferner die abschrift unseres lobgesanges, die begreiflich jünger ist als die handschrift selbst: der text, den sie bietet, ist sogar der jüngste. Dagegen haben wir in handschrift 393, in quart, den text von der hand des übersetzers selbst, von Ekkehard dem vierten. es ist diese handschrift der s. g. »codex benedictionum«, merkwürdig, nicht ob der schönheit der dichtungen, wohl aber wegen der menge besonderer nachrichten, die das öffentliche und häusliche leben, zunächst freilich des klosters St. Gallen, berühren. man kann sich von der wichtigkeit dieser handschrift aus den »Geschichten des Kantons St. Gallen durch Ildefons v. Arx« überzeugen, wo sie mehr als hundertmahl angeführt ist. sie enthält verschiedene gedichte über kirchliche geheimnisse, über feste, grabschriften, aufschriften zu gemälden und segenssprüche über speisen, woher auch ihr name, in lateinischen, reimenden versen, in denen man aber manchem teutschen worte begegnet. übrigens hatte mutter natur Ekkeharden nicht zum dichter bestimmt. abgesehen von andern mängeln leiden seine gedichte auch an dunkelheiten, so dass sich der dichter veranlasst sieht, durch erklärungen zwischen den zeilen und auf dem rande sich selbst zu erhellen. hier fliesst eine andere quelle für unsern zweck. wir werden also später noch mehreres aus dieser handschrift mittheilen. Von Ekkehard selbst haben wir schon seite 255 etwas gesprochen. er war der schüler Notkers des teutschen oder grosslefzigen, und starb um das jahr 1070.

Aus handschrift 174 haben wir auf seite 282 einige glossen mitgetheilt. — Die texte aller drei handschriften sind mit musikalischen noten entweder ganz oder theilweise versehen.

Dieser Ratpert ist der bekannte sanktgallische geschichtschreiber. Arx spricht von ihm in seinen »Geschichten des Kantons St. Gallen«, b. 1, s. 95. er starb bald nach dem jahre 897. Ekkehard selbst leitet das gedicht mit folgenden worten in der handschrift 393 ein: »Ratpertus monachus.

Notkeri (Balbuli) quem in Sequentiis miramur condiscipulus . fecit carmen barbaricum . populo in laude sancti galli canendum . Quod nos multo impares homini . Vt tam dulcis melodia latine luderet. quam proxime potuimus . in latinum transtulimus.«

Die strophen sind fünfzeilig, wie man aus den noten und dem grösseren oder rothen anfangsbuchstaben der absätze ersieht. In der schreibung haben wir unwesentliches geändert, und die unterscheidungszeichen gehören uns an.

Bei Pertz, b. 2, s. 33, sind zwei strophen abgedruckt, woran sich dann etwas ganz anderes ohne alle bemerkung reiht.

Nunc incipiendum est mihi magnum gaudium,
sanctiorem nullum quam sanctum umquam Gallum
misit filium Hibernia! recepit patrem Sueuia [1]).
Exultemus omnes! laudemus christum pariles
sanctos aduocantem [2]) et glorificantem [3]) !

Cursu pergunt recto cum agmine collecto.
Tria tranant maria, cæleumant [4]) Christo gloria
Columbanus, Gallus, Magnoaldus [5]) et Theodorus,
Chiliano socio [6]) post functo sacerdotio.
Gallos peruagantur, Francis immorantur. [7])

Renouant Luxouium in Christi caulas ouium,
passi mechæ uarias Brunhildis [8]) et insidias.
Tristes [9]) spernunt Franciam, contendunt et in Sueuiam. [10])
castro de Turegum adnauigant Tucconium [11])   s. 248.
docent [12]) fidem gentem, Iouem linquunt [13]) ardentem.

---

[1]) hsch. 168 „lætetur patrem seæuia".
[2]) hsch. 168 „præparantem".
[3]) hsch. 168 „sanctificantem".
[4]) hsch. 174 „peanant". hsch. 168 „cantantes". „Celeumant" von dem hellenischen „κελευμα, κελευσμα".
[5]) hsch. 174 „Magnus . Chilian".
[6]) hsch. 174 und 168 haben: „Sigibertus, Placidus". Ekkehard hat aber seine lesart durch die roth übergeschriebenen worte „sic in teutonico cauitur" bestätigt. Es bestand ein streit über einige gefährten des heiligen Gallus.
[7]) hsch. 174 und 168 haben: „cum plurimis complicibus. Francis immorantur, nimis honorantur". hsch. 174 „honori habentur".
[8]) hsch. 174 „Prunhildis".
[9]) hsch. 174 „Sancti".
[10]) hsch. 168 „alemanniam".
[11]) „Tuggen" im kanton Schwitz.
[12]) „hsch. 168 „imbuunt fide". hsch. 174 „docent fide".
[13]) hsch. 174 „rident".

Tucconio ingrato, ¹)   hinc excommunicato,
uadunt in directum;   examen ut collectum
quaerunt aluearia,   temptantes loca uaria.
Arbonam per lacum   aduolitant ²) Potamicum;
colligit Uuillimarus   illos ³) Christo carus.

Pergit hinc Brigantium   grex gentes baptizantium.
Columbanus amplum   hic Christo sacrat templum,
docet ⁴) paruum clerum   cantare ⁵) deum uerum.
latrones et duos ⁶)   occidunt fratres suos.
Fugit mox ⁷) Italiam,   terram procul aliam.

Gallus infirmatur, ⁸)   a uia retardatur.
cui mandat motus,   quod ⁹) restet, Columbanus,
Missas numquam celebret ¹⁰),   se vivum quoad sciret ¹¹).
Repetit ¹²) febricitans   Arbonam, Christum ¹³) supplicans,
egros alleuantem ¹⁴),   faciat se ualentem.

Prespiter Christo carus   dat tectum Uuillimarus ¹⁵).
Conualescens Gallus   deserti fit ¹⁶) mox auidus.
dux fit Hiltibaldus,   occurit locus commodus.   s. 249.
Clamant damna ¹⁷) dæmones.   retentant Gallum uepres ¹⁸).
diaconus ¹⁹) accurrit,   lapsans illum distulit.

---

¹) Die nächsten fünf zeilen fehlen in handschrift 168.

²) hsch. 174 „inuolitant".

³) hsch. 174 „præsbiter".

⁴) hsch. 168 „docens".

⁵) hsch. 168 „laudare".

⁶) hsch. 168 und 174 lesen dafür: „Latro Sigebertum Trucidat hinc et Placidum".

⁷) hsch. 174 „Fugiunt", hsch. 168 „Properant".

⁸) hsch. 168: „Febris egra gallum detinuit sanctissimum".

⁹) hsch. 168 und 174 „cvr".

¹⁰) hsch 174 „ageret"; hsch. 168 „Umquam missas ne celebret".

¹¹) hsch. 174 „dum audiret".

¹²) hsch. 168 „petit hinc".

¹³) hsch. 168 „castrum"; hsch. 174 „multa".

¹⁴) hsch. 174 „Egros confortantem", hsch. 168 „omnium potentem".

¹⁵) hsch. 168 „Uillimarus".

¹⁶) hsch. 168 und 174 „fit heremi".

¹⁷) hsch. 168 „damnum".

¹⁸) hsch. 168 „Dat lapsans Gallus preces".

¹⁹) hsch. 174 „Hiltibalt". hsch. 168 „diacon".

Gallus forte psalmum in ore tenet almum:
»Requies hæc est mea per sæculorum ¹) sæcula!
semper hic habitabo, deum meum invocabo ²)!
Hiltibalt ³) percare, iam noli me uetare,
libet sic jacere noli sustinere« ⁴)!

Instat tandem triduo vir domini ⁵) iecunio;
consecrando locum litabat vota precum.
Fit ambobus ardor, procumbit omnis arbor,
Regnat vis flammarum condensa ⁶) per siluarum.
infert ursus truncos igni passim aduectos ⁷).

Panem Gallus ⁸) bestiæ mirandæ dat ⁹) modestiæ.
mox ut hunc ¹⁰) uorauit, in fugam ¹¹) festinauit,
iussa siluis cædere, hic ¹²) nullum posthac lædere.
Diacon iacebat soporans ¹³) et uidebat,
qua uirtute Gallus pollet dei famulus.

Hinc de loco ¹⁴) dæmones abegit et serpentes.
Ducis sanat filiam quam satan vexat ¹⁵) rabidam.   s. 250.
exit ore toruus colore ¹⁶) tamquam coruus.
Offert Gallo ¹⁷) dona pro mente virgo sana,
quæ dispersit sanctus ¹⁸), dedit et pauperibus.

---

¹) hsch. 168 „cuncta sæcli".

²) hsch. 174 „elegi hunc locum domino".

³) hsch. 168 und 174 „Diacon".

⁴) hsch. 168 und 174 stellen die zwei letzten verse um.

⁵) hsch. 168 „uigiliis".

⁶) hsch. 168 „contexta".

⁷) hsch. 168 „Ursus hic siluester Gallo stat minister". hsch. 174 „Ursus truncos dexter aduexerat minister".

⁸) hsch. 174 „dedit". — Die nächsten zehen zeilen fehlen in der handschrift 168.

⁹) hsch. 174 „mirabilis".

¹⁰) hsch. 174 „hanc".

¹¹) hsch. 174 „abscessum".

¹²) hsch. 174 „jam".

¹³) hsch. 174 „dormitans".

¹⁴) hsch. 168 und 174 „cella".

¹⁵) hsch. 168 „demon tenet".

¹⁶) hsch. 168 „furentis".

¹⁷) hsch. 174 „sancto".

¹⁸) hsch. 174 „protinus".

Optant ¹) illum ²) populus   potificem et clerus,
quis sacrandum ³) proprivm   Iohannem ⁴) dat discipulum.
Hinc superno ⁵) numine   in montis stans cacumine,
spiritum ⁶) abbatis   locandum cum beatis
e ⁷) conspectu terræ   angelos videt ferre.

Votum mox inhibitum   post patris litat obitum.
Gaudet pisce magno   Petrosæ ⁸) capto stagno ⁹).
trabem breuiorem   dat prece longiorem ¹⁰).
Pergit hinc ad castrum ¹¹)   ob Michahelis festum.
egit missas more ¹²),   spiritus tonat ab ¹³) ore.

Egrotat in castro   electus deo nostro.
Post fletum, post gemitum   defungens efflat spiritum ¹⁴).
Michahel fidelis   locauit ¹⁵) hunc in cælis.
accurrit episcopus   flens ad magistri corpus.
Caligas eius ¹⁶) induit   claudus ¹⁷) et exiliit.

Corpus est nudatum,   vt solet, ob ¹⁸) lauatum.   s. 251.
renes et sacratos   mirantur uulneratos ¹⁹).
Capsam clausam ²⁰) pandunt,   catenam et offendunt,
cruore perfusum   horrebant et cylicium ²¹),
clamant: »o felicem   suimet carnificem«!

---

¹) hsch. 174 „Optat".

²) hsch. 168 „Gallum".

³) hsch. 168 und 174 „iohannem".

⁴) hsch. 168 und 174 „sacrandum".

⁵) hsch. 174 „diuino"; hsch. 168 „tonantis".

⁶) hsch. 168 und 174 „animam".

⁷) hsch. 168 „A".

⁸) Der bach Steinach bei St. Gallen.

⁹) hsch. 168 und 174 „extracto breui stagno".

¹⁰) hsch. 168 liest „Fecit tabulam minorem orando longiorem".

¹¹) hsch. 168 „Euocatur castrum". hsch. 174 „Egressus arbonam sumpturus iam coronam".

¹²) hsch. 174 „Prædicat uerbum more"; hsch. 168 „Prædicat hic de more".

¹³) „ab" fehlt in hsch. 168 und 174.

¹⁴) hsch. 168 und 174 „efflauit gallus spiritum".

¹⁵) hsch. 168 und 174 „portauit".

¹⁶) hsch. 174 „sanctas".

¹⁷) hsch. 174 „Debilis"; hsch. 168 „contractus".

¹⁸) hsch. 174 „ad".

¹⁹) hsch. 168 „Renes et sacratæ uidentur uulneratæ".

²⁰) hsch.168„Galli"; hsch.174„eius".

²¹) hsch. 168 „exhorrent cylicium". hsch. 175 „cernentes cylicium".

Equis hinc indomitis   granatum corpus ¹) martyris
praesul imponebat ²),   infrenes et laxabat ³).
currunt in directum   ad cellae patris tectum.
Sequitur cum clero   Iohannes ⁴) atque populo.
kyrie eleison clamant ⁵),   et defletum tumulant ⁶).

Iohannes noli flere,   magistrum crede uiuere!
Viuit, inquam, Gallus!   beatior iam nullus!
Uiuit per miracula,   dans scutum ad obstacula,
iudex inter dextros   sessurus in sinistros
in tremendo examine ⁷).   Gloria tibi domine!

---

¹) hsch. 174 „consulto membra"; hsch. 168 „Iohannes membra".
²) hsch. 168 „imposuerat".
³) hsch. 168 „laxauerat".
⁴) hsch. 168 „sacerdos".
⁵) hsch. 168 und 174 „iubilant".
⁶) Dies wort fehlt in hsch. 168.
⁷) hsch. 168 und 174 „numine".

DIE ALTEN GESETZE.

Handschrift 727.   Jahrhundert   IX.
Handschrift 728.   Jahrhundert   IX.
Handschrift 729.   Jahrhundert   X.
Handschrift 730.   Jahrhundert   VII.
Handschrift 731.   Jahrhundert   VIII.
Handschrift 732.   Jahrhundert   IX.
Handschrift 733.   Jahrhundert   IX.
Handschrift A.C.7.   Jahrhundert   IX.

VORBERICHT.

Wir konnten nach dem plane unseres werkes die ausbeute der angegebenen handschriften, welche zu ihrem inhalte die alten gesetze unseres volkes haben, nicht verabsäumen. auch dürfte diese uns keineswegs angenehme arbeit in anderer hinsicht nicht überflüssig erscheinen. zwar wurden die handschriften 727, 728, 731, 733 und andere im jahr 1673 von dem minister Colbert durch die französische gesandtschaft zur einsicht verlangt, laut einem schreiben in der korrespondenz der stiftsbibliothek, und gegeben; allein wir konnten nicht erfahren, ob und wie sie benützt worden sind. bei der herausgabe des alamannischen gesetzes hat ferner Goldast ohne zweifel handschrift A. C. 7 gebraucht. die verordnungen sind bei Pertz abgedruckt. allein diese zerstreutheit und unvollständige benützung kann nicht genügen. des weitern sind die lesarten, welche Graff in seiner Diutiska, b. 1, liefert, weder dem umfange noch dem inhalte nach vollständig. es fehlen z. b. die lesarten des longobardischen gesetzes aus handschrift 730 und anderes. neuerdings hat zwar die französische gesandtschaft abermahls einige handschriften zur einsicht verlangt, allein da man wohlweislich keine mehr ausser das stiftsgebäude gibt, scheinen die Franzosen bei ihrer ausgabe die sanktgallischen handschriften unbenützt lassen zu wollen. ferner wurden im jahr 1823 die lesarten der handschriften 728, 729, 731 und anderer für die gesellschaft zur herausgabe der »Monumenta hist. germ. med. ævi« verglichen und faksimiles eingesandt, allein da diese die eigentlichen gesetzbücher in ihr werk nicht aufgenommen hat, so ist auch diese arbeit nicht zum allgemeinen gebrauche gekommen.

Die form der herausgabe hat uns ziemliche mühe verursacht. zuerst hatten wir die handschriften einzeln verglichen und wollten sie hinter einander mittheilen. das war für den gebrauch unbequem. wir trugen dann die lesarten zusammen, aber die gänzliche kürze und abgerissenheit, die wir zuerst versuchten, erschien uns gefährlich, indem gar manche lesart nur im zusammenhang gewürdigt werden kann. wir denken dabei zunächst an das salische gesetz der handschrift 731 mit den malberger glossen. mächtig wandelte uns die lust an, dieses stück vollständig zu geben und die lesarten der andern handschriften zuzufügen; allein wie wir nicht hinter dem zurückbleiben wollten, was der plan unseres werkes versprochen, so getrauten wir uns auch nicht über die grenze desselben hinauszugehen. wir thaten daher, was uns möglich war, und gaben die lesarten in übersicht und, wo es nützlich schien, im zusammenhange.

Der umstand, dass sich in den einzelnen handschriften meist mehrere gesetzbücher, bald diese, bald jene vereinigt finden, dieselben für den gebrauch bestimmt gewesen und die alte sitte es mit sich brachte, dass jedem Teutschen nach dem gesetze seines stammes recht gesprochen wurde, erlaubt die vermuthung, dass die verschiedliche verbindung der gesetze auf gegenden hindeute, wo diese oder jene stämme zusammenstiessen.

SALISCHES GESETZ.

A. Handschrift 731.   Jahrhundert VIII.
B. Handschrift 729.   Jahrhundert X.
C. Handschrift A.C. 7. Jahrhundert IX.
D. Handschrift 728.   Jahrhundert IX.

EINLEITUNG.

Die handschrift 731, in oktav, die älteste der angeführten, ist von einem gewissen Wandalgar im jahr 794 geschrieben, wenn man das regierungsjahr Karl's des Grossen vom jahr 768 an rechnet. das geht aus der überschrift, welche sich vor dem verzeichnisse der titel findet, hervor: »IMCIPIUNT CAPITULA LEGIS Salice . diæ . mercoris proximo ante kl. nouembris in anno XXVI regni domno nostro gloriosissimo Carlo Rege«. im jahre, aber nicht im tage stimmt dann auch der schluss:

»EXPLETO LIBRO
TERTIO DIE VE
NERIS KL' NOVEM
BRIS ANNO XXVI
RIGNI DOMNO NOSTRO
CAROLI REGI«

»Deus domne tuho qui legis . hunc . librum istum uel hanc pagina ora inpro uandalgario . scriptore quia nimium peccabilis sum«.

»UANDALGARIVS«

Ueberdies findet sich auf seite 234 ein rohes bild eines mannes mit stock und buch, mit der unterschrift: »uandalgarius . fecit hec«. Die schrift ist ganz eigenthümlich, zunächst der longobardischen ähnlich. aus diesem umstande schliesst wohl Weidmann in seiner »Geschichte der Bibliothek von St. Gallen«, in anmerkung 24, dass die handschrift in Italien geschrieben sei. Eine art »r« und das stehende »s« (»f«) sind schwer zu unterscheiden. jenem kömmt ein spitzbogen, diesem ein runder bogen zu. beide buchstaben verlieren aber häufig so viel von ihrem karakteristischen kennzeichen, dass eine sichere unterscheidung geradezu unmöglich wird. nur scheinbar schwierig sind »d« und »cl«, indem »l« in ein schwänzchen ausläuft, jenes gerade abgeschnitten ist. Die handschrift enthält das breviarium Alaricianum, die lex Salica (von seite 235—286) und die lex Alamannorum. dieselbe beginnt mit den worten: »INCIPIVNT TITVLI LOCVM EX CORPORE THEODOSIANI«. die lesarten dieses stückes nebst einem facsimile wurden im jahr 1823 herrn Dr. G. Hänel, die lesarten der lex Salica ebenfalls mit facsimile der gesellschaft für deutsche geschichte gesandt. eben so der handschrift 729. auf seite 111 und 113 findet sich noch das siegel Karl's des Grossen mit dem verschlungenen zuge seines namens. Diese handschrift ist es, welche die malberger glosse enthält. ihre lesarten sind von Graff in seinem sprachschatze, b. 3, s. 186 ff. fehlerhaft und unvollständig und abgerissen mitgetheilt. Wir haben diese handschrift mit dem buchstaben »A« bezeichnet.

Die handschrift 729, in quart, obgleich der schrift nach jünger, schliesst sich im texte und in der abtheilung nahe an die beschriebene an; nur dass ihr die malberger glossen fehlen. sie enthält auch die gleichen stücke (das salische gesetz auf seite 261 bis 328). die handschrift ist noch desshalb merkwürdig, weil sich deren der Seckingische meier von Glarus bei gericht bediente (Arx in der handschrift). später befand sich dieselbe in der burg Greplang, wo sie durch feuchtigkeit litt, und in dem besitze des Egidius Tschudi, von dessen hand sich einige randglossen, die wir zum theil mitgetheilt haben, finden (Arx in dem verzeichniss). Sie hat den buchstaben »B«.

Die handschrift A. C. 7, in folio, der stadtbibliothek angehörig, zeichnet sich durch ihre wunderschöne schrift aus. leider waren die städter gefällig genug, dieses buch auf ansuchen der französischen gesandtschaft im vorigen jahre nach Paris zur vergleichung der lesarten verabfolgen zu lassen, wo das buch mit öl durch und durch verunstaltet wurde. Die handschrift enthält das salische, ribuarische und alemannische gesetz. dem salischen gesetz fehlt die vorrede. Wir haben der handschrift den buchstaben »C« gegeben.

Die handschrift 728, in kleinem folio, enthält das bücherverzeichniss der stiftsbibliothek im neunten jahrhundert, welches Weidmann in seiner »Geschichte der Bibliothek von St. Gallen« zuerst herausgegeben hat; ferner das dritte und vierte buch der capitularien, eine recapitulatio solidorum legis Salicæ, quæstiones de variis vocabulis in lege, capitula addita anno DCCCIII ad legem Salicam, endlich (von seite 108 bis 177) das salische und ribuarische gesetz. jenes stimmt völlig mit der handschrift A. C. 7, nur dass bei den titeln die zahl LIII zweimahl gesetzt ist und so einige kapitel hindurch eine falsche zahl läuft. Baluzius hat diese handschrift benützt. Sie trägt den buchstaben »D«.

Wie die handschrift 729 zur handschrift 731 stimmt, so stimmt die in rede stehende handschrift zu handschrift A. C. 7. beide letztern haben einen jüngern, abgekürzten text und eine abtheilung in 70 titel, während jene 100 titel haben. auch die ordnung ist nicht dieselbe. wir haben die handschrift 731 als die älteste und werthvollste zu grunde gelegt und ihr die lesarten der übrigen in möglichster kürze beigefügt; wo also eine handschrift nicht genannt ist, da fehlt das fragliche wort oder stück. wo dagegen andere handschriften neben der handschrift 731 angeführt sind, gehört die malberger glosse, welche mit »mal« oder »mal'« angeführt ist, immer nur dieser an. das latein der andern handschriften ist nur angeführt, wenn es entweder auffallend abweicht, oder zur erklärung des sinnes dienen kann. ferner sind nach der benannten handschrift 731 die titel geordnet, von denen jedoch öfters nur die zahl, nicht der inhalt angegeben ist. die §§ gehören dem herausgeber an.

ANNO AB INCARNATIONE DOMINI NOSTRI IESV CHRISTI DCC.LXXVIII
IN DICTIONE SEXTA DOMNVS KAROLVS REX FRANCORVM INCLITVS
HVNC LIBELLI TRACTATI LEGIS SALICE SCRIBERE
ORDINAUIT. D.

INCIPIT PROLOGUS LEGIS SALICÆ.
dictauerunt salica legem. A. salicam. B. D.
Vuisogastis. A. D. Uuisogast. B.
bodogastis. A. D. Bodigast. B.
salicastis. A. saligast. B. salegastis. D.
uidogastis. A. uuidigast. B. uuidogastis. D.
salicagme. A. Saleheim. B. salechagme. D.
bodecagme. A. bodohaim. B. bode-chagme. D.
uuidochaamni. A. uuidohaim. B.

uuidochagme . D.   rg. Wisobaim . B. [1])

per tris mallus . A. mallos . B. D.

rex francorum chlodouius . turrens. A. — chlodoueus torrens . D. — chlodoueus . childobertus . chlotharius . B.

hedonium peperculsus . regis chlodouio et chilberto . et chlotthario fuit liciter emendatum . A. idoneum per precelsos reges . chlodoueum . et childebertum et chlotarium fuit lucidissime emendatum. D. idoneum per ipsos fuit lucidius emendatum . B.

franc— . A. B. D. (Alle vier handschriften haben jedoch auch öfters die form »franch—«.)

INCIPIUNT CAPITULA LEGIS SALICE . diæ mercoris proximo ante kl. nouembris in anno XXVI regni domno nostro gloriosissimo carolo rege . A.

I. De mannire . A. C. D. De mannere . B.

XXVIII. De asco . A. (XXVII.) [2]) Si quis ascum . B.

XXX. De his qui alterius sclusa rumpit . A. B.

XLV. screonam . A. de screona . B.

L. De uia lacina . A. De uia lacicinia . B. De uia laciniæ . C. De uia latinia . D.

LVI. Si quis in curte uel in casa . per malo ingenio in furto aliquid miserit . A. Si quis in michio alieno per ingenuo furtum fecerit . B.

LX. letum . A. litum . B.

LXII. De uestigio menando . A. minando . B. C. D.

LXIIII. De caballo alieno — ascenso aut scurtato . A. excurtato . B.

LXXV. de bargo . A. (LXVIIII.) C. D.

LXXVIII. De reipus . A. De reippus . C. D. Qualiter uiduam in coniugium unusquisque accipiat . B.

LXXXI. De fatumiris . A. (XLVIII.) De affatomiæ . C. D. De affatuniæ . B.

LXXXII. De filtorto . A. (XLVIIII.) De intertiatis rebus . C.

LXXXVI. litum . B.

LXXXVII. grafionem . A. B. (LIII.) C. D.

LXXXVIIII. De mano de enio redemenda . A. (LV.) De manu ab æneo redimenda . C. [3]) ænio . D. Qualiter manus de eneo redematur uel iurato res donent . B.

LXL. grafione . A. (LVI.) grafionem . C. D. grafionem aut sagibaronem . B.

LXLI. mallum . A. B. (LVIIII.) C. D.

LXLII. De recemburgiis . A. De raciburgis . B. (LX.) De rachinburgiis . C. De rachinburgiis . D.

---

[1]) Die angeführten randglossen sind von viel jüngerer hand (Tschudi's).

[2]) Handschrift B. läuft von nun an um eines niedriger als A.

[3]) Die handschrift D., welche zweimahl »LIII« hat, läuft von nun bis »LXIIII« um eine nummer niedriger.

LXLIII. De alodes. A. (LXII.) De alode. C. D. De intestatorum hereditatibus. B.

LXLV. De arœna. A. (LXIIII.) De charœna. C. D. Siquis per iram aliquit tullerit uel expoliauerit. B.

LXLVI. De recemburgie. A. (LXVII.) De eo qui alterum hereburgium clamauerit. C. D. Si quis hominem strioporcio clamauerit. B.

C. De crenecruda *quod* ad pagano tempore obseruabant. A. (LXI.) De chrene chruda. C. D.

I. De mannire. A. B. C. D.
    rg. citatione. B.

§. 1. mallum. A. B. C. D. rg. uicem. B.
    mannitus. A. B. C. D. rg. citatus. B.
    sunnis. A. B. C. D. rg. impeditio. B.

§. 2. manit. A. mannit. C. D. mannet. B.
    sunnis. A. B. C. D.
    manuit. A. manniuit. B. C. D.

§. 3. mannit. C. D.
    manniat. C. D.
    mannitus. C. D.

§. 4. mannire. C. D.
    manniri. C. mannire. D.

II. De furtis porcorum.

§. 1. Si quis. purcellum. lactantem de cranne furauerit. et ei. fuerit. ad probatum. mal'. chranne chalti rechalti. sol' etc. A. dehranne prima aut de mediana et inde fuerit conuictus etc. C. chranne. prima etc. D.

§. 2. Si uero in tertia hramne furauerit etc. C. chramne. D.

§. 3. Si quis porcellum desude furauerit etc. C. D.

§. 5. Si quis purcellum. furauerit qui sine matre uiuere possit. et ei. fuerit. adprobatum. mal' himnes theca. A.

§. 6. Si quis scrouam subbattit in furtu hoc est porcellos a matre subtrahit etc. C. D.

§. 9. Si quis bimum porcum furauerit. mal' in zimis suiani. A

§. 10. Si quis tertussum porcellum furauerit usque ad anniculatum etc. C. D.

§. 12. Si quis uerrum furauerit mal' cristiano etc. A. rg. ein öber. B.

§. 13. Si quis scroam ducaria. furauerit mal' reodimia etc. A. rg. ein muter. B.

§. 14. Si quis maialo. sagrivo furauerit. et illi. qui illum perdidit. hoc cum testibus potuerit adprobare quod sagriuus. fuisset hoc est uotiuus mal' bart-cho[1]. caimo etc. A. Si quis maialem sagriuum qui dicitur uotiuus etc. B. rg. maialis i. ein barg ein verschnittner öber. B. maialem sacriuum. C. D.

§. 15. Si quis maialo qui sagriuus.

---

[1] Oder »bast-cho«.

non fuerit furauerit . mal' bartho[1]) siue babani etc. A. maialem non sagriuum etc. B. maialem non sacriuum etc. C. D.

§. 17. Si quis de gregem . XII . porcus furauerit . mal' taxaca etc. A.

§. 18. Si quis XV. porcus furauerit mal' sunnista etc. A.

III. De furtis animalium.

§. 1. Si quis uitulum lactantem . furauerit . mal' podor autfri . ocho etc. A.

§. 2. Si quis annuculum usque ad bimatum furauerit . mal'. thin zimus podor etc. A.

§. 3. Si quis . bouem . aut uaca furauerit mal' podor etc. A.

§. 8. Si quis taurum . gregem regentem furauerit . hoc est trispilium qui de tris uillas . comunes uacas tenueret et nunquam iunctus fuisset . mal'. chegme neteo etc. A. trespellius . C. tres pellius . D.

§. 12. Si quis XII. animalia furauerit mal'. sonesta etc. A.

IIII. De furtis ouium.

§. 1. Si quis agnum furauerit mal'. leue etc. A. agnum lactactem etc. C. D.

§. 2. Si quis annuculum uel binum uerbecem furauerit . mal' inzimis etc. A. berbicem . C.

§. 3. Certe . se duos . aut tris furauerit mal . retus cetho etc. A.

§. 4. Qui numerus usque quadragenta . son uinito breuare . A. quadraginta berbices obseruetur . C. ueruices . D. uerbices . B. rg. ein verschnittner wider . B.

§. 5. Si quis . quinquagenta . uerbicis aut amplius furauerit . mal' feto etc. A. berbices . C. ueruices . D.

V. De furtis caprarum.

§. 1. Si quis tres cabras . furauerit . mal' aper etc. A.

§. 2. Si super tris cabras furauerit . mal'. chanchurda etc. A.

VI. De furtis canum.

§. 1. Si quis siusum magistrum furauerit . mal' phuu-uichuus cornutū . nechana etc. A. segusium . B. canem seusium qui magister sit. C. D.

§. 2. Si quis uueltrum . acutarium furauerit mal' chuno uano etc. A. uultrum argutario etc. B.

§. 3. Si quis uero seusium reliquum . aut ueltrem porcarium siue ueltrem leporarium , qui et argutarius dicitur etc. C. D.

§. 4. Si quis canem pasturalem . furauerit uel occiderit . mal' leodardi etc. A.

VII. De furtis auium.

§. 1. Si quis acceptorem . de arbore furauerit . mal' hoctida[2]) . A.

---

[1]) Oder »bastho«. [2]) Oder »hocticla«.

§. 2. Si quis acceptorem . de pertica furauerit . mal' ueganus . antete etc. A.

§. 3. Si quis acceptorem . deintro . clauem furaueret . mal' ortho [1]) fugia etc. A.

§. 4. Si quis sparuarium furauerit mal' sundulino etc. A. C. D. speruarium . B.

§. 5. Si quis cocco aut galina . furauerit . mal' cannas uiuido . et solam phinam etc. A.

§. 6. Si quis griuo . aut cicino domestico furauerit . mal' orti [2]) . fucla etc. A. gruem aut cicinum [3]). B. cignum aut gruam . C.

§. 7. Si quis aucello . de trappa furauerit . mal' hacfala etc. A. B. de quolibet laqueo uel decipula. C. D.

VIII. De furtis arborum.

§. 3. Si quis in silua . materium . alienum capulauerit . aut incenderet . mal' leodardi etc. A. B. matriamen . C. materiamen. D.

§. 4. Si quis in silua . alterius ligna . inuolaueret . mal' leodardi . A.

VIIII. De furtis apium.

§. 1. Si quis . abem . deintro clauem . furauerit . aut amplius se tectus . super eas fuerit . mal' antedio . holecardo etc. A. aut de subtecto . ubi amplius non fuerint. B.

§. 2. Si quis unum uasum . aput abes . aut amplius . foras . tectum . furauerit . mal' taxaca . abgrates etc. A.

X. De damnum in messe uel in qualibet clausura.

§. 3. Se uero confessus . non fuerit . et ei fuerit . adprobatum . mal' leodardi etc. A.

§. 4. Si quis animal uel caballum . aut iumentum . puncxerit . mal' trachlagia etc. A.

§. 5. Si quis in messem suam pecora aliena . inuenire . qui pastorem . non habent . et eas incluserit . et nulli penitus . innotiscat . et aliquid ex ipsis pecoribus perierint . mal' taxaca etc. A.

§. 7. Si uero . negaueret . et ei fuerit . adprobatum . mal' leodardi . A.

§. 8. Si quis alicui . porci . aut quolibet pecara . costodiente pastore in messe . aliena incocurrent et illo negante . se ei . fuerit . adprobatum . mal' an-de-sito etc. A.

§. 10. Se uero aut per inimicicia . aut per superbia . pecora . damnum . cuius . messe . uastauerent aut inclausas . fuerent . expellere . aut excudere . dum admodum illi minauerent præsumpseret mal . scuto etc. A.

§. 11. Si quis sepem . alienam . aperuerit . et in messem . aut in

---

[1]) Oder »ostho«.
[2]) Oder »osti«.
[3]) Von jüngerer hand in »ciconiam« verbessert.

qualibet . laborem . pecora miserit . se eum . uinctum cum testibus fuerit . ei cui labor est . damnum stimacionem redat et insuper mal. leodardi etc. A.

XI. De seruis uel mancipiis furatis.

§. 1. Si quis seruum alienum aut ancilla furauerit et ei fuerit . adprobatum mal'. theus taxaca etc. A.

§. 2. Si quis seruum — — — furauerit aut occiserit . mal' . thro . thaxaca etc. A.

§. 3. Si quis seruus . aut ancilla . ad homine . ingenuo de res domini sui . aliquid deportauerit . intaxaca . qui hoc recipit . mal' teobardo etc. A. in furtum hoc receperit etc. B.

§. 4. Si homo ingenuus . seruum . alienum . intaxaca . secum . inuolare . duxerit . aut aliquid cum ipso . in taxaca neguciat . mal' theolasina etc. A. in texaca etc. C. D. ad furtum faciendum duxerit . aut aliquid cum ipso in taxaga negociauerit etc. B.

XII. De furtis ingenuorum uel effractoris.

§. 1. Si quis ingenuos de foras casa quod ualent dui . dinarii . furauerit . mal'. taxaca etc. A.

§. 2. Si uero . foras . casa . quod ualent XL dinarii . furauerit mal. taxaca etc. A.

§. 3. Si uero ingenuos . aliquit . deintus . casa . furauerit aut clauem .

infregerit . aut adulterauerit . aut aliquid exinde in furtum . portauerit . mal'. norchlot etc. A.

XIII. De raptu' ingenuorum uel mulierum .

§. 1. Si quis . tris . hominis . ingenua puella de casa aut de screona . rapuerent . mal . anthonius etc. A. B. screuna etc. C. D.

§. 5. Si uero puella in uerbo regis . fuerit . qui tragitur . fredus etc. A. traitur fredos. B. propter fredum . C. D.

§. 6. Si uero puer regi . uelletus etc. A. regis uellætus . B. uellidus . D. uel-lidus . C.

§. 7. Si quis . spunsa . aliena . tullerit . et sibi in coniudium . sociauerit . mal' andratho etc. A.

§. 8. Si quis puelle . dispunsata dructu ducente . ad marito aliquis eam in uia adsaliret . et ipsa uiolenter migatus fuerit mal' gaugecaldo etc. A. ducte . B. puellam que druchte ducitur . C. D.

§. 9. Si quis ingenuos ancilla . aliena præserit in coiugium mal' bonimo . A.

XV. De his qui alterius . muliere tollit uiuo marito .

§. 1. Si quis . uxorem . alienam tullerit . uiuo marito mal' abthega . in alia mente . ab-hacto uelenthemo etc. A.

§. 2. Si quis cum ingenua puella

per uirtute . migatus fuerit . mal' uero-uhano etc. A.

§. 3. Si quis cum ingenua puella . spunsada . ābo . partis conuenere et in occultu migati fuerent . mal' fribasina [1]) etc. A.

§. 4. lidam . C. D.

XVI. De superuentis uel expoliacionibus qui hominem ingenuum expoliat.

§. 1. Si quis hominem ingenuum . insuperuenti . expoliauerit mal' mosido etc. A.

§. 2. Se romanus . homo . barbarum . expoliauerit mal' mosido . A.

§. 3. Se uero . francus homo romano expoliauerit . mal' mosido . A.

§. 4. Si quis hominem qui ali . ubi . migrare disponet . et de . regi . habet cartas . et se habundiuit . in mallo publico . et aliquis . ordinacionem regis . testare . aut adsalire eum presumpserit . mal' alagra . et-hii . uia lacina etc. A. Si quis hominem cartam regis habentem extra ordinem regis adsallire uel uia lacinia facere etc. B. præceptum regis — — uiæ laciniam etc. C. D.

§. 5. Si quis hominem ingenuum dormientem expoliauerit fhriomosido etc. A.

XVII. Si quis uillam alienam adsallirit uel expoliauerit.

§. 1. Si quis uillam alienam adsalliret mal'. alafal-cio etc. A.

§. 2. Si quis uillam alienam adsaliret et ibidem ustia fregerit . et canes occiserit . aut homines . placauerit au in car aliquid exinde duxerit mal' turri phatbio etc. A. ostia . C. D. in carro . B. C. D.

XVIII. Si quis hominem mortuum exfodiret.

§. 1. Si quis corpus sepultum . exfodiret . et expoliauerit uuargus set (sit. C.) . id est expellisset usque in diem illum quam ipsa causa . cum parentibus defuncti faciat emendare et ipsi . parentis rogare . ad iudicem dibiant . ut ei inter hominis liciat habitare se tamen auctus exceleris . mal' turnichal etc. A.

XVIIII. Si quis corpus in furtum expoliauerit antequam in terram mittitur.

§. 1. Si quis corpus . occisi hominis . ante . quam . in terra . mittatur in furtum . expoliauerit mal' creho-mardo etc. A.

§. 2. Si quis hominem . mortuum super alterum . in naufum aut in petra . miserit . mal' hidulgus etc. A. in naufo . C. in noffo . B. D.

---

[1]) Oder »fribafina«.

§. 3. Si quis testatorem . super hominem mortuum . capulauerit . mal' cheobarbio de hunumquemque etc. A. aristatonem . B. (XVII.) C. D.

§. 4. Si quis aristatonem hoc est stapplus super mortuum missus capulauerit . aut mandualem quod est structura . siue selaue qui est ponticulus sicut mos antiquorum etc. C. D. (LVII.)

XX. Si quis casam super hominem dormientem incenderit.

§. 1. Si quis casam quamlibet super hominem dormientem incenderit . ei cui casa est . mal' andeba etc. A.

§. 2. Illi uero qui exinde euaserent hunusquisque ex ipsis . mallare . eum dibent . mal' seo-lando ueua etc. A. B. C. D.

§. 3. Si quis ibidem arserit mal' leodardi etc. A.

XXI.

§. 1. Si quis spicarium . aut mafolum cum annona . incenderit mal' deba etc. A. mafolo . B. maholum. C. D. rg. spicarium spycher . B.

§. 2. Si quis sudem cum portis scuriam cum animalibus etc. C. porcis . D.

§. 3. Si quis concidem . aut sepem capulauerit aut incenderit . mal' uiua etc. A.

XXII.

§. 1. Si quis alterum . uoluerit occidere et colibus præterfaliret mal' seolando . ueua etc. A. et colafus . B. colpus . C. D.

§. 3. Si quis hominem in capite placauerit . et exinde . ossa exirent mal cus fretum etc. A.

§. 4. Se uero inter costas aut in uentrem . miserit . uulnus et curra . et non sanat . mal' cus fretum etc. A. et currat . B.

XXIII.

§. 1. Si quis hominem ingenuum de fuste percusserit . et sanguis . non exiret . usque ad tris colibus mal' uuidi . falt etc. A. colafos . B. colpos . C. D.

XXIV.

De cuique ad rege homine innocente absente accusat mal' seolando ueua etc. A.

XXV. De maleficiis .

§. 1. Si quis alterii . erbas . dedirit . ut moriatur . mal' couirgo etc. A.

§. 2. Si quis . maleficium . fecerit . et qui eum præserit euaserit . mal' tho-ouerpo haefado etc. A.

XXVI. De mano mulieris extringenda.

§. 1. Si quis homo ingenuos ad femina ingenua digito aut mano extrinxerit . mal' chramen etc. A.

§. 2. Se brachium . extrinxerit . mal' erami etc. A.

§. 3. Certe se super cobitum manum miserit . mal' chrannes malicardi etc. A.

§. 4. Si quis muliere . mamella extrinxerit . mal' itembracti etc. A.

XXVII. De eo qui nauem sine permissu domini mouerit etc.

§. 1. Si quis nauem . extra consilio domini sui . mouere . presumpserit mal' fimire etc. A.

§. 2. Se uero . ipsa furauerit mal' fimire etc. A. ascum . D.

XXVIII. De asco intro claue furato.

Si quis ascho intro claue furauerit . mal' chan-zascho etc. A. ascum . B. C. D.

XXVIIII. De furtis in molino commissis.

Si quis homo ingenuos in molino alieno . annona furauerit . mal' anthedio cui molinus est etc. A.

XXX. De his qui alterius sclusa rumpit. A.

Si quis sclusa de farenario ruperit . mal' urbis . uia lacina etc. A.

XXXI. De humicidiis paruolorum etc.

§. 1. Si quis puero . infra XII annorum non tonsurato occiserit mal' char charo leodardi etc. A.

§. 2. Si quis femina graua debapterit et ipsa exinde mortua fuerit . mal' anno ano leodinia etc. A.

§. 3. Se uero . infantem in utero matris sui . occiserit . mal' anno ano etc. A.

XXXII.

Si quis femina ingenua . postquam infantes . habere ceperit occiderit . mal' leodinia etc. A.

XXXIII.

§. 1. Si quis femina post media etate . hoc est quando iam infantes habere non potest . occiserit . mal' leodinia etc. A.

§. 2. Si quis ingenua puella occiserit mal' simal chaledi [1] etc. A.

XXXIV. De necliencies paruolorum.

Si quis puer . infra XII annus . aliqua culpa comiserit fredus ei non requeratur . A. C. D. fredo . B.

XXXV. De puero tunsorato.

§. 1. Si quis puero sine consilio parentum suorum . tunsorauerit . mal' huutchardo etc. A.

§. 2. Si uero puella . sine uoluntate parentum . tunsora mal' theohichada etc. A.

XXXVI. De adulteriis . ancillarum.

§. 1. Si quis cum ancilla . aliena . migatus fuerit . mal' eualisina etc. A.

§. 2. Si quis cum ancilla regi . michatus fuerit mal' eualisina etc. A.

§. 4. Si seruus . ancilla . aliena . extra uoluntate domini sui ad coiugium sociauerit . mal' authamo etc. A.

XXXVII. De libertis ingenios demissis.

§. 1. Si quis liberto (lidum . C. D.) . alieno qui abut domino suo . in

---

[1] Vielleicht »chalech«.

hoste . fuerit extra consilio domini . sui ante regem perdinario ingenuo demiserit . mal' maltho hithofrio · blito sol . C. cul. iud. Res uero . ipsius leto (lidi . C. D. liti . B.) etc. A.

§. 2. Si quis seruo alieno perdinario ante regem demiserit . mal' maltho . fratho meotho etc. A.

XXXVIII. De furtis diuersis .

§. 1. Si quis . tentenno . de intra porcus furauerit mal' tuhochapo etc. A. tintinnum . B. C. D. porcina . C. D. inter porcos . B.

§. 2. tintinnum . C.

§. 3. Si quis skellam de caballo furauerit etc. C. D.

§. 4. Si quis pedica de caballo furauerit'. mal' leodardi etc. A.

§. 5. Tentenno . A.

§. 8. Si quis in potos demilario aut depirario tulerit etc. D. demelario . C.

XXXVIIII. Si quis messem aliena metit.

§. 1. Si quis messem aliena . in furtum . medere præsumpserit . mal' sol' XV. etc. A.

§. 2. Si quis in nabina . — — egressus . fuerit mal' leodardi etc. A.

XL.

Si quis — lino furauerit — mal' leodardi etc. A.

XLII.

Si quis in orto alienum — — mal' leodardi etc. A.

XLIII.

Si quis uiniam — — mal' leodardi etc. A.

XLIIII.

§. 1. Si quis retem . de anquilis . furauerit mal' obdub etc. A.

§. 2. Si quis statuam aut trimaclam . uel uertiuolo de flumine furauerit . mal' nachus . taxaca etc. A. tremachlum . C. D. tremaglem . B. rg. Tröm'ell . B. uerteuolo . B. uertiuolum . C. D. rg. Wōsch . B.

XLV.

§. 1. Si quis screonam qui clauem habit infregerit mal' strona . anthidio etc. A. C. D. screona . B. rg. Schryn . B.

§. 2. Si uero de screona clauem infregeret et nihil exinde tullerit mal' leodardi etc. A. screonam . C. D.

XLVI.

§. 1. Si quis campo alieno arauerit mal' leodardi etc. A.

§. 2. Si quis campo alieno arauerit et semenauerit . mal' ob rebus andappus etc. A.

§. 3. Si quis aratro cum arratore de campo alieno ortaueret aut iectaueret . mal' chucarso etc. A.

XLVII. De elogationibus .

§. 1. Si quis aliquid in furtum . hominem logauerit ut alium enterficiet . mal' tua etc. A.

XLVIII. De dibilitatibus .

§. 1. Si quis alteri . manum capulauerit . unde homo mancus sit . et ipsa manus super eum pendit . mal' sexti etc. A.

§. 2. Se uero ipsa excusserit mal' cramere etc. A.

§. 3. Si police de mano capulauerit . mal' chramine etc. A.

§. 4. Si quis secundum . digitum . unde sagitta traitur excusserit . mal' brioro¹) etc. A.

§. 5. Se medianum digitum . unde sagittatur . excusserit . mal' thaphano etc. A.

§. 7. Se menimo digito . excusserit . mal' menecleno etc. A.

§. 8. Si uero pedis capulcetus fuerit et ibidem mancus teniat . mal chudachina . chamina etc. A.

§. 9. Se uero pedis percussus fuerit . mal chludachina etc. A.

§. 10. Si quis alterum oculum cieciret . mal' licauina etc. A.

§. 11. Si quis alterum nasum aut auricula excusserit . mal' funne chleura etc. A.

§. 12. Si quis alterius lingua capulauerit . unde loquere . non possit . mal' halachacio etc. A.

§. 13. Si quis alterius dentem excusserit . mal' incla-uina etc. A.

§. 14. Si quis ingenuos . ingenuo castrauerit . aut uiriculam transcapulauerit . unde mancus sit . mal' . uuidardi etc. A.

XLVIIII. De conuiciis .

§. 1. Si quis alteri . cinido uocauerit . mal' quinthe etc. A.

§. 2. Si quis alterum falsatorem clamauerit et non potuerit adprobare mal' hischrabo etc. A.

§. 3. Si quis alterum concagatum clamauerit etc. A. B. conchagatum . C. D.

§. 4. Si quis mulierem . ingenuam se eum uir muliere meretricem . clamauerit et non potuerit adprobare . mal' solertrabo²) etc. A.

L. De uia lacina. A. De uia lacinia. B. De uiæ lacinia. C. D.

§. 1. Si quis hominem ingenuum de uia sua ortauerit aut inpiucxerit . mal' uia lacina etc. A.

§. 2. — — feminam ingenuam — — mal' uia lacina etc. A.

LI. De ligaminibus ingenuorum .

§. 1. Si quis hominem ingenuum sine causa ligauerit mal' andrephus etc. A.

§. 2. Si quis ipso legato aliqua parte duxerit mal and-rephus etc. A.

LII. De uenacionibus .

§. 3. Se ceruo dominio signum absente furauerit — — mal' treuimdio etc. A.

---

¹) Ein unerfahrner könnte dafür auch »bruoro« lesen, aber keineswegs »biuro«, wie Graff gelesen hat.

²) Oder »solestrabo«.

§. 4. Si uero ceruo — — mal' trio iubeo amestella etc. A.

§. 5. Si quis ceruo aut abrolas quem alterius . cani mouent . occiserit . aut celauerit . mal' acuuerna etc. A. aprum . lassumque . B. aprum lassum . C. D.

LIII. De sepibus.

Si quis . tris . uirgas . unde sepis sepis superlegata est uel retortus capulauerit aut ipsa sepe . aperuerit . mal' leordardi etc. A. tortas . B. retortas quibus sepis continetur . capulauerit . aut tres cambortas exceruicauerit . C. D.

LIIII.

Si quis per aliena terre erpece — — mal' leodardi etc. A.

LV.

Si quis per messem aliena . expalmitantem sine uia aut sine semite uias fecerit mal' leodardi etc. A.

LVII. De humicidiis seruorum uel expoliacionibus.

§. 1. Si seruus . seruum . aut ancilla . occiserit . mal' theo-dulima . id est . humicida illi etc. A.

§. 2. Si quis ingenuos seruum . alienum expoliauerit mal' . renchus . mohso etc. A.

LVIII.

Si quis seruum . alienum baptis . et super XL . noctis . opera trigauerit . mal' dabus etc. A.

LVIIII.

§. 1. leodem . B.
§. 2. malare . A. mallare . B. C. D.
§. 4. leode . A. B. leudem . C. D.

LX.

Si quis homo letum alienum expoliat mal' letus-modi etc. A. litum . B. C. D.

LXI. De quatropedis se hominem occiserit.

§. 1. leode . A. B. medietatem conpositionis . C. D.
§. 2. lege salica . A.

LXII. De uestigiis menando.

§. 1. Camiasse . A. concamiasse . B. cambiasse . C. D. clamare . A. aframire . B. adhramire . C. adframire . D.

§. 2. Camiasse . A. concamiasse . B. cambiasse . C. D. hachramire . A. aframire . B. adhramire . C. adframire . D.

§. 3. Quod se illi qui res . suas sequitur . uestigio . res suas quas agnuscere dicit . ille alio reclamante nec offerre per terciam manum uoluerit . uel solem secundum legem culcauerit se uiolenter hoc quod re agnuscere dicet . tullisse conuencitur mal' mithio frassitho etc. A. nec aframire . B. adhramire . C. adframire . D.

LXIII. De furtis caballorum.

§. 1. Si quis caballum . qui carruca . trait . furauerit mal' chan zascho etc. A.

§. 2. Si quis amissario ad homine franco furauerit . mal' uuad-retho etc. A. uuarannionem . C. D.

§. 4. uuarannionem . C. uuaranionem . D.

§. 5. Si quis admissario cum gregem. usque ad XII . equas . furauerit mal' uuadretho etc. A.

§. 6. Si quis puletrum . furauerit . mal' uuadretho etc. A. puledrum. C. D. polletrum . B.

§. 7. Si quis pulletrum . annuculum furauerit mal' nabohot etc. A. puledrum . C. D.

§. 8. Si quis iumenta aliena trabatteret et euaserit mal' sithabahun. sol' XV cul' iud'. se exinde . mortua fuerit . mal' si-thabahim etc. A. tribatterit . C. tribattierit . D. trabatenuerint . B.

§. 12. tribatterit . C. tribatteerit . D.

LXIIII. De caballo alieno — ascenso uel scurtato decodato .

§. 1. Si quis caballum alienum . extra consilio domini . sui ascenderit aut caballigauerit . mal' leodardi . in alia . mente borio sitho etc. A.

§. 2. Si quis caballum alienum scurtauerit . mal' leodardi etc. A. excurtaberit . B. excurtauerit. C. D.

§. 3. Si quis caballum mortuum sine permisso domini sui . decodauerit . mal' leodardi etc. A.

LXV. De plagariatoribus.

Si quis mancipio alieno solicitauerit mal' theolasina etc. A.

LXVI.

§. 1. Si quis seruus alienus furatus fuerit etc.
mallo . A. B. C. D. (zweimahl).
mallo . A. B. mallum . C. D.
mallus . A. mallos . B. C. D.
placauit hoc est uuargauerit .
mal' mallo-uie ridario . A. B.

§. 2. mallus . A.

LXVII.

Si quis hominem . ingenuum placauerit uel . uindediret mal' frio falcino etc. A.

LXVIIII. De humicidiis inienuorum.

§. 1. Si quis ingenuos . francho . aut barbaro . qui salica . lege uiuit . occiserit . mal' leodardi etc. A.B.C. saliga . D.

§. 2. Se uero . eum in pucium . aut sub aqua miserit . mal' math-daleo etc. A.

§. 3. Se uero . eum . de alis aut de rames super cuueruerit aut eum incenderit mal' modileodi etc. A. hallis . C. D. ramis . B. C. D. cooperuerit . B. C. D.

§. 4. Si quis eum occiderit qui in truste dominica est etc. C. D. antrustionem dominicum . B.

§ .5. Si uero . in aqua aut in pucium miserit aut de alis aut de ramis . uel quis . lebit . rebus . celauerit . mal' morcher-ter etc. A. hallis . C. D.

§. 6. Se romanus homo conuiua regi . occisus fuerit . mal' leuti etc. A.

§. 11. tota leode sua componatur. C. leade. D.
§. 12. medietate leodis. C. D.
modum leodis. C. D.
§. 13. medietate leodis. C. D.

LXX. De humicidio in conturbernio factum.

§. 1. Si quis colecto conturbernio hominem inienuum in domum suam adsaliret et eum occiserit mal' basi taliosi. antrusticio dominicus fuerit etc. A. ingenuum antrustionem. B.

§. 2. Si uero. antrusticio. dominico non fuerit etc. A. antrustio. B. in truste dominica. C. D.

§. 4. De romano uero uelleto etc. A. uellito. B. Si uero romanus uel lidus etc. C. D.

LXXI. De humicidio ad conturbernio [1]) factae.

§. 1. Si quis in conuinio ubicunque dui uel III aut amplius. fuerent et hunus ex ipsis fuerit interfectus. mal' reolantis [2]). thadio hoc est illi qui remanent aut unum conuictum. dare debent aut tutti mortem illius componant etc. A.

§. 3. Si quis uero. foras. casa. uelites agens siue in agro. conturbernio. fuerit. interfectus. et III uel amplius habuerit placas mal' drochlidio hoc est ut tris. de eo contubernio qui adprobati. fuerent. singuli mortem. illius. conponant. A.

LXXII. De homine in oste occiso.
lege salica. A. B.
ex truste. C. D. (zweimahl.)

LXXIIII. De homine. ab inimicis. truncato etc.

Si quis hominem ingenuum. sine. manes sine pedis quem inimicis. suis. in uia. truncato relinquent occiserit. mal' uuas. bucho etc. A.

LXXV. De homine de bargo uel de furca. demisso.

§. 1. Si quis hominem de bargo. uel de furca abaptere praesumpserit sine uoluntate iudicis. mal' sabancheo etc. A.

§. 2. Si quis caput de homine. quem suos. inimicus. in palo. misit. aliquis. eum. exinde. sine permisso iudices aut illius qui eum. ibidem. misit. tollere. praesumpserit mal' banchal etc. A.

LXXVI. De basilica incenduda.

Si quis basilica. incenderit. mal' ala-trudua [3]) etc. A.

LXXVII. Si quis basilica expoliat.

Si quis basilica expoliauerit mal' chrotarsino etc. A.

---

[1]) Verschrieben statt »conuiuio«.
[2]) Oder »scolantis«.
[3]) Es ist nicht möglich »alatruchia« zu lesen, wie Graff meint.

LXXVIII. De presbyteris — interfectus.

§. 1. Si quis prisbitrum . interficerit mal' theorzin etc. A.

§. 2. Si quis diaconum . interficerit mal' theorgie etc. A.

LXXVIIII. De reipus A. reippus. C. D.

§. 1. Si quis homo . moriens . et uiduam demiserit . qui eam uoluerit . accipere antequam eam accipiat tunzinus aut centenarius mallum . indicant . et in mallum etc. A. tunginus . B. C. D. in mallo . B. C. D.

§. 2. Se uero . istut . non fecerit . et sic eam . acciperit . mal' reipus . nicholissimus etc. A. male reippus nicolesinus . B. acciperit illi cui reippus debetur . C. D.

§. 3. —— illi . uir-ei . pedebenter etc. A. cui reippe debentur . B. cui reippus debetur . C. D. cui . reipe debent' . A. cui reippus debeatur . C. D.

§. 6. reipvs . A. reippum . C. D.

§. 7. reipsus . A. reippos . B. reippum . C. D.

§. 8. reipsus . A. reippos . B. C. reippus . D.

§. 9. reipsi . A. reippi . B. C. D.

LXXX. De migrantibus.

§. 2. manuat eum ad mallum . A. manniat . B. C. D.

§. 3. sunnes . A. sunnis . B. C. D.
 lege salica . A.
 grafionem . A. graffionem . B. grauionem . C. D.

§. 4. Quod se ibidem aliquis . laborauerit amettat . et insuper mal' uuidro si thelo etc. A.

LXXXI. De afatumiri . A. affatumiæ . B. affatomiæ . C. D.

§. 1. tunzinus . A. tunginus . B. C. D.
 rg. kuster . B.
 mallum . A. B. C. D.
 mallo . A. B. C. D.
 mallo . C. D.
 fistucam in lesum suum . iectit . A. in laisum . C. D. ad laeisum . B.
 laisum . C. lesum . A. laisum . B. C. D.

§. 2. mallo . A. B. C. D. (zweimahl.)
 lesum . A. leisum . C. D.
 illo ubi tunzinus . A. in mallo ubi tunginus . C. D.
 lesum . A. lisum . B. laisum . C. D. (zweimahl.)
 lesus . A. lausum . B. laisum . C. D.
 lesum . A. B. laisum . C. D.
 beodo . A. B. beudo . C. D.
 in mallo . A. C. D. ad mallum . B.
 lesum . A. laisum . C. D.
 in mallo . puplico . legitimo . hoc est antehoda et tunzinus . A. antetheada uel tunginum . C. ante theada . D. lesum . A. B. laisum . C. D.

LXXXII. De filtorto . A. B. De filtortis hoc est qualiter homo furatas res intertiare debeat . C. D.
 lege salica . A. B. C. saliga . D.

adhramire. C. adhrammire. D.
intra ligere aut carbonaria. C. D.
camiauerent. A. B. cambiauerunt. C. D.
sunnes. A. sunnis. B. C. D.
mallo. A.
amallatus. A. amallus. B. hamallus. C. D.
trans legerem. A. trans ligerem. B. C. D.

LXXXV. De testibus.

§. 1. manire. A. mannire. B. C. D.
§. 2. sunnes. A. sunnis. B. C. D.
§. 3. firbaniti. A. ferbanniti. C. D.

LXXXVI. De fides. factas.

§. 1. letus. A. lidus. C. D. liber. B.
§. 2. — debit eum admallare (A. B. C. D.) et nestegante. uius. rei mallare (A.). Rogo te tunziuo un nestigante. gessacionem. meo etc. A. rogo te iudex ut homine illo deminato. gesacione meo. B. gasacchionem. C. D.
    salicam. B. C. saligam. D.
  Tunc tunzinus dicere debit inestigante ego gassacium tuum illum in hoc mallo etc. A. Tunc iudex dicere debet. Ego gasacchium etc. C. D.
    salica. A. C. saliga. D.
    manitus. A. mannitas. B. C. D.
§. 3. ad grafionem. A. grauionem. B. C. D.
    graffio. A. grafio. B. C. D.
    abiectiuo et amallatum. A. adiactiuum et admallatum. B. adiachtiuum uel admallatum. C. D.
    salica. A. salicam. B. C. D.
    graffio. A. grafio. B. C. D.
    racemburgiis. A. racimburgis. B. rachinburgios. C. D. rg. rechtsprëcher. B.
    racemburgies. A. racimburgi. B. rachinburgi. C. D.
    racemburgie. A.
    graffio. A. grafio. B. C. D.
    fredus. A. B. C. D. rg. freuel. B.
§. 4. graffio. A. grafio. B. C. D.
    sunnis. A. B. C. D. rg. sunniss, impedimentum. B.
    graffio. A.

LXXXVII. De eo qui grafionem. — iniusti inuitat. A. C. D.

§. 1. graffionem. A. grafionem. B. C. D.
    gassacionem. A. gasacium. B. gasacchium. C. D.
    mallatum. A. B. admallatum. C. D.
    admallatus fuerit. A.
    graffionem rogat. A.
§. 2. graffio. A. grafio. B. C. D.

LXXXVIII. De rem prestatam.

§. 1. mallare. A. B. C. D.
    salica. A. B. C. saliga. D.
§. 2. — — et se tunc noluerit. redire nec fidem facire super debitum quem ei. prestetirat et super illus. VIII sol' qui per III. amoniciones. adcriuerunt. mal' nec tanto sol' cul' jud'. A.

LXXXVIIII. De mano . deinio redemenda . A. De manu ab æneo redimenda . C. D.

§. 1. Si quis ad inio mallatus etc. A. æneum . B. C. D.
 mallatus . A. B. D. admallatus . C. D.

§. 2. fredo . A. fredum . B. fredus grafioni . C. D.

§. 3. fredus grafioni . C. D.
 leodo . A. leodem . B. leudem (zweimahl) . C. D.
 ad inio . A. ad edoneum . B. ad æneum . C. D.
 mallatum . A. B. C. D.
 fredo . A. fredus . B. fredum grafioni . C. D.

LXL. De eo qui grafionem . occiserit . A. C. D.

§. 1. graffionem . A. grafionem . B. C. D.

§. 2. Si quis sags . barone aut grafionem etc. A. sagibaronem aut grafionem . B. sagibaronem qui puer regis fuerat . C. D.

§. 3. Si quis sags-barone qui ingenuos . est alio . sags barone . A. sagibaronem . B. C. D. sagibaronem . C. D.

§. 4. Saxbarone in singulis mallis . A. Sagibarones per singulos mallos . B. Sagibarones in singulis mallobergiis . id est plebs quæ ad unum mallum conuenire solet etc. C. D.
 graffionem . A. grafionem . B. C. D.

LXLI. De eo qui ad mallum uenire contempserit . A. C. D.

§. 1. mallum . A. B. C. D.
 racemburgiæ . A. racimburgi . B. a rachinburgis . C. a rachinburgiis . D.
 mannere . A. manire . B. mannire . C. D.
 racemburgiæ . A. racimburgi . B. rachinburgi . C. D.
 racemburgiæ . A. rachinburgi . C. D.
 per æneum . D. per æneum . C.
 in mallo . burgo . A. in mallo . C. D.
 manire . A. C. mannire . D.
 manisset . C. D.

§. 2. mallat . A. admallat . C. D.
 mallatur . A. admallatur . C. D.
 manitus . A. D. mannitus . B. C.

LXLII. De recemburgiis . A. rachinburgiis . C. D.

§. 1. recemburgiæ . A. racimburgi . B. rachinburgii . C. D.
 mallo . A. B. C. D. rg. gericht inde malstat . B.
 salica . A. salicam . B. C. D.

§. 2. gassacionem . A.
 ego uos . tangono . A. B. tangano . C. D.
 salica . A. salicam . B.

§. 3. racemburgies . A. racimburgis . B. rachinburgii . C. D.

§. 5. recemburgiæ . A. racimburgi . B. rachinburgii . C. D.
 salicam . D.
 recemburgiis . A. racimburgis . B. rachinburgiis . C. D.

LXLIII. De alodis. A. alode. C. D.

§. 5. salica. A. B. C. saliga. D.

LXLIIII. De eo qui se de parentilla. tullere uult.

mallo. A, B. C. D.

tunzino. A. tungino. B. tunginum. C. D.

mallo. C. D.

LXLV. De aroena. A. De charoena. C. D.

§. 2. Se uero quicunque desuper hominem aliquid in tercia manum miserit et per uirtutem aliquid tullerit. mal' aroena etc. A.

LXLVI. De recemburgio. A. De homine qui alium hereburgium clamauerit. C. D. rg. alias cheruioburgium. C.

§. 1. Si quis. alterum recemburgio clamauerit. hoc est strio porcio aut illi qui inio portauerit dicitur. ubi strias cocinant etc. A. herebungio. B. hereburgium. C. D. strioportio. B. strioportium. C. strio portium. D. æneo. B. æneum. C. D. rg. alias iuium. C. striæ concinnunt. C. strie. D.

§. 2. ——ingenuam striam clamauerit aut meretricem. C. D.

§. 3. Si stria hominem comederit. C. D.

LXLVII. De eo qui filiam alienam spunsauerit etc.

Si quis filiam alienam spunsauerit et se retraxerit. et eam noluerit prendere. mal' fri bastina [1]) etc. A.

LXLVIII. De eo qui alterum in pucium aut in pelico inpinxirit etc. A. in pelagum. D.

Si quis hominem. in pucium aut in pelico. inpenxerit uel in periculum mortis. et ipsi exinde. uiuus. euaserit. et ipsi. causam suam. posset mallare mal' callis. obdublio etc. A. pelacum. B.

C. De crene cruda. quod paganorum. tempore obseruabant. A. chrene-chruca. B. chrene chruda. C. chene chruda. D.

§. 1. in duro in duro. pelle hoc in limitare stare debet etc. A. stare in durpilo. hoc est in liminare. C. D.

 in camicia. A. in camisa. C. D.

 quantum de compusucione dediret. A. compositione diger est. C. D.

§. 2. crenu-cruda. A. chrene chruda. D.

 in mallo. A.

 per quatuor mallis. A. mallos. C. D.

---

[1]) Oder »bartina«.

RIBUARISCHES GESETZ.

A. Handschrift A. C. 7. Jahrhundert IX.
B. Handschrift 728. Jahrhundert IX.

EINLEITUNG.

Die handschriften sind seite 349 beschrieben. die handschrift 728 enthält aber das ribuarische gesetz nicht ganz, sondern bricht in §. 1 des 74sten titels plötzlich ab. ob der übrige theil verloren gegangen oder nie geschrieben worden sei, lässt sich nicht ersehen. so viel ist sicher, dass diese handschrift nie ganz vollendet worden ist, denn es fehlen noch die meisten überschriften. Ihre lesarten scheinen etwas älter als die der handschrift A. C. 7.

INCIPIVNT CAPITVLA LEGIS RIPVARIORVM . A. RIBUARIORVM . B.

XI. De homicidiis eorum qui in truste regis sunt . A. B.
XV. De homine mordrido . A. B.
XVIII. De sonesti. A. B.
XXXIV. De mannire. A. B.
XLVIIII. De uestigio minando. A. B.
LI. De adfatimire. A. B.
LIII. et LV. grafionem. A. B.

LVII. De rachinburgiis legem dicentibus. A. B.
LVIII. De alodibus. A. B. [1]
LXVII. De eo qui bannum non adimplet. A. B.
LXXIII. De fistuca intercurrente. A.B.
LXXVIII. De homine furbattudo. A. B.

---

[1] Handschrift A. schiebt hier zwei titel ein: »De aroene; De testamentis regum«. desswegen laufen ihre nummern von da an nicht mehr mit einander. Später fehlen diese stücke. s. s. 372, anmerkung.

LXXXII. De uiæ lacina. A. B.
LXXXVI. grafione. A. grauione. B.
LXXXVIII. De caballo scorticato. A. B.
LXXXVIIII. De homine forbannito. A. B.
XCI. freda. B.

INCIPIT LEX RIPVARIORVM. A. RIBUARIORUM. B.

VII. De homicidio.
ripuarium. A.

X. De homicidiis hominum ecclesiasticorum.
ripuarius. A. ribuarius. B.[1]

XI. De homicidiis eorum qui in truste regis sunt. A.
§. 1. in truste regia. A. B.

XV. De homine mordrido. A. B.
Si quis ingenuus ingenuum ripuarium interficerit et eum cum ramo cooperuerit uel in puteum uel in quocumque libet loco cælare uoluerit quod dicitur mordridus etc. A. ribuarium. B.

XVIII. De sonesti. A. B.
§. 1. Quod si ingenuus sonesti. id est XII equas cum amassario aut VI scrouas cum uerre etc. A. B.
§. 2. francorum. A. B.

XVIIII. De ictu seruorum.
§. 1. colpos. A. B.
§. 2. franco. A. B.

XXII. De osse fracto etc.
§. 1. homini franco aut ripuario. A. ribuario. B.

XXX. De incendio seruorum.
§. 2. sine tangano loquatur etc. A.

XXXII. De seruo infra ducatum lapso.
§. 2. in araho coniuret. A. B.

XXXIII. De homine ingenuo repræsentando.
§. 2. Hoc autem constituimus ut infra pagum ripuarium tam franci burgundiones alamanni etc. A. ribuarium. B.

XXXIIII. De mannire. A.
§. 1. ad mallum mannitus. A. B.
   sunnis. A. sonnis. B.
§. 2. mannit. A. B.
§. 3. Si autem mannitus fuerit ad secundum mallum ——— mallo — mannit cum tribus rachinburgiis in araho coniurauerit quod legitime mannitus fuerit etc. A. B.
§. 4. mallum. A. B.
   mannit. A. B.
   rachinburgiis in araho. A. B.
   ad strudem legitimam admallatum. A. B.

---

[1] Handschrift A. schreibt immer »ripuar—«, handschrift B. »ribuar—«, und zwar 34 mahl bis zum 1sten §. des 74sten titels, dann A. noch 9 mahl bis zu ende.

legitimam strudem. A. B.
rachinburgiis. A. B.
§. 5. ipsam strudem. A. B.
spata. A. B.

XXXV. De intertiare.

§. 1. ad regis stafpolum uel ad eum locum ubi mallus est. A. stappolum. B.
§. 2. in araho coniuret. A. B.
mannitum. A. B.
ut cine uuerduniam suam in præsentia testium recipiat. A. B.
§. 3. quod fordronem suum nesciat. A. B.

XXXVII. De eo qui uxorem alienam tulerit.

§. 3. demundi burde abstulerit. A. demundeburde. B.

XXXVIII. De diuersis interfectionibus.

§. 1. francum. A. B.
§. 2. burgundionem. A. B.
§. 4. alamannum seu fresionem uel bainuarium saxonem. A. B.
§. 5. si litus sicut litum. A. B.
§. 11. uueregeldum. A. B.
Spatam cum scogilo. A. B. [1]
Spatam absque scogilo. A. B.
Brunniam. A. Bruniam. B.
Helmum conderecto. A. helmum cum directo. B.
Bainbergas. A. bainbergas. B.

XXXVIII. De dotis mulierum.

in morgangeba. A. B.

XLIII. De ligaminibus ingenuorum.

in araho. A. B.

XLIIII. De uenationibus.

Si quis ceruum domitum uel cum triutis occiserit etc. A.

XLV. De sæpibus.

retorta. A. B.
cambortos. A. B.
traugum. A. B.

XLVIII. De quadrupedibus si hominem occiderint.

in medietatem uueregildi. A. uueregeldi. B.
absque fredo. A. B.

XLVIIII. De uestigio minando. A.

L. De homine qui sine heredibus moritur.

adobtare in hereditatem uel adfatimi per scripturarum seriem. A. B.

LI. De abfatimire.

Quodsi adfatimus fuerit etc. A. B.

LII. De testibus adhibendis.

ad mallum. A. B.
mannire. A. B.

---

[1] Ueber dem »og« steht ein strich, einem »i« ähnlich.

LIII. De eo qui grafionem ad res alienas inuitat. A.	LXII. De traditionibus et testibus adhibendis.
§. 1. adstrudem admallatum. A. B.	§. 4. butinæ. A. B.
	extra marcam. A. B.
LV. grafionem. A.	
LVII. De rachinburgiis legem dicentibus. A.	LXIIII. De homine qui seruum tributarium facit.
§. 1. rachinburgii. A. B.	§. 1. Si quis seruum suum tributarium aut litum fecerit etc. A.
ego uos tangano. A. B.	
§. 2. rachinburgiis. A. B.	
	LXV. De homine in hoste occiso.
LVIII. De alodibus.	uueregildo. A. B.
*)	
LX. De tabulariis.	
§. 1. francus. A. B.	LXVI. De homine in domo propria occiso.
mallum. A. B.	
§. 4. francus. A. B.	Si quis hominem in domo propria cum hariraida interfecerit etc. A. B.
§. 8. tam baronem quam feminam demundi-burde regis. A. B.	
§. 9. baronem demundeburde. A. demunde-burde. B.	uueregeldo. A. uueregildo. B. uueregildo. A. B.
§. 10. admundeburdem. A. admunde-burdem. B.	
§. 14. spata et conucula. A. B.	LXVII. De eo qui bannum non adimplet. A.
conuculam. A. B.	§. 1. bannitus. A. B.
§. 15. non tangeret. A. tangenet. B.	
alsaccia. A. alsatia. B.	LXVIIII. De eo qui filium non relinquit.
mallatus. A. B.	§. 1. uueregildus eius. A. B.
absque tangano coniureat. A.B.	bannitus. A. B.
LXI. De uenditionibus.	§. 2. ad stapplum regis. A. ad stappulum. B.
§. 1. in mallo. A. B.	
§. 5. sine tangano. A. B.	in hasla hoc est in ramo. A. B.

*) In handschrift A. sind hier anderthalb seiten frei. es fielen hierher gerade die zwei titel, welche in dem verzeichnisse zu viel erscheinen.

LXXII. De homine aligno inter-
fecto.
§. 1. absque fredo. A. B.
§. 3. minauerit. A. B.

LXXIII. De fistuca intercurrente. A. B.
fistuca. A. B.
lacina. A. B.

LXXIIII. De homine intertiato uel
pecore mortuo.
§. 1. cum retorta in pede. A.
in araho coniuret. A.
retortam in pede habeat. A.
retortam. A.
§. 5. cum retorta sepultus. A.
seu cine uuerdunia uel legis
beneficio. A.
§. 6. cum retorta sepeliatur. A.
§. 8. decine-uuerdunia. A.
decine uuerdunia. A.

LXXVI. De re proprisa uel secuta.
marcas. A.
ad regis stapplum. A.

LXXVIIII. De homine furbattudo. A.
§. 1. pro colebus. A.
in clida. A.

in araho coniuret. A.
forfactum. A.

LXXXII. De uiæ lacina. A.

LXXXIIII. De damno in messe uel
in clausura.
§. 3. ad parricum minare. A.

LXXXV. De maleficio.
uueregildum. A.

LXXXVI. grauione. A.
grauiònem. A.

LXXXVII. De corpore expoliato.
§. 2. uuargus sit hoc est expulsus
usque dum parentibus satisfaciat. A.

LXXXVIIII. De homine forbannito. A.
forbannitus. A.

XC.
grauiones. A.

XCI. Ut iudices — freda non exi-
gant etc. A.
§. 1. freda. A.
§. 3. fredum. A.

LONGOBARDISCHES GESETZ.

Handschrift 730. Jahrhundert VII.

EINLEITUNG.

Die handschrift, in quart, besteht aus lauter blättern, welche Arx von bücherdeckeln abgelöst hat. daher sind diese blätter unvollständig, zerschnitten und zerstört. einige andere sollen sich auf der Wasserbibliothek in Zürich, ebenfalls auf bücherdeckel gepappt, befinden. Die schrift ist grosse anfangsbuchstaben und nach Arx nicht hundert jahre jünger als der könig Rothar.

Wir theilen also mit, was noch vorhanden ist und gelesen werden kann. Die zahl der titel ist nach der handschrift angegeben, aber des leichteren und sicheren gebrauches willen sind die nummern der ausgabe dieses gesetzes in dem »Corpus juris« des Heinneccius beigegeben, was um so nöthiger schien, als unsere handschrift nur selten aufschriften hat. Lästig ist die häufige wiederholung einiger wörter, aber wir konnten sie nach dem plane unseres werkes nicht ausscheiden.

VII. (7.)
astalin.

XV. (14.)
barone.
inargarga-thungi.
Si seruus aut libertus etc.
plode-rab*i*.

XXVII. (26.)
mund*ius*.

XXVIIII. (28.)
haldium.

XXXII. De —lopaus. (31.)
ualopaus (zweimal!).

XLII. (41.)
inderiseculo.

XLVI. (45.)
faida hoc est inimicicia.

LXXV. (74.)
faida quæ est inimicitia.
in angargathungi id est secundum qualitatem personæ.
LXXVI. (75.)
faida.

LXXVII. De haldius. (76.)
LXXVIII. (77.)
haldium. (dessgleichen in titel LXXVIIII, LXXXVIII, LXXXVIIII, XC, XCVIII, CII, CIII.)
CXXXII. (132.)
massario.
CXXXIIII. (134.)
cum massario (zweimahl).
CXXXVIIII. (136.)
de sala.
CXL. (137.)
de massario (zweimahl).
CXLI. (138.)
faida.
CLII. (149.)
asto (ohne »animo«).
CLIII. (150.)
sclusa.

CLXXVIII. De launigild. (175.)
launigild.
ferquedo. id est similem.
CLXXX. (177.)
cum fara sua.
CLXXXV. (182.)
mundius.
mundium.
CLXXXVI. (183.)
mundium.
medium de meta.

CXCIII. (190.)
—erit annagrift.
propter faida.
et mundium.
CXCIIII. (191.)
mundius de ea.
mundium eius.
deriseculo.
dupla meta.
CXCV. (192.)
dupla meta.
CXCVIIII. (194.)
mundium (zweimahl).
CC. (195.)
mundium (viermahl).
CCI. (196.)
strigam.

CCII. mundium. (198.)
*in*strigam.
uuergild :::: ipsius.
CCIII. (199.)
mundium.
morgingab et metfyo de fadrin.
CCIIII. (200.)
mundium.
morgingab et faderfyo.

CCV. asto. (202.)
mundius de ipsa.
ad cortem regis (sonst »curtis«).
asto animmo.
CCVIII. (205.)
in cuius mundio.
CCVIIII. De haldia uiolentiata. (206.)
haldiam.
CCXII. (209.)
haldiam.

CCXIIII. (211.)
gastal:::

CCXVIIII. (216.)
mundium (zweimahl).
meta (zweimahl).

CCXX. (217.)
haldius (dreimahl).
fulfrea et mundium.
promundium.
morgingab.
mundium.

CCXXI. (218.)
haldia.

CCXXII. haldius haldia. (219.)
haldius.
haldia.
haldii.

CCXXIIII. (221.)
gastaldium regis aut sculdhais ipsam in curtem regis.

CCXXV. (222.)
libera thingare.
uurdibora.
gairthinx.

CCXXVII. (224.)
fulcfree. et a se extraneum id est haamund.
per gairthinx.
et thingit. ingaida. et gisil—.
haamund (zweimahl).

CCXXVIII. (225.)
inpans id est in uotum regis demittitur.
haamund.

CCXXVIIII. (226.)
qui fulcfree fecirit.
haamund.
libero langobardo.
fulcfree factus.

CCXXX. (227.)
haldium.
thingauerit.

CCXXXI. (228.)
fulcfree.
andegauuer-cet :: arigauuerc.
langobardorum.

CCXXXV. (232.)
asto.
in astugild.

CCCLXVI. uuadia. (365.)
uuadia (zweimahl).
thingauit.

CCCLXVII. (366.)
uuadia (zweimahl).

CCCLXVIII. (367.)
uuadia.
degamahalos id est confabulatus.

CCCLXXV. (372.)
excepto mundium de liberas. aut mordh.

ALAMANNISCHES GESETZ.

A. Handschrift 731. Jahrhundert VIII.
B. Handschrift 729. Jahrhundert X.
C. Handschrift 732. Jahrhundert IX.
D. Handschrift A. C. 7. Jahrhundert IX.

EINLEITUNG.

Die handschrift 731 ist s. 349 beschrieben. das alamannische gesetz steht auf s. 295 bis 341, wobei aber zwischen s. 316 bis 317 ein blatt mit dem 38. bis 41. titel fehlt. Wir haben diese handschrift wegen ihres hohen alters wieder voran gestellt, die aufschriften aber, welche sie selten hat, meistens aus handschrift A. C. 7 genommen. Merkwürdig ist der eingang dieser handschrift und der umstand, dass der erste titel noch vor dem inhaltsverzeichnisse steht und nicht mitgezählt wird, so dass die titel dieser handschrift um eine nummer zu gering laufen. in der folge wird die unordnung in dieser hinsicht noch grösser.

Die handschrift 729 schliesst sich wieder wie bei dem salischen gesetze zunächst an nummer 731 an.

Die handschrift 732, in kleinem quart, ist geschrieben im jahr »regni eius (Caroli magni) XLIII imperii autem X«, wie man auf s. 153 liest. sie enthält folgende stücke: lex alamannorum; loca sancta Palæstinæ descripta (s. 98); assumptio B. V. Mariæ apogrypha (s. 115); sex ætates mundi (s. 142); origo gentium Europæarum (s. 154); Franciæ reges Merovingici (s. 155); symbolum (s. 156); Decimus cyclus decennouenalis et in illo ab anno 703 usque 863 quiddam annalium Francorum (s. 168); pater noster a voce »demitte nobis« inverso ordine scriptum (s. 176); voces haud dubiæ Scotticæ (s. 177); cycli XVII—XX (s. 179); series pontificum Romanorum (s. 189); nomina testium alicuius conventionis. nach Arx.

Die handschrift A. C. 7 haben wir schon bei dem salischen und ribuarischen gesetze kennen gelernt. wir bemerken hier nur noch, dass sich Goldast bei der herausgabe des alamannischen gesetzes dieser handschrift bedient hat, wie sich aus einer vergleichung der lesarten ergibt.

IN CHRISTI NOMINE INCIPIT TEXTVS LEX ALLAMANNORUM QUI TEMPORIBUS LANFRIDO . FILIO GODOFRIDO RENOUATA EST. INCIPIT TEXTUS EIUSDEM. Conuenit enim . maioribus nato . populo allamanuorum . una cum duci eorum . lanfrido . uel citerorum . populo adunata ut si quis liber . res suas . semet ipso . ad eclesiam . tradere uoluerit etc. A.

INCIPIUNT CAPITULA LEGIS ALLAMANNORUM . A. alamannorum . C. D. [1]

XLVI. marcha. A. marcam. C. D.

XLVIII. De homine alamanno occiso quod morthaudo dicunt. A. De eo qui hominem occiderit et eum qui mordtotu fecerit. C. morttodum. D.

(LXI.) De his qui equum quod marh' dicunt excusserit oculum. A.

LXXI. in troppo. A. C. D.

(LXXII.) De mariscalco . A.

LXXV. De his qui mortaudus baro. aut femina. A. De eo qui morttaudus inputatur. C. cui. D.

(LXXV.) De stuba ouilem porcaricia concremauerit. A.

LXXXI. De canibus siusibus. A. seusibus. C. D.

XCIII. mallauerit. A. mallare præsumpserit. C. D.

(XCIII.) auca. A.

XCIIII. colpo. A. colopo. C. D.

XCV. De his qui medullam rumpit. A. De eo qui medellam aut carrucam alterius inuolauerit. C. medelam. D.

XCVI. buricas. A. D. purigas. C.

XCVIII. uissontum biballum. A. bissontem aut bubalum. C. D.

INCIPIUNT . TITULI . LEX ALAMANNORUM . A. Incipit lex Alamanorum quæ temporibus chlotharii domni regis etc. B. Alamannorum . Hlodharii. C. D.

I. De liberis etc.

fredo. A. B. [2] C. fredum. D.

III. De liberis etc.

§. 1. uadio. A. uuadio. B. uuadium. D.

§. 3. in fredo. A. fredum. B. C. D.

---

[1] Handschrift A. schreibt unter 19 fällen nur zweimahl »alamannorum«. die übrigen drei handschriften schreiben nur ein »l«. Handschrift B. hat das titelverzeichniss nicht.

[2] In »fredum« später verbessert.

IIII. De liberis etc.

fridum . A. fredum . B. D. pro fredo . C.

uuirigildum . A. uuirgildum . B. uueregeldum . C. uuerigeldum . D.

V. De raptoribus etc.

§. 5. in fredo . C.

VI. De liberis etc.

§. 1. III . nouigildis . A. tres nouegildus . B. tres nouingeldos . C. tres nouigeldos . D.

(VI.) De iuratoribus quales vel quantos secundum euua homo habere debet. C. D. [1]

saigas . C. D.

saiga autem est quarta pars tremissi hoc est denarius unus . duo saigæ etc. C. duæ saige . D.

duas saigas . C. D.

duo saige . C. duæ saigæ . D.

VIII. De colonis ecclesiæ occisis .

Si quis autem liberum ecclesiæ quem colonus uocant . si occisi fuerent sicut alii allamanni etc. A. colonum . B. C. D.

VIIII. De eo qui in curte etc.

Si quis in curte episcopi . contra legem . armatus . intrauerit quod allamanni . aissterra . anti . dicunt etc. A. in curtem . B. C. D. haisterahanti . B. D. haisterahenti . C. rg. geharnischband . B.

XVII. De ancilla etc.

§. 3. mallo . A. B. C. D.

XXI. Qualiter serui etc.

XV siglas . de ceruisa . A. siclas . B. C. D. [2]

XXVI. De his qui in exercitu etc.

§. 1. VIIII . uicibus nouigildo . A. nouegild'. B. nouigeldos . C. D.

§. 2. III . nouigildus . A. nouegild'. B. tres nouigeldos . C. D.

XXVIII. in curte ducis etc.

uuirigildum . A. uuirigild'. B. uueregeldo . C. D.

XXVIIII. in curte regis etc.

§. 1. pro fredo . A. B. C. D.

XXXI. De eo qui res ducis furauerit .

ter . nouigildus . A. ter . nouegeldus . B. nouigeldos . C. D.

fredo . A. B. fredum . C. D.

XXXIII. De eo qui præsumpserit etc.

tallare . A. talare . B. D. tollere . C. rg. tëllen . B.

---

[1] Ursprünglich in der handschrift D. fehlend, ist dieser titel auf dem freien letzten blatte des ribuarischen gesetzes nachgetragen. dessgleichen titel 8.

[2] Später in »sicvlas« verbessert. C.

uuirigildum . A. uuirgildum . B.
uueregeldum . C. D.

XXXV. De conuentu etc.

§. 1. mallare . A. C. D. malare . B.
in ipso mallo . A. B. C. D.
mallare . A. C. D. malare . B.
mallare . C. D.
mallit . A. mallat . B. mallet.
C. D.
§. 2. in primo mallo . A. B. C. D.
uadium . A. uuadium . B. C. D.
de frido . A. de fredo . B. C. D.
§. 3. uassus . A. B. C. D.

XXXVI. De mancipiis etc.

fredo . A. B. fredum . C. D.

XLI. De eo qui sæpe interpellatus etc.

mallatus . A. B. mallatur . C. D.

XLIIII. De rixis etc.

§. 1. cum uirigildo . A. cum uno
uirgeldo . B. uuirgeldo . D. uueregildo . C.
§. 2. et pausat arma sua iuso [1] . A.
ioso . B. iosum . C. D.
noue . uirigildus . A. nouenuirgildus . B. nouem uueregeldos .
C. D.

XLV. De libero etc.

cum uuirigildum . A. cum uuirgildum . B. cum uueregeldo . C. D.

XLVI. marcam . C. D.

marcha . A. B. marcam . C. D.

XLVIII. De eo qui hominem occiderit et eum morttodum fecerit. D. mordtotvm . C.

Si quis ominem occiderit quod allamanni mortaudo dicunt . noue uuirigildis soluat . et quidquid super eum arma uel raupa . tullit etc. A.
morthtaudo . B. morttoto . C.
morttodo . D. uuirgeldus . B. uueregeldos . C. D. rauba . C. D.
uueregeldos . C. D.

XLVIIII. De eo qui libertum etc.

noue . uuirigildis . A. uuirgildus . B.
nouem geldos . D. nouem nouigeldos . C.

L. De libero qui etc.

§. 3. cum uuirigildum . A. B. cum
uueregeldo . C. D.
uueregildo . C.
§. 4. mundo . A. mundio . B. C. D.

LIII. De eo qui filiam etc.

§. 2. mundio . A. B. mundium . C. D.
§. 3. aut mundum . A. ante mundium . B. C. mundum . D.
cum uuirigildo . A. uuirgildum.
B. uueregeldo . C. D.

LIIII. De uxore etc.

aut qualecumque habit alodo . A.
addum . B. ad dandum . C. D.

LV. De eo qui promixi etc.

morginaghepha . A. morgangeba .
B. C. morgangheba . D.

---

[1] Verbessert in »ivsum«.

quod maritus . meus mihi . dedit in potestate . et ego . possedire . dibio . hoc dicunt . allamanni . nostahet . A. nasthait . B. C. D.

LVIII. De eo qui alium percusserit etc.

§. 1. Si quis alium per ira percusserit quod allamanni . pluris . iac dicunt etc. A. pulislac. B. C. pulislach . D. rg. bubschlag . B.

§. 3. ut testa appareat et radatur . A. B. C. D.

§. 6. cum pinna ¹) aut fanono . ceruella tetigerit . A. fanone . B. C. D.

§. 7. cum siricho stuppauit . A. syrico . C. ²) sirico . B. D.

LVIIII. De eo qui alteri aurem absciderit .

§. 2. Si autem medietatem . aurem . absciderit . quod lit . scardi . allamanni dicunt etc. A. eschardi. B. orscardi . C. D.

LX. De eo qui palpebras etc.

§. 4. Si autem . ipse . uisus . foris . exiit et melus etc. A. milus. B. C. D.

LXI. De nare transpuncta.

§. 3. Si autem totus adpresso abscisus fuerit etc. A. apresso . B. D.

LXII. De labiis maculatis.

§. 4. Si autem dentem . absciserit . quod marcham dicunt allamanni etc. A. marczanh . B. marczan . C. marchzan . D.

LXIIII. De eo qui alium contra legem tonderit etc.

§. 7. Si brachium fregerit . ita ut pellem non rumpit . quod allamanni balcbrust . ante cubito dicunt etc. A. B. palcprust . C. palhcprust . D. rg. balgbruch . Hutbruch . B.

§. 24. Si autem interiora membra uulneratus fuerit quod hrefuuunt dicunt. C. hrefuunt. D.

§. 30. Si quis alium . in genuculo . placauerit . ita ut claudus permaniat . ut per eius rus tangat . quod allamanni tautragilli dicunt etc. A. ut pedis eius ros tangat quod alamanni thautsagil dicunt . B. taudragil . C. D.

§. 36. ernia . A. B. herniam . C. D.

LXVIII. De eo qui alterius ammissarium furauerit.

§. 1. nouigildo . A. VIIII . geldus . B. VIII geldos . D. nouemgeldos . C.

§. 2. et si ille tale inuolauerit equum . quod allamanni mara dicunt etc. A. marach . B. D. march . C.

LXVIIII. De eo qui alterius caballum inuolauerit.

§. 1. octogildus . A. octogildis . B. octo enim geldos . C. VIIII enim geldus . D.

---

¹) In »penna« verbessert in C. | ²) In »serico« verbessert.

§. 2. Si quis equum . quod mar dicunt etc. A.　marach . B. D. march . C.

LXXI. De eo qui in troppo de iumentis ductricem inuolauerit . D. tropo . C.

Si enim in troppo —— redat nouigildus etc. A.　VIIII . geldus . B. VIIII geldos . C. D.

LXXII. De eo qui pregnum iumentum etc.

pvletrum . A.　pultrino . B.　poledrum . C. [1]) D.

LXXV. De eo cui morttaudus inputatur . D. mortandus . C.

§. 1. Si quis mortaudus . baro etc. A. morth daudo . B. mortaudum barum . C. [2]) morttaudum barum . D. legitimum uuirigildum . suum in nouigildo soluatur . A.　leg . uuirgeldum suum VIIII geldis soluatur . B.　leg . uueregeldum suum VIIII geldos soluatur . C.　leg . uueregeldum soluatur . D.

LXXVIII. De eo qui pastores etc.

§. 2. seniscalcum . B. siniscalcus . C. D.
　uassus . B. C. [3]) D.
§. 3. mariscalco . A. marescalcum . B. mariscalcus . C. D.

LXXX. De eo qui incendium etc.

§. 1. sala . A. B. salam . C. D.
§. 2. scura . A. scuria . B. scuriem . C. scuriam . D.
§. 3. stuba . A. B. stubam . C. D. scura . A. scuria . B. scuriam . C. D.

LXXXI. De canibus siusibus etc. A. seusibus . B. C. D.

§. 1. canem seusium . C. D.
§. 2. layti . A. laidi . B. laitihunt . C. D.
§. 4. ueltriues . A. ueltrix . B. ueltrem . C. ueltrum . D.
§. 6. cadello qui iuuo tranpassare possit . A. uiuo . B. catellum qui iugum . C. D.

LXXXIII. De his qui de terra etc.

§. 1. de ipso terra quod allamanni corfo dicunt . A. zurust . B. zurf . C. curffodi . D.
　in fanone . A. B. D. in fanonem . C.

XCIII. mallare . C. D.

mallare . A. C. D. malare . B.

XCIIII. De eo qui ingenuam feminam colopo percusserit . C. D.

§. 1. colpo . A. B. colopo . C. [4]) D.
§. 2. lisa . A. lita . B. lida . C. D.
§. 4. baro . A. B. barus . C. D.

---

[1]) Aus »poletrum« verbessert.
[2]) Scheint in »mortandus pro barum« verbessert.
[3]) In »uassos« verbessert.
[4]) In »colopfo« verbessert.

XCV. medellam aut carrucam. C. medelam. D.

Si quis medulla rumpit. A. medella. B. medelam. C. [1] D.

XCVI. De eo qui buricas in silua pecorum incenderit. C. D.

§. 1. burricas. A. buricas. B. C. D.

§. 3. scura. A. scuria. B. D. scuriam. C.

pro ipso offerit drictum. A. B. iusticiam. C. D.

XCVII. De eo qui gregem etc.

§. 2. staturio. A. stotario. B. C. D.

XCVIII. De eo qui bissontem — — occiderit. C. D.

§. 1. uesontum. A. bisontum. B. bisontem. C. [2] bissontem. D.

brugeat. A. brugit. B. prugit. C. D.

§. 2. treudis. A. C. D. trehudis. B. treudis. D. trehudis. B.

§. 3. Si ruffius. feranies etc. A. rubius feramus. B. rubius ferus. C. [3] rubeus seramus. D.

§. 5. Si inuolatus fuerit nouegildo etc. A. VIIII. geldus. B. VIIII. geldos. C. D.

§. 6. treudis. A. trudis. B. treudem. C. D.

§. 7. nouegildus. A. VIIII. geldus. B. VIIII. geldos. C. D.

§. 9. Si quis pecum manualem. quod dicitur alatus etc. A. D. alcotus. B. altus. C. [4]

octogildus. A. octogeldos. C. VIIII gelldus. B. VIIII geldos. D.

§. 10. saggas. A. saigas. B. saiga. C. D.

nouegildo. A. VIIII geldus. B. VIIII geldos. C. D.

§. 11. Si fruges fuerit inuolata aut occisa. nouigildus etc. A. griuis. B. grus. C. D. furata. C.

§. 12. Si aucca fuerit furata aut occisa octogeldos etc. C. auca. D. anseris. B.

octogeldos. C. VIIII geldus. B. VIIII geldos. D.

§. 13. ante. A. anite. B. aneta. C. D. crœrola. C.

chaucha. A. chauua. B. cauba. C. cauha. D.

§. 14. auca. A. B. auccam. C. aucam. D.

§. 17. uuirigildum. A. uuirgeldo. B. uueregeldum. C. D.

uuirigildum. A. uuirgeldum. B. uueregeldum. C. D.

uuirigildum. A. uuirgeldum. B. uueregeldum. C. D.

§. 18. uuirigildum. A. uuirgeldo. B. uueregeldum. C. D.

§. 20. in taxaca. A. texeca. B. texaga. C. D.

---

[1] Aus „medella" verbessert.
[2] Aus „bissontem" verbessert.
[3] Aus „feramus" verbessert.
[4] Aus „alatus" verbessert.

(XCIII.) [1]

§.3. Qui alterium infantem . de medio fledis fuerit sol' solum . A.
§.4. Si quis alterum inita puella præserit . uuidrigildo suo sit culp'.

(XCV.)

qui hoc . fecerit uindictum se expellendum te cognuscat ; vel habias gadano . A.

ANHANG

aus handschrift A. C. 7.

Das stück, woraus nachstehende lesarten entlehnt sind, aus dem fünften buche des Isidor genommen, steht in der angegebenen handschrift nach dem schlusse des alamannischen gesetzes, und bildet so wirklich einen anhang, geschichtlicher natur, zu den vorangehenden drei gesetzessammlungen.

DE LEGIBUS.
Theodericus rex francorum cum esset catalaunis etc.
legem francorum et alamannorum et boioariorum
theodericus.

hildibertus.
chlodharius.
dagobertus.
per uiris inlustribus claudio . chado-indo-magno et agilolfo.
REGNVM MERUUNGORUM.

---

[1] A. hat noch diesen und den folgenden titel, da die handschrift nicht immer richtig abtheilt, steht die anzahl ihrer titel niedriger.

VERORDNUNG CHILDEBERT'S II.,

vom jahr 596.

A. Handschrift 751. Jahrhundert VIII.
B. Handschrift 729. Jahrhundert X.

EINLEITUNG.

Ueber diese handschriften ist auf s. 349 und den folgenden gehandelt. in der ersteren steht die verordnung auf s. 287 bis 292, in der letzteren auf s. 328 bis 334. bei Pertz findet sich dieselbe auf s. 9 des dritten bandes, doch hat er die lesarten nicht vollständig; auch fehlt der schluss.

Incipit decretum . hildeberti . B.

I.

Chelbertus . rex franchorum etc. A.
Hildebertus rex Francorum . B.
Anthonago kl'. marcias . anno XXmo
regni nostri . A. antonaco . B.
una . cum . leodus . n'rus . A. leo-
doso nostros . B.

II.

Similiter . iecto . Conuenit . A. tre-
iecto . B.

V.

suum uireualdo . A. uueregildum . B.

VI.

De faraualium . A. farfalios . B.
in mallum . A. mallo . B.
faraualium minare . A. farfalium . B.
suum . uuiroualdum . A. uueregildum . B.
faraualius rep' matur . A. farfalios
reprimatur . B.
faraualium custodire . A.

VIII.

Similiter kl' mar' Colonia conuenit
ita banniuimus etc. A.
aut si francus fuerit . B.
uuirigildo . A. uueregildum . B.
franchorum . A. francorum . B.

IX. De die dominico.

si salicus fuerit. A. B.
 aschlipiodus. recognouit. A.

XII.

Datū secundū. kl' marc's. anno XXmum. secundum. regni domno nostro Colonia. A. Data prd' kl' marcias anno. XXI. regni nostri colonia. B.

expliciunt legis salice liber. A. salicæ. B.

rex franchorum. A. francorum. B.
cum francis suis. A. B.
chelbertus. A. hildebertus. B.
cum suis francis. A. B.
chlotarius. A. flottharius. B.

VERORDNUNGEN
von den jahren 779, 789, 800, 803.

Handschrift 733.   Jahrhundert IX.

EINLEITUNG.

Die handschrift 733, in oktav, ist, wie aus der schlussbemerkung derselben hervorgeht, im jahr 825 geschrieben, und enthält, um es mit den worten des Stephanus Baluzius, der die handschrift benutzt hat, anzuführen: »Karoli M. Capitularia annorum DCCLXXIX et DCCLXXXIX. Fragmenta Capitularis Pippini Regis Italiæ filii Karoli Magni. Excerpta de decimis«. Die stücke dieser handschrift finden sich grösstentheils in den »Monumenta Germaniæ historica« von Pertz, und zwar im dritten bande, seite 35, 53, 67, 68, 81. irrthümlich ist aber unsere handschrift auch auf seite 236 angeführt, denn das stück, das dort mitgetheilt wird, enthält sie nicht. Ein facsimile ist ebendaselbst, auf der ersten tafel, trägt aber fälschlich die zahl 773.

(Capitulare a. 779. mart.)

S. 1. In christi nomine anno felicissimo undecimo regni domini nostri karoli regis [1].

VIII cap'.

S. 3. uassus noster.
bandum soluat

XIIII cap'.

S. 6. De truste faciendo nemo presumat.

XVI cap'
pro gildonia.

XVIII cap'.

S. 8. forbanniti.

---

[1] Der name kömmt fünfmahl mit »k«, einmahl mit »c« geschrieben vor.

XX cap'.
foris marca.
tantas uices bonas¹) soluat.
in uuadio
S. 9. bandum soluat.

XXI.
De brunias etc.

XXII.
uassus.

XXIII cp'.
pro faida (zweimahl).

(Capitulare ecclesiasticum a. 789. mart. 23.)

S. 15. Regnante domino nostro iesu christo in perpetuum . ego karolus — — rex — regni francorum etc.

(LXIII)

S. 43. paruuli — non cogantur iurare sicut buntgodingi faciunt.

S. 56.   (LXXVIIII.)
pippinus rex.

S. 67. (Capitulare generale a. 789.)
III.
S. 68. nullatenus uuinileudos scribere — presumat.

S. 71.   XVIII.
Ut cocclas²) non baptizent etc.

(Edictum pro episcopis a. 800.)

S. 72. Karolus gratia dei rex francorum et langobardorum etc. uassis nostris.

S. 75. (Fragmentum capitularis Pippini regis.)

V cap'.
Stetit nobis de illos homines etc. in uassatico.
bandum nostrum.

S. 76. VI cap'. et XI cp'.
langobard- — (dreimahl).

S. 88. Sunt enim anni ab incarnatione domini usque ad hoc tempus id est XII hludouuici imperii annum.

---

¹) Pertz liest »bannos«.   ²) Pertz »clocas«.

VERORDNUNG
vom jahr 803.

Handschrift 728. Jahrhundert IX.

EINLEITUNG.

Man sehe über diese handschrift seite 351. Die verordnung findet sich bei Pertz, band 3, seite 112.

S. 103. INCIPIUNT CAPITULA QUÆ IN LEGE SALICA DOMINUS AUGUSTUS KAROLUS etc.

S. 106. VII. De eo qui per cartam etc.

S. 107. uuildrigildum.

VIII.
uuadii (zweimahl).
in mallo.
in uadio suscepit.

VIIII.
excepta freda. quæ in lege salica conscripta sunt.

X. De eo qui causam etc.

in mallo.
S. 108. ab scabineis.

KAROLUS REX FRANCORUM. LEGIS SALICE.

DIE SAMMLUNGEN DES ANSEGISUS UND BENEDICTUS.

A. Handschrift 727. Jahrhundert X.
B. Handschrift 728. Jahrhundert IX.

EINLEITUNG.

Die handschrift 727, in folio, gehört wohl dem zehnten jahrhundert an: Arx sagt dem neunten, Pertz dem zehnten oder elften. Sie enthält die vier bücher verordnungen des Ansegisus und von den drei büchern des Benedictus das erste nebst 99 kapiteln des zweiten. Nach dem vierten buche und den anhängen, auf seite 106, finden sich folgende verse:

»Quattuor explicitis lector uenerande libellis.
Qui canonum recitant iura tenenda satis.
Quosque pater quondam collegit nobilis apte.
Anseghisus ouans ductus amore dei.
Aut cario demum quem tunc mogontia summum
Pontificem tenuit præcipiente pio.
Post benedictus ego ternos leuita libellos
Adnexi legis quis recitatur opus.
Quos patet inuentos præfacio pandit ut ipsa.
Distinctum titulis subpositisque suis
Hos igitur relegens deuoto pectore byblos.
Gratanter studeas fundere posco preces
Quatinus æterno donentur munere cælo.
Hæc pia sanxerunt quicoq. iura pie.«

Baluzius hat diese handschrift in händen gehabt. seine lesarten scheint Pertz benutzt zu haben (b. 3, s. 269). Wir haben diese handschrift als die vollständiger zu grunde gelegt und sie, wo es nöthig war, mit A. bezeichnet. die lesarten der handschrift 728 tragen den buchstaben B.

Die titel sind roth geschrieben, fehlen aber grösstentheils. wo handschrift 728 solche bietet, sind sie aus ihr ergänzt.

Die handschrift 728 ist auf seite 351 beschrieben. Das, was wir aus ihr noch mitzutheilen haben, steht auf seite 24 bis 108. Pertz setzt unsere handschrift in das zehnte jahrhundert, während sie Arx dem neunten zuweist.

Graff hat in seiner Diutiska, b. 1, s. 340, die lesarten beider handschriften gegeben.

S. 1. In christi nomine incipiunt capitula ep'orum regum maximeque omnium nobilium francorum [1] legiloquum etc.

Incipit præfatio.

anno incarnatione ipsius DCCC. XXVII. in dictione . VI . anno uero . XIII . imperii gloriosissimorum principum domini hludouuici augusti etc.
ansigisus — abba.
caroli magni [2].
hludoguuici (zweimahl).
S. 2. hludoguuicus (zweimahl).

Incipiunt capitula.

S. 4. LXXXV. De mansis uniuscuiusque ecclesiæ.

(LIBER PRIMUS.)

S. 15.   LXII.
nec fitonis consulator.

LXXIIII.
S. 18. pipinus rex.
LXXXV.
S. 23. unus mansus integer.
S. 24. de præscripto manso.
XCI.
langobardia.
CXV.
S. 30. manniti.
CXXVI.
S. 31. in alode.

S. 35. INCIPIT PRÆFATIUNCULA LIBELLI SECUNDI.

hludouuicus cesar.

Incipiunt capitula.

XXXVII. uuadii non accipiantur.

IIII. De sacro ministerio etc.
S. 39. comitis . siue uassi.

V. De admonitione etc.
S. 40. de isdem mansis.

---

[1] Man begegnet der form »franc—« 25mahl in dieser handschrift.

[2] Ist nur hier mit »c« geschrieben, sonst (27mahl) mit »k«.

S. 42. VIIII. De admonitione etc. uassis nostris.

S. 43. XIIII. De pace etc.
- ad marcham.

S. 47. XXIII. De capitulis etc. Uassi quoque et uassalli nostri,

XXV. De nominibus etc.

S. 48. I: uesontio q'est diocesis bernoni archiepiscopi; eiminus episcopus et monegeldus comes in magontia q'est diocesis heistulfi archiepiscopi; idem heistulfus episcopus . et rotbertus comes . in treueris; hæcti archiepiscopi et aderbertus comes; in colonia hadaboldus archiepiscopus et eemunt comes; in remis . ebbo archiepiscopus; quando potuerit; et quando ei non licuerit . hrothadus episcopus . eius uice et hruotfridus comes sit super sex uidelicet comitatus id est remis . catalonsuasin . siluanectis . beluacus . et laudunum; super quattuor uero episcopatus qui ad eandem diocesim pertinent . id est nouiomacense . ambianensem . taruanensem . rangarius episcopus . et beringarius comes . Senones hieremias archiepiscopi et donatus et ingobertus comites . Rothomacum . uillibertus archiepiscopus et Ingobertus comes . Turonus . lan-

drammus archiepiscopus . et rotbertus comes . Ludunum tarentasia et uienna . albericus episcopus et ricchardus comes.

S. 49. XXVIII. De admonitorio etc.

S. 50. ac uassis nostris.
de primis scabineis suis tres.

S. 53. XXXVII. — — uuadii non accipiantur.

uuadios accipiunt.

S. 56. INCIPIT III PRÆLOCUTIUNCULA LIBELLI.

karoli . A. kharoli . B.
hludouuici . A. B.
karolus . A. hkarolus . B.

(Index.)

XIIII. De heribanno . **A.** hairibanno . B.

S. 57. XXVIIII. uuadii . A. B.
XXXIII. scabineis . A. B.
XXXV. De heribannatoris coniecto . A. hairibannatoris . B. (XXXIIII.) ¹)

XL. banniri . A. B.

S. 58. XLV. De mannitiones secundum legem ad mallum. A. mannitione. B.

XLVIIII. De latrone forbannito etc. A. B.

L. De comite latronem in forbanno mittente. A. B.

LI. ad mallum. A. B.

LVII. De mallo puplico. A. B.

---

¹) Läuft von nun an eine nummer niedriger.

LVIII. De sacramentis ad palatium adramitis. A. B.
LXVII. De libero homine in hoste bannito. A. B.
LXVIII. De heribanno exactando. A. hairibanno. B.
LXVIIII. banniti. A. B.
LXXIII. De uassis etc. A. B.
S. 59. LXXV, brunia. A. B.

IIII. De armis non portandis.
faidosus. A. B.
S. 60. bannum. A. B.

V. De armatura.
homo de duodecim mansis bruniam¹) habeat. A. B.
bruniam¹). A. B.
cum brunia. A. B.

VI. De negotiatoribus etc.
saxoniæ. A. saxonie. B.
bardenuuuich. A. B.
magadoburg. A. magadoburc. B.
erpesfurt. A. erpessurd'. B.
adalagastat. A. alaxtat. B.
forachen. A. foracheim. B.
breemberht. A. breembreg. B.
reginesburc. A. regineburc. B.
lauriacum. A. B.
brunias. A. B.

VII. De clamatoribus etc.
scabinorum. A. scabineorum. B.

S. 62. XIIII. De heribanno. A. hairibanno. B.
De heribanno etc. A. harribanno. B.
bruneis. A. B.
S. 63. XVIII. De æqualitate etc.
de heribanno. A. hairibanno. B.
XX. De his qui fraudem etc.
in alodem. A. B.
S. 64. XXII. De armis etc.
ad mallum. A. B.
S. 65. XXVIII. De homine etc.
uuirgild'. A. uurdgildum. B.
S. 66. XXVIIII. De homine qui se loco uuadii tradidit. B.
uuadii (zweimahl). A. B.
in mallo. A. B.
pro uuadio. A. B.
XXX. De debitis etc.
excepto freda quæ in lege salica conscripta sunt²). A. B.

XXXI. De eo qui causam etc.
in mallo. A. B.
a scabineis. A. B.

XXXIII. De scabineis etc. B.
scabineos. A. B.

XXXV. De hairibannatoris coniecto. B.
heribannum soluere. A. hairibannum. B.
S. 67. ad heribannatorum. A. hairibannatore. B.

---

¹) „brunniam" verbesserung jüngerer hand in A.

²) „est" jüngere verbesserung in A.

XL. De his qui ad placitum banniri debeant. B.
banniatur. A. B.
scabineis. A. B.

S. 68.   XLV.
Si quis ad mallum legibus mannitus fuerit et non uenerit sic eum sunnitus non tenuerit etc. A.
si — sunnis. B.
in bannum (dreimahl). A. B.
prima mannitio. A. B.

S. 69. XLVII. De hominibus etc.
scabineos. A. B.

XLVIII. De homine etc.
scabinorum. A. scabineorum. B.

XLVIIII. De latrone forbannito. B.
De latrone forbannito etc. A. B.

S. 70. L. De comite latronem. in forbannvm mittente. B.
in forbannum. A. B.
forbannitum. A. B.

LI. De liberis hominibus. qui ad mallum uenire cogendi sunt. B.
ad mallum. A. B.
exceptis scabineis uel uassis comitum. A. B.

LIII. De iusticia etc.
scabinei. A. scabineus. B.

S. 71. LVII. De mallo puplico. B.
Vt in locis ubi mallos publicos habere solent etc. A. B.

LVIII. De sacramentis ad palatium adhramitis. B.
sacramenta — adhramita. A. B.

LX et LXIIII.
bannum. A. B.

S. 72. LXV. De eo qui domum etc.
secundum legem et euuam. A.
eam. B.
in uuadio.

LXVII. De libero homine in hoste bannito. B.
in hoste bannitus. A. hostem. B.
plenum heribannum. A. B.
pro uuadio. A. B.
ipse bannus. A. B.
propter heribannum. A. B.
de ipso banno. A. B.

LXVIII. De haribanno exactando. B.
Vt non per aliam occasionem nec pro uacta. nec de scara. nec de uuarda. nec pro erbergare nec pro alio banno heribannum comes exactare presumat etc. A.
uuacta. heribergare. B.

S. 73. heribannum. A. B.
heribannus. A. B.

LXVIIII. banniti. B.
in hostem bannitus. A. B.

LXX. De his qui sine licentia etc.
Quicumque absque licentia uel permissione principis de hoste reuersus fuerit quod factum franci heriscliz¹) etc. A. B.

LXXIII. De uassis etc. B.
De uassis etc. A. uasis. B.
uasallos suos casatos. A. uassallos. B.

---

¹) Oder „herisdiz" A.

S. 74. LXXIIII. De præparatione etc.
de marca. A. marka. B.
de reno (zweimahl). A. B.
renum (zweimahl). A. B.
ad saxonam. A. saxoniam. B.
ad albam marcam. A. albiam markam. B.
montes pirineos marcam. A. markam. B.

LXXV. brunia. B.
bruniam. A. B.
uasallis. A. uassallis. B.
brunias. A. B.

LXXVI. De causarum etc.
pippinus rex. A. pipinus. B.
pippini regis. A. pipini. B.

S. 75. LXXXI. De beneficiis qualiter condricta sint. B.
constructa. A. condricta. B.
alodem comparauit uel construcxit. A. struxit. B.

LXXXII. De beneficiis etc.
uassorum. A. B.

S. 76. LXXXV. De censu etc.
freda. A. B.

S. 77.   (LIBER QUARTUS.)
(præfatiuncula.)
karolus. A. hkarolus. B.
karolus. A. B.
hludouuicus (zweimahl). A. B.

Incipiunt capitula.
IIII. De uassis dominicis ad marcam custodiendam constitutis.
A. markam. B.

VII. De coniuratoribus seruorum in flandris et in mempisco etc.
A. B.

S. 78. XX. uuirgildi. A. B.
XXIII. De proprio in banno misso. A. bannum. B.
XXIIII. De mannire. A. B.
XXV. De faidis cohercendis. A. B.
XXXIIII. De forcapiis. A. B.

S. 79. XL. De forestibus nouiter institutis. A. B.
LVI. De debito ad opus dominicum reuuadiato. A. B. (LVII.)[1]

S. 80. LXVIII. De uassis — dominicis — — qui in hoste non fuerunt. A. De missis etc. B.
LXXIIII. in bannum. A. B.

Incipiunt capitula et textus.

I. Eorum. de seruis etc.
bannum nostrum. A. B.

IIII. De uassis dominicam ad markam etc. B.
De uassis nostris qui ad marcam nostram constituti sunt custodiendam etc. A. De missis. markam. B.

V. De comitibus etc.
scabineos. A. B.

VII. in flandris et in menpisco. B.
in flandris et in menpisco. A. B.
bannum. A. B.

---

[1]) Läuft von nun an um eine nummer höher.

X. De aggeribus iuxta ligerem faciendis.
pippino. A. pipino. B.

XIII. De honore etc.
S. 83. bannum. A. B.
uuirgd'. A. uuergd'. B.

XIIII. De iniuriis etc.
pro fredo ad ecclesiam. et insuper bannus noster. A. B.
cum banno nostro. A.
et bannus noster. A. B.

XV. De uiduis etc.
in mallum. A. B.

S. 84. XVI. De raptu uiduarum.
bannum nostrum. A. B.

XVII. De homine etc.
bannum nostrum in triplo componat et uuirgd'. A. B.

S. 85. XVIIII. De homicidiis etc.
uuirgd'o. A. uuirgild'. B.

XX. De hoc quid in compositione uuir'gd dari debeat. B.
In conpositione uuirgildi etc. A.

XXI. De raptu etc.
freda. B.
bannum. A. B.

XXII. De falsis testibus etc.
S. 86. campioni. A. B.
pro fredo. A. B.
in mallo. A. B.

XXIII. De proprio in bannum misso. B.
S. 87. in bannum (zweimahl). A. B.
in eo banno. A. B.

XXIIII. De mannire. A.
manniatur (zweimahl). A. B.
banniatur. A. bannatur. B.
ad mallum. A. B.
in bannum. A. B.

S. 88. XXV. De faidis cohercendis. B.
faidam. A. B.

XXVI. De sacramentis etc.
sacramenta adramire. A. B.
mallus. A. mallum. B.
mallus. A. B.
mallum. A. B.

XXVII. De his qui in furto etc.
in mallo ad præsentiam comitis se adramiat. A. adhramiat. B.
adramire. A. adhramire. B.

S. 89. XXVIIII. De iniustis etc.
pippini. A. pipini. B.
bannum nostrum. A. B.

XXX. De his qui bonos etc.
bannum nostrum (zweimahl). A. B.
uassallorum. A. uasallorum. B.

XXXIIII. De forcapiis. B.
S. 91. XXXVIII. De nonis et decimis.
uassi nostri. A. B.
S. 92. bannum nostrum. A. B.

XXXVIIII. De mancipiis etc.
karoli. A. hkaroli. B.

XL. De forestibus etc. B.
karoli. A. hkaroli. B.

S. 94. LIII. De falsa moneta etc. de faidis. A. B.

S. 95. LVI. De debito — reuuadiato. B.
reuuadiatum. A. B.

S. 96. LVIII. De pontibus etc. bannum. A. B.

LVIII. De forestibus dominicis. B.
De forestibus etc. A. B.
forestem. A. B.

S. 97. LXVII. De missis etc.
uassi uero nostri. A. B.

LXVIII. De uassis etc. B.
uassi nostri. A. B.
heribannum reuuadiant. A. B.
karolo. A. hkarolo. B.

LXX. De dispensa etc.
friskingas III. A. fresking' III. B.
friskingas II. A.

S. 98. uassallo. A.
friskinga I. A.

LXXII. De solutione etc.
in lege salica. A. B.
inter francos. A. C.
contra saxones et frisiones. A. B.
saxo uel frisio a parte salici franci. A. B.

LXXIII. De statu hominis.
manniatur. A. B.
ad mallum. A. B.
in bannum. A. B.

S. 99. LXXIIII. De proprietate etc.
in bannum. A. B.

(Appendices.)
(Præfatiuncula.)
karoli. A. hkaroli. B.

Incipiunt capitula.

S. 101. XXXIIII. mangones[1]) et cociones. A. B. (XXXV.)[2])
XXXVI. karoli. A. Hkaroli. B.

S. 102. XLI. Ut baucæ et bruniæ non uendentur etc. A. bauga. B.
XLIII. pippini regis. A. pipini. B.
uuadiare. A. B.
reuuadiata fiant. A. B.
XLVIII. saxonibus. A. B.[3])
L. ad magontiam. A. B.

S. 103. LXIIII. De heribanno. A. B.
banum. A. bannum. B.

S. 104. reuuadiatum fiat. A. B.
LXVI. De — alode restaurato. A. B.
LXVII. De freda exigenda. A. B.
LXVIIII. saxo. A. B.
LXXI. saxo. A. B.
bannum. A. B.
LXXII. heribannum (dreimahl). A. B.
tot heribanni ab eo exigantur quod homines domi dimiserit. A. B.

S. 105. Item capitula.
hluduuici. A. hludouuici. B.
II. De mansis quem geirfred' episcopus. A. manso. B.
a liutrico comite. A. liutfrido. B.
liutricum. A. B.
karoli. A. hkaroli. B.

---

[1]) S. die handschrift 245.
[2]) B. läuft um eine nummer höher.
[3]) B. fängt nach XLVI wieder an XI zu zählen, u. s. f.

III. De foreste quam hautharius comes etc. A. B.
IIII. De causa hruotmundi comitis etc. A. B.
V. heiminus et manoaldus. A. mnanohald'. B.
VI. Odo buticularius; de foreste sua interrogandus est. A. B.
VII. De rebus quas marchio tradidit filio bosonis etc. A. B.
VIII. De rebus quas quædam femina hildigardi regine tradidit etc. A. hildegarde. B.
S. 106. VIIII. Quærelam quam elysachar et haiminus contra mainarium habent etc. A. helisachar. onaginarius. B.
X. hildebrandi. A. B.

(Hier folgen die in der einleitung mitgetheilten verse.)

(Præfatio Benedicti.)
karoli atque hludouuici.
ab ansegiso abbate.
S. 107. pippini ac karoli atque hludouuici.
hludouuico hlotharioque atque karolo — — filiis — hludouuici piissimi.
sparsim inuenimus. et maximæ in scāē mogontiacensis metropolis ecclesiæ scrinio archiculfo eiusdem scāē sedis metropolitano recondita et demum ab aut cario scd'o eius successore atque consanguineo inuenta repperimus etc.
S. 108. ansighisus.
magontiacensis.
carlomanno francorum principe.

S. 109. (Carmen in honorem Carolingorum)
Pippinus.
Carromannus.
S. 110. hludouuicus.
Hludouuicus.
hlotharius
Frantia[1]).
S. 112. II. francorum episcopis sub carlomanno.
III. Item altera synodus a supradictis episcopis a principe apostolica auctoritate k'. martias liptinas abita.
VIII. propter faidam.
S. 115. C. De manso etc.
S. 120. CC. Ut sacramentum pro ghildoma non fiat.
CCII. De teloneis forbannitis.
CCIIII. de nassis.
CCV. pro faida.
S. 121. CCXIII. De mansis etc.
CCXXXVII. uuirgildi.
S. 122. CCXLVIII. De — bruniis habendis.
CCXLVIIII. De his qui in iudiciis scabinorum adquiescere nolunt.
CCLVIII. heribannus.
S. 123. CCLXXIIII. uuadii non accipiantur.

---

[1]) d. i. Francia.

CCLXXXIII. De heribannatoris coniecto.
S. 124. CCLXXXVIII. ad mallum,
CCCIII. Ex capitulis domni karoli qualiter ex factis aut mansis uel quartis seruitium agatur.
CCCV. pippinus rex.

S. 129. INCIPIT LIBELLUS QUINTUS.

I. Epistola zachariæ papæ francis et gallis directa.

pippino et karlomanno.

S. 130. II. Incipit synodus cum actibus suis iussione apostolica bonefacio et francorum episcopis sub karlomanno duce habita anno incarnationis dominicæ DCCXLII.

Ego karlomannus dux et princeps francorum.
burchardum . et regenfridum . et gaintanum . et uuitbaldum . et dadanum . et eddanum .

S. 132. grafione.

S. 133. III. Item altera synodus a supradictis episcopis ac principe apostolica auctoritate kl' martias liptinas habita.

in loco qui dicitur liptinas.

S. 135. VIII.
Qui propter faidam fugiunt etc.

S. 136. XVI. De iustitiis faciendis.
in mallo ante rachinburgios (zweimahl).

S. 148. XCVIII.
bannum nostrum reuuadiare.
illum bannum.
S. 149. C.
De manso.
CIII.
in mallo.
CVI.
S. 150. bannum nostrum.
CVII.
bannum nostrum — et uuirgildum.
S. 166. CLXXXIII.
in mallo.
CLXXXVI.
uuirgildi.
S. 167. CXCV.
bannum.
CC.
De sacramentis pro gildoma inuicem coniurantibus etc.
S. 169. CCII.
forbanniti.
CCIII.
foris marcam.
bannum (zweimahl).
in uuadium.
CCV.
pro faida.
S. 172. CCXIIII.
unus mansus integer.
S. 177. CCXXX.
uuirgildus (zweimahl).
CCXXXI.
bannus noster (dreimahl).
CCXXXII.
S. 178. in mallum.

CCXXXIII.
bannum nostrum.
uuirgildum.
S. 179. CCXXXVI.
uuirgildū.
CCXXXVII.
uuirgildi.
CCXXXVIII.
freda nostra.
bannum nostrum.
S. 181. CCXLVII.
faidosus.
bannum (zweimahl).
CCXLVIII.
homo de XII mansis bruniam
  habeat.
bruniam.
cum brunia.
CCXLVIIII.
scabiniorum
S. 184. CCLVI.
manniti.
CCLVIII.
De haribanno.
bruniis.
haribannum.
S. 188. CCLXXIIII.
uuadios.
S. 189. CCLXXVI.
bannum nostrum.
S. 190. CCLXXVIII.
uassallorum nostrorum.
S. 191. CCLXXXIII.
heribannum.
haribannatorem.
S. 192. CCLXXXVI.
scabinos.

CCLXXXVII.
scabinorum.
CCLXXXVIII.
ad mallum.
exceptis scabinis uel uasis comitum.
S. 194. CCXCVI.
pro fredo.
in mallo.
S. 196. CCCIII.
in cenomannico pago.
S. 216. CCCLXVII.
faidosus.
S. 217. CCCLXXII.
scrunium more romano — agatur.

(LIBER SEXTUS.)
S. 223. (Index.)
S. 231. CCXI. mallum.
  mannitus.
CCXVIII. scabinos.
CCXXI. haribannum.
CCXXIII. bruniis.
S. 232. CCXXVI. pipini regis.
CCXXXI. uuadiare.
  reuuadient.
CCXXXVIII. banniatur.
  scabinos.
S. 233. CCLXXII. Ut omnis homo
  de duodecim mansis bruniam
  habeat.
CCLXXIII. sclauorum
S. 234. CCLXXXV. haribannus.
CCXCVI. De homine iudicio sca-
  biniorum iudicato.
CCXCVII. forbannitum.
CCXCVIII. in forbannum miserit.

S. 237. CCCLXX. — — ex capitulis domni karoli imperatoris uuarmatia generaliter decreta etc.

S. 238. CCCLXXXII. Ex capitulis domni karoli regis anno regni eius undecimo actis etc.

CCCLXXXIII. Ex capitulis domni hludouuici inghilenaim etc.

S. 241. Sextus incipit libellus.

XCVI.

S. 255. bannum nostrum.

ut in bastonico retrusus — pœnas luat.

XCVII.

S. 258. bannum nostrum.

XCVIII.

bannus noster.
iuxta uuirigildum.

XCVIIII.

uuirgildum.

Anhang aus handschrift 728.

RECAPITULATIO SOLIDORUM.

S. 98. legis salicis (zweimahl).
    legis salice.

S. 99. uuaranionem.

S. 100. uuaranionem.

mulierem striam.
lidum.
in truste dominica.

S. 101. INCIPIUNT QUESTIONES DE UARIIS UOCABULIS IN LEGE.

INT'. Lex quid est.
RP'. Lex est constitutio populi. Quæ maiores natu. cum plebibus sanxerunt. Nam quod rex. uel imperator edidit constitutio. uel edictum uocatur.

S. 102. INT'. Pignus quid est
RP'. Pignus est uuadius quod datur pro rem creditam. quæ dum redditur. statim pignus a creditore aufertur.

BEMERKUNG.

Die handschrift 222, in kleinem quart, aus dem zehnten jahrhundert, enthält auf seite 139 bis 142 ein stück von einer verordnung, welches aber keine ausbeute für unsern zweck bietet.

BUNTES.

VORBERICHT.

Mit den folgenden blättern übergeben wir der gelehrten welt die frucht einer langen arbeit; denn so wenige es deren auch sind, so enthalten sie doch vielleicht die mühen eines ganzen jahres. es ist die ausbeute von siebenzig handschriften, wobei uns noch andere zweihundertundsiebenunddreissig, jene nicht mitgerechnet, welche wir auf der stadtbibliothek durchsuchten, durch die hände gegangen sind. denn so brav auch die handschriftsverzeichnisse der stiftsbibliothek sind, so sind sie doch für den zweck, den wir verfolgen, nicht ausreichend, und wir mussten in der erwartung, grösseres, kleineres, nichts zu finden, alle handschriften, meist blatt für blatt, oft zeile für zeile durchlaufen. einer muss sich einmahl dieser arbeit unterziehen, und da wir uns dafür angekündigt, nicht ganz die grösse derselben überschauend, wollen wir auch unser wort lösen, obgleich uns die arbeit noch dadurch bedeutend erschwert wurde, dass wir jetzt fern von St. Gallen, das wir verlassen mussten, weilen. Auch noch in anderer hinsicht sind solche einzelne glossen auf dem rande oder zwischen den zeilen oft mühsam, wenn die schrift schlecht ist, da sie, oft von einer andern hand als der, welche das buch schrieb, geschrieben, keine vergleichung gewähret; oder abgeblasst, oft auch nichts ahnen lässt. Wirklich haben wir einen theil dessen, was wir noch gesammelt, zu einer wiederholten vergleichung und betrachtung auf die seite legen müssen. der übrige rest, gesammeltes und gehofftes, wird am schlusse des ganzen werkes gegeben.

Was wir hier liefern, ist seinem inhalte nach bunt; daher auch der titel. Ein kleinerer theil hätte eine passende stelle unter den glossen verschiedenen inhaltes erlangt, aber wir hatten ihn damahls noch nicht aufgefunden. Die anordnung ist ebenfalls bunt, d. h. nach den nummern, welche die einzelnen handschriften tragen, denn unterschiede, die eine eintheilung begründeten, sind kaum gegeben.

Was den gehalt betrifft, so liegt der ausser unserem bereiche: wir mussten geben, was wir fanden, werthvolles neben geringem. über den werth kann sich übrigens das urtheil täuschen, denn unter umständen wird oft das wichtig, was gering erschienen.

Möge nun dieser band die freundliche aufnahme finden, die wir ihm wünschen, und jene brauchbarkeit besitzen, die wir angestrebt. Das wortregister, das uns namentlich Grimm anempfohlen hat, wird, um alles zu vereinen und so den gebrauch zu erleichtern, am schlusse der ganzen sammlung gegeben. Zunächst werden nun Notker's lobgesänge David's erscheinen.

Handschrift 2. Jahrhundert VIII.

Die handschrift ist von seite 301 an ums jahr 770 von Winithar (s. s. 250) geschrieben. sie bietet bloss auf seite 406, auf dem untern rande, am ende einer lage, das wort »vsqqualdram«, dessen »vs« verschlungen ist. die schrift dürfte gleich alt sein.

Handschrift 6. Jahrhundert VIII.

Die schrift ist der in der Benediktiner-regel sehr ähnlich, doch nicht so kräftig. Die glossen sind jünger als die handschrift.

S. 47. zg. Attulerunt igitur archam dei et constituerunt (oftere) eam in medio tabernaculi.
S. 48. rsch. fp.? nanip.

Handschrift 7. Jahrhundert IX.

S. 256. prespiter hartmotus ofret beato gallo librum.

S. 460. Hartmotus Gallo tradebam munere firmo.

Handschrift 19. Jahrhundert IX.

S. 8. zg. salvat wol facit.
S. 134. Hartmotus gallo donaui.

Handschrift A. C. 23.
Jahrhundert IX.

Einleitung.

Die handschrift, in quart, der stadtbibliothek angehörig, ist eine sammlung verschiedener stücke von verschiedenen händen: admonitiones sancti Basilii, mehrere lobgesänge, vita sancti Findani, apostelgeschichte; admonitio sancti Pauli, qualiter demonstraverat ei dominus videre bonum et malum; Aurelius de anima; Pauli diaconi chronicon breve Longobardorum. Die handschrift stammt ohne zweifel aus dem stifte St. Gallen [1]), und mag, wie andere bücher, in den unruhen der glaubensänderung in die hände sanktgallischer bürger gekommen sein. Sicher hat sie Goldast benutzt, der aus ihr das leben des heiligen Findanus herausgegeben hat. nach seinen anmerkungen scheinen ihm mehrere handschriften zu gebote gestanden zu haben, doch sonderbar, dass keine über das dreizehnte kapitel hinausreichte. Der heilige Findan starb den 15. wintermonat des jahres 827. S. Helvetia sancta von Murer, s. 118. Goldast hat richtig gelesen, wie es sich bei der schönen deutlichen schrift dieses kapitels auch gar nicht anders erwarten lässt. Bekannte wiederkehrende eigennamen haben wir nicht wiederholt. — Die geschichte der Longobarden werden wir an einem andern orte benutzen.

Incipit vita sancti Findani confessoris.

S. 31. findan genere scottus . cuius prouintiæ laginensis

S. 32. nordmanni.

S. 36. insulas iuxta pictorum gentem . quas orcades uocant.

S. 39. galliarum partes parauit adire . Hinc martini sedem pedens. postea franciam alamanniam. langobardiamque peragrans. monasterio quod rinaugia uocatur.

S. 40. Findanus cum recludi uoluisset . et instantibus precibus pro hoc domini uoluntatem scire laboraret . uox huiuscemodi ad cum delapsa est . *licet tibi* isket duit *a deo ire in abbatiam* odia . anatheset indabdane . licet tibi a deo post alios remeare.

S. 41. tale oraculum aure percepit propria lingua prolatum . Ataich *obsecra* crist ocus patric art- *christum et patricium nomen* mache . farna feiltâm naktsil *ciuitatis* teilebruchir tart doit teilco . il farky'sel . et ex hoc edacitatis uitium minime sensit.

S. 43. rheni fluminis . in fauariensi monasterio .

S. 44. Cui tale continuo responsum . uoce suauissima diuinitas direxit . Cucendo chach . cucenndet . faden . maith-det faden . maith dochach.

---

[1]) In St. Gallen pflegte man sich durch die worte „adnexique globum zephyri canna secabant", worin alle buchstaben des abc vorkommen, im schreiben zu üben. S. Geschichten des Kantons St. Gallen durch Ildefons von Arx, b. 1, s. 187, e. Diese worte finden sich in obiger handschrift.

S. 45. In festiuitate sancti aidani episcopi audivit cum illius imploraret adminicula . huiuscemodi uocem . ainmne . ilao ocus . innaidchi . nilonge . colonge . cẻ lederemut . noserfas scruithiu .

Handschrift 30. Jahrhundert IX.

Auf der ersten, ursprünglich freigelassenen seite stehen vier nicht abgetheilte verse von jüngerer hand als die handschrift.

   liubene er sazta sine gruz
   unde kab sine tohter uz
   to cham aber starz fidere
   prahta imo sina tohter uuidere

Handschrift 54. Jahrhundert IX.

Auf der letzten seite (s. 185) von jüngerer hand. die »v« sind übergeschrieben.

Bischozisuuir . Lanfrit . Helchin . Rvodof . Pertker . Rvozeman . Azechint . Hartman . Lvoo . Chvono . Pernhere . Heinric Pruininc .

Handschrift 63. Jahrhundert IX.

S. 239. rg. ornamenta nauis . kiruste .

Handschrift 98. Jahrhundert IX.

Auf dem ersten blatte.

Obtulit hunc librum regimarus sorte sacerdos

Regum sublimi meritorum stemmate claro .

Iubare uirtutum solis splendore corusco .

Celsa præ cunctis hludouuico laude colendo .

Quem deus ætherius diuturno salvet in æuo .

Tanta patrocinii conseruans præmia nobis .

Handschrift 100. Jahrhundert X.

S. 88. rg. engilger .

Handschrift 102. Jahrhundert X.
(Von der hand Ekkehard's IV.)

S. 77. zg. fidei uelamen obrodunt . ūmbē grūmmōnt .

Handschrift 110. Jahrhundert XI.
(Ekkehard IV.)

S. 213. zg. Istarum quoque auium combinatio (zuuẻivnga) . in sacrificium offerri mandatur;

Handschrift 111. Jahrhundert IX.

Einleitung.

Nachstehender segensspruch über schweine findet sich dreimahl vor: zweimahl auf der ersten, einmahl auf der letzten freien seite der handschrift. Die lesart weicht ein wenig ab, die hände sind verschieden: die erste weniger geübt, die zweite und dritte sehr ähnlich der hand, welche das buch schrieb. Die andern drei sätze der letzten seite sind in Graff's sprachschatz (s. LXIII.) mitgetheilt. Einige sonderbare buchstaben folgen bei den facsimiles.

S. 1. in nomine domini isti porci quos inenarrati sunt sanctus iohannes uidcat illos amen et sanctus martinus expascet illos amen . et sanctus blasius emendet illos amen . ab omni malo amen alau tahalaui fugau

ab omni malo Exaudita est oracio tua

in nomine domini isti porci quos inennarati sunt sanctus iohannes uideat illos amen et sanctus martinus expascet illos amen et sanctus blasius emendet illos amen . ab omni malo amen . alau tahlau fugau

S. 352. inno quis det in nomine domini isti porci quos inennarati sunt . sanctus iohannes uideat illos amen . et sanctus martinus expascet illos amen . et sanctus blasius emendet illos amen . ab omni malo amen . alau thalau fugau . et innenarrabilitudinitatibus mihi domini Ex more docti mistico . seruamus hoc geiunio alau ta

so iz regenot so nazscent te boūma

so iz uuath so uuagont te bovmma

so diz reḣpochchili fliet so plecchet imo ter ars

Handschrift 119. Jahrhundert X.

S. 147. rg. cliuua (wohl zu »furfures« im texte gehörend).

Handschrift 127. Jahrhundert IX.

est mutatus . kiuuchselot (auf dem blatte, das auf den hintern deckel aufgepappt ist).

Seite 379 findet sich ein runisches wort, wahrscheinlich der name des schreibers (Ratger?). S. die facsimiles.

Handschrift 135. Jahrhundert X.

S. 292. zg. recrementum . auuahst.

Handschrift 143. Jahrhundert X. (Ekkehard IV.)

S. 156. zg. incantat . kerminot.

Handschrift 152. Jahrh. IX u. XI.

S. 277. Hoc opus exiguum . puerili pollice scriptum .
Sit ruothperte tibi magnum etc.

Handschrift 162. Jahrhundert X.

(Ekkehard IV.)

S. 58. zg. Uinacia . i. e. trestir .
S. 59. zg. acuerit . sûrêt .

Handschrift 165. Jahrhundert X.

S. 278. UUANINGUS SCRIPSIT .

Handschrift 166. Jahrhundert X.

(Ekkehard IV.)

S. 79. zg. uiscum . fógilchleib .
S. 314. rsch. chumo kibeit .

Handschrift 168. Jahrhundert IX.

Einleitung.

Man sehe über die handschrift s. 339. Die glossen und die verse auf dem letzten, früher freien blatte sind von Ekkehard IV.

S. 122. zg. in trutina . i . libr: scafa .
S. 186. zg. uoluptas uentris. i. gaila.

AD PICTURAS IN CLAUSTRO .

S. 405. franchos. — Sigiberto . — Luxouium . — Brunhildis . — Luxouii : — Turicinum . — loca Tucconiæ . — Tucconio spreto. — arbonam. — Uuillimar. — Brigantvm . — Arbonæ (dreimahl) . — Vuillimar .

S. 406. iburningun. — Frideburch[1]). — magnobaldus .

Ecce Noote .
Mane super montem etc.
magnoaldo .
Gallum cābota donant .

---

[1]) Die tochter des herzogs Gunzo von Ueberlingen.

Handschrift 176. Jahrhundert IX.

Auf dem letzten, an den deckel geleimten blatte ist ein grosses geschirr abgebildet und daneben mehrere schmähverse auf Grimoald, einen klostergeistlichen. Hand Ekkehard's IV.

Hoc uas impletum uertatur mox in acetum;

Al'. Ipse sit hic tegmen cuius tegit omnia numen;
Hauserit hoc si quem crimalt [1]) ex uase liquorem
Peruigilem tussim suscitet atque sitim;

Al'. Pneuma tuum rore super hunc asperge liquorem
Crimolt uirtutem hinc hauriat atque salutem.

                                                 Cloph runa [3])

Crimalto [2]) fratrum facetiori   V   X   X   V   VIII   I
                                            XVII   XVIIII

Felix si liquida poteras mediocriter uti
Lætitia parcumque modum seruare bibendi.

S. 298. rg. Et in aliis rebus perturbatio grassatur. sicut nouitas popponis
    S. Galli cellam in plerisque notabiliter sanam uulnerabat scismatis sui
    uulnere sæuo et dolendo.

---

[1]) Verbessert aus „crimolt".
[2]) Verbessert aus „Crimolto".
[3]) Von derselben hand, doch ist die tinte, nebst der der verbesserungen, etwas blässer. die zahlen und punkte haben die gleich schwarze tinte. Es ist wohl der name Ekkehard.

Handschrift 177. Jahrhundert IX.
S. 182 u. 452. Heribaldus Autisioderensis ecclesiæ episcopus.

Handschrift 180. Jahrhundert IX.
S. 4 und 241. Otmar (neunmahl).

Handschrift 181. Jahrhundert IX.
S. 56. rg. adelbero adelgoz.

Handschrift 187. Jahrhundert X.

S. 2. C. Jvli Solini . sive grammati polyhistor . ab ipso æditvs et recognitus . de sitv orbis u. s. w.

S. 75. Germania . In ea de avibus Hercvniis. De visontibvs de vris . de alce Item de alce; Gangaviæ insulæ . De sucino. De Gallaico lapide . De ceraunio albo;

Mons sæuo ipse ingens nec ripeis minor collibus initium gærmaniæ facit; Ingynones tenent a quibus primis post scythas nomen germanicum consurgit; diues uirium terra . frequens populis numerosis . et immanibus; extenditur inter hircunium saltum . et rupes sarmatarum; ubi incipit danuuio . ubi desinit reno . profunditur ex partibus eius internis . alba guthalus uistla . amnes latissimi præcipitant in oceanum; saltus hercunicis . aues gignit . quarum pennæ per obscurum emicant et interlucent . quamuis obtenta nox cogat . denset tenebras; unde homines loci illius . plerumque nocturnos excursus sic desinant . ut illis utantur ad ductum itineris dirigendi : præ iactisque per opaca callium uiæ ordinem inlustrant . indicio plumaruu refulgentium ; In hoc tractu sane . et omni septentrionis plaga . uisontes frequentissimi . qui feris similes; sætosi colla iubis . orridi . ultra tauros pernicitate . capti adsuescere manum nequeunt; sunt et uri . quos inperitum uulgus uocant bubalos; cum bubali pæne ad ceruinam faciem in africa magis abundent; istis porro . quos uros dicimus . taurina cornua in tantum modum protenduntur . ut empta . ob insignem capacitatem . inter regias mensas gerula potuum fiant; est et alce . mulis comparanda . adeo propenso labro superiore . ut nisi repedet in posteriora uestigia pasci non queat . gangauia insulæ regione germaniæ . mittit animal quale alce . et cui suffragines ut elefantis flecti nequeunt; propterea non cubitat cum dormiendum est : tamen somnulentam arbor sustinet . quæ ad prope casuram secatur . ut fera dum adsuetis flumentis innititur . faciat rumam ita capitur . alioquin difficile est eam mancipari . Nam in illo rigore poplitum . incomprehensibili fuga pollet . De germanicis insulis . gangauia maxima est . sed nihil in ea magnum præter ipsam . Nam glesaria dat crystallum . dat et sucinum . quod sucinum germani gentiles uocant glæsum . qualitas materiæ istius summatim antea . germanico autem cæsare . omnis germaniæ oras scrutante . conperta arbor est pinei generis . cuius mediale autumni tempore succino lacrimat . sucum esse arboris de significatione nominis; pinum uero unde gignitum profluit . si usseris odori indicauit præcium opere est ire longius; ne padaneæ siluæ credantur lapidem fleuisse; hanc speciem in illiricum barbari intulerunt; quæ cum per pannonica commertia usu ad transpadanos homines foret delata . quod ibi primum nostri uiderant . ibi etiam natam putauerunt; munere neronis principis . apparatus omnis sucino inornatus est . nec indifficulter cum per idem tempus tredecim milia librarum rex germaniæ dono ei miserit; Rude primum nascitur et corticosum . deinde incoctum adipe . lactentis suis expolitur . ad quem uidemus nitorem pro facie habet nomina melleum dicitur . et falernum . utrumque de similitudine aut uini . aut utique mellis . In aperto est . quod rapiat folia . quod trahat paleas . quod uero medeatur multis uitalium incommodis . medentium docuit disciplina; et india habet sucinum . sed germania plurimum optimumque quoniam ad insulam glæsariam ueneramus . a sucino cœptum . Nam in germaniæ continentibus galliaca repperitus . quam gemmam arabicis anteponunt . Vincit enim gratia; arabes quidem dicunt . non alibi eum depræhendi quam in nidis auium . quas melancorynfhos uocant . quod nullus recipit . cum apud germaniæ populos . quamuis rara in saxis tamen appareat; honore et pretio . ad zmaragdos uiret pallidum . nihil iocundius . aurum decet; cera uniorum . porro genera diuersa sunt . germanicum candidum est . splendet tamen cærulo . et si sub diuo habeas . fulgorem rapit siderum .

Handschrift 189. Jahrhundert VIII.

Federproben auf der letzten seite und auf dem deckel.

muneheri [1]) diaconus
Pero Livbeli Hundisgizili [2])
de quescionibus cotepret scribsit zacaubilza [3]) pira cibias [4]) fone perekecotepi

---

Handschrift 196. Jahrhundert X.

Auf dem ersten unbeschriebenen blatte.

Muttus uix sine ūbo. Muttilare. corrumpere.

Chorus XXX mod'. Efa. III mod' in aridis ut in tritico et ordeo. Item in speciebus liquidis ut in uino et oleo uocatur batus siue uadus. Mina uero quæ appellatur mna habet siclos LX. qui faciunt obelos. mille CCtos. teredri caradrum. tront. mutti fol trontis. ist mir liubera denne truhtinis haz.

S. 390 (letzte). Totila rex gethorum.

Handschrift 197. Jahrhundert X.

Die handschrift, in quart, enthält unter anderem die gedichte von dem Kreter Diktys (benützt von Orelli), Cornelius, Alcimus, Avitus, Columban (?), Thietholf, Waldram, Juvencus und Sedulius.

S. 187. ALCIMI AVITI EPISCOPI INCIPIT DE DILUUIO MUNDI.

S. 188. zg. bestia cepit. i. e. irpoiz.

S. 190. zg. Vt fluuius primum. parua diffusus ab vrna. úrsprinc.

S. 191. zg. humani corporis illis Plus vultus. quam forma (scóni) fuit. Sic linea (lidēlâl) membris Conveniens. hominem. monstrabat etc.

S. 203. zg. adductum (i. e. engen) litus.

S. 289. UERSUS THIETHOLFI EPISCOPI etc.

S. 301. UERSUS UUALDRAMI AD DADONEM etc.

S. 329. (fp.) Patern. oster. miz. — drusesm.

Handschrift 198. Jahrhundert X.

(Alcimi poëmata.)

S. 6. zg. præpetibus. snellen. zg. post etiam. tarna.

---

[1]) Arx liest in seinem verzeichnisse der handschriften fälschlich „unneheri", denn vor dem „eheri" sind sieben stirche.

[2]) Arx liest ebendaselbst „Hundisgizila", was nicht möglich ist, wenn man nicht den fuss des „l" zugleich für einen theil des „a" gelten lässt.

[3]) Vor dem „l" steht noch ein „s", das aber getilgt scheint.

[4]) Das „i" ist übergeschrieben.

Handschrift 202. Jahrhundert X.

S. 114. rg. explicit scriptio partes adalgeri.

Handschrift 204. Jahrhundert X.

S. 2. caput Ulrici nuzelint (neben einem bildniss).
Ruadp'rt.
Ripold scripsit.

Handschrift 216. Jahrhundert IX.
(S. s. 283.)

S. 3. fp. cers hodo cunus
S. 223. fp. o regeboldus Rabidus neque bonus canus.

Handschrift 227. Jahrhundert IX.

S. 2. uuolfrā abo (schreiber der handschrift).

Handschrift 231. Jahrhundert X.

S. 377. Wie sol der minnen werden rat
de vetius mir geboten hat

Handschrift 238. Jahrhundert VIII.

S. 493. Explicit liber quem uuinitharius — — scripsit. (S.s.250.)

Handschrift 243. Jahrhundert IX.

S. 254. Ego eadberct hunc librum — — ad finem usque perduxi.

Handschrift 244. Jahrhundert XII.

Hunc librum Gallo patrarunt Notker et Anno.

Handschrift 245. Jahrhundert X.[1])

(Ekkehard IV.)

S. 70. Ut non iam ueri negotiatores. sed ut ita dixerim. quidam appareant mangones. rsch. Ecce teutonicvm uerbvm.
S. 191. zg. in falce i. e. seginsa.
S. 208. zg. cruentia i. e. pluotinte.
S. 222. zg. quod si deliberatio (ter héuil) sancta est et massa (ter téich).

---

[1]) Das verzeichniss des Arx setzt irthümlich das zwölfte jahrhundert, was schon dadurch nicht möglich ist, dass die glossen von Ekkehard IV, der um das jahr 1070 starb, herrühren. Weidmann in seiner »Geschichte der Stifts-Bibliothek von St. Gallen«, anmerkung 77, scheint diese handschrift in das elfte jahrhundert zu setzen.

S. 339. rsch. Otperto uite da gaudia pneumacupit.e.

S. 526, am schlusse: Hanc partem Callo patrat. Uodalricus et Uto.

S. 302. Rutubi portus a gente anglorum nunc repta-cestir vocatur. Angli Ciuitatem cestir. Vrbem burg dicunt.

Handschrift 247. Jahrhundert X.

(Federproben.)

S. 1. Angli Ciuitatem Cestir. Vrbem

Handschrift 258. Jahrhundert IX.

S. 127. rsch. gandulfi.

S. 175. rsch. nitcarii.

Handschrift 270. Jahrhundert IX.

EINLEITUNG.

Die handschrift, in quart, enthält die Dialektik des Alkwin (s. 1), eine abhandlung über musik (s. 39), runen und geheimschriften (s. 52), rhetorisches (s. 53), glossen (s. 58) und eine grabschrift (s. 67). Die runen finden sich auf den beigegebenen steindrücken. Wilhelm Grimm hat dieselben in seinem werke »Ueber deutsche Runen«, s. 107, benützt.

Zu den geheimschriften gibt Arx in der handschrift folgende erläuterung.

»Eadem pagina 52 agit etiam de tribus scripturis secretis (Geheimschriften), quarum una lineis perpendicularibus |, altera uncis ⌈, tertia punctis .·:·. constat. Eæ enucleantur hoc modo: litteræ alphabethi dividuntur in quinque vel sex partes, quæ hic versus nominantur, ut cuique parti quinque litteræ obtingant. Jam pro littera quacunque denotanda scribuntur duo signa ejusdem generis, quorum primum partem alphabethi primam vel secundam vel tertiam etc. denotat, alterum monstrat: quota littera in denotata sectione sit eligenda, prorsus eodem modo, quo Polibius facibus in duobus collibus jam lucentibus, jam obtectis cum urbe obsidione cincta correspondere docet. Sic signa ⌶ vel ⌈· ⌈ ⌈ ⌈ ⌈ ⌈ vel .·:·.. denotant litteram sextam in prima sectione alphabethi, quæ est C.«

Wir bemerken hierzu noch, dass bei dem worte »corui« das als beispiel in der geheimschrift gegeben wird, das erste der runengestäbe dieser handschrift (s. tafel 1) gebraucht und dasselbe in drei theile zu acht buchstaben zerlegt ist.

S. 52. iis-runa dicitur quæ I littera per totum scribuntur, Ita ut quotus uersus sit, primum breuioribus ı, quæ hæc littera sit in uersu, longioribus . I . scribatur. Ita ut nomen corui scribatur his litteris ita.

ı . IIIIII . ııı . IIIIIII . ı . IIIII . ı . II . ıı . III .

lagoruna dicuntur quæ ita scribuntur per l. litteram . ut nomen corui .

hahalruna dicuntur ista quæ in sinistra parte quotus uersus ostenditur et in dextera quota littera ipsius uersus sit.

Soofruna dicuntur quæ supra in punctis quotus sit uersus subtiliter ostendunt

sed aliquando mixtim illas faciunt ut supra sint puncti qui litteram signant et subtus ordo uersus .

Clofruna dicitur quæ pulsu efficitur distinctis personis et litteris ita ut primum incipiatur a personis postea a litteris.

S. 52. rsch. sacitasetdileatioassidcesitintmonosf[1])

S. 1. Albin— (statt »Alcuin—«, mehrmahls).	S. 65. cippa . stoc
	S. 66. callum; suuil
S. 64. toregma . scafreita.	farrugo . phistur.
gracculus; ruoh .	fraga . erdberi;
perdix . repahuun .	

[1]) Von anderer hand und vielleicht nur federprobe.

Handschrift 275. Jahrhundert IX.

S. 3. albino (d. i. Alcuino).
gisla . rodtruda .

Handschrift 279. Jahrhundert IX.
(Ekkehard IV.)

S. 637. zg. fungus malus . tóbesvvam .

Handschrift 284. Jahrhundert IX.

S. 1. Rabani .
S. 189. (Eine urkunde.) ·
sacerdos nomine ripertus de pago nilbeng' præ æcclesia quæ sita est in uicu qui dicitur cella [1]). Anno ab incarnatione domini MCXXX — imperatore aug'. Lothario .
S. 326. fp. uuolfhein . oltadel .

Handschrift 286. Jahrhundert IX.

S. 1. Vuicharius iunior concors et uuikeli maior
Inuitent cætum cantando plebis ad ymnum . etc. [2])
S. 262. rsch. zadiu .
S. 265. rsch. ouuast .
S. 270. rsch. katten .

Handschrift 294. Jahrhundert X.

S. 30. se locauerunt . farmieton .

Handschrift 295. Jahrhundert IX.
(S. s. 224 und 257.)

S. 54.   DE GENTIBUS .
Magogscythe quidam gog et magog . gothos putant .

Handschrift 330. Jahrhundert IX.

S. 134. rsch. m — — muazo .

Handschrift 432. Jahrhundert IX.

S. 542. fp. kenestotas .

Handschrift 454. Jahrhundert IX.

Einleitung.

Die handschrift, in folio, enthält das martyrologium des Ado, die briefe des heiligen Ignatius und die leidensgeschichte des Gereon. Die glossen sind von Ekkehard IV, mit ausnahme der letzten, die jünger ist.

---

[1]) Arx in der handschrift: „Quidam subditi ex Zell in Nibelgovia (bei Leutkirch) abs abbate Wernero anno 1130 privilegium obtinent, ut soli abbati immediate sint subjecti (hörig).

[2]) Aus dem X. jahrhundert. — S. Arx „Geschichten des Kantons St. Gallen" b. 1. zusätze, s. 40.

S. 2. Ado — lectori salutem.

S. 69. zg. iussit in eadem ecclesia plancas (prúccebouma) sterni. rg. cantabulum publicum fróne chúppel siue fárrich.

S. 291. rg. in fluuio quodam paruissimo comprehendit steinah.

Handschrift 557. Jahrhundert IX.

S. 233. zg. Veniam ad illud. quod propter temporum notam. semper occultauit. turch tiea er márida sinero cito.

S. 248. rg. vindicati i. vindictam passi. táz chit skádoháft uuórtene.

Handschrift 558. Jahrhundert IX.

S. 201. zg. offensam missetat.

S. 224. zg. scandalizantes asuichonde.

Handschrift 561. Jahrhundert IX.

(Passio St. Bartholomei apostoli.)

S. 59. hæc cum dixisset, nunciatum est regi quod deus eius bachal (uualdach) cecidisset.

Handschrift 578. Jahrhundert IX.

(Ekkehard IV.)

S. 6. Johannes — — de vita Gregorii.

S. 53. Alpina siquidem corpora. uocum suarum tonitruis altisone perstrepentia. susceptæ modulationis dulcedinem. proprie non resultant. Quia bibuli gutturis barbara feritas; dum inflexionibus et repercussionibus. mitem nititur edere cantilenam; naturali quodam fragóre. quasi plaustra per gradus confuse sonantia. rigidas uoces iactat. (Vide iactantiam romaniscam in téutones et gallos).

S. 97. zg. adiectis siliquis (kephésón) vel granaticis (chénnón).

S. 100. zg. subpostorium fánt.

Handschrift 579. Jahrhundert IX.

S. 102. rg. explosa i. e. discerpta uel imbris dissoluta uel demolita zērzūsōtiū.

S. 103. zg. nexare pinōn.

Handschrift 623. Jahrhundert IX.

Der nicht übermässig fleissige schreiber klagt am ende des buches mit zitternder schrift über seine gehabte mühe. S. das facsimile und

Arx »Geschichten des Kantons St. Gallen« b. 1, zusätze zur s. 187, note 1.

Chumo kiscreib filo chumor kipeit.

Handschrift 626. Jahrhundert IX.
(Ekkehard IV.)

S. 130. zg. pannoniorum ibi nunc ungri sunt.
    zg. pannonius i. ungar.
    zg. ad franchorum (ærarium). Heinrico tertio regnante.

S. 177. zg. huius tormenti i. balistæ. quam teutones mangonē uocant.

Handschrift 627. Jahrhundert IX.

S. 254. svver invvine wersi
    svver vvider in sin selbes herzen sihit. de sprichit niemen arges nibt. vvir gevallin alle vns selben dees ist div vvelt der torn.

A. Handschrift 728. Jahrh. IX.
B. Handschrift 267. Jahrh. X.

Einleitung.

Der handschrift 728 sind wir seite 351, 369 und 401 begegnet. Den gesetzessammlungen geht ein verzeichniss der bücher voraus, welche das stift St. Gallen im neunten jahrhundert besass. Naumann hat dasselbe in dem »Serapeum«, in der ersten nummer vom jahre 1841 mitgetheilt, und etwas später mit erläuternden noten Weidmann in seiner »Geschichte der Stifts-bibliothek von St. Gallen«, s. 360 ff. Uns gewährt dieses verzeichniss eine kleine ausbeute von eigennamen. Was als randschrift bezeichnet ist, sind bemerkungen eines bücherwartes aus demselben jahrhunderte, welche sich auf verleihung von büchern u. s. w. beziehen.

Die handschrift 267 enthält eine abschrift des erwähnten verzeichnisses, aus dem anfange des zehnten jahrhunderts, ohne jene randbemerkungen; ferner ein verzeichniss der werke, welche Grimoald, abt vom jahr 841—872, an die büchersammlung des stiftes vergabte. So weit diese handschrift abschrift von handschrift 728 ist, führen wir ihre lesarten nur an, wenn sie abweichen.

S. 4. Beda (öfters).
S. 5 u. 6. rsch. ad rorbach.
S. 6. rsch. Karolo regi.
S. 6 u. 7. rsch. habet domna rickart.
S. 5. rsch. augia.
    rabanus (mehrmahls; hschr. 267 schreibt »Rhabanus«).
S. 7. rsch. liutuuardus habet.
S. 10. Item de miraculis gudperti episcopi et althelmi de laude uirginum (letztern namen mehrmahls).

S. 11. rsch. vuolfkeri est.
S. 12. rsch. Ruodinum vidi habere.
Collectio Eadberti de diuersis opusculis sanctorum.

S. 13. DE LIBRIS ALCHUUINI (sechsmahl).

S. 14. rsch. habet liutvuart.
Uita — — lonochilidis episc. et goaris (letzteren namen zweimahl).
Item — Galli — atque otmari (mehrmahls).
S. 15. Item — — Teudote cum tribus filiis.
S. 16. Item — — leudegarii episc.
Historia frecholfi.
Alchuuini ad uitonem comitem capitula. A. Albini. B.
S. 17. Capitula ludouuici imp.
Capitula hludouuici imp.
Item uualafridi glosa.
S. 19. Duo libelluli epistolarum Albini (dreimahl).
S. 21. Comemoratio abbatum qui in Augia fuerunt in I rodulo. A. rodvlo. B.
Grammatica adaloldi. in qua partes donati et expositio erchanberti super ipsas. A. erchanbertis. B.

Aus handschrift 267.

S. 25. Hos libros grimoldus abba in monasterio sancti Galli in diebus hludouuici regis germaniæ cum adiutorio hartmoti præpositi sui. per annos XXX et unum (die namen mehrmahls).
S. 31. Psalterium optimum glossatum, quod ipse grimaldus Notingo brixiensi episcopo primum. Post uero engelbirge regine dedit et per richbertum magistrum aliud restituit
Aliud vtoni quod habet adhuc hartmotus.
S. 32. Ebonis epi. de octo principalibus uitiis (zweimahl).
S. 33. Sententia Rothadi episc.
Albini ad karolum de fide libri III et eiusdem ad fridogisum de sancta trinitate.

Handschrift 820. Jahrhundert X.

Einleitung.

Die handschrift, in folio, enthält Böetii commentarius in periherme- neias Aristotelis; epistola Notkeri ad Radpertum; Ciceronis libri de inventione.

S. 63. Fratri Ruodperti. Notker de exilio.
per kazilinum presbiterum.
S. 64. Tvllivs erexit romanæ insignia linguæ
Rhetoricas dvm sonat ore tubas.
S. 136. rg. Nec umquam factum est. ut eidem pecuniæ alius testamento alius lege heres esset. i teutonice sin guin.

S. 137. zg. Religionem . cótedehtigi.
  zg. pietatem . héim=minna unde mâgminna.
  zg. gratia . tánchunga.
  zg. Vindicationem . ándunga.
  zg. Obseruantiam . êrhafti.

Handschrift 862. Jahrhundert X.
(Servius in Virgilium.)

S. 63. zg. mithræ gapha.
S. 317. zg. dictámnum vuiz uurz i. alba herba.

Handschrift 871. Jahrhundert XI.
(Juvenalis.)

S. 4. rg. testamenta, hoc est éigenbuóch.
S. 8. zg. caules . chole.
S. 9. zg. nam de tot . uuanda fóne so mánichen.
  zg. scibendi — simplicitas paldin.

Handschrift 876. Jahrhundert VIII.
(Grammatica Donati.)

S. 370. zg. gummi . rasina fliad.
S. 371. zg. floralia . tuldi.
  zg. pretor . ambaht.
S. 372. zg. obliqui . cleifi.
S. 375. zg. conpitalia . kisazzi.

Handschrift 882. Jahrhundert X.
(Grammaticalia.)

S. 63. rg. rates . flôz.
S. 68. zg. screo i. rachison.
S. 106. rg. lauo . i. pro umecto i. nezzo.

Handschrift 899. Jahrhundert IX.

S. 64. zg. morositas . gremizzi.
  zg. morosus . gremiz.

Handschrift 902. Jahrhundert IX.

S. 106. DILECTO FRATRI MARCHARIO monacho hrabanus peccator in christo salutem.
S. 136. rsch. V . N'. MAI'. OBITUS . VVILLIHARTI.
S. 138. omnes anni a creatione primi hominis usque in septimum annum hludouuici imperatoris secundum hebraicam ueritatem . $\overline{\text{IIII}}$. DCCLXX.VI . secundum quoque LXX . $\overline{\text{VI}}$ decem et nouem.

Handschrift 1394. Jahrh. IX.
S. s. 325.

S. 92. fp. calamitas harmida.
  fp. calomnia honida.
S. 110. rg. uiciæ uuichi.

VERBESSERUNGEN.

S. 10. b. z. 9. ibinem st. ibinen.
        z. 23. se pissime st. sepissime.
        z. 30. porius st. porcus.
        z, 32. porei st. porci.
S. 63. fehlt die schilterische seitenzahl XXXIII.
S. 86. b. z. 19. prungan st. prungan.
S. 88. a. z. 4. gredibaurt st. gredihatur.
S. 255. z. 7. Perz st. Pertz.
S. 261. b. z. 12. alamanos st. alamaños.
S. 308. z. 14. 291 st. 292.
S. 330. b. z. 13. unde st. unde.
        z. 19. uúrt st. uúrt.
S. 336. z. 11. Ludowibi st. Ludowici.

ÜBERSICHT

der abkürzungen und zeichen.

---

1. h.   schrift erster hand, d. i. des schreibers der handschrift.
2. h.   schrift zweiter hand.
3. h.   schrift dritter hand, u. s. w.
sp.   federprobe.
rg.   randglosse.
rsch.   randschrift.
zg.   zwischenzeilige glosse.
. .. ... u. s. w.   die anzahl der buchstaben unübersetzter lateinischer wörter (nur in der Benediktiner-regel).
: :: ::: u. s. w.   muthmassliche anzahl ausgelöschter buchstaben.
— —   unbestimmbare anzahl ausgelöschter buchstaben, oder auslassungen überhaupt.
-   wo in der handschrift der raum es ungewiss lässt, ob zwei wörter zusammen geschrieben sind oder nicht.
=   verbindungen von wörtern, die der herausgeber vorgenommen hat. (In der Benediktiner-regel hat das zeichen eine andere bedeutung. s. s. 22.)

Grosse stehende schrift.	text.
Grosse liegende schrift.	auflösungen angedeuteter abkürzungen.
Kleine stehende schrift.	auflösungen unangedeuteter abkürzungen.
Kleine liegende schrift.	unsichere lesarten, zwischenzeiliges.
Fette schrift.	anderwärts entlehnte lesarten.

BEMERKUNG.

Da wir es nie unterlassen haben, nahverwandtes, sofern es uns bekannt war, anzuführen, wollen wir auch nachträglich nicht ermangeln, auf das bruchstück rhabanischer glossen, welches Hoffmann unterdessen in Haupt's »Zeitschrift für deutsches Alterthum«, b. 3, s. 381 bekannt gemacht hat, und die mit unseren keronischen glossen zusammenfallen (s. s. 139), aufmerksam zu machen. Bei einer oberflächlichen vergleichung mit dem »Vocabularius latino-teutonicus« aus der handschrift 269 des kloster Admont, die Hoffmann ebendaselbst, s. 368 ff. mitgetheilt hat, dürften z. b. auch die naturgeschichtlichen glossen der handschrift 299 (s. s. 287 ff.) nahe verwandt erscheinen, doch lässt sich die ähnlichkeit aus dem stoffe erklären. andere theile der handschrift, die seite 303 und sonst mitgetheilt sind, zeigen keine verwandtschaft. da sich aber gleichwohl viele wörter begegnen, darf bei der betrachtung des einen stückes die vergleichung des andern nicht ausgeschlossen werden. Noch müssen wir bemerken, dass sich in der erwähnten zeitschrift, seite 125 und 126 ein bruchstück des obigen »Vocabularius« findet, das Wackernagel einer engelberger handschrift enthoben hat, und dass wir es bei den biblischen glossen nicht hätten unterlassen sollen, auch die zum theil verwandten glossen im dritten bande der »Diutisca«, s. 422 ff. anzuziehen, welche Graff derselben engelberger handschrift entnommen hat.

VERZEICHNISS NACH DEM INHALT.

	Seite
Sterbegesang des ehrwürdigen Beda (handschrift 254)	1
Wörterbuch des heiligen Gallus (handschrift 913)	5
Kero's Benediktiner-regel (handschrift 916)	15
Kero's Wörterbuch (handschrift 911)	131
Glossen zur Bibel	219
Vorbericht	221
Handschrift 295	224
» 9	231
» 1395	236
» 299	238
» 292	245
» 70	250
Glossen zu kirchlichen schriften	253
Handschrift 159	255
» 295	257
» 299	257
» 292	262
Glossen zum Prudentius	265
Handschrift 292	266
» 136	270
» 134	272
handschrift 292	276
» 242	278
» 174	282
» 216	283
» 218	284
Naturgeschichtliche glossen	285
Handschrift 299	287
» 292	291
» 184	292
» 242	294

	Seite
Glossen verschiedenen inhaltes	301
Handschrift 299	303
» 292	307
» 183	307
» 184	308
» 193	311
» 28	312
» 141	313
» 751	313
» 219	314
» 283	315
» 296	317
» 105	319
Gebet des Herrn. — Glaubensbekenntnisse. — Beichtformeln	321
Vorbericht	323
Handschrift 911	324
» 1394	325
» 232	328
» 338	330
Namen der Monate und Winde	331
Handschriften 251, 248, 250	333
Handschrift 397	335
Ratpert's lobgesang auf den heiligen Gallus in der lateinischen übersetzung Ekkehard's des vierten (handschriften 393, 174, 168)	337
Die alten gesetze	345
Vorbericht	347
Salisches gesetz (handschriften 731, 729, A. C. 7, 728)	349
Ribuarisches gesetz (handschriften A. C. 7, 728)	369
Longobardisches gesetz (handschrift 730)	374
Alamannisches gesetz (handschriften 731, 729, 732, A. C. 7)	377
Anhang aus handschrift A. C. 7	384
Verordnung Childebert's II. vom jahr 596 (handschriften 731, 729)	385
Verordnungen von den jahren 779, 789, 800, 803 (handschrift 733)	387

	Seite
Verordnung vom jahr 803 (handschrift 728)	389
Die sammlungen des Ansegisus und Benedictus (handschriften 727, 728)	390
Anhang aus handschrift 728	401
Bemerkung über handschrift 222	402
Buntes	403
Vorbericht	405
Handschriften 2, 6, 7, 19, A. C. 23, 30, 54, 63, 98, 100, 102, 110, 111, 119, 127, 135, 143, 152, 162, 165, 166, 168, 176, 177, 180, 181, 187, 189, 196, 197, 198, 202, 204, 216, 227, 231, 238, 243, 244, 245, 247, 258, 270, 275, 279, 284, 286, 294, 295, 330, 432, 454, 557, 558, 561, 578, 579, 623, 626, 627, 728 und 267, 820, 862, 871, 876, 882, 899, 902, 1394	407

VERZEICHNISS
der handschriften, welche bei dem ersten bande benützt worden sind.

		Seite			Seite
Handschrift	2	407	Handschrift	159	255
»	6	407	»	162	411
»	7	407	»	165	411
»	A. C. 7	349, 369, 377, 384	»	166	411
»	9	231	»	168	337, 411
»	19	407	»	174	282, 337
»	A. C. 23	407	»	176	412
»	28	312	»	177	413
»	30	409	»	180	413
»	54	409	»	181	413
»	63	409	»	183	307
»	70	250	»	184	292, 308
»	98	409	»	187	413
»	100	409	»	189	415
»	102	409	»	193	311
»	105	319	»	196	415
»	110	409	»	197	415
»	111	410	»	198	415
»	119	410	»	202	416
»	127	410	»	204	416
»	134	272	»	216	283, 416
»	135	410	»	218	284
»	136	270	»	219	314
»	141	313	»	222	402
»	143	410	»	227	416
»	152	411	»	231	416
			»	232	328

		Seite			Seite
Handschrift	238	416	Handschrift	454	419
»	242	278, 294	»	557	420
»	243	416	»	558	420
»	244	416	»	561	420
»	245	416	»	578	420
»	247	417	»	579	420
»	248	333	»	623	420
»	250	333	»	626	421
»	251	333	»	627	421
»	254	1	»	727	390
»	258	417	»	728	349, 369, 389, 390, 401, 421
»	267	421	»	729	349, 377, 385
»	270	417	»	730	374
»	275	419	»	731	349, 377, 385
»	279	419	»	732	377
»	283	315	»	733	387
»	284	419	»	751	313
»	286	419	»	820	422
»	292	245, 262, 266, 276, 291, 307	»	862	423
»	294	419	»	871	423
»	295	224, 257, 419	»	876	423
»	296	317	»	882	423
»	299	238, 257, 287, 303	»	899	423
»	330	419	»	902	423
»	338	330	»	911	131, 324
»	393	337	»	913	5
»	397	335	»	916	15
»	432	419	»	1394	325, 423
			»	1395	236

Taf. I.   handsch. 878. s. 321.

ANGULISCUM   ᛗᛅᚱᛘᛖᚴ ᚴᛖᚴᛅ

ᚠ ᚢ ᛏ ᚱ ᚻ ᚷ ᛈ ᚾ ᛁ ᛄ ᛋ ᚳ ᛣ ᛇ

ᛏ ᛒ ᛖ ᛗ ᛚ ᛝ ᛟ ᚻ ᛉ ᚠ ᚨ ᛏ *

ᛞ ᛏ ᚷ ᚱ ᛚ ᚾ ᛏ ᛞ ᛇᚠ

ABECEDARIUM NORD

ᚠ

ᚠ feuforman ᚢ ur after ᚦ ch uriſ chrieth ᚨ ariſt heno ᚱ raetr
PRTT   trabu   oboro oſuurita
         ᚻ   +
ᚲ cha . thanne * hagal ᛏ nar hab&ꝫ lif ᛏar ᛋ endiſo
                                                      ᛉ
l   B brica ᛈendiman ſlaga ihelechto . ↑ ᚪynalbchab
            midʒ

handsch. 270. s. 52.

feh uur dorn oof rat cen gebo huun.hagal.nod uſ ger ih   perd.
ᚠf. ᚢu. ᛒo ᚷoo. ᚱr. ᚻc ᚷᚷ ᛈuu ᚾh ᛏn ᛁ. ᚷs ᛁr ᛚp
dux figi ti bergeh man lago inc tag odil.ac aſc ʒur aer
ᛞx ᛋi ᛏi ᛒb ᛗe ᛗn ᛚi ᛏn ᛟᚨ ᚨſ ᚩa ᛏ
a   a b c d d e f g g   h i k l m n o o p p
ᚠ ᚱ ᛒ ᚻ ᚦ ᛈ ᛗ ᛖ ᚷ ᚷ ᚻ ᚾ ᛁ ᛋ ᛚ ᛏ ᛉ ᚾ ᛈ
q   r r ſ ſ t u x t
ᚢ ᚱ ᛋ ᛏ ᚻ ᚾ ᚷ ᛏ

H.H. fec.

Taf. II.

handsch. 127. s. 379.

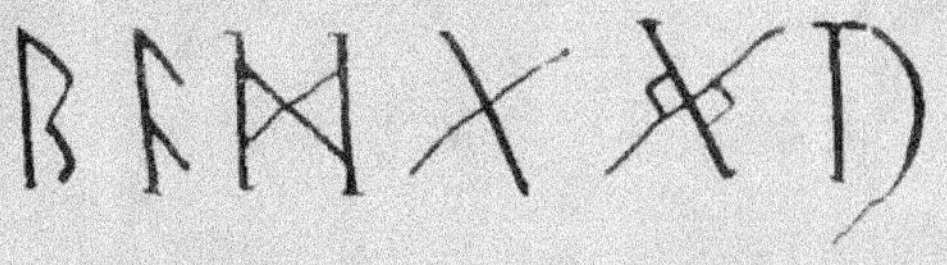

ᛒᛖᚺ×ᛪᛏ

handsch. 911. s. 290.

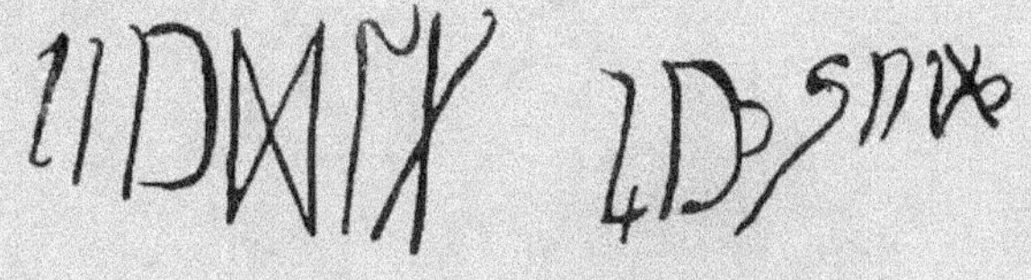

ⅡⰀᛞⱵ ⰐⰄⰔⱵ

handsch. 111. s. 1.

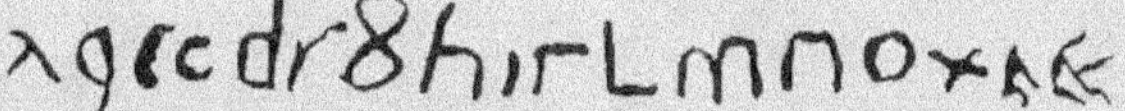

ᛆ ɢ ꞓ c d ʀ 8 h ı r ʟ m n o × ᛆ ⱸ

handsch. 876. s. 281.

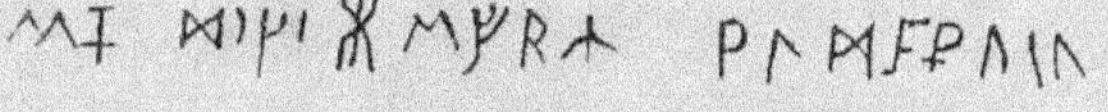

ᛖᛏ ᛉᛁᛈᛁ ⚝ ᛘᛦᚱᛆ   ᚠᛚ ᛘᛖᚠᛁᛁᛁ

handsch. 623. s. 209.

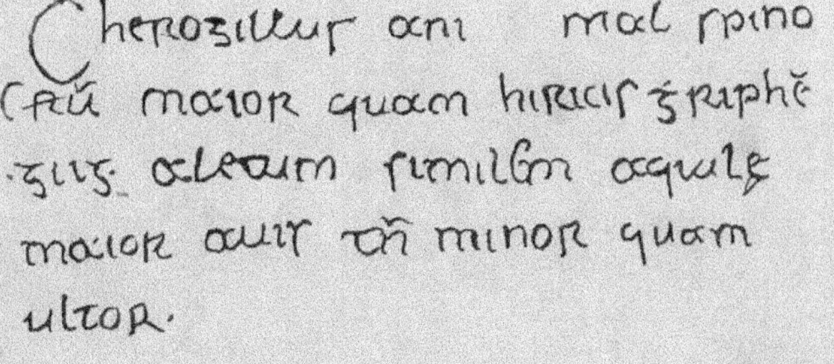

ᛊᚺumo ᛈᛆᚠᛖᚱᛖᚾɮ ᚻᛖᛟ ᛊᚺumoᚱ ᛚᛁ ᛒᛖᛁᛏ.

Cheroʒillur ani   mal rpino
caū maior quam hircir ʒ ruphē
zur oleum rimilem aquile
maior auir tñ minor quam
ultor.

handsch. 913.
s. 139.

Taf. III.

handsch. 916. s. 5.

keuuisso zekerauuenne   sin hér
Ergo pre pcencen dec sunt cor
   ȝun   unrey lu   indi lihhamun   deo uuihono
dec nosirec & corporec scae
   pibo to
p̃ceptorū

s. 42.   s. 68.   s. 90.
pim   unhost   altera
ero   inarti   renu

s. 19.   s. 18.   s. 22.
duruh   durah   dursh

handsch. 911. s. 4.

INCIPIUNT · closas ex uetere
tes tamen to......
Mbrozenr · dheomodi · hum
lis · saemft moæti · abbec · fa
ter lih : poeter · facē :

s. 117.
Incursus ana
hlauf · t · conrummane
keineman ·

s. 263.
Sē qlliū · onstun · æsruus ·
sarpf · rudsif · edhospær ·

H. H. fecit.

Taf. IV.

handsch. 731. S.111.

uicumque adulam monedario
prodedire & hir qui pdicitur efc re
demonidae adultereccione
fuerit adpbatur ignib; concre
metur;

S.191.

handsch. 393. S.247.

Nunc incipiendū est mihi magnū gaudiū.
Sanctiore nullum quam scm uirgā gallum.
Misit filiū hiberniā. recepit patrē tuenā.
Exultemus omnes laudemus xpm pariter.
Sanctū bm aduocante & glorificantem.

H. H. fecit.

Reprint Publishing

Für Menschen, Die Auf Originale Stehen.

Bei diesem Buch handelt es sich um einen Faksimile-Nachdruck der Originalausgabe. Unter einem Faksimile versteht man die mit einem Original in Größe und Ausführung genau übereinstimmende Nachbildung als fotografische oder gescannte Reproduktion.

Faksimile-Ausgaben eröffnen uns die Möglichkeit, in die Bibliothek der geschichtlichen, kulturellen und wissenschaftlichen Vergangenheit der Menschheit einzutreten und neu zu entdecken.

Die Bücher der Faksimile-Edition können Gebrauchsspuren, Anmerkungen, Marginalien und andere Randbemerkungen aufweisen sowie fehlerhafte Seiten, die im Originalband enthalten sind. Diese Spuren der Vergangenheit verweisen auf die historische Reise, die das Buch zurückgelegt hat.

ISBN 978-3-95940-031-2

Faksimile-Nachdruck der Originalausgabe
Copyright © 2015 Reprint Publishing
Alle Rechte vorbehalten.

www.reprintpublishing.com

www.ingramcontent.com/pod-product-compliance
Lightning Source LLC
Chambersburg PA
CBHW080418230426
43662CB00015B/2140